Waarschuwingen en Beloften

uit

de Bijbel

door

Drs. Chris Bouter

ISBN: 978-0-359-40543-5

Artwork: Google Image

Eerste Editie

INHOUD

Oude Testament

Nieuwe Testament

Voorwoord

We hebben ervoor gekozen om relevante passages uit de Bijbel geheel in dit boek op te nemen. Dit omdat de meeste lezers het te lastig zouden vinden om steeds de Bijbel erop na te slaan.

Ons eigen commentaar hebben we steeds voorzien van een sterretje.

We zijn het niet altijd met deze vertaling, NBV, eens, maar toch denken we dat ze de waarheid in begrijpelijke taal weergeeft.

Dit boek is tot stand gekomen mede door de inzet en belangstelling van Willem-Jan van der Vlist. Elke week weer kwam hij om de Bijbel hoofdstuk voor hoofdstuk voor te lezen. En wanneer mij een waarschuwing of belofte opviel, liet ik (Chris Bouter) hem opschrijven wat mij inviel.

Genesis

1:3b

'Er moet licht komen,

* Dit is een indirecte belofte: want we weten dat God Licht is. Ook geestelijk.

1:31a,b

God keek naar alles wat hij had gemaakt en zag dat het zeer goed was.

* Indirecte belofte: want als God alles zeer goed gemaakt heeft, zal God dan Zijn schepping in de steek laten; laat staan Zijn schepselen?

2:18b

Het is niet goed dat de mens alleen is

* Indirecte belofte: Het is niet goed, dat de mens alleen zij; want wij zijn sociale wezens.

3:15

Vijandschap sticht ik tussen jou en de vrouw,
tussen jouw nageslacht en het hare,
zij verbrijzelen je kop,
jij bijt hen in de hiel.'

* Belofte; Er staat 'zaad van de vrouw' en niet van de
man. Dat doet ons denken aan Maria. Dit was het eerste
evangelie, volgens welke het zaad van de vrouw zou
geraakt worden, maar ook de slang zou vernietigen.

3:16

Tegen de vrouw zei hij:
'Je zwangerschap maak ik tot een zware last,
zwoegen zul je als je baart.
Je zult je man begeren,
en hij zal over je heersen.'

* Dit is een waarschuwing en een oordeel en een
verkapte zegen..

3:17-19a

Tegen de mens zei hij:
'Je hebt geluisterd naar je vrouw, gegeten van de boom
die ik je had verboden. Vervloekt is de akker om wat jij
hebt gedaan, zwoegen zul je om ervan te eten, je hele
leven lang.
18 Dorens en distels zullen er groeien,

toch moet je van zijn gewassen leven.

19 Zweten zul je voor je brood,

vs 17 tot 19 is voor de man.

* Dit is een waarschuwing en een vloek, waar ook een zegen in zit. Want er is zegen in arbeid, die volgens Salomo profijt brengt. Deze twee eerste waarschuwingen gaan tegen het feminisme in. Want we zien hier de man als kostwinner en de vrouw als interieurverzorgster.

3:22

Toen dacht God, de HEER: Nu is de mens aan ons gelijk geworden, nu heeft hij kennis van goed en kwaad. Nu wil ik voorkomen dat hij ook vruchten van de levensboom plukt, want als hij die zou eten, zou hij eeuwig leven.

* Dit is een vloek en waarschuwing. We hebben de verantwoordelijkheid om te kiezen voor het goede.

4:4

Ook Abel bracht een offer; van de eerstgeboren dieren van zijn kudde koos hij de mooiste uit. De HEER merkte Abel en zijn offer op,

* Abel begreep het begin van het evangelie, en bracht een offer naar het voorbeeld van de dierenvellen in de hof, waarmee Adam en Eva bekleed werden.

11

4:26c

In die tijd begon men de naam van de HEER aan te roepen.

* De naam van de Here, die aangeroepen wordt, is een belofte in zichzelf.

5:24

Henoch leefde in nauwe verbondenheid met God; aan zijn leven kwam een einde doordat God hem wegnam.

* Als je echt dicht bij God wandelt; kun je wonderen verwachten, maar daar moet je wel geduldig op wachten.

5:29

... die hij Noach noemde. 'Deze zoon, 'zei hij, 'zal ons troost geven voor het werken en zwoegen dat ons deel is omdat de HEER het akkerland heeft vervloekt.'

* Als je je kinderen echt goed opvoedt dan zijn ze een troost voor je.

6:13

... zei hij tegen Noach: 'Ik heb besloten een einde te maken aan het leven van alle mensen, want door hen is de aarde vol onrecht. Ik ga hen vernietigen, en de aarde erbij.

* Het loon van de zonde is de dood.

6:18

Maar met jou zal ik een verbond sluiten. Jij moet de ark in gaan, samen met je zonen, je vrouw en de vrouwen van je zonen.

* Maar in elke vloek zit een zegen voor hen die trouw zijn.

7:1

Toen zei de HEER tegen Noach: 'Ga de ark in, samen met je hele gezin, want ik heb gezien dat jij als enige van deze generatie rechtschapen bent.

* De Here zegt tegen Noach, Kom in de ark. Dus Noach mocht bij de Here zijn en dan ben je veilig.

7:16c

Toen sloot de HEER de deur achter hem.

* Veilig in Jezus zijn armen.

13

8:14b

... was de aarde droog.

* (Indirecte belofte) Voor de gelovigen is Gods tijd met hen.

8:20-22

Noach bouwde een altaar voor de HEER; daarop bracht hij brandoffers van al het reine vee en alle reine vogels.
21 De geur van de offers behaagde de HEER, en hij zei bij zichzelf: Nooit weer zal ik de aarde vervloeken vanwege de mens, want alles wat de mens uitdenkt, van zijn jeugd af aan, is nu eenmaal slecht. Nooit weer zal ik alles wat leeft doden, zoals ik nu heb gedaan.
22 Zolang de aarde bestaat, zal er een tijd zijn om te zaaien en een tijd om te oogsten, zal er koude zijn en hitte, zomer en winter, dag en nacht–nooit komt daar een einde aan.

* Het evangelie vindt voortgang, nu in de vorm van een altaar. Het resultaat is dat het Gode aangenaam is, en dat God een belofte geeft tot aan de einde der dagen. Dit is pure Genade.

9:4-5

4 Maar vlees waarin nog leven is, waar nog bloed in zit, mag je niet eten.
5 En ik zal genoegdoening eisen wanneer jullie eigen bloed, waarin je levenskracht schuilt, wordt vergoten; ik

eis daarvoor genoegdoening van mens en dier. Van iedereen die zijn medemens doodt, eis ik genoegdoening.

* Dit is een waarschuwing; Het bloed moet vergoten worden van een dier voordat je het mag eten. Dit wordt bevestigd door Handelingen 15. Maar dit betekent niet dat we vegetariërs moeten zijn, laat staan veganisten.

9:6

Wie bloed van mensen vergiet, diens bloed wordt door mensen vergoten, want God heeft de mens als zijn evenbeeld gemaakt.

* Onder Noach's verbond gold de lex talionis (bloed om bloed).

9:12-17

En dit, 'zei God, 'zal voor alle komende generaties het teken zijn van het verbond tussen mij en jullie en alle levende wezens bij jullie:
13 ik plaats mijn boog in de wolken; die zal het teken zijn van het verbond tussen mij en de aarde.
14 Wanneer ik wolken samendrijf boven de aarde en in die wolken de boog zichtbaar wordt,
15 zal ik denken aan mijn verbond met jullie en met al wat leeft, en nooit weer zal het water aanzwellen tot een vloed die alles en iedereen vernietigt.

15

16 Als ik de boog in de wolken zie verschijnen, zal ik denken aan het eeuwigdurende verbond tussen God en al wat op aarde leeft.
17 Dit, 'zei God tegen Noach, 'is het teken van het verbond dat ik met alle levende wezens op aarde gesloten heb.'

* Zelfs in de natuur laat God zijn belofte niet onbetuigd.

9:20-25

Noach was landbouwer en legde als eerste een wijngaard aan.
21 Hij dronk van de wijn, werd dronken en ging in zijn tent liggen, zonder kleren aan.
22 Toen Cham, de vader van Kanaän, zag dat zijn vader naakt was, vertelde hij dat aan zijn twee broers, die buiten waren.
23 Daarop namen Sem en Jafet een mantel, legden die over hun schouders, liepen achteruit de tent binnen en bedekten het naakte lichaam van hun vader, met afgewend gelaat, zodat zij hem niet naakt zagen.
24 Toen Noach uit zijn roes ontwaakte en te weten kwam wat zijn jongste zoon hem had aangedaan,
25 zei hij:
'Vervloekt zij Kanaän,
knecht van zijn broers zal Kanaän zijn,
de minste van alle knechten.

* Waarschuwing tegen dronkenschap, respect voor naaktheid. En niet de negers, maar de Kanaänieten zijn vervloekt.

9:26-27

Geprezen zij de HEER, de God van Sem;
knecht van Sem zal Kanaän zijn.
27 Moge God ruimte geven aan Jafet,
hem laten wonen in de tenten van Sem;
knecht van Jafet zal Kanaän zijn.'

* De Semieten worden gezegend als kinderen van de
Here. En Jafet wordt gezegend als de grootste
populatie, maar hij is wel afhankelijk van de Semieten.

Genesis 10 Algemene aantekening:

1 Dit zijn de nakomelingen van Sem, Cham en Jafet, de
zonen van Noach; na de zondvloed kregen zij zonen.
2 Zonen van Jafet: Gomer, Magog, Madai, Jawan, Tubal,
Mesech en Tiras.
3 Zonen van Gomer: Askenaz, Rifat en Togarma.
4 Zonen van Jawan: Elisa en Tarsis; andere
nakomelingen van Jawan: Kittiërs en Dodanieten.
5 Van hen stammen de mensen af die verspreid over de
kustgebieden leven, elke familie en elk volk in zijn
eigen land en met zijn eigen taal.
6 Zonen van Cham: Kus, Misraïm, Put en Kanaän.
7 Zonen van Kus: Saba, Chawila, Sabta, Rama   en
Sabtecha. Zonen van Rama: Seba en Dedan.
8 Kus was ook de vader van Nimrod, die de eerste
machthebber op aarde was.
9 Hij was een geweldig jager, door niemand overtroffen.
Vandaar het gezegde: Een jager zonder weerga, een
tweede Nimrod.

17

10 De kern van zijn rijk werd gevormd door Babel, Uruk, Akkad en Kalne, in Sinear.

11 Vanuit dat land trok hij naar Assyrië, waar hij Nineve, Rechobot–Ir en Kalach bouwde,

12 en ook de grote stad Resen, tussen Nineve en Kalach.

13 Misraïm was de stamvader van de Ludieten, de Anamieten, de Lehabieten, de Naftuchieten,

14 de Patrusieten, de Kasluchieten–uit wie de Filistijnen zijn voortgekomen–en de Kretenzers.

15 Kanaän was de vader van Sidon, die de oudste was, en van Chet,

16 en de stamvader van de Jebusieten, Amorieten, Girgasieten,

17 Chiwwieten, Arkieten, Sinieten,

18 Arwadieten, Semarieten en Hamatieten. Later verspreidden de families van de Kanaänieten zich,

19 zodat hun gebied zich van Sidon in de richting van Gerar uitstrekte tot aan Gaza, en in de richting van Sodom, Gomorra, Adma en Seboïm tot aan Lesa.

20 Dit waren de nakomelingen van Cham, ingedeeld naar families, talen, landen en volken.

21 Ook Sem kreeg zonen. Hij, Jafets oudste broer, is de stamvader van alle nakomelingen van Eber.

22 Zonen van Sem: Elam, Assur, Arpachsad, Lud en Aram.

23 Zonen van Aram: Us, Chul, Geter en Mas.

24 Arpachsad was de vader van Selach, en Selach de vader van Eber.

25 Eber kreeg twee zonen. De ene heette Peleg; in zijn tijd werd de aarde verdeeld. De andere heette Joktan.

26 Joktan was de vader van Almodad, Selef, Chasarmawet, Jerach,

27 Hadoram, Uzal, Dikla,

28 Obal, Abimaël, Seba,

29 Ofir, Chawila en Jobab. Zij allen waren zonen van Joktan.
30 Hun woongebied strekte zich uit van Mesa tot aan de Sefar, het gebergte in het oosten.
31 Dit waren de nakomelingen van Sem, ingedeeld naar families, talen, landen en volken.
32 Dit waren de families die afstamden van de zonen van Noach, ingedeeld naar afkomst en volken. Van hen stammen de verschillende volken af die zich na de zondvloed over de aarde hebben verspreid.

* God geeft de volken als een zegen, d.w.z het is een zegen om een volk te zijn met je eigen taal.

* Hier zijn zeventig volken en die zijn bepaald naar het getal van Jakob's nageslacht. Dit duidt duidelijk op de zegeningen voor Sem als oudste zoon van Noach, omdat Israël uit Sem komt, evenals vele Arabische volken

11:6-8

Dit is één volk en ze spreken allemaal een en dezelfde taal, dacht de HEER, en wat ze nu doen is nog maar het begin. Alles wat ze verder nog van plan zijn, ligt nu binnen hun bereik.

7 Laten wij naar hen toe gaan en spraakverwarring onder hen teweegbrengen, zodat ze elkaar niet meer verstaan.
8 De HEER verspreidde hen van daar over de hele aarde, en de bouw van de stad werd gestaakt.

* Dit is een waarschuwing tegen een te extreme en ambitieuze politiek van eendracht maakt macht.

12:13

Zeg daarom dat je mijn zuster bent, dan kom ik er dankzij jou misschien goed vanaf en loopt mijn leven geen gevaar.'

* Waarschuwing tegen liegen. In dit geval een halve leugen, omdat Saraï zijn halfzus was.

* En dit is ook een waarschuwing tegen onafhankelijk gedrag, want Abram had op God moeten vertrouwen ondanks de zware hongersnood. Als wij een onafhankelijke weg gaan komen we in omstandigheden die ons laten zondigen.

13:4

... en waar hij toen een altaar had gebouwd. Daar riep Abram de naam van de HEER aan.

* Er is een belofte verbonden aan aanbidding. Dit zien wij ook bij Maria van Betanië, die aan de voeten van de Here Jezus zat. Zij kreeg zelfs de belofte dat haar zegening nooit meer zal weggenomen worden. Evenals in het geval van mannen als Abraham en David, was de Here haar enige en goede deel.

15:1

Enige tijd later richtte de HEER zich tot Abram in een visioen: 'Wees niet bang, Abram: ikzelf zal jou als een schild beschermen. Je loon zal vorstelijk zijn.'

* Zalig ben jij wanneer de Here je deel is.

15:5

Daarop leidde hij Abram naar buiten. 'Kijk eens naar de hemel, 'zei hij, 'en tel de sterren, als je dat kunt.' En hij verzekerde hem: 'Zo zal het ook zijn met jouw nakomelingen.'

* Dit is een waarschuwing voor de partners van gelovige mannen, dat ze de strijd niet opgeven wanneer hun mannen en zij op de proef worden gesteld door God.

18:14

Is ook maar iets voor de HEER onmogelijk? Op de vastgestelde tijd, over precies een jaar, kom ik bij je terug en dan heeft Sara een zoon.'

* Het is een belofte voor ons en een troost dat God almachtig is.

18:25

Zoiets kunt u toch niet doen, hen samen met de schuldigen laten omkomen! Dan zouden schuldigen en onschuldigen over één kam worden geschoren. Dat kunt u toch niet doen! Hij die rechter is over de hele aarde moet toch rechtvaardig handelen?'

* Daarom zal de Rechter van de gehele aarde zeker recht doen.

19:1

De twee engelen kwamen 's avonds in Sodom aan. Lot zat juist in de stadspoort. Zodra hij hen zag stond hij op, ging hun tegemoet en boog zich diep voor hen neer.

* Het leven van Lot is een waarschuwing voor gelovigen. Hoewel hij een gelovige was (zie 2 Petrus 2:7: Lot was een rechtvaardig man), dwaalde hij steeds verder af. Dit doet ons denken aan Psalm 1 waar je op een gegeven moment in de stoel der spotters terecht komt.

19:9,13

Maar ze schreeuwden: 'Uit de weg!' Ook riepen ze: 'Dat woont hier als vreemdeling en moet ons zo nodig de wet voorschrijven. Wacht maar, jij zult er ook van lusten, en nog meer dan zij!' En ze drongen Lot ruw opzij en wilden de deur openbreken.13 Wij staan namelijk op het punt deze stad te verwoesten: er zijn zulke ernstige beschuldigingen tegen haar ingebracht dat de HEER ons hierheen heeft gestuurd om haar te verwoesten.'

* Dit is een waarschuwing tegen relnichten die zich helemaal laten gaan, want God zal niet tot in eeuwigheid geduld hebben.

19:26

De vrouw van Lot, die achter hem liep, keek om en veranderde in een zuil van zout.

* Dit is een waarschuwing. Als God je een nieuwe kans geeft, moet je die met beide handen aanpakken.

20:2

zei hij van zijn vrouw Sara dat ze zijn zuster was. Het gevolg was dat Abimelech, de koning van Gerar, Sara naar zijn paleis liet overbrengen.

* Hier loog Abraham opnieuw en dit is indirect een belofte dat God geduld met ons wil hebben, totdat wij ons lesje leren.

21:6

'God maakt dat ik kan lachen, 'zei Sara, 'en iedereen die dit hoort zal met mij mee lachen.

* Gods beloften kunnen lang op zich doen wachten. En we kunnen op de proef gesteld worden daarin, maar vroeg of laat, laat God ons lachen.

22:1-2

Enige tijd later stelde God Abraham op de proef. 'Abraham!' zei hij. 'Ik luister, 'antwoordde Abraham.
2   'Roep je zoon, je enige, van wie je zoveel houdt, Isaak, en ga met hem naar het gebied waarin de Moria ligt. Daar moet je hem offeren op een berg die ik je wijzen zal.'

* Het kan gebeuren dat God ons enorm op de proef stelt en dan is het het beste om je toevlucht te nemen tot het geloof en niet af te haken. En dan zal de beloning van de belofte des te groter zijn.

26:7

Toen de inwoners van die stad hem vragen stelden over zijn vrouw, zei hij dat ze zijn zuster was. Hij durfde niet te zeggen dat ze zijn vrouw was, want hij dacht: Ze zouden me hier weleens kunnen vermoorden om Rebekka, omdat ze zo mooi is.

* De halve leugen van Abraham wordt hier een hele leugen. Maar God in zijn genade laat het hier goed aflopen evenals bij Abraham, zijn vader. Toch moet Isaäk respect hebben verloren in de ogen van Rebecca, omdat hij haar afviel. Dit moet op zijn minst onbewust tot spanningen hebben geleid.

24

27:1,33

Toen Isaak oud geworden was en zijn ogen zo zwak waren geworden dat hij niet meer kon zien, riep hij Esau bij zich, zijn oudste zoon. 'Mijn zoon, 'zei hij. 'Wat wilt u mij zeggen?' vroeg Esau.33 Toen schrok Isaak hevig en zei: 'Maar wie was het dan die mij net een stuk wild heeft gebracht dat hij geschoten had? Ik heb ervan gegeten voordat jij kwam en ik heb hem gezegend. En die zegen zal op hem blijven rusten!'

* Isaäk's slechte ogen kun je vergelijken met geestelijke bijziendheid. Dit is een ernstige waarschuwing. We moeten oppassen dat wanneer we ouder zijn geworden we de dingen geestelijk nog helder kunnen onderscheiden.

29:25

's Morgens ontdekte Jakob dat het Lea was met wie hij had geslapen. 'Hoe hebt u mij dit kunnen aandoen!' wierp hij Laban voor. 'Ik heb toch om Rachel bij u gewerkt? Waarom hebt u me zo bedrogen!'

* De bedrieger bedrogen. Hoewel we voor de eeuwigheid vergeven zijn, als we tenminste schuilen achter het bloed van de Here Jezus, is het toch zo dat er consequenties verbonden zijn aan onze zonden.

30:1-2

Omdat Rachel geen kinderen van Jakob kreeg, was ze jaloers op haar zuster. 'Geef mij kinderen, 'zei ze tegen Jakob, 'anders ga ik dood!'
2 Jakob werd kwaad en antwoordde: 'Ik ben toch zeker God niet? Híj onthoudt jou het moederschap!'

* Niet het onmogelijke van je partner verlangen, maar het van God verwachten.

32:26-28

Toen zei de ander: 'Laat mij gaan, het wordt al dag.' Maar Jakob zei: 'Ik laat u niet gaan tenzij u mij zegent.'
27 (32:28) De ander vroeg: 'Hoe luidt je naam?' 'Jakob, 'antwoordde hij.
28 (32:29) Daarop zei hij: 'Voortaan zal je naam niet Jakob zijn maar Israël, want je hebt met God en mensen gestreden en je hebt gewonnen.'

* We moeten God niet laten gaan in het gevecht van het leven. Maar we moeten trouw blijven en er op staan dat Hij ons zegent. In onze tijdsbedeling betekent dat vooral geestelijke zegening.

33:17

Jakob echter reisde naar Sukkot en bouwde er een huis. Ook maakte hij hutten voor zijn vee; vandaar dat die plaats Sukkot heet.

* Jakob had een pelgrim moeten blijven en zich niet moeten vestigen in die streek. Want het resultaat was dat zijn dochter Dina onteerd werd.

35:1-2

God zei tegen Jakob: 'Ga naar Betel. Blijf daar en bouw er een altaar voor de God die daar aan jou verschenen is toen je op de vlucht was voor je broer Esau.'

2 Toen zei Jakob tegen zijn familieleden en tegen alle anderen die bij hem waren: 'Doe de vreemde goden die jullie hebben weg, reinig je en trek schone kleren aan.

* Wanneer God ons oproept om tot Hem te gaan, moeten we de wereldse dingen uit ons hart en leven weg doen, want die gaan niet samen met de aanbidding van de Waarachtige God.

37:3-4

Omdat Israël al oud was toen Jozef werd geboren, hield hij meer van Jozef dan van zijn andere zonen, en hij had een prachtig bovenkleed voor hem laten maken in allerlei kleuren.

4 De broers zagen wel dat hun vader het meest van Jozef hield. Daarom konden ze Jozef niet uitstaan en kon er geen vriendelijk woord voor hem af.

* Je moet niet zomaar een kind boven de andere stellen, maar ik ben bang dat er soms een goede reden voor is.

39:10,12

Dag in dag uit probeerde ze Jozef over te halen, maar
hij gaf niet toe, hij wilde niet bij haar gaan liggen.
12 greep ze hem bij zijn kleed. 'Kom bij me liggen, 'drong
ze aan, maar hij vluchtte naar buiten; zijn kleed liet hij
bij haar achter.

* Ontvlucht de hoererij.

41:41

Hij vervolgde: 'Hierbij geef ik u het gezag over heel
Egypte,

* Verhoogt uit de gevangenis. Salomo zegt ergens 'Voor
de eer komt de nederigheid'. En Paulus zegt in het
Nieuwe Testament 'Verneder u dan onder de machtige
hand van God opdat u te Zijner tijd verhoogt'.

42:36

'Jullie maken mij kinderloos, 'verweet hij hun. 'Jozef is
er niet meer, Simeon is er niet meer, en nu willen jullie
ook Benjamin nog bij me weghalen. Niets blijft me
bespaard.

* Jakob was een bedrieger en God was nog lang niet
klaar met hem.

43:14

God, de Ontzagwekkende, geve dat hij barmhartig voor jullie is: dat hij jullie andere broer vrijlaat en ook Benjamin laat gaan. En ik–moet ik mijn kinderen verliezen, goed, dan verlies ik ze maar.

* We mogen wel zeggen dat Jakob hier buigt voor God; zoals Job aan het einde van zijn beproeving.

44:16

Juda antwoordde: 'Wat kunnen wij u hierop antwoorden, heer? Hoe kunnen we ons vrijpleiten? God heeft de misdaad van uw dienaren aan het licht gebracht. Wij zijn bereid uw slaaf te worden, mijn heer, niet alleen degene bij wie de beker is gevonden, maar wij allemaal.

* Ook de zonen van Jakob hebben een lesje te leren; de voltooiing van dat lesje is het einde van Genesis.

46:34

... dan moeten jullie hem beleefd antwoorden dat jullie al van jongs af aan veefokkers zijn, net als jullie voorouders. Dan zullen jullie je wel hier in Gosen mogen vestigen, want de Egyptenaren hebben een afschuw van schaapherders.

* Dit lijkt misschien op een halve leugen, maar je hoeft niet per se volledig te zijn als dat beter uitkomt.

48:18-19

'Niet zo, vader!' zei Jozef. 'Dit is de oudste, u moet uw rechterhand op zijn hoofd leggen.'
19 Maar zijn vader wilde dat niet. 'Ik weet het, mijn zoon, 'zei hij, 'ik weet het. Ook uit hem zal een volk voortkomen, ook hij zal machtig worden. Maar zijn jongere broer zal machtiger worden dan hij, en uit hem zullen tal van volken voortkomen.

* Net als Efraïm boven Manasse verkozen werd, zo heeft God het zwakkere boven het sterke uitverkoren in de wereld.

50:20

Jullie hadden kwaad tegen mij in de zin, maar God heeft dat ten goede gekeerd, om te bewerken wat er nu gebeurt: dat een groot volk in leven blijft.

* De waarschuwing hier is dat we het kwade moeten verdragen. Want God keert het ten goede op Zijn tijd. Evenals er in Romeinen staat dat voor hen die God liefhebben alle dingen mede werken ten goede, en dat vergt geloof. Dit is een waarschuwing en een belofte.

Exodus

1:16,19

'Als u de Hebreeuwse vrouwen bij de bevalling helpt, let dan goed op het geslacht van het kind. Als het een jongen is, moet u hem doden; is het een meisje, dan mag ze blijven leven.'
De vroedvrouwen antwoordden de farao: 'De Hebreeuwse vrouwen zijn anders dan de Egyptische: ze zijn zo sterk dat ze hun kind al gebaard hebben voordat de vroedvrouw er is.'

* Het schijnt dat hier een leugen om bestwil door God gezegend wordt.

2:7

Toen kwam de zuster van het kind haar vragen: 'Zal ik bij de Hebreeuwse vrouwen een voedster gaan zoeken om het kind voor u te voeden?

* De Here roept ons op in het Neuwe Testament om niet alleen zo onschuldig als een duif te zijn, maar ook zo slim als een slang. En dat is wat hier gebeurt, in perfecte balans.

2:24

God hoorde hun jammerkreten en dacht aan het verbond dat hij met Abraham, Isaak en Jakob had gesloten.

* Roep tot God, want Hij laat geen bidder staan. Ook al zegt Hij wel eens nee.

4:11,14

De HEER zei: 'Wie heeft de mens een mond gegeven? Wie maakt iemand stom of doof, ziende of blind? Wie anders dan ik, de HEER?
Nu werd de HEER kwaad op Mozes. 'Je hebt toch een broer, de Leviet Aäron!' zei hij. 'Ik weet dat hij welbespraakt is. Hij is al naar je onderweg en zal blij zijn je te zien.

* Mozes vertoont ongeloof, maar op het laatste nippertje verhardt hij er niet in. Maar hij verliest wel aanzien.

5:8

Maar eis wel evenveel stenen van hen als altijd, het mag er niet één minder zijn. Ze zijn lui! Daarom roepen ze dat ze hun God offers willen gaan brengen.

* Als God met Zijn kinderen wat begint, zorgt de duivel ervoor dat er een beproeving komt, en dat het eerder slechter dan beter wordt.

9:12

Maar de HEER zorgde ervoor dat de farao hardnekkig bleef weigeren naar Mozes en Aäron te luisteren, zoals hij tegen Mozes gezegd had.

* Tot nu toe hebben we gelezen dat Farao zelf zijn hart verhardde. Maar nu verhardt de Here zijn hart. Dit is een waarschuwing die aan Salomo's woorden doet denken: dat iemand die veel berispt is, en toch zijn nek blijft verharden, plotseling zijn nek verbroken wordt (figuurlijk bedoeld) zodat er geen genezing meer mogelijk is, en dit kan ook waarlijk wedergeboren kinderen van God treffen.

12:13

Maar jullie zal ik voorbijgaan: aan het bloed zal ik jullie huizen herkennen, en door dat merkteken zal de dodelijke plaag waarmee ik Egypte straf, jullie niet treffen.

* We moeten beschermd worden door het dierbare bloed van de Here Jezus. Dit is zowel een waarschuwing als een belofte.

17:11

Zolang Mozes zijn arm opgeheven hield, was Israël de sterkste partij, maar liet hij zijn arm zakken, dan was Amalek de sterkste.

* Mozes is hier een type van de Here Jezus die voor ons bidt.(zoals in 1 Johannes 2:1)

17:13

Zo versloeg Jozua het leger van Amalek tot de laatste man.

* Als christenen winnen we niet elke strijd, maar uiteindelijk wel de geloofsoorlog.

23:33

Zij mogen niet in jullie land blijven, anders zouden ze jullie ertoe verleiden hun goden te vereren en tegen mij te zondigen. Dat zou jullie ondergang zijn.

* We moeten van niets een afgod maken. Niet van onze auto, carrière, zelfs niet van onze kinderen of van wie of wat dan ook.

32:23,31,32

Ze zeiden tegen mij: "Maak een god voor ons die ons kan leiden, want wat er gebeurd is met die Mozes, die ons uit Egypte heeft gehaald, weten we niet."
31 Hierop keerde hij terug naar de HEER. 'Ach HEER, 'zei hij, 'dit volk heeft zwaar gezondigd: ze hebben een god van goud gemaakt.

32 Schenk hun vergeving voor die zonde. Wilt u dat niet, schrap mij dan maar uit het boek dat u geschreven hebt.

* Wij hebben allemaal de neiging om afgoden te maken van wat dan ook. En Mozes is hier een type van de Here Jezus, omdat hij de zonden van het volk op zich wilde nemen.

Leviticus

4:35

Al het vet moet hij verwijderen, zoals ook met het vet van het schaap voor het vredeoffer gedaan wordt, en hij moet het verbranden op het altaar, samen met de andere offergaven voor de HEER. Zo voltrekt de priester voor de persoon in kwestie de verzoeningsrite voor wat hij misdaan heeft, en krijgt deze vergeving.

* Al deze offers spreken van de Here Jezus in Zijn volmaaktheid, en over Zijn volmaakte offer van Zichzelf aan het kruis. Dat is een troost en belofte voor de toekomst.

13:12-13 (12–13)

Wanneer het ernaar uitziet dat de aandoening zich over het hele lichaam heeft uitgebreid, moet de priester de betreffende persoon nader onderzoeken. Als hij vaststelt dat de aandoening het lichaam inderdaad van hoofd tot voeten heeft aangetast, moet hij hem rein verklaren. Aangezien hij helemaal wit is geworden, is hij rein.

* De ziekte van melaatsheid is een beeld van de zondeziekte. De apostel Paulus in Romeinen 7 zegt dat hij er van bewust werd dat in ons, d.w.z ons vlees, namelijk de oude natuur, er geen goeds woont. Wanneer je dat inziet wordt je door de Here rein verklaard. Wanneer een gelovige zich hiervan niet bewust is, wil dat natuurlijk niet zeggen dat hij verloren is. Maar de gemeenschap met de Here is verstoord. Daarom zegt de Here tegen Petrus in het Johannes evangelie dat Hij hem zijn voeten moet wassen, omdat hij anders geen deel met de Here zou hebben. Een melaatsheid die begint in een christen is een beeld van de zondeziekte en van de hoogmoed die een kans krijgt om onze gezonde relatie, die we anders met de Here Jezus zouden hebben, te verstoren.

18:1-30

De HEER zei tegen Mozes:

2 'Zeg tegen de Israëlieten: "Ik ben de HEER, jullie God.

3 Volg niet de levenswijze van de Egyptenaren, bij wie je gewoond hebt, noch de levenswijze van de Kanaänieten, naar wie ik je breng. Leef niet volgens hun bepalingen,

4 maar volgens mijn regels, houd je aan mijn bepalingen en leef ze na. Ik ben de HEER, jullie God.

5 Mijn bepalingen en regels schenken leven aan wie ze volgt, houd ze dus in ere. Ik ben de HEER.

6 Niemand van jullie mag de eer van een bloedverwant aantasten. Ik ben de HEER.

7 Je mag geen gemeenschap hebben met je moeder, daarmee onteer je je vader; zij is je moeder en je mag geen gemeenschap met haar hebben.

8 Heb geen gemeenschap met een andere vrouw van je vader, daarmee onteer je je vader.

9 Heb geen gemeenschap met je zuster, of ze nu de dochter van je vader of van je moeder is; zelfs al is ze niet uit hetzelfde huwelijk geboren als jij, je mag geen gemeenschap met haar hebben.

10 Heb geen gemeenschap met de dochter van je zoon of de dochter van je dochter, daarmee onteer je jezelf.

11 Heb geen gemeenschap met de dochter van een vrouw van je vader die door je vader verwekt is; zij is je zuster en je mag geen gemeenschap met haar hebben.

12 Heb geen gemeenschap met de zuster van je vader; zij is een bloedverwante van je vader.

13 Heb geen gemeenschap met de zuster van je moeder; zij is een bloedverwante van je moeder.

14 Tast de eer van je vaders broer niet aan; je mag zijn vrouw niet te na komen, ze is je tante.

15 Heb geen gemeenschap met je schoondochter; zij is de vrouw van je zoon en je mag geen gemeenschap met haar hebben.

16 Heb geen gemeenschap met de vrouw van je broer, daarmee onteer je je broer.

17 Heb geen gemeenschap met de dochter van je vrouw, noch met de dochter van haar zoon of de dochter van haar dochter; zij zijn haar bloedverwanten en daarom zou dat een schanddaad zijn.

18 Je mag niet naast je vrouw haar zuster als bijvrouw nemen, je mag geen gemeenschap hebben met de ene zuster zolang de andere leeft.

19 Heb geen gemeenschap met een vrouw wanneer zij vanwege haar menstruatie onrein is.

20 Verontreinig jezelf niet door seksuele omgang te hebben met de vrouw van een ander.

21 Ontwijd de naam van je God niet door een van je kinderen aan Moloch te offeren. Ik ben de HEER.

22 Je mag niet het bed delen met een man zoals met een vrouw, dat is gruwelijk.

23 Verontreinig jezelf niet door de geslachtsdaad te verrichten met een dier. En een vrouw mag niet een dier uitlokken om met haar te paren, dat is pervers.

24 Verontreinig jezelf niet door dergelijke dingen te doen. De volken die ik voor jullie verdrijf hebben zich met al deze dingen verontreinigd,

25 waardoor het land onrein werd. Vanwege de wandaden die er gepleegd zijn, heb ik het land geteisterd, zodat het zijn inwoners is gaan uitbraken.

26 Jullie echter moeten mijn bepalingen en regels in ere houden, jullie mogen geen van deze gruwelen begaan. Dat geldt zowel voor geboren Israëlieten als voor de vreemdelingen die bij jullie wonen

27 –de mensen die vóór jullie in het land woonden hebben al deze gruwelen bedreven, waardoor het land onrein werd–

28 anders zal het land jullie uitbraken omdat jullie het verontreinigen, zoals het volk dat er voor jullie tijd woonde werd uitgebraakt.

29 Wie toch een dergelijke gruweldaad bedrijft, zal uit de gemeenschap gestoten worden.

30 Houd je aan je verplichtingen tegenover mij en volg geen van de gruwelijke gewoonten na die voor jullie tijd in zwang waren, opdat je er niet door verontreinigd wordt. Ik ben de HEER, jullie God."

* Deze huwelijkswetten gelden nu nog. Want in Handelingen 15, en 1 Corinthe 5, is sprake van ontucht en hoererij. Een man had namelijk gemeenschap gehad met zijn stiefmoeder en dat werd afgekeurd door de

39

apostel. Deze morele wetten gelden nu nog steeds. Maar gelukkig eist God in het N.T. geen doorstraf hierop.

19:35

Knoei niet met lengtematen, gewichten en inhoudsmaten.

* Dit is een beeld van onze handel en wandel ten opzichte van andere mensen. De Here Jezus zei zo mooi: 'Oordeelt niet en gij zult niet geoordeeld worden. Veroordeel niet en gij zult niet veroordeeld worden. En met de maat waarmee gij meet, zult u gemeten worden'.

Numeri

1:2 (2–3)

'Houd onder heel Israël een telling van alle weerbare mannen van twintig jaar en ouder. Tel hen hoofdelijk en schrijf hen met naam en toenaam in, geordend naar geslacht en familie en ingedeeld naar de legerafdelingen waartoe ze behoren. Doe dit samen met Aäron.

* Alle namen van de Israëlieten werden geteld. En als iemand zich te klein voelt in de massa vandaag aan de dag, en denkt wie ben ik in het christendom. Denk er dan aan dat alle haren op je hoofd geteld zijn. En dat er geen musje op de grond valt buiten de Hemelse Vader om. Net als iedere Israëliet die hier geteld werd en belangrijk was, zo zijn wij in Gods ogen allemaal even dierbaar.

9:21

Soms ook bleef de wolk alleen van de avond tot de morgen. Als hij zich dan 's morgens verhief, trokken ze verder. Zodra de wolk zich verhief, of dat nu overdag gebeurde of 's nachts, trokken ze verder.

* De leiding van de Here als belofte van dag tot dag.

11:33

Maar ze hadden het vlees nog niet fijngekauwd of de HEER ontstak in woede tegen het volk en bracht het een grote slag toe.

* Als je aandringt bij de Here om vleselijke begeerten, dan kan het zo zijn dat Hij je die geeft. Hoewel het beter was van niet. En net als Simson die een zondige weg ging met hoeren en snoeren kan God je je gang laten gaan. Hoewel je behouden bent voor de eeuwigheid. Maar dit is wel een grote schande en kan je het leven kosten, net als hier. In een Psalm staat: 'Veelvuldig zijn de smarten van hen die zich van God afkeren'.

20:2-3

Toen er geen water meer was, liep het volk tegen Mozes en Aäron te hoop.
3 Ze maakten Mozes verwijten. 'Waren wij ook maar omgekomen toen een deel van ons volk door het ingrijpen van de HEER stierf, 'zeiden ze.

* Voor de zoveelste keer komt het volk in opstand tegen de Here. En wij, zijn wij beter? Zeker niet! Maar toch verdraagt de Here ons gedurende ons hele leven in de woestijn van de wereld, waar geen water en geen brood voorhanden is voor onze zielen. Stefanus zei het ook dat de Here het volk veertig jaar had verdragen. En het getal veertig staat voor een volheid van testen. Als de zon van de woestijn op je blijft branden. Dan komt op een gegeven moment naar buiten wat er diep in je hart

leeft. Zowel het goede als het kwade. Dit is zowel een waarschuwing als een belofte.

33:5

Nadat de Israëlieten Rameses verlaten hadden, sloegen ze hun kamp op in Sukkot.

* Hier wordt de hele reisgeschiedenis van het volk Israël beschreven. En zo weet de Here ook onze weg. Niet alleen individueel maar ook collectief. En het is een belovende troost dat Hij ons geen kalme reis heeft beloofd, maar wel een behouden aankomst. Stap voor stap zal Hij bij ons zijn.

Deuteronomium

3:26

Maar door uw schuld was de HEER tegen mij in woede ontstoken en hij weigerde naar mij te luisteren. Hij zei: 'Genoeg, zwijg hier verder over!

* Laat dit een waarschuwing voor ons zijn. Als grote mannen als Mozes zo getuchtigd worden door de Here, zullen wij dan met nog erger wegkomen? Geenszins!

6:7

Prent ze uw kinderen in en spreek er steeds over, thuis en onderweg, als u naar bed gaat en als u opstaat.

* We behoren te getuigen aan onze kinderen van de dingen van de Here Jezus, dat hij ons gered heeft van een boze wereld. Maar we moeten dit vaak doen, maar wel op een natuurlijke manier. We moeten ze niet hersenspoelen, noch opdringerig zijn. Het belangrijkste is dat we goede voorbeelden mogen zijn. Want woorden strekken, maar voorbeelden trekken.

7:3

Sta ook geen huwelijksverbintenissen met hen toe; sta uw dochter niet af aan een van hun zonen en zoek bij hen geen vrouw voor uw eigen zoon.

* We moeten onze kinderen voorhouden dat ze gelovige partners zoeken. Want hoe kunnen gelovigen het met ongelovigen eens zijnr? Vooral is het bijna onmogelijk in zo'n geval om je kinderen bij de Here Jezus te brengen.

9:25

Ik had me dus voor de HEER ter aarde geworpen, en bleef veertig dagen en nachten op de grond liggen, omdat hij tot uw ondergang besloten had.

* Er staat in de Bijbel dat als niet de Here genade met ons had gehad, zouden we geworden zijn als Sodom en Gomorra; het is inderdaad genade wanneer wij individueel en collectief bewaard worden. Wij zijn niet beter dan andere zondaren.

10:9

Daarom bezitten de Levieten geen eigen grond zoals de anderen; zij mogen immers bestaan van de dienst aan de HEER, zoals hij hun heeft beloofd.

* De Here Jezus zei tegen Marta dat maar een ding nodig is, en dat Maria van Betanië, haar zus, het goede deel had gekozen en dat dat niet van haar weggenomen zou worden. Dit ene goede deel is het zitten aan Zijn

voeten, om naar Zijn stem te luisteren om al die kostelijke dingen in je leven waar te maken. En zo mag de Here ook ons erfdeel wezen, net als bij de Levieten.

11:26-28

Besef goed, vandaag stel ik u voor de keuze tussen zegen en vloek.

27 Zegen, als u gehoorzaam bent aan de geboden van de HEER, uw God, zoals ik ze u vandaag voorhoud.

28 Vloek, als u zijn geboden niet gehoorzaamt en afwijkt van de weg die ik u vandaag wijs en achter andere goden aan loopt die u eerst niet kende.

* Dit geldt ook voor ons in zoverre we op aarde leven. Ik doel niet op ons eeuwig behoud, maar op de consequenties van onze daden.

12:23

Maar wees er wel op bedacht dat u zich van het bloed onthoudt, want bloed is leven; vlees met leven erin mag u niet eten.

* Volgens Handelingen 15 geldt dit nu nog steeds. Ook voor ons.

17:16-17

Hij mag geen paarden gaan houden, want hij zou zijn volksgenoten naar Egypte kunnen terugsturen om voor uitbreiding van zijn stallen te zorgen, in strijd met de waarschuwing van de HEER dat we nooit meer die weg terug mogen gaan.

17 Evenmin is het de koning toegestaan er veel vrouwen op na te houden, want dat zou hem tot afgodendienst kunnen verleiden. En verder mag hij ook geen zilver en goud ophopen.

* Salomo was ongehoorzaam in al deze drie gevallen en het ging fout met hem, en dat is ook een voorbeeld voor ons.

18:10-13

Er mag bij u geen plaats zijn voor mensen die hun zoon of dochter als offer verbranden, en evenmin voor waarzeggers, wolken-schouwers, wichelaars, tovenaars,

11 bezweerders, en voor hen die geesten raadplegen of doden oproepen.

12 Want de HEER verafschuwt mensen die zulke dingen doen, en om die verfoeilijke praktijken verdrijft hij deze volken voor u.

13 U moet volledig op de HEER, uw God, gericht zijn.

* Het eerste wat genoemd wordt is satanisme, en de andere dingen zijn occult. En hiermee leveren mensen zich over in de macht van demonen. Daarom is het beter om zelfs geen horoscoop te lezen.

19:21

Heb geen medelijden en eis een leven voor een leven, een oog voor een oog, een tand voor een tand, een hand voor een hand, een voet voor een voet.

* Volgens de Bergrede geldt deze wet niet meer, de zogenaamde lex talionis. Maar nu moeten we zelfs onze vijanden liefhebben, want we leven in de tijd van genade.

26:18-19

Vandaag heeft de HEER u verzekerd dat u, zoals hij u heeft beloofd, zijn volk zult zijn, zijn kostbaar bezit. U moet al zijn geboden naleven.
19 Hij zal u hoog verheffen boven alle volken die hij geschapen heeft. U zult lof oogsten en met roem overladen worden. U zult het volk zijn dat aan de HEER, uw God, is gewijd, zoals hij heeft beloofd.

* Wat hier staat, was ook de bedoeling voor de Kerk. En in het begin van de christenheid begon het ook zo mooi. We waren eens een heilig volk voor God. Maar nu heeft de hele christenheid het danig verknoeid.

31:6

Wees vastberaden en standvastig. Er is geen enkele reden om bang voor hen te zijn, want het is de HEER, uw God, die met u meegaat. Hij zal niet van uw zijde wijken en u niet verlaten.'

* Dit vers spreekt voor zichzelf. Het is een mooie belofte die ook voor ons geldt.

32:11

Zoals een arend over zijn jongen waakt en voortdurend erboven blijft zweven, zijn vleugels uitspreidt en zijn jongen daarop draagt,

* Net als een adelaar zijn jongen leert vliegen, zo wil de Here ons op weg helpen.

33:26-27

'Wie, Jesurun, wie evenaart uw God?
Als een vorst rijdt hij langs de hemel
en over de wolken, om u te hulp te komen.

27 Van oudsher is God een schuilplaats,
zijn armen dragen u voor eeuwig.
Hij dreef uw vijand op de vlucht
en droeg u op: "Vernietig hem!"

* Dit is een belofte die ook voor ons geldt. Onze strijd is niet tegen vlees en bloed. En daarom is onze vijand Satan en zijn demonen.

Jozua

1:3

Elk stuk grond dat jullie zullen betreden geef ik jullie,
zoals ik Mozes heb beloofd.

* Deze belofte geldt ook voor ons, geestelijk. We
moeten het alleen niet te fanatiek opvatten in het
claimen van dingen.

1:5

Zolang je leeft zal niemand tegen je kunnen
standhouden. Zoals ik Mozes heb bijgestaan, zo zal ik
ook jou bijstaan. Ik zal niet van je zijde wijken en je niet
verlaten.

* Deze belofte geld ook voor ons, maar dan geestelijk.
Want onze strijd is niet tegen vlees en bloed.

1:6a

Wees vastberaden en standvastig,

* Daarom wees sterk en heb goede moed.

7:11

Israël heeft gezondigd. Ze hebben het gewaagd de regels van het verbond te overtreden die ik hun gegeven heb. Ze hebben zich vergrepen aan de goederen waarop mijn ban rustte. Ze hebben die gestolen, en dat ook nog eens proberen te verdoezelen door ze tussen hun eigen bezittingen te verbergen.

* Heel Israël werd verantwoordelijk gehouden, terwijl één man maar gezondigd had. Zo wordt ook de Kerk als één lichaam beschouwd volgens het Nieuwe Testament.

12-13 Algemene aantekening:

De Israëlieten veroverden eerst het gebied ten oosten van de Jordaan, van het Arnondal tot aan het Hermongebergte met de oostkant van de Jordaanvallei. Ze versloegen de twee volgende koningen:

2 Koning Sichon van de Amorieten, die in Chesbon zetelde. Hij heerste vanaf Aroër aan de rand van het Arnondal, beter gezegd, vanaf de middenloop van de Arnon, tot aan het dal van de Jabbok, dat de grens met het land van de Ammonieten vormde. Zijn gebied omvatte de ene helft van Gilead

3 en dat deel van de Jordaanvallei dat zich vanaf de oostkant van het Meer van Kinneret uitstrekte tot aan de oostkant van de Zoutzee, ofwel de Dode Zee, tot aan Bet–Hajjesimot. Verder liep het in zuidelijke richting tot aan de rotskloven van de Pisga,

4 die een natuurlijke grens vormden.

51

En koning Og van Basan, die nog van de Refaïeten afstamde en in Astarot en Edreï zetelde.

5 Hij heerste over het Hermongebergte, Salka en heel Basan tot aan de gebieden Gesur en Maächa, en verder over de andere helft van Gilead tot aan het gebied van koning Sichon uit Chesbon.

6 De Israëlieten hebben deze twee koningen verslagen onder aanvoering van Mozes, de dienaar van de HEER. Mozes gaf hun gebieden in bezit aan de stammen Ruben en Gad en de eerste helft van de stam Manasse.

7 Daarna veroverde Israël onder aanvoering van Jozua het gebied ten westen van de Jordaan, van Baäl–Gad in de Libanonvallei tot aan de Kale Bergen, die oplopen naar Seïr. Jozua gaf Israël dit gebied in bezit volgens de indeling in stammen.

8 Het omvatte het bergland, het heuvelland, de westkant van de Jordaanvallei, de streek van de rotskloven, de woestijn en de Negev. Dit waren de gebieden van de Hethieten, de Amorieten, de Kanaänieten, de Perizzieten, de Chiwwieten en de Jebusieten. Israël versloeg de volgende koningen:

9 die van Jericho, Ai (dat vlak bij Betel ligt),

10 Jeruzalem, Hebron,

11 Jarmut, Lachis,

12 Eglon, Gezer,

13 Debir, Geder,

14 Chorma, Arad,

15 Libna, Adullam,

16 Makkeda, Betel,

17 Tappuach, Chefer,

18 Afek en de koning van de Saronvlakte,

19 die van Madon, Hasor,

20 Simron–Meron, Achsaf,

52

21 Taänach, Megiddo,
22 Kedes, Jokneam (bij de Karmel),
23 Dor (in het kustgebied van die stad), Goïm (in Galilea)
24 en Tirsa. In totaal eenendertig koningen.

1 Toen Jozua op hoge leeftijd was gekomen, zei de HEER tegen hem: 'Je bent nu oud, maar er wacht nog heel veel land dat veroverd moet worden.

2 Dit zijn de overgebleven gebieden: Allereerst alle streken waar de Filistijnen en de Gesurieten wonen,

3 vanaf de wadi die de oostgrens van Egypte vormt tot aan Ekron in het noorden. Dit hele gebied wordt tot Kanaän gerekend. Het wordt geregeerd door de vijf stadsvorsten van de Filistijnen: die van Gaza, Asdod, Askelon, Gat en Ekron. Ook de Awwieten wonen er,

4 ten zuiden van de Filistijnen. Verder is er het hele gebied van de Kanaänieten vanaf Ara, een stad van de Sidoniërs, tot aan Afek op de grens met het land van de Amorieten.

5 Er is bovendien het land van de Giblieten en, ten oosten daarvan, de hele Libanon vanaf Baäl–Gad aan de voet van de Hermon tot aan Lebo–Hamat;

6 kortom, het hele berggebied van de Libanon tot aan Misrefot–Maïm, dus met inbegrip van de streek waar de Sidoniërs wonen. Ik zal al die volken zelf voor Israël verdrijven. Jij hoeft het land alleen maar door loting onder de Israëlieten te verdelen, zoals ik je heb opgedragen.

7 Verdeel het daarom in gebieden voor de negen overgebleven stammen en de tweede helft van de stam Manasse.'

8 De stammen Ruben en Gad en de eerste helft van de stam Manasse hadden reeds het grondgebied

ontvangen dat Mozes, de dienaar van de HEER, hun ten oosten van de Jordaan had toegewezen.

9 (9–10) Het liep vanaf de stad Aroër aan de rand van het Arnondal, beter gezegd, vanaf de stad die in het dal zelf ligt, tot aan het land van de Ammonieten en omvatte de hele hoogvlakte van Medeba tot Dibon, met alle steden van koning Sichon van de Amorieten, die in Chesbon heerste.

10

11 Verder omvatte het Gilead en de gebieden Gesur en Maächa, het hele Hermongebergte en heel Basan tot aan Salka;

12 kortom, het hele rijk van koning Og uit Basan, die in Astarot en Edreï heerste en nog van de Refaïeten afstamde. Mozes had de Amorieten verslagen en uitgeroeid.

13 Maar Israël roeide de Gesurieten en de Maächatieten niet uit, zodat deze volken in hun midden bleven wonen, tot op de dag van vandaag.

14 Mozes had de Levieten geen grondgebied toegewezen. Zij zouden mogen delen in de offergaven aan de HEER, de God van Israël, zoals hij hun had beloofd.

15 Mozes had aan de families van de stam Ruben het volgende grondgebied toegewezen:

16 Het begon bij de stad Aroër aan de rand van het Arnondal, beter gezegd, bij de stad die in het dal zelf ligt, en omvatte verder de hele hoogvlakte tot aan Medeba,

17 dat wil zeggen Chesbon met de omliggende steden; verder Dibon, Bamot–Baäl, Bet–Baäl–Meon,

18 Jahas, Kedemot, Mefaät,

19 Kirjataïm, Sibma en Seret–Hassachar, dat in de uitlopers van de bergen ligt.

54

20 En verder nog Bet–Peor, de rotskloven van de Pisga en Bet–Hajjesimot.
21 Kortom, alle steden op de hoogvlakte, ofwel het hele rijk van Sichon, de koning van de Amorieten, die in Chesbon heerste en door Mozes verslagen was. (Mozes versloeg tegelijk de Midjanitische stamhoofden Ewi, Rekem, Sur, Chur en Reba, die in Sichons rijk woonden en diens legeraanvoerders waren.
22 Bovendien hadden de Israëlieten de waarzegger Bileam, de zoon van Beor, gedood.)
23 Dit was het gebied dat met alle steden en dorpen toebehoorde aan de families van de stam Ruben. De natuurlijke grens werd gevormd door de Jordaan.
24 Mozes had aan de stam Gad, aan de families van die stam, het volgende grondgebied toegewezen:
25 (25–26) Het begon even boven Chesbon en strekte zich uit tot aan Ramat–Hammispe en Betonim, en vanaf Machanaïm tot aan het gebied rond Lo–Debar. Het omvatte Jazer, alle steden van Gilead en de helft van het land van de Ammonieten tot aan Aroër bij Rabba.
26
27 Het omvatte bovendien een aantal steden in de Jordaanvallei: Bet–Haram, Bet–Nimra, Sukkot en Safon. Kortom, de rest van het rijk van Sichon, de koning van Chesbon, ten oosten van de Jordaan. Hierbij vormde de Jordaan de natuurlijke grens, precies tot de zuidkant van het Meer van Kinneret.
28 Dit was het gebied dat met alle steden en dorpen toebehoorde aan de families van de stam Gad.
29 Mozes had aan de families van de eerste helft van de stam Manasse het volgende grondgebied toegewezen:
30 Het strekte zich uit ten noorden van Machanaïm en omvatte heel Basan, dus het hele rijk van koning Og,

met inbegrip van alle dorpen van Jaïr, zo'n zestig nederzettingen.

31 Verder omvatte het de helft van Gilead en de beide koningssteden die Og in Basan had: Astarot en Edreï. Dit was het gebied dat toebehoorde aan de eerste helft van de families die van Manasses zoon Machir afstamden.

32 Tot zover de gebieden die Mozes op de vlakte van Moab, ten oosten van de Jordaan en Jericho, had verdeeld.

33 Hij wees de stam van de Levieten echter geen grondgebied toe. Zij zouden mogen bestaan van de dienst aan de HEER, de God van Israël, zoals hij hun had beloofd.

* In deze hoofdstukken zien we dat het volk van God veel terrein verovert. Geestelijk wenst de Here Jezus dit ons toe, zodat we ruimte mogen genieten voor onze geesten en zielen.

17:18

U hebt toch bergen? En die bergen hebben toch bossen? Rooi die dan eerst! Dan krijgt u ook de uitlopers van het gebergte. En op den duur zult u ook de Kanaänieten kunnen verdrijven, ook al hebben die ijzeren strijdwagens en zijn ze sterk.

* Al is de vijand nog zo sterk, de Here kan ons nog meer kracht geven. Dit is geestelijk bedoeld, want onze strijd is niet tegen vlees en bloed.

18 Algemene aantekening:

De hele volksvergadering van Israël kwam bijeen in Silo. Daar werd ook de ontmoetingstent opgezet. Het land was al veroverd,

2 maar er waren zeven stammen overgebleven die hun grondgebied nog niet hadden verdeeld.

3 Jozua zei tegen de Israëlieten: 'Hoe lang moet die besluiteloosheid nog duren? Wanneer neemt u nu eindelijk het land in bezit dat de HEER, de God van uw voorouders, u geschonken heeft?

4 Wijs per stam drie mannen aan. Die zal ik dan naar dat gebied sturen om het te verkennen en te beschrijven, zodat het kan worden verdeeld. Wanneer ze bij me teruggekomen zijn,

5 moeten ze het in zeven gebieden verdelen. Het gebied van Juda in het zuiden moet echter blijven zoals het is, evenals dat van de nakomelingen van Jozef ten noorden daarvan.

6 Daarna moet u een beschrijving van die zeven gebieden maken en die aan mij geven. Ik zal dan hier in Silo ten overstaan van de HEER, onze God, het lot voor u werpen.

7 Maar de Levieten zullen niet zoals u delen in het land; hun is het toebedeeld priesters van de HEER te zijn. Gad, Ruben en de eerste helft van Manasse hebben al eerder het grondgebied ontvangen dat Mozes, de dienaar van de HEER, hun ten oosten van de Jordaan heeft toegewezen.'

8 Jozua herhaalde deze opdracht tegen de mannen die het gebied gingen verkennen. Toen zij zich gereedmaakten om te vertrekken, zei hij tegen hen: 'Verken het gebied, beschrijf het en kom bij mij terug.

Dan zal ik hier in Silo ten overstaan van de HEER het lot voor u werpen.'

9 De mannen verkenden toen het gebied, maakten een lijst van de steden, verdeelden het gebied in zeven stukken en gingen terug naar het kamp in Silo, naar Jozua.

10 Deze wierp daar ten overstaan van de HEER het lot en verdeelde het land onder de Israëlieten volgens de indeling in stammen.

11 Het eerste lot viel op de stam Benjamin. Het grondgebied dat aan de families van deze stam werd toegewezen, lag tussen de gebieden van Jozef en Juda.

12 De noordgrens begon bij de Jordaan. Hij ging langs de noordkant van de heuvelrug bij Jericho omhoog, liep door de bergen naar het westen en kwam uit bij de woestijn van Bet–Awen.

13 Hij liep vervolgens naar Luz (het huidige Betel), ging zuidelijk langs de berg bij die stad, daalde naar Atrot–Addar en liep verder over de berg die ten zuiden van Laag–Bet–Choron ligt.

14 Daar maakte hij een bocht, waarmee hij overging in de westgrens.
De westgrens liep vanaf de berg die ten zuiden van Bet–Choron ligt naar het zuiden tot aan de grens met Kirjat–Baäl (het huidige Kirjat–Jearim), een stad die aan de stam Juda toebehoorde. Zo liep de westgrens.

15 De zuidgrens begon boven Kirjat–Jearim en liep van daar via ljjim naar de bron van Me–Neftoach.

16 Hij daalde naar de voet van de berg die westelijk van het Ben–Hinnomdal en noordelijk van de vallei van Refaïm ligt, en daalde vervolgens verder naar het Hinnomdal. Via dat dal liep hij om het zuiden van de

58

heuvelrug waarop Jebus lag. Hij daalde naar de Rogelbron

17 en liep in een lichte bocht naar het noordoosten. Daarna ging hij in een rechte lijn naar de Semesbron en vervolgens naar Gelilot, dat tegenover de Adummimpas ligt, en daalde af naar de rots van Bohan. (Bohan was een nakomeling van Ruben.)

18 De grens liep vervolgens langs de noordkant van de heuvelrug die ter hoogte van Bet–Araba ligt, daalde naar de Jordaanvallei,

19 liep langs de noordkant van de heuvelrug die bij Bet–Chogla ligt en ging daarna in zuidelijke richting verder tot aan de monding van de Jordaan. Daar, bij de noordkant van de Zoutzee, eindigde hij. Zo liep de zuidgrens van de stam Benjamin.

20 De oostgrens werd gevormd door de Jordaan.
Dit waren de grenzen van het grondgebied dat aan de families van de stam Benjamin toebehoorde.

21 In het gebied van de stam Benjamin lagen de volgende steden:
Jericho, Bet–Chogla, Emek–Kesis,

22 Bet–Araba, Semaraïm, Betel,

23 Awwim, Para, Ofra,

24 Kefar–Haämmoni, Ofni en Geba. Twaalf steden met de omliggende dorpen.

25 Verder Gibeon, Rama, Beërot,

26 Mispa, Kefira, Mosa,

27 Rekem, Jirpeël, Tarala,

28 Sela, Elef en Jebus (het huidige Jeruzalem), Gibea en Kirjat–Jearim. Veertien steden met de omliggende dorpen.
Dit was het grondgebied van de families van de stam Benjamin.

* Net als de Israëlieten een aards erfdeel kregen, zo zal de Here ons een hemels erfdeel geven. En het is de bedoeling dat we nu al op een geestelijke manier terrein winnen, door de zonden te overwinnen. Dit is dus beide een waarschuwing en een belofte. Want evenals de Israëlieten de vijand niet helemaal verdreven en die hun later tot een struikelblok werden met hun afgodendienst, zo kunnen wij slachtoffer worden van onbeleden zonden.

24:15c

In ieder geval zullen ik en mijn familie de HEER dienen.

* Jozua en zijn hele gezin dienden de Here. Zo diende Cornelis met zijn hele huis ook de Here, nadat ze Hem aangenomen hadden.

Richteren

1 Algemene aantekening:

Na de dood van Jozua raadpleegden de Israëlieten de HEER: 'Wie van ons moet als eerste de strijd aanbinden met de Kanaänieten?'

2 De HEER antwoordde: 'Juda moet als eerste oprukken; hun geef ik het land in handen.'

3 Toen zeiden de Judeeërs tegen de stam Simeon, hun broeders: 'Trek met ons op naar het grondgebied dat ons door het lot is toegewezen en bind samen met ons de strijd aan tegen de Kanaänieten. Daarna zullen wij op onze beurt met u meegaan naar het grondgebied dat u door het lot is toegewezen.' Hierop ging Simeon met hen mee.

4 Juda rukte op, en de HEER leverde de Kanaänieten en Perizzieten aan hen uit; bij Bezek versloegen ze er tienduizend.

5 Ze kwamen daar tegenover Adonibezek te staan, bonden de strijd met hem aan en versloegen de Kanaänieten en Perizzieten.

6 Adonibezek sloeg op de vlucht, maar na een achtervolging kregen ze hem te pakken en hakten hem zijn duimen en zijn grote tenen af.

7 Adonibezek verklaarde: 'Ik heb aan mijn hof wel zeventig koningen van wie ik de duimen en grote tenen

heb afgehakt en die zich in leven houden met de kruimels onder mijn tafel. God vergeldt mij nu wat ik hun heb aangedaan!' Hij werd naar Jeruzalem gebracht, en daar is hij gestorven.

8 De Judeeërs deden een aanval op Jeruzalem en veroverden de stad. Ze doodden alle inwoners en lieten de stad in vlammen opgaan.

9 Toen trokken ze verder om de strijd aan te binden tegen de Kanaänieten die in het bergland woonden, in de Negev en in het heuvelland.

10 Eerst vielen ze de Kanaänieten in Hebron aan, dat toen nog Kirjat–Arba heette. Daar versloegen ze Sesai, Achiman en Talmai.

11 Vervolgens trokken ze op tegen Debir, dat toen nog Kirjat–Sefer heette.

12 Kaleb beloofde: 'Wie Kirjat–Sefer verovert zal ik mijn dochter Achsa tot vrouw geven.'

13 Otniël, een zoon van Kalebs jongere broer Kenaz, veroverde de stad en kreeg Achsa tot vrouw.

14 Bij haar aankomst spoorde Achsa hem aan om aan haar vader een stuk vruchtbaar land te vragen. Toen ze van haar ezel was afgestegen, vroeg Kaleb haar wat ze verlangde.

15 'Geef me toch een geschenk waar ik wat aan heb,' antwoordde ze. 'U hebt me dit dorre stuk land gegeven, geef me dan ook bronnen.' Hierop gaf Kaleb haar zowel de hoog– als de laaggelegen bronnen.

16 Vanuit de Palmstad waren met de Judeeërs ook de Kenieten, stamgenoten van de schoonvader van Mozes, naar de woestijn van Juda opgetrokken. Zij vestigden zich te midden van de bewoners van het gebied rond Arad.

17 Samen met de stam Simeon versloegen de Judeeërs vervolgens de Kanaänieten in Sefat en vernietigden de stad. Sindsdien heet die stad Chorma.

18 Ook veroverden de Judeeërs het hele gebied van Gaza, het hele gebied van Askelon en het hele gebied van Ekron.

19 Met de hulp van de HEER maakte Juda zich meester van het bergland, maar het lukte niet om de bewoners van de laagvlakte te verdrijven, want die beschikten over ijzeren strijdwagens.

20 Hebron werd, overeenkomstig de woorden van Mozes, toegewezen aan Kaleb, die de drie zonen van Enak uit de stad verdreef.

21 Maar de Jebusieten in Jeruzalem werden door de stam Benjamin niet verdreven; zij wonen er tot op de dag van vandaag samen met de Benjaminieten.

22 Ook de nakomelingen van Jozef rukten op, naar Betel, en de HEER stond hen bij.

23 Ze stuurden verkenners naar Betel, dat vroeger Luz heette.

24 Toen de verkenners een man uit de stad zagen komen, zeiden ze tegen hem: 'Als u ons wijst hoe we in de stad kunnen komen, zullen wij u goed behandelen.'

25 De man wees hun hoe ze de stad konden binnenkomen. Ze doodden alle inwoners, maar lieten de man met heel zijn familie in leven.

26 Hij trok naar het land van de Hethieten. Daar bouwde hij een stad die hij Luz noemde, en die zo heet tot op de dag van vandaag.

27 De stam Manasse heeft zich niet meester gemaakt van Bet–San en Taänach en de omliggende dorpen. Ze verdreven ook de inwoners van Dor, Jibleam en Megiddo en de omliggende dorpen niet; in dit gebied handhaafden de Kanaänieten zich.

28 Toen de Israëlieten sterker werden, legden ze de Kanaänieten herendienst op, maar ze verdreven hen niet.

29 De stam Efraïm heeft de inwoners van Gezer niet verdreven; de Kanaänieten daar bleven in hun midden wonen.

30 De stam Zebulon heeft de inwoners van Kitron en Nahalol niet verdreven; de Kanaänieten bleven in hun midden wonen en werden gedwongen tot herendienst.

31 De stam Aser heeft de inwoners van Akko en Sidon niet verdreven en Achlab, Achzib, Chelba, Afek en Rechob niet veroverd;

32 de Aserieten vestigden zich te midden van de Kanaänieten die er woonden en verdreven hen niet.

33 De stam Naftali heeft de inwoners van Bet–Semes en Bet–Anat niet verdreven; ze vestigden zich te midden van de Kanaänieten die er woonden en dwongen hen tot herendienst.

34 De stam Dan werd door de Amorieten teruggedrongen tot in het bergland en kreeg geen kans naar de laagvlakte af te dalen.

35 De Amorieten handhaafden zich in Har–Cheres, Ajjalon en Saälbim, maar toen de nakomelingen van Jozef sterker werden, dwongen zij hen tot herendienst.

36 Het gebied van de Amorieten reikte tot aan de Schorpioenenpas, tot aan Sela en verder.

* In het Nieuwe Testament roept Paulus ons op onze redding met vrezen en beven uit te werken. Het woord uitwerken in het Grieks wordt ook gebruikt voor het bewerken van land. De Israëlieten hier slaagden er niet in om al het land te veroveren. In onze tijd slaat dat op onze strijd die met onze geest en ziel te maken heeft. Als je de oude natuur niet helemaal verovert, dan blijven

de geestelijke Kanaänieten het je lastig maken. Daarom zegt Paulus ook: 'Dood dan uw leden die op aarde zijn'. Van hoererij tot hebzucht. Paulus zegt dat we de zondige werkingen (natuurlijk niet de goede) van het lichaam moeten doden, opdat we mogen opleven naar de Here Jezus toe. Dit is een ernstige waarschuwing, maar ook een belofte.

2 Algemene aantekening:

1 Er kwam een engel van de HEER uit Gilgal naar Bochim. Daar zei hij: 'Ik heb jullie uit Egypte geleid naar het land dat ik jullie voorouders onder ede had beloofd. Ik heb gezegd dat ik mijn verbond met jullie nooit zou verbreken.

2 Maar jullie mochten geen verdragen sluiten met de inwoners van dit land en hun altaren moesten jullie afbreken. Maar jullie hebben niet geluisterd naar wat ik heb gezegd. Hoe hebben jullie dat kunnen doen?

3 Daarom heb ik besloten dat ik de inwoners van dit land niet voor jullie zal verdrijven. Zij zullen jullie in hun netten verstrikken en hun goden zullen jullie ondergang worden.'

4 Toen de engel van de HEER deze woorden tot de Israëlieten had gesproken, barstte het volk in gejammer uit.

5 Ze noemden die plaats Bochim en brachten er offers aan de HEER.

6 Toen Jozua de volksvergadering had ont-bonden, waren de Israëlieten erop uitgetrokken om het land in bezit te nemen, elke stam het gebied dat hun was toegewezen.

7 Zolang Jozua leefde, had het volk de HEER gediend. Ook na zijn dood waren ze de HEER blijven dienen zolang de stammen werden aangevoerd door Jozua's leeftijdgenoten, die getuige waren geweest van de grootse daden die de HEER voor Israël had verricht.

8 Jozua, de zoon van Nun, de dienaar van de HEER, was gestorven toen hij honderdtien jaar oud was.

9 Hij was begraven in het gebied dat hem was toegewezen: in Timnat–Cheres in het bergland van Efraïm, ten noorden van de Gaäs.

10 Toen ook zijn leeftijdgenoten met hun voorouders waren verenigd, kwam er een volgende generatie, die niet vertrouwd was met de HEER en wat hij voor Israël had gedaan.

11 De Israëlieten begonnen te doen wat slecht is in de ogen van de HEER: ze gingen de Baäls dienen.

12 Ze keerden de HEER de rug toe, de God van hun voorouders, die hen uit Egypte had geleid, en begonnen achter andere goden aan te lopen die werden vereerd door de volken waartussen ze woonden. Door voor die vreemde goden te buigen krenkten ze de HEER.

13 Ze keerden hem de rug toe om Baäl en de Astartes te dienen.

14 Toen ontstak de HEER in woede tegen de Israëlieten. Hij leverde hen uit aan roversbenden en aan de hen omringende vijanden, zodat ze daartegen geen stand meer hielden.

15 Telkens als ze iets tegen hun vijanden ondernamen, werkte de HEER hen tegen, zoals hij hun gezegd en gezworen had. Steeds weer kregen de Israëlieten het zwaar te verduren.

16 Dan liet de HEER een rechter optreden om het volk te leiden en het te bevrijden van de roversbenden.

17 Maar ook naar hun rechters luisterden ze niet; ze gaven zich af met andere goden en bogen zich voor hen neer. Binnen de kortste keren dwaalden ze weer af van de weg die hun voorouders waren gegaan: die hadden de geboden van de HEER gehoorzaamd, maar zij niet.

18 Steeds wanneer de HEER een rechter liet optreden, stond hij die bij. Want wanneer het volk zuchtte onder het juk van onderdrukkers, kreeg de HEER medelijden en verloste hij hen van hun vijanden zolang die rechter leefde.

19 Maar wanneer de rechter dan stierf, verviel het volk van kwaad tot erger. Meer nog dan hun voorouders liepen ze achter andere goden aan om die te dienen en bogen ze zich voor hen neer. Ze weigerden hardnekkig hun kwalijke praktijken op te geven.

20 De HEER ontstak in woede tegen Israël en zei: 'Dit volk overtreedt de regels van het verbond die ik hun voorouders heb opgelegd en het luistert niet naar mij.

21 Ik zal daarom geen enkel volk meer verdrijven dat nog in het land woonde toen Jozua stierf.'

22 (22–23) De HEER had die volken namelijk in het land laten blijven en ze niet onmiddellijk verdreven omdat hij de Israëlieten op de proef wilde stellen. Hij had ze niet aan Jozua uitgeleverd, omdat hij wilde zien of de Israëlieten zich net als hun voorouders zouden houden aan de weg die hij hun had gewezen of niet.

* Stilstand is achteruitgang. Als we niet doorgaan met de geestelijke strijd, maar als we op onze lauweren gaan rusten, dan krijgt de vijand altijd de overhand.

4 Algemene aantekening:

1 Na de dood van Ehud deden de Israëlieten weer wat slecht is in de ogen van de HEER.

2 Daarom leverde de HEER hen uit aan koning Jabin van Kanaän, die regeerde in Hasor. Diens legeraanvoerder heette Sisera; hij had zijn legerkamp in Charoset–Haggojim.

3 Jabin beschikte over negenhonderd ijzeren strijdwagens en heerste met harde hand over Israël, wel twintig jaar lang. Daarom riepen de Israëlieten de HEER te hulp.

4 In die tijd was een zekere Debora rechter over Israël. Deze Debora, de vrouw van Lappidot, was profetes.

5 Ze hield zitting onder de Deborapalm tussen Rama en Betel, in het bergland van Efraïm, en daar kwamen de Israëlieten haar hun rechtsgeschillen voorleggen.

6 Debora liet Barak, de zoon van Abinoam, afkomstig uit Kedes in Naftali, bij zich komen en zei tegen hem: 'De HEER, de God van Israël, gebiedt u: "Trek met tienduizend man uit de stammen Naftali en Zebulon op naar de Tabor.

7 Dan zal ik Jabins legeraanvoerder Sisera met al zijn strijdwagens en soldaten laten optrekken tot in het dal van de Kison en hem aan je uitleveren."'

8 Als u meegaat, zal ik gaan, 'antwoordde Barak, 'maar als u niet meegaat, ga ik niet.'

9 'Goed, 'zei Debora, 'ik zal met u meegaan. Maar let wel, u zult geen eer behalen aan deze veldtocht, want de HEER zal Sisera uitleveren aan een vrouw.' Zo besloot Debora met Barak mee te gaan op zijn veldtocht naar Kedes.

10 Barak riep de mannen van Zebulon en Naftali onder de wapenen en trok aan het hoofd van tienduizend man naar Kedes op. Debora ging met hem mee.

11 In de buurt van Kedes had een zekere Cheber zijn tenten opgeslagen bij de eik in Saänannim. Deze Cheber was een Keniet die zich had afgescheiden van zijn stamgenoten, nakomelingen van Mozes' schoonvader Chobab.

12 Sisera kreeg bericht dat Barak de Tabor was opgegaan.

13 Daarom riep hij zijn soldaten onder de wapenen en trok met al zijn negenhonderd ijzeren strijdwagens en zijn hele leger vanuit Charoset–Haggojim op naar het dal van de Kison.

14 Debora spoorde Barak aan: 'Vooruit! Vandaag levert de HEER Sisera aan u uit. Hij zal voor u uit gaan.' Toen kwam Barak de Tabor af met tienduizend man achter zich aan.

15 Op het moment dat de manschappen van Sisera Barak zagen verschijnen, zaaide de HEER paniek onder hen en ontstond er grote verwarring. Sisera sprong van zijn wagen en maakte zich uit de voeten.

16 Barak achtervolgde de strijdwagens en de soldaten tot in Charoset–Haggojim. Alle soldaten van Sisera sneuvelden; niet een bleef er in leven.

17 Sisera vluchtte te voet naar de tent van Jaël, de vrouw van de Keniet Cheber, want hij wist dat er een bondgenootschap bestond tussen de familie van Cheber en koning Jabin van Hasor.

18 Jaël kwam hem tegemoet en zei: 'Kom binnen, heer, kom binnen. Wees niet bevreesd.' Hij ging bij haar de tent binnen en zij verborg hem onder een deken.

19 'Geef me wat water te drinken, 'vroeg hij, 'ik heb zo'n dorst.' Jaël opende een melkzak, gaf hem te drinken en dekte hem weer toe.

20 Toen zei hij: 'Ga in de tentopening staan. Als er dan iemand komt vragen of er een man bij u is, moet u zeggen: "Nee, er is hier niemand."'

21 Jaël nam een tentpin en een hamer en sloop de tent binnen. Ze sloeg, terwijl hij daar uitgeput in slaap lag, de tentpin dwars door zijn hoofd de grond in, zodat hij stierf.

22 Op dat moment kwam Barak eraan, op jacht naar Sisera. Jaël ging hem tegemoet en zei: 'Kom, ik zal u de man laten zien die u zoekt.' Barak ging met haar naar binnen–en daar lag Sisera, dood, met de tentpin door zijn hoofd.

23 Zo bracht God koning Jabin van Kanaän in zijn strijd met de Israëlieten een zware nederlaag toe.

24 Daarna wist Israël koning Jabin steeds verder terug te dringen, totdat ze hem hadden vernietigd.

* Steeds als het volk opriep tot de Here, zond Hij verlossing. En zo moeten wij ook tot de Here oproepen, ieder voor zich en voor elkaar. Want Hij wil onze Richter en Redder zijn.

7:19b

Ze bliezen op hun ramshoorns en sloegen de kruiken die ze bij zich hadden aan stukken.

* Paulus zegt: 'We hebben deze schat in aarden vaten'. En zoals hier de kruiken verbroken werden, zodat het licht kon schijnen, zo moet onze oude natuur verbroken

worden, zodat het Licht van de Heilige Geest in ons kan schijnen.

13-16 Algemene aantekening over Simson:

1 Weer deden de Israëlieten wat slecht is in de ogen van de HEER. Daarom leverde de HEER hen veertig jaar lang over aan de Filistijnen.

2 In die tijd leefde er in de omgeving van Sora een zekere Manoach, die tot de stam Dan behoorde. Zijn vrouw was onvruchtbaar en had nooit kinderen gekregen.

3 Op een dag verscheen bij haar een engel van de HEER. 'Tot nu toe was u onvruchtbaar en hebt u geen kinderen gekregen, 'zei hij. 'Maar nu zult u zwanger worden en een zoon baren.

4 Onthoud u daarom van wijn en andere drank en eet geen voedsel dat onrein is.

5 U zult zwanger worden en een zoon krijgen. Zijn haar mag nooit door een scheermes worden aangeraakt, want hij zal al vanaf de moederschoot als nazireeër aan God gewijd zijn. Hij zal een begin maken met de bevrijding van Israël uit de greep van de Filistijnen.'

6 De vrouw ging naar haar man en vertelde hem dat er een godsman bij haar was geweest. 'Hij zag er bijzonder ontzagwekkend uit, 'zei ze, 'het leek wel een engel van God. Ik heb hem niet gevraagd waar hij vandaan kwam en hij heeft me zijn naam niet gezegd.

7 Hij zei tegen me dat ik zwanger zou worden en een zoon zou krijgen. Van nu af aan mag ik geen wijn of andere drank drinken en niets onreins eten, want onze zoon zal vanaf de moederschoot tot aan de dag van zijn dood als nazireeër aan God gewijd zijn.'

71

8 Manoach bad tot de HEER: 'Mag ik u vragen, Heer, laat de godsman die u gezonden hebt toch opnieuw bij ons komen, om ons te vertellen wat we moeten doen wanneer de jongen eenmaal geboren is.'

9 God verhoorde hem en de engel van God kwam opnieuw naar de vrouw toe. Zij was bezig op het land, Manoach was op dat moment niet bij haar.

10 Ze haastte zich naar haar man: 'Hij is er weer, 'riep ze, 'die man die laatst bij me was!'

11 Manoach ging meteen met haar mee. Bij de vreemdeling aangekomen vroeg hij: 'Bent u degene die met mijn vrouw gesproken heeft?' 'Inderdaad, 'antwoordde hij,

12 en Manoach vroeg: 'Wanneer uw woorden uitgekomen zijn, hoe moet de jongen zich dan gedragen en wat moet hij doen?'

13 De engel van de HEER antwoordde: 'Uw vrouw moet zich onthouden van alle dingen die ik heb genoemd:

14 ze mag niet eten van de vruchten van de wijnstok en geen wijn of andere drank drinken of iets eten dat onrein is; ze moet zich nauwkeurig houden aan wat ik haar heb opgedragen.'

15 Toen zei Manoach tegen de engel van de HEER: 'Wij zouden graag zien dat u nog bleef, zodat we voor u een geitenbokje kunnen klaarmaken.'

16 Maar de engel van de HEER antwoordde: 'Ik wil nog wel even blijven, maar ik zal niet eten van wat u mij aanbiedt. Als u echter een brandoffer aan de HEER wilt opdragen, mag u dat doen.' Manoach wist nog altijd niet dat hij met een engel van de HEER te maken had.

17 'Zeg ons uw naam, 'vroeg hij, 'zodat wij u eer kunnen bewijzen wanneer uw woorden uitgekomen zijn.'

18 Maar de engel van de HEER antwoordde: 'Waarom vraagt u naar mijn naam? Die is voor u toch te wonderbaarlijk.'

19 Manoach nam een geitenbokje en wat brood en bracht dit op een rotsblok ten offer aan de HEER. Toen gebeurde er voor de ogen van Manoach en zijn vrouw iets wonderbaarlijks:

20 in de vlam die van het altaar opschoot naar de hemel steeg de engel van de HEER op. Manoach en zijn vrouw zagen het gebeuren; ze vielen op hun knieën en bogen diep voorover.

21 De engel van de HEER zou zich niet meer aan hen laten zien. Nu besefte Manoach dat het een engel van de HEER was geweest.

22 Hij zei tegen zijn vrouw: 'We hebben God gezien. Dat wordt onze dood!'

23 Maar zijn vrouw antwoordde: 'Als God ons had willen doden, had hij vast ons offer niet aanvaard en ons niet laten zien wat we nu gezien hebben. En dan had hij ons daarnet zeker niet zulke beloften gedaan.'

24 De vrouw bracht een zoon ter wereld en noemde hem Simson. De jongen genoot de zegen van de HEER en groeide voorspoedig op.

25 Tussen Sora en Estaol, waar de Danieten hun tenten hadden opgeslagen, werd hij voor het eerst door de geest van de HEER tot daden aangezet.

1 Op een keer ging Simson naar Timna. Daar viel zijn oog op een Filistijns meisje.

2 Toen hij thuiskwam vertelde hij zijn ouders: 'Ik heb in Timna een Filistijns meisje gezien. Ik zou willen dat u haar voor mij ten huwelijk vraagt.'

3 Maar zijn ouders zeiden: 'Waarom zoek je een bruid bij die onbesneden Filistijnen? Er is onder de dochters

73

van je verwanten toch wel een vrouw voor je te vinden, of in elk geval onder de meisjes van ons eigen volk.' 'Nee, vader, 'antwoordde Simson. 'Dit meisje moet u voor me vragen, want zij bevalt me.'

4 Zijn ouders wisten niet dat het de HEER was die hierop aanstuurde, omdat hij een aanleiding zocht om de strijd met de Filistijnen aan te gaan. De Filistijnen waren in die tijd namelijk heer en meester in Israël.

5 Simson ging met zijn vader en moeder op weg naar Timna. In de buurt van de wijngaarden van Timna kwam opeens een leeuw brullend op hem af.

6 Toen voer de geest van de HEER in hem en met zijn blote handen verscheurde hij de leeuw, alsof het een geitenbokje was. Maar tegen zijn vader en moeder sprak hij er met geen woord over.

7 Hij vervolgde zijn weg en sprak met het meisje, en zij beviel hem nog steeds.

8 Niet lang daarna maakte hij de reis opnieuw, nu om haar tot vrouw te nemen. Onderweg verliet hij even het pad om naar de dode leeuw te kijken. Daar zag hij dat zich in het kadaver een zwerm bijen had genesteld, en dat er honing in zat.

9 Met zijn blote handen haalde hij de honing eruit, en al etend liep hij terug naar zijn ouders. Hij gaf hun er ook wat van te eten, maar hij zei er niet bij dat hij die honing uit het kadaver van een leeuw had gehaald.

10 Zijn vader ging naar het ouderlijk huis van het meisje. Simson gaf daar een feest, want zo hoorde dat wanneer een jongeman ging trouwen.

11 Na de kennismaking werden dertig van zijn leeftijdsgenoten uitgekozen om het feest bij te wonen.

12 Simson zei tegen hen: 'Laat ik jullie een raadsel opgeven. Als jullie me binnen de zeven dagen van dit

feest de oplossing vertellen, krijgen jullie alle dertig een stel onder– en bovenkleren van mij.

13 Maar als jullie de oplossing niet kunnen vinden, krijg ik van jullie dertig stel onder– en bovenkleren.' 'Afgesproken!' antwoordden ze. 'Laat je raadsel maar horen.'

14 Toen zei Simson:
'Het is sterk en het verslindt altijd,
nu biedt het een maal van zoetigheid.' Na drie dagen hadden ze de oplossing nog niet gevonden.

15 Daarom zeiden ze op de vierde dag tegen Simsons vrouw: 'Jij moet je man overhalen om ons de oplossing van het raadsel te vertellen, anders steken we jullie huis in brand zodat jij en je familie in de vlammen omkomen. Wat denken jullie wel! Hebben jullie ons soms uitgenodigd om ons tot de bedelstaf te brengen?'

16 Snikkend viel Simsons vrouw haar man om de hals en verweet hem: 'Je houdt niet van me, het lijkt wel of je een hekel aan me hebt. Je hebt mijn stadsgenoten een raadsel opgegeven maar mij niet eens de oplossing verteld.' 'Die heb ik zelfs niet aan mijn eigen vader en moeder verteld, 'zei Simson. 'Waarom zou ik het dan aan jou verklappen?'

17 Maar de hele feestweek door bleef ze hem in tranen verwijten maken, en op de zevende dag gaf hij ten slotte toe, zo had ze hem met haar verwijten bestookt. Ze vertelde de oplossing van het raadsel door aan haar stadsgenoten,

18 en die stelden op die zevende dag, vlak voor zonsondergang, aan Simson de wedervraag:
'Wat zou er zoeter zijn dan honing
en sterker dan de leeuwenkoning?' 'Ja ja, 'zei Simson. 'Jullie hebben met mijn vaars geploegd, anders waren jullie er nooit achter gekomen.'

75

19 De geest van de HEER voer in hem en hij ging naar Askelon en doodde daar dertig man. Hij nam hun kleren mee en gaf die aan de jongemannen die de oplossing van het raadsel hadden gegeven. Hij was zo kwaad dat hij terugging naar het huis van zijn vader.

20 Zijn vrouw werd aan een ander gegeven, aan degene die bij zijn huwelijk als getuige was opgetreden.

1 Niet lang daarna, in de tijd van de tarweoogst, wilde Simson zijn vrouw een bezoek brengen. Hij had een geitenbokje voor haar meegenomen. 'Ik wil graag mijn vrouw bezoeken in haar eigen vertrek, 'zei hij, maar haar vader weigerde hem de toegang.

2 'Ik was er vast van overtuigd dat je niets meer van haar wilde weten, 'zei hij. 'Daarom heb ik haar aan een ander gegeven. Maar haar jongere zuster is nog mooier dan zij. Waarom zou je die niet nemen in haar plaats?'

3 Toen zei Simson: 'Ik zal ze krijgen, die Filistijnen. En deze keer valt mij niets te verwijten!'

4 Hij ging weg, ving driehonderd vossen en legde fakkels klaar. De vossen bond hij twee aan twee met de staarten aan elkaar, steeds met een fakkel ertussen.

5 Toen stak hij de fakkels aan en stuurde de vossen de korenvelden van de Filistijnen in. Zo stak hij alles in brand, niet alleen de korenschoven en het koren dat nog op de akker stond, maar ook de wijngaarden en de olijfgaarden.

6 De Filistijnen wilden weten wie daarvoor verantwoordelijk was. Toen ze erachter kwamen dat Simson het had gedaan, omdat zijn schoonvader hem zijn vrouw had afgenomen en haar aan een ander had gegeven, staken ze het huis van Simsons schoonvader

in Timna in brand, zodat Simsons vrouw en haar vader in de vlammen omkwamen.

7 Toen zei Simson: 'O, gaat het er hier zo aan toe? Dan zal ik niet rusten voor ik me gewroken heb!'

8 En hij sloeg er ongenadig op los en maakte talloze slachtoffers. Daarna trok hij zich terug onder een overhangende rots bij Etam.

9 De Filistijnen vielen daarop Juda binnen, sloegen hun kamp op bij Lechi en begonnen zich van daar te verspreiden.

10 De Judeeërs vroegen hun waarom ze hun gebied waren binnengevallen en kregen als antwoord: 'We zijn gekomen om Simson gevangen te nemen. We willen hem betaald zetten wat hij ons heeft aangedaan.'

11 Toen gingen drieduizend Judeeërs naar Simsons rotshol bij Etam. 'Hoe kon je ons dit aandoen?' vroegen ze. 'Je weet toch dat de Filistijnen hier de baas zijn!' Maar Simson zei: 'Ik heb hun alleen betaald gezet wat zij mij hebben aangedaan.'

12 'We zijn gekomen om je gevangen te nemen, 'zeiden de Judeeërs. 'We gaan je uitleveren aan de Filistijnen.' 'Zweer me dan dat jullie me niet zullen doden, 'zei Simson.

13 'Nee, daar is geen sprake van, 'verzekerden ze hem. 'We binden je vast en leveren je aan hen uit, maar doden zullen we je niet.' Ze boeiden hem met twee nieuwe touwen, leidden hem uit zijn rotshol

14 en brachten hem naar Lechi, waar de Filistijnen juichend op hem afstormden. Toen voer de geest van de HEER in hem. De touwen waarmee hij was gebonden leken wel vlas dat wegschroeit in het vuur, zo makkelijk vielen ze van zijn armen en zijn polsen.

15 Hij zag een ezelskaak liggen; het bot was nog hard. Hij raapte het op en sloeg er duizend man mee dood.

16 'Met een ezelskaak
heb ik hun botten gekraakt.
Met een ezelskaak
heb ik er duizend geraakt!' riep hij uit,

17 en gooide het bot weer weg. Hij noemde die plek Ramat–Lechi.

18 Hij had ondertussen erge dorst gekregen, en daarom riep hij tot de HEER: 'Aan u, Heer, heb ik deze geweldige overwinning te danken. Moet ik nu sterven van de dorst en alsnog in handen vallen van die onbesnedenen?'

19 Toen liet God in de kom van het dal bij Lechi de aarde openbarsten. Er kwam water uit en Simson dronk ervan, zodat hij weer helemaal op krachten kwam. En hij noemde die bron, die tot op de dag van vandaag bij Lechi is te vinden, En–Hakkore.

20 Tijdens de Filistijnse overheersing trad Simson twintig jaar lang op als rechter.

1 Op een keer was Simson in Gaza. Daar viel zijn oog op een hoer en hij ging bij haar naar binnen.

2 De inwoners van Gaza kwamen erachter dat Simson in de stad was. De waakzaamheid in de stad werd verhoogd en bij de stadspoort hield een aantal mannen zich gereed om hem te overmeesteren; verder deden ze die nacht nog niets. 'Zodra het licht wordt zullen we hem doden, 'zeiden ze.

3 Maar Simson sliep niet langer dan tot middernacht, toen stond hij op. Bij de stadspoort gekomen greep hij de beide deurposten vast en rukte ze los met deuren en sluitbalk en al; hij nam het hele gevaarte op zijn schouders en droeg het weg, helemaal naar een van de bergtoppen tegenover Hebron.

4 Enige tijd later begon Simson een verhouding met een vrouw uit het Sorekdal, een zekere Delila.

5   De Filistijnse stadsvorsten gingen naar Delila toe en zeiden tegen haar: 'Haal Simson over om u te vertellen waarin zijn geweldige kracht schuilt en wat we moeten doen om hem weerloos te maken. Dan kunnen we hem gevangennemen, zodat we geen last meer van hem hebben, en krijgt u van ieder van ons elfhonderd sjekel zilver.'

6   Dus vroeg Delila aan Simson: 'Vertel me eens: waarin schuilt toch je geweldige kracht? Hoe kan iemand je zo boeien dat je weerloos wordt?'

7   Simson antwoordde: 'Als ik geboeid word met zeven verse, soepele pezen, dan ben ik even zwak als ieder ander.'

8   De Filistijnse vorsten stuurden Delila zeven verse, soepele pezen. Daarmee bond ze hem vast,

9   terwijl in het vertrek ernaast een aantal Filistijnen klaarstond om hem te overmeesteren. Toen riep ze: 'De Filistijnen komen je halen, Simson!' Maar hij liet de pezen knappen als hennepvezels die te dicht bij het vuur komen. Het geheim van zijn kracht bleef in raadselen gehuld.

10 'Wat is dat nu?' zei Delila tegen Simson. 'Je hebt me voor de gek gehouden en leugens opgedist! Vertel me nu echt hoe je geboeid moet worden.'

11 Simson antwoordde: 'Als ik word vastgebonden met nieuwe, ongebruikte touwen, dan ben ik even zwak als ieder ander.'

12 Toen nam Delila nieuwe touwen en bond hem daarmee vast. Weer riep ze: 'De Filistijnen komen je halen, Simson!' Maar terwijl de Filistijnen al klaarstonden om hem te overmeesteren, liet Simson de touwen als draadjes van zijn armen knappen.

13 'Je hebt me weer voor de gek gehouden en met leugens afgescheept!' zei Delila. 'Vertel me nu eindelijk

hoe je geboeid moet worden.' En Simson zei: 'Als je mijn zeven haarvlechten inweeft in het weefgetouw en ze met een pin vastzet in de wand, dan ben ik even zwak als ieder ander.' Zodra hij in slaap was gevallen, weefde Delila zijn zeven haarvlechten door de schering van haar weefgetouw

14 en stak het weefsel vast met een pin. Toen riep ze: 'De Filistijnen komen je halen, Simson!' Simson werd wakker, rukte de pin los en trok zijn haarvlechten uit het weefgetouw, met schering en al.

15 'Hoe kun je zeggen dat je van me houdt?' zei Delila. 'Je vertrouwt me niet eens! Tot drie keer toe heb je me voor de gek gehouden in plaats van me te vertellen waarin je geweldige kracht schuilt.'

16 Zo bleef ze hem dag in dag uit met verwijten bestoken en drong net zo lang aan tot hij het niet meer uithield en bezweek.

17 'Nog nooit heeft een scheermes mijn hoofd aangeraakt, 'vertrouwde hij haar toe. 'Dat is omdat ik al vanaf de moederschoot als nazireeër aan God gewijd ben. Als mijn hoofdhaar zou worden afgeschoren, zou mijn kracht me in de steek laten en zou ik net zo zwak zijn als ieder ander.'

18 Delila voelde dat hij ditmaal de waarheid had verteld en stuurde de Filistijnse vorsten de boodschap: 'Deze keer moet u zelf komen, want nu heeft hij mij de waarheid toevertrouwd.' Ze kwamen naar haar toe en brachten het geld voor haar mee.

19 Zodra Simson in haar schoot in slaap was gevallen liet ze een van de Filistijnen binnenkomen, en in diens bijzijn schoor ze Simsons zeven haarvlechten af. Daardoor week zijn kracht en zo maakte zij hem weerloos.

80

20 'De Filistijnen zijn er om je te halen, Simson!' riep ze. Simson werd wakker en wilde opspringen en zich losrukken, net als de vorige keren, want hij wist niet dat de HEER hem verlaten had.

21 Maar de Filistijnen grepen hem, staken zijn ogen uit en voerden hem mee naar Gaza, geboeid met bronzen ketenen. In Gaza werd hij in de gevangenis gezet, waar hij meel moest malen.

22 Maar zijn afgeschoren haar begon meteen weer aan te groeien.

23 'Onze god heeft onze vijand Simson aan ons uitgeleverd, 'verklaarden de Filistijnse vorsten, en daarom hielden ze een groot offerfeest ter ere van hun god Dagon.

24 Bij het zien van Simson juichte het volk:
'Geloofd zij onze god, want hij levert aan ons uit
onze vijand, die ons land verwoestte,
onze vijand, die zovelen van ons doodde.'

25 Ze waren in een steeds vrolijker stemming geraakt, en ten slotte had iemand voorgesteld: 'Laten we Simson erbij halen, dan kunnen we lachen.' Simson werd uit de gevangenis gehaald en moest om de feestgangers te vermaken tussen de zuilen van de tempel gaan staan.

26 Hij vroeg aan de jongen die hem geleidde: 'Zet me zo neer dat ik de zuilen kan aanraken waarop de tempel rust, dan kan ik daartegen steunen.'

27 De tempel was vol mensen, onder wie de Filistijnse stadsvorsten, en er waren ook nog zo'n drieduizend mannen en vrouwen op het dak geklommen om naar Simson te kijken en hem uit te jouwen.

28 Maar Simson riep de HEER om hulp en bad: 'HEER, mijn God, denk toch aan mij! Geef me alstublieft nog eenmaal genoeg kracht, zodat ik me voor minstens een van mijn beide ogen op de Filistijnen kan wreken.'

81

29 Voorzichtig betastte hij de twee middelste steunpilaren van de tempel, zette zich met beide handen schrap
30 en riep uit: 'Mijn dood zal de dood zijn van de Filistijnen!' Toen duwde hij uit alle macht. De tempel stortte in en alle aanwezigen, ook de stadsvorsten, werden bedolven. Zo maakte Simson bij zijn dood meer slachtoffers dan tijdens zijn hele leven.
31 Zijn verwanten, zijn hele familie van vaderskant, kwamen naar Gaza om zijn lichaam op te halen. Ze namen het mee en begroeven het tussen Sora en Estaol, in het graf van zijn vader Manoach. Twintig jaar lang had hij Israël geleid.

* Net als Simson steeds verder van de Here afraakte, zijn er ook ware gelovigen die op het slechte pad raken. Bij sommigen van hen komt het voor hun dood goed, en kunnen ze zelfs nog veel geestelijke kracht krijgen.

17:3

Hij gaf de elfhonderd sjekel zilver aan haar terug, maar zij zei: 'Ter wille van mijn zoon wijd ik mijn zilver aan de HEER om er een beeld mee te laten beslaan. Hier heb je het geld terug.

* Hoe gek kan het met christenen gebeuren, d.w.z naamchristenen, die een traditie hebben, die goed begon. Want hier wordt afgodendienst bedreven, nota bene in de naam van de Here. Dit overkomt ons ook elke keer wanneer er iets in ons leven is dat tussen de Here en ons in komt te staan. Dat is dan ook zo'n afgod, en we denken zelfs dat we de Here er nog een dienst mee bewijzen ook. Wij zijn dus niet beter.

18 Algemene aantekening:

1 Er was in die tijd geen koning in Israël. De stam Dan was nog steeds op zoek naar een eigen grondgebied om zich blijvend te vestigen, want het was de enige stam van Israël waaraan nog geen grondgebied was toegevallen.

2 Vanuit hun verblijfplaats tussen Sora en Estaol hadden ze vijf van hun dapperste mannen erop uitgestuurd met de opdracht het land grondig te verkennen. Onderweg kwamen ze door het bergland van Efraïm, waar ze bij het huis van Micha overnachtten.

3 Daar viel hun het accent van de jonge Leviet op. Ze gingen naar hem toe en vroegen hem: 'Hoe bent u hier zo terechtgekomen? Wie heeft u hierheen gehaald en wat doet u hier?'

4 Hij vertelde hun van Micha's aanbod. 'Hij heeft me in dienst genomen, 'zei hij, 'en nu ben ik zijn priester.'

5 Toen vroegen de Danieten: 'Wilt u dan God voor ons raadplegen en hem vragen of onze tocht iets zal opleveren?'

6 'Ga gerust verder, 'antwoordde de priester. 'Uw onderneming is de HEER welgevallig.'

7 De vijf mannen trokken verder, tot ze in Laïs kwamen. Ze zagen dat de bevolking daar een rustig en onbezorgd leven leidde, net als die van Sidon. Ze hadden van niemand iets te vrezen want ze werden door niemand bedreigd, maar aan de andere kant hadden ze ook geen enkele bondgenoot. Sidon was ver weg.

8 Toen de verkenners terugkwamen bij hun stamgenoten, vroegen die hun: 'En, hoe is het jullie vergaan?'

83

9 'Laten we meteen ten strijde trekken, 'antwoordden ze. 'We hebben een gebied gevonden dat bijzonder geschikt is, dus waar zouden jullie op wachten? Treuzel niet maar ga erheen en neem het in bezit.

10 Jullie zullen er een volk aantreffen dat op geen gevaar bedacht is. Het kan niet anders of God zal jullie dat uitgestrekte gebied, waar werkelijk aan niets gebrek is, in handen geven.'

11 Hierop vertrokken de Danieten uit hun verblijfplaats tussen Sora en Estaol. Het leger bestond uit zeshonderd gewapende mannen.

12 Ze gingen op weg en sloegen hun kamp op bij Kirjat–Jearim in Juda. Daarom wordt die plek sindsdien Machane–Dan genoemd. Het ligt iets ten westen van Kirjat–Jearim.

13 Van daar trokken ze verder door het bergland van Efraïm. Toen ze langs de plaats kwamen waar Micha woonde,

14 vertelden de vijf die het gebied verkend hadden aan hun stamgenoten dat zich in een van die gebouwen een priestergewaad en godenbeeldjes bevonden, en ook een zilveren beeld. 'Jullie weten dus wat je te doen staat, 'zeiden ze.

15 Ze sloegen de weg naar het huis van Micha in, waar de jonge Leviet woonde, en begroetten hem hartelijk.

16 Terwijl de zeshonderd gewapende Danieten postvatten bij de toegangspoort,

17 liepen de vijf verkenners door. Ze drongen het huis binnen en namen het priestergewaad en de godenbeeldjes mee, en ook het beeld met het zilverbeslag. De priester stond dus met de zeshonderd gewapende mannen bij de toegangspoort,

18 terwijl de vijf het huis van Micha binnengingen en het beeld met het zilverbeslag, het priestergewaad en de

84

godenbeeldjes meenamen. 'Wat moet dat daar?' riep de priester.

19 'Stil, 'antwoordden ze. 'Zeg niets, maar ga met ons mee en word onze raadgever en priester. U kunt toch beter priester zijn voor een hele stam Israëlieten dan voor het huishouden van één man?'

20 Daar stemde de priester van harte mee in. Hij nam zelf het priestergewaad, de godenbeeldjes en het zilveren beeld en sloot zich bij hen aan.

21 De Danieten vervolgden hun tocht; de vrouwen en kinderen lieten ze voorop gaan, samen met het vee en hun andere bezittingen.

22 Ze waren al een flink eind op weg, toen de inderhaast bij elkaar geroepen knechten die bij Micha woonden hen achterop kwamen

23 en tegen hen begonnen te schreeuwen. De Danieten draaiden zich om en vroegen aan Micha: 'Wat is er aan de hand? Waarom hebt u al die mensen op de been gebracht?'

24 'U hebt de goden gestolen die ik heb laten maken, 'antwoordde Micha. 'Ook mijn priester hebt u meegenomen. Niets heb ik meer over! Hoe kunt u dan nog vragen wat er aan de hand is?'

25 Maar de Danieten antwoordden: 'U kunt maar beter niet zo'n grote mond tegen ons opzetten, want wanneer deze heetgebakerde mannen zich op u storten, is het met u en uw mensen gedaan.'

26 Hierop vervolgden de Danieten hun weg. En Micha, die inzag dat hij toch niets tegen hen kon beginnen, keerde terug naar huis.

27 Zo kwamen de Danieten met de beelden die Micha had laten maken en de priester die bij hem in dienst was geweest, bij Laïs aan. Ze overvielen de inwoners, die een rustig leven leidden en zich van geen gevaar

bewust waren, doodden ze allemaal en staken de stad in brand.

28 Er was niemand die de bevolking van Laïs te hulp kwam, want Sidon lag ver weg en ze hadden geen enkele bondgenoot. Daarna herbouwden de Danieten de stad, die in de vallei van Bet–Rechob lag, en gingen er wonen.

29 Ze noemden hun stad Dan, naar hun stamvader, een van de zonen van Israël; daarvoor heette die stad Laïs.

30 Ze gaven er het zilveren godenbeeld een plaats, en Jonatan, die een zoon was van Gersom, de zoon van Mozes, werd hun priester. Na hem bleven zijn nakomelingen bij de Danieten het priesterambt vervullen, totdat de bevolking werd weggevoerd.

31 Zolang het heiligdom van God in Silo bestond, bleef het godenbeeld dat Micha had laten maken bij de Danieten.

* De stam Dan was de eerste die officiëel de afgodendienst instelden. Wellicht is het daarom dat in het boek Openbaring ze zich niet bevinden onder de honderdvierenveertigduizend. Er zijn veel christenen die denken dat hun zonden zomaar vergeven zijn, zonder zich te realiseren dat er gevolgen aan ons gedrag verbonden zijn, die heel lang kunnen duren.

19 Algemene aantekening:

1 In die tijd, toen er geen koning in Israël was, woonde er een Leviet diep in het bergland van Efraïm. Hij had een meisje uit Betlehem in Juda als bijvrouw genomen.

2 Na een hevige ruzie liep ze van hem weg en ging terug naar het huis van haar vader in Betlehem. Vier maanden later

3 ging haar man haar achterna om haar te overreden bij hem terug te komen. Hij had zijn knecht bij zich en een span ezels. Zijn vrouw liet hem binnen in het huis van haar vader, die zijn schoonzoon allerhartelijkst ontving

4 en er bij hem op aandrong om nog wat te blijven. Drie dagen bleef de man bij de vader van zijn vrouw te gast: hij at en dronk er en bleef overnachten.

5 Op de vierde dag maakte hij zich 's ochtends vroeg klaar om te vertrekken, maar zijn schoonvader zei: 'Eet eerst nog wat om krachten op te doen voor de reis.'

6 Samen zetten zij zich aan de maaltijd. Daarna zei de vader van de vrouw: 'Blijf nog een nacht hier, gun jezelf dat genoegen.'

7 De man wilde eerst toch gaan, maar zijn schoonvader drong zo aan dat hij toegaf en bleef overnachten.

8 Toen hij op de morgen van de vijfde dag wilde vertrekken, zei zijn schoonvader: 'Eet toch eerst wat en wacht tot de zon over haar hoogste punt is.' En weer aten ze samen.

9 Toen de man aanstalten maakte om met zijn vrouw en zijn knecht te vertrekken, zei de vader van de vrouw: 'Het is al laat op de dag. Blijf toch hier slapen. Kijk maar, de zon begint al te dalen. Blijf nog een nacht hier, gun jezelf toch dat genoegen. Dan kunnen jullie morgenvroeg voor dag en dauw vertrekken.'

10 Maar de man wilde niet nog een nacht blijven. Hij zadelde zijn ezels en ging met zijn vrouw op weg.
 Toen ze ter hoogte van Jebus waren, het huidige Jeruzalem,

11 stond de zon al zo laag dat de knecht tegen zijn meester zei: 'Daar ligt de stad van de Jebusieten. Zouden we er niet goed aan doen om daar voor vannacht onderdak te zoeken?'

87

12 'Nee, 'antwoordde zijn meester. 'We gaan geen stad vol vreemden binnen die niet tot het volk van Israël behoren. We kunnen beter doorgaan naar Gibea

13 en misschien halen we zelfs Rama nog. Dan kunnen we in een van die plaatsen overnachten.'

14 Ze liepen dus de stad voorbij en gingen verder. Juist bij zonsondergang kwamen ze bij Gibea, in het gebied van Benjamin.

15 Ze gingen de stad binnen om er de nacht door te brengen. Op het stadsplein hield de man halt, maar er was niemand die hen uitnodigde om bij hem thuis te overnachten.

16 Na een tijdje kwam er een oude man aan, die juist terugkwam van zijn werk op het land. Hij was afkomstig uit Efraïm en woonde als vreemdeling in Gibea; de inwoners van de stad zelf waren Benjaminieten.

17 Toen hij de reizigers op het stadsplein zag staan, sprak hij de man aan en vroeg: 'Waar gaat u naartoe? Waar komt u vandaan?'

18 'Wij zijn op weg van Betlehem in Juda naar onze woonplaats diep in het bergland van Efraïm, waar ik vandaan kom, 'antwoordde de Leviet. 'Ik ben in Betlehem geweest en nu ben ik op weg naar huis. Maar niemand biedt me onderdak.

19 We hebben zelf alles bij ons, heer: stro en voer voor onze ezels, en ook voedsel en wijn voor mezelf en voor mijn vrouw hier en mijn knecht.'

20 'Bij mij bent u welkom, 'zei de oude man. 'Maar ik sta erop dat u mij laat zorgen voor alles wat u nodig hebt. Breng in elk geval niet hier op het plein de nacht door.'

21 Hij nodigde hen binnen in zijn huis, en nadat hij hun ezels had gevoerd, wasten ze hun voeten en gingen ze aan tafel.

22 Terwijl de reiziger en zijn gastheer genoeglijk aan de maaltijd zaten, liepen de mannen van de stad bij het huis te hoop. Deze onverlaten bonsden op de deur en riepen tegen de oude heer des huizes: 'Laat die gast van u naar buiten komen, we willen hem nemen!'

23 De gastheer ging naar buiten en zei tegen hen: 'Mensen, bega toch geen schanddaad. Zoiets kunt u niet doen: deze man is bij mij te gast!

24 Ik heb hier mijn dochter, die nog maagd is, en de bijvrouw van mijn gast; laat me die naar buiten sturen. Neem hen maar en doe met hen wat u wilt, maar doe deze man hier zoiets schandelijks niet aan.'

25 De belagers gingen daar niet op in, maar toen de Leviet zijn vrouw de straat op duwde, naar hen toe, verkrachtten en misbruikten ze haar de hele nacht lang. Pas bij het eerste ochtendgloren lieten ze haar gaan.

26 Terwijl het langzaam licht werd, sleepte ze zich naar het huis waar haar man te gast was. Voor de drempel viel ze neer.

27 Toen haar man die ochtend bij de eerste zonnestralen de deur opende en naar buiten ging om zijn reis te vervolgen, zag hij zijn vrouw daar liggen, haar handen uitgestrekt naar de drempel.

28 'Sta op, 'zei hij tegen haar. 'Kom, we vertrekken.' Maar er kwam geen antwoord. Hij tilde haar op de ezel en vertrok naar zijn woonplaats.

29 Bij zijn thuiskomst nam hij zijn mes en sneed het lichaam van zijn vrouw in twaalf stukken; naar elk stamgebied van Israël stuurde hij een stuk.

30 En ieder die het zag zei: 'Zoiets is nog nooit gebeurd! Nog nooit hebben we in Israël zoiets meegemaakt, vanaf de uittocht uit Egypte tot op de dag van vandaag.

Dit kunnen we niet toestaan. We moeten ons beraden en besluiten wat we zullen doen.'

* Er wordt hier gezegd dat er geen koning was in Israël en dat iedereen deed wat goed was in zijn eigen ogen. Ook de Here zelf werd niet echt door hen erkend als Koning, hoewel ze Zijn Naam vroom gebruikten. Heel Israël staat paf over wat hier gebeurt is. Maar in de dagen van koning Manasse zou het allemaal nog veel erger worden. Toen stroomde Jeruzalem met het bloed van de rechtvaardigen en werden er zelfs kinderen geofferd aan de Moloch en de Baäl. We doen er daarom goed aan om op onze hoede te zijn en te voorkomen dat we van onze eerste liefde afvallen. Laten we trouw aan de Here Jezus blijven.

20 Algemene aantekening:

1   Uit heel Israël, van Dan tot Berseba, en zelfs uit Gilead, kwamen de Israëlieten naar het heiligdom van de HEER in Mispa om daar een volksvergadering te houden.
2   Deze vergadering van het volk van God, vierhonderdduizend man die de wapens konden hanteren, werd geleid door de aanvoerders van het volk, de hoofden van de stammen van Israël.
3   Het bleef in Benjamin niet onopgemerkt dat de andere Israëlieten naar Mispa waren gekomen. De Israëlieten vroegen: 'Wie kan ons vertellen hoe dit misdrijf heeft plaatsgevonden?'
4   De Leviet, de man van de vermoorde vrouw, nam het woord en zei: 'Toen ik met mijn bijvrouw op doorreis was in Gibea in Benjamin,

5 kwamen de burgers van de stad mij lastigvallen. Ze liepen 's nachts te hoop bij het huis waar we onderdak hadden gekregen. Mij bedreigden ze met de dood en mijn vrouw hebben ze zo gruwelijk verkracht dat ze het niet heeft overleefd.

6 Ik heb haar lichaam in stukken gesneden en die naar alle delen van het gebied van Israël gestuurd om te laten zien dat er een misdaad is begaan die voor Israël geldt als een schandelijk en ontoelaatbaar vergrijp.

7 U bent hier bijeengekomen, Israëlieten, om gezamenlijk te beslissen wat er moet gebeuren.'

8 Hierop stond het hele volk als één man op en verklaarde: 'Niemand van ons gaat terug naar zijn tent of huis.

9 We zullen Gibea niet ongemoeid laten! Door loting

10 zullen tien op de honderd van elke stam van Israël worden aangewezen, ofwel honderd op de duizend of duizend op de tienduizend. Die moeten proviand bijeenbrengen voor het leger dat in Gibea de schanddaad zal vergelden die de inwoners ervan Israël hebben aangedaan.'

11 Zo sloten de Israëlieten zich aaneen om als één man tegen Gibea op te trekken.

12 De stammen van Israël stuurden boden uit die in heel Benjamin moesten vragen: 'Hoe heeft er bij u zo'n misdaad kunnen plaatsvinden?

13 Lever die onverlaten in Gibea aan ons uit, dan zullen we hen doden en zo afrekenen met het kwaad dat in Israël werd begaan.' Maar de Benjaminieten gaven geen gehoor aan de oproep van hun volksgenoten.

14 Uit alle steden in hun stamgebied kwamen ze naar Gibea om de strijd aan te binden tegen de andere Israëlieten.

91

15 Afgezien van de inwoners van Gibea zelf meldden zich uit de steden van Benjamin zesentwintig-duizend man die de wapens konden hanteren. Zevenhonderd van hen waren uitzonderlijk goede krijgslieden:

16 dat waren zevenhonderd linkshandige slingeraars die zo haarscherp konden mikken dat ze hun doel nooit misten.

17 De overige Israëlieten, met uitzondering dus van Benjamin, telden vierhonderdduizend man die de wapens konden hanteren; het waren stuk voor stuk ervaren krijgslieden.

18 Voor de aanvang van de strijd gingen de Israëlieten naar Betel om God te raadplegen: 'Wie van ons moet als eerste oprukken tegen de Benjaminieten?' vroegen ze. 'Juda, 'antwoordde de HEER.

19 De volgende morgen vroeg sloegen de Israëlieten hun kamp op bij Gibea.

20 Ze rukten uit tegen de Benjaminieten en stelden zich in slagorde op om de stad aan te vallen.

21 Het leger van Benjamin deed een uitval vanuit de stad en doodde die dag tweeëntwintig-duizend man van Israëls leger.

22 Maar de Israëlieten gaven de moed niet op en stelden op dezelfde plaats als de keer daarvoor nieuwe linies op.

23 Ze waren na afloop van de slag naar Betel gegaan en hadden daar tot de avond viel ten overstaan van de HEER hun leed geklaagd. Ten slotte hadden ze de HEER geraadpleegd en gevraagd of ze hun broeders, de Benjaminieten, opnieuw moesten aanvallen. 'Ja, 'had de HEER geantwoord, 'val hen aan.'

24 Toen de Israëlieten op de tweede dag nogmaals tot de aanval overgingen,

25 deden de Benjaminieten opnieuw een uitval vanuit de stad en doodden nog eens achttienduizend bedreven Israëlitische krijgslieden.

26 Daarop ging het voltallige leger van de Israëlieten naar Betel. Ze vastten de hele dag en klaagden op de grond gezeten hun leed ten overstaan van de HEER. Toen de avond was gevallen, brachten ze de HEER brandoffers en vredeoffers.

27 Daarna raadpleegden ze de HEER. De ark van het verbond met God bevond zich in die tijd namelijk in Betel,

28 en de priester Pinechas, die een zoon was van Eleazar, de zoon van Aäron, deed er dienst in het heiligdom. 'Moeten we onze broeders, de Benjaminieten, nog een keer aanvallen of moeten we het opgeven?' vroegen ze, en de HEER antwoordde: 'Val aan, morgen lever ik hen aan jullie uit.'

29 Enkele Israëlitische eenheden stelden zich verdekt op rondom Gibea.

30 Ook op de derde dag rukte de hoofdmacht op tegen de Benjaminieten, en net als de vorige keren stelde men zich in slagorde op om de stad aan te vallen.

31 Weer deden de Benjaminieten een uitval naar het leger van Israël, maar nu werden ze weggelokt van de stad. Even buiten de stad, bij de splitsing van de weg naar Gibea en de weg naar Betel kwam het tot een eerste treffen, waarbij net als de vorige keren slachtoffers vielen onder het leger van Israël, ongeveer dertig man.

32 De Benjaminieten dachten al dat ze voor de derde maal de overwinning hadden behaald, maar de Israëlieten hadden afgesproken om te doen alsof ze vluchtten en zo de Benjaminieten via de gebaande wegen van de stad weg te lokken.

33 Terwijl de hoofdmacht van de Israëlieten zich terugtrok en zich in slagorde opstelde bij Baäl–Tamar, kwamen de mannen die zich aan de onbeschermde kant van Gibea schuilhielden te voorschijn

34 en rukten op naar de stad: tienduizend van de beste Israëlitische krijgslieden. Bij Baäl–Tamar brandde de strijd nu in alle hevigheid los; de Benjaminieten wisten nog niet welk onheil hun boven het hoofd hing.

35 Die dag schonk de HEER de overwinning aan Israël: de Israëlieten doodden vijfentwintig-duizend en honderd bewapende Benja-minieten.

36 De Benjaminieten moesten ondervinden dat de strijd voor hen verloren was. De Israëlieten waren immers zo ver teruggeweken omdat ze rekenden op de mannen die zich bij Gibea verdekt hadden opgesteld.

37 Die hadden ondertussen een verrassingsaanval op de stad uitgevoerd en alle inwoners gedood.

38 Met de hoofdmacht van het leger was afgesproken dat er rook uit de stad zou opstijgen wanneer het zover was.

39 De hoofdmacht van het leger week dus terug, en de Benjaminieten zagen kans om onder de Israëlieten meteen zo'n dertig slachtoffers te maken. Daarom dachten ze al dat ze de slag gewonnen hadden, net als de vorige keren.

40 Maar op dat moment begonnen uit de stad dikke rookwolken op te stijgen. Toen de Benjaminieten omkeken, zagen ze hoe achter hen de hele stad in vlammen opging.

41 Op hetzelfde moment stortte de hoofdmacht van het Israëlitische leger zich op hen. Nu begrepen de Benjaminieten welk onheil hun boven het hoofd hing. In paniek

42 sloegen ze voor de Israëlieten op de vlucht, de kant van de woestijn uit. Maar ze konden de strijd niet ontlopen, want de Israëlieten uit Gibea sneden hun de pas af en sloegen hen neer.

43 Ze sloten de Benjaminieten in en achtervolgden hen; zonder hun rust te gunnen joegen ze hen op tot ver ten oosten van Gibea.

44 Er sneuvelden achttienduizend Benjaminieten, stuk voor stuk moedige krijgslieden.

45 De overigen probeerden te ontkomen in de richting van de woestijn, naar de rotsen van Rimmon. Maar de Israëlieten haalden hen in en doodden nog eens vijfduizend man. Ter hoogte van Gidom versloegen ze er nog tweeduizend.

46 Al met al sneuvelden er die dag vijfentwintig-duizend bedreven Benjaminitische soldaten, zonder uitzondering moedige krijgslieden.

47 Slechts zeshonderd Benjaminieten wisten te ontkomen naar de woestijn, waar ze zich vier maanden lang schuilhielden in de rotsholen van Rimmon.

48 Het leger van Israël ging terug om af te rekenen met de Benjaminieten die niet aan de strijd hadden deelgenomen. Ze trokken van stad tot stad en doodden er mens en dier zonder ook maar iets of iemand te ontzien. En elke stad waar ze geweest waren, lieten ze in vlammen opgaan.

* We zien in dit hoofdstuk de geestelijke toepassing dat uit verschrikkelijk kwaad iets goeds kan komen. Want heel Israël zocht de wil van de Here.

Ruth

Ruth Algemene aantekening:

* Ruth was een afstammeling van incest en in dit boek zien wij dat ze een voorouder is geworden van de Here Jezus. Zo ook Juda die incest pleegde met zijn schoondochter. Als je het met je schoondochter doet, ook al is het onwetend, dan wordt dat als incest bestempeld volgens Leviticus 18, waar diverse verboden huwelijken genoemd worden. Het bekende voorbeeld van David toont ons ook dat God in onze misère afdaalde in de persoon van de Here Jezus. Zal Hij dan ook niet met ons medelijden hebben, wanneer we weer terugkeren na afglijden!

1 Algemene aantekening:

1 In de tijd dat de rechters het volk leidden, brak er een hongersnood uit in het land. Een man trok daarom met zijn vrouw en zijn twee zonen weg uit Betlehem in Juda, om een tijdlang in de vlakte van Moab te gaan wonen.
2 De naam van de man was Elimelech, die van zijn vrouw Noömi, en zijn twee zonen heetten Machlon en Kiljon; het waren Efratieten uit Betlehem in Juda. Toen ze in Moab waren aangekomen, bleven ze daar als vreemdeling wonen.

3 Na enige tijd stierf Elimelech, de man van Noömi, en zij bleef achter met haar twee zonen.

4 Zij trouwden allebei met een Moabitische vrouw. De naam van de ene was Orpa, die van de andere was Ruth. Nadat ze daar ongeveer tien jaar gewoond hadden,

5 stierven ook Machlon en Kiljon, en de vrouw bleef alleen achter, zonder haar twee zonen en zonder haar man.

6 Toen Noömi hoorde, daar in Moab, dat de HEER zich het lot van zijn volk had aangetrokken en dat het weer te eten had, maakte ze zich samen met haar twee schoondochters gereed om Moab te verlaten en terug te keren.

7 Samen met hen verliet ze de plaats waar ze gewoond had. Maar toen ze eenmaal op de terugweg waren naar Juda,

8 zei Noömi: 'Gaan jullie nu maar allebei terug naar het huis van je moeder. Moge de HEER zo goed voor jullie zijn als jullie voor mij en mijn gestorven zonen zijn geweest.

9 Moge hij ervoor zorgen dat jullie allebei geborgenheid vinden in het huis van een man, 'en ze kuste hen. Toen barstten zij in tranen uit

10 en zeiden: 'Maar we willen met u terugkeren naar uw volk!'

11 'Ga terug, mijn dochters, 'zei Noömi, 'waarom zouden jullie met mij meegaan? Kan ik soms nog zonen krijgen die jullie mannen kunnen worden?

12 Ga toch terug, want ik ben te oud voor een man. Zelfs al zou ik nog hoop koesteren, zelfs al sliep ik vannacht nog met een man en al bracht ik nog zonen ter wereld–

13 zouden jullie dan wachten tot ze groot zijn en je ervan laten weerhouden met een andere man te trouwen?

Nee, mijn dochters, mijn lot is te bitter voor jullie; de HEER heeft zich tegen mij gekeerd.'

14 Opnieuw begonnen zij te huilen. Orpa kuste haar schoonmoeder vaarwel, maar Ruth week niet van haar zijde.

15 'Kijk, je schoonzuster gaat terug naar haar volk en haar god, 'zei Noömi, 'ga haar toch achterna!'

16 Maar Ruth antwoordde: 'Vraag me toch niet langer u te verlaten en terug te gaan, weg van u. Waar u gaat, zal ik gaan, waar u slaapt, zal ik slapen; uw volk is mijn volk en uw God is mijn God.

17 Waar u sterft, zal ook ik sterven, en daar zal ik begraven worden. De HEER is mijn getuige: alleen de dood zal mij van u scheiden!'

18 Noömi zag dat Ruth vastbesloten was om met haar mee te gaan en drong niet langer aan.

19 Zo gingen zij samen verder, tot in Betlehem.
Hun aankomst in Betlehem baarde veel opzien. Overal in de stad riepen de vrouwen: 'Dat is toch Noömi?'

20 Maar ze zei tegen hen: 'Noem me niet Noömi, noem me Mara, want de Ontzagwekkende heeft mijn lot zeer bitter gemaakt.

21 Toen ik hier wegging had ik alles, maar de HEER heeft mij met lege handen laten terugkomen. Waarom mij nog Noömi noemen, nu de HEER zich tegen mij heeft gekeerd, nu de Ontzagwekkende me kwaad heeft gedaan?'

22 Zo kwamen ze samen terug uit Moab, Noömi en haar schoondochter Ruth, de Moabitische. Ze kwamen in Betlehem aan bij het begin van de gersteoogst.

* Bethlehem betekent 'Huis van Brood', maar er heerst honger. Dit kunnen we ook geestelijk toepassen. Geestelijk gezien kunnen we Gods voedsel verlaten en de afgoden gaan aanhangen zonder dat we ons ervan bewust van zijn dat het afgoden zijn. De Here Jezus zei: 'Het is mijn brood om de wil van de Vader te doen'. Maar hier was tijdelijk bijna geen brood. Zo kunnen we geestelijk ook hongerlijden. En de vraag is dan, blijven we trouw?

4 Algemene aantekening:

1 Boaz was intussen naar de poort gegaan en daar gaan zitten. Toen kwam de man voorbij van wie hij gesproken had–zijn naam is niet van belang–en hij zei: 'Kom hier even bij me zitten.' De man deed wat hem gevraagd werd.
2 Ook vroeg Boaz tien stadsoudsten plaats te nemen, en ook zij gingen zitten.
3 Toen zei hij tegen de man die ook als losser kon optreden: 'Het stuk land van onze broeder Elimelech wordt door Noömi, die teruggekeerd is uit Moab, verkocht.
4 Ik meen dan ook u het volgende te moeten meedelen: U kunt het stuk land kopen ten overstaan van de hier aanwezigen en ten overstaan van de oudsten van het volk. Als u van plan bent uw rechten te doen gelden, dan kunt u dat doen, zo niet dan moet u mij dat laten weten. U bent de eerste die hiervoor in aanmerking komt, en ik kom na u.' 'Ik zal mijn rechten doen gelden, 'zei de man.
5 Daarop zei Boaz: 'Wanneer u het stuk land koopt van Noömi, koopt u het ook van Ruth, de weduwe uit Moab, en zal de naam van haar overleden man voortleven op zijn land.'

99

6 Toen zei de man: 'Dan kan ik mijn rechten niet doen gelden, want dat zou ten koste gaan van mijn eigen familiebezit. Neemt u het maar van mij over, want ik kan het me niet veroorloven.

7 (7–8) Koopt u het land maar!' en hij trok zijn sandaal uit. (Als vroeger een dergelijke koop of ruil rechtsgeldig gemaakt moest worden, bestond er in Israël het gebruik dat men zijn sandaal uittrok en die aan de ander gaf. Zo werd een dergelijke zaak in Israël bekrachtigd.)

8

9 Daarop sprak Boaz tot de oudsten en alle anderen die daar waren: 'U bent er vandaag getuige van dat ik van Noömi het gehele bezit van Elimelech en dat van Kiljon en Machlon koop.

10 Daarmee neem ik ook Ruth tot vrouw, de Moabitische, de vrouw van Machlon, om de naam van haar overleden man te laten voortleven op zijn land. Zo zal zijn naam niet verloren gaan bij zijn verwanten en de inwoners van de stad. U bent daar vandaag getuige van.'

11 'Ja, 'zeiden de oudsten en allen die bij de poort aanwezig waren, 'daarvan zijn wij getuige. De HEER geve dat de vrouw die in uw huis komt zal zijn als Rachel en Lea, die beiden het huis van Israël groot hebben gemaakt, zodat ook u groot zult zijn in Efrata en uw naam in Betlehem zal voortbestaan.

12 Moge uw huis worden als het huis van Peres, de zoon van Tamar en Juda, en wel door de kinderen die de HEER u bij deze jonge vrouw zal geven.'

13 Daarna nam Boaz Ruth bij zich, zij werd zijn vrouw, en hij sliep met haar. De HEER liet haar zwanger worden en ze baarde een zoon.

14 De vrouwen zeiden tegen Noömi: 'Geprezen zij de HEER, die jou vandaag iemand gegeven heeft die voor je zorgen zal. Moge zijn naam in Israël blijven voortbestaan!

15 Hij zal je je levensvreugde teruggeven en je onderhouden als je oud bent, want je schoondochter, die je liefheeft en die meer waard is dan zeven zonen, heeft hem gebaard.'

16 Noömi nam de jongen op haar schoot en bleef hem vanaf dat moment verzorgen.

17 De buurvrouwen gaven hem zijn naam. 'Noömi heeft een zoon gekregen, 'zeiden ze, en ze noemden hem Obed. Hij is de vader van Isaï, die de vader is van David.

18 Dit zijn de nakomelingen van Peres: Peres verwekte Chesron,

19 Chesron verwekte Ram, Ram verwekte Amminadab,

20 Amminadab verwekte Nachson, Nachson verwekte Salmon,

21 Salmon verwekte Boaz, Boaz verwekte Obed,

22 Obed verwekte Isaï, en Isaï verwekte David.

* We zien in deze hoofdstukken dat Ruth meer en meer voedsel krijgt. Dit is dubbele genade. Naomi had het land verlaten met haar man, en Ruth was een allochtoon uit een goddeloos volk. Na meer en meer voedsel gekregen te hebben, kreeg ze ook nog Boaz. Boaz betekent: 'In Hem is Kracht'. Hij is een beeld van Christus en Ruth van de Kerk, de Bruid met een hoofdletter. Net als Ruth meer en meer voedsel kreeg, zo horen wij ook geestelijk te groeien. Salomo zei: 'Het pad van een rechtvaardige is als een licht dat steeds helderder gaat schijnen'. Ja, tot we in het Nieuwe Jeruzalem aankomen, de Eeuwige Stad van God!

1 Samuël

2:16,22

16 Als dan degene die aan het offeren was antwoordde: 'Wacht tenminste tot er rook van het vet komt, dan kunt u nemen wat u hebben wilt, 'zei de knecht: 'Geef op! Anders neem ik het met geweld!

22 Inmiddels was Eli op hoge leeftijd gekomen. Van tijd tot tijd bereikten hem geruchten over wat zijn zonen de Israëlieten allemaal aandeden, en dat ze zelfs sliepen met de vrouwen die dienst deden bij de ingang van de ontmoetingstent.

* Christenen kunnen zo verliederlijken in de dienst die voor de Here bestemd is, dat het verwordt tot hoererij en verdrukking. Dit is een grote waarschuwing. Laten we op onze hoede zijn. Stilstaan is het begin van achteruitgang.

4:21

21 Ze noemde haar zoon Ichabod en verklaarde: 'Israël is van zijn eer beroofd.' Daarmee doelde ze op het verlies van de ark en op de dood van haar schoonvader en haar man.

* Het kan zo ver komen met ons dat God ons bijna helemaal verlaat. En geestelijk, wat mensen als Eli betreft, komt het alleen maar goed in de eeuwigheid. Maar op aarde niet meer.

6:19

19 Maar de bevolking van Bet–Semes werd gestraft, omdat ze naar de ark van de HEER hadden gekeken. Er stierven zeventig inwoners van de stad. En het volk treurde, want de HEER had hen zwaar getroffen.

* Het volgende is ook een grote waarschuwing. De Ark is een beeld van de Here Jezus, die alleen de Wet volmaakt kon houden en die vervuld heeft. Als we te nieuwsgierig zijn om de persoon van de Here Jezus te begrijpen, die een mysterie is, dan worden we geestelijk geslagen, net als deze mensen dat letterlijk werden. En in de kerkgeschiedenis hebben zowel mensen in het Latijnse westen als in het Griekse oosten te gretig geprobeerd de Here Jezus te begrijpen, en het resultaat was scheuring, dwaalleer en geestelijke dood.

7:12

12 Na afloop plaatste Samuël tussen Mispa en Sen een steen en noemde die Eben–Haëzer. 'Want, 'verklaarde hij, 'tot hier toe heeft de HEER ons geholpen.

* Deze steen die Samuël, Eben-Haëzer noemt, wat letterlijk betekent 'Steen van de Hulp', is voor trouwe gelovigen een troost. Als we trouw zijn geweest en veel

hebben meegemaakt, dan mogen wij ook zeggen: 'Tot hier heeft de Here ons geholpen'.

8:7b

Jou verwerpen ze niet. Ze verwerpen juist mij als hun koning.

* Geestelijk gesproken is het moeilijk voor ons om met z'n allen afhankelijk te zijn van de Here Jezus. Het is makkelijker om een of meerdere mensen aan te wijzen die alles voor ons regelen.

12:4

4   Maar het volk antwoordde: 'U hebt ons niet uitgebuit, u hebt ons niet mishandeld en u hebt nooit iets van iemand aangenomen.

* Hier is Samuël net als Daniël en Paulus. Paulus zei ook dat een oudste onberispelijk moet zijn en een goede reputatie moet hebben naar de buitenwereld toe.

15:22-23

22 Daarop zei Samuël: 'Schept de HEER meer behagen in offers dan in gehoorzaamheid? Nee! Gehoorzaamheid is beter dan offers, volgzaamheid is beter dan het vet van rammen.
23 Weerspannigheid is even erg als toverij, en eigenzinnigheid is even slecht als afgodendienst. U

hebt de opdracht van de HEER verworpen; daarom
verwerpt hij u als koning!

* We kunnen uit deze verzen leren dat hoe meer je
achtslaat en gehoorzaamt aan de wil van de Here, hoe
dichter je tot Hem komt. In het Nieuwe Testament staat:
'Nader tot God en Hij zal tot u naderen'.

17:51

51 Hij rende naar de Filistijn toe, boog zich over hem heen
en trok diens zwaard uit de schede. Daarmee gaf hij
hem de genadestoot en sloeg hem zijn hoofd af. Toen
de Filistijnen zagen dat hun held dood was, sloegen ze
op de vlucht.

* De geschiedenis van David en Goliath is veel meer
dan een belofte. Hier zien we de mens Jezus, die toe
treedt op Satan de reus en hem verslaat met zijn eigen
wapen. En zo overwon de Here Jezus Satan door
Zichzelf in de dood te geven. Dus Hij overwon de dood
door de dood. Dit is de kern van het Evangelie.

29:2-3

2 De Filistijnse stadvorsten hielden troepenschouw. De
manschappen trokken in afdelingen van honderd en
duizend voorbij. In de achterste gelederen liepen David
en zijn mannen met het leger van Achis mee.
3 'Wat doen die Hebreeën hier?' vroegen de Filistijnse
bevelhebbers zich af. 'U kent David toch wel, de
vroegere veldheer van Saul, de koning van Israël, 'zei

Achis. 'Het is nu al meer dan een jaar geleden dat hij naar mij is overgelopen, en al die tijd heb ik niets op hem aan te merken gehad.

* Wat letterlijk hier gebeurt door David kan geestelijk door ons gebeuren. David verliet zijn land, kwam in dubieuze omstandigheden, die hier tot een dieptepunt dreigden te komen. Daarom, als de Here ons op de proef stelt, moeten we niet de brui eraan geven. Want dan wordt het vroeg of laat toch alleen maar erger.

2 Samuël

11:1-4 Algemene aantekening:

1 Bij het aanbreken van het voorjaar, de tijd waarin koningen gewoonlijk ten strijde trekken, stuurde David opnieuw een leger erop uit, onder leiding van Joab en zijn aanvoerders, om de Ammonieten te verslaan en Rabba te belegeren. Zelf bleef hij in Jeruzalem achter.

2 Op een keer stond hij aan het eind van de middag op van zijn rustbed en liep wat heen en weer over het dak van het paleis. Beneden zag hij een vrouw die aan het baden was. Ze was heel mooi om te zien.

3 Hij liet uitzoeken wie ze was, en men zei hem: 'Dat is Batseba, de dochter van Eliam, de vrouw van de Hethiet Uria.'

4 David liet haar bij zich komen en sliep met haar. (De voorgeschreven periode van onthouding na haar onreinheid was juist verstreken.) Daarna ging ze terug naar huis.

* Deze geschiedenis is een grote waarschuwing in verband met onze seksuele behoeften. Hoe belangrijk is het om bewust te zijn van je eigen emoties. Want David ging hier door verschillende rode stoplichten. Ten eerste had hij bij het leger moeten zijn als aanvoerder. Ten tweede was hij aan het luieren op zijn bed. Ten derde liep hij op het dak van zijn paleis als een Nebukadnezar die trots over Babel uitkeek. Ten vierde had hij zich om kunnen draaien, maar hij bleef kijken en liet vragen wie ze was. Ten vijfde zond hij boodschappers om haar te laten halen. Ten zesde ging hij dan ook nog met haar vrijen. Het tragische is dat haar man het slachtoffer van alles wordt, terwijl hij toch zo'n trouwe soldaat was en oprecht burger. En David gaat van kwaad tot erger om zijn zonde te verbergen. En hierin verliest hij alle contact met God. Het bleef dus niet bij gewoon overspel, maar het werd zelfs moord met voorbedachte rade.

12:6-7

6 Viervoudig moet hij het lam vergoeden, omdat hij zich zo harteloos heeft gedragen.'

7 Toen zei Natan: 'Die man, dat bent u! Dit zegt de HEER, de God van Israël: Ik was het die je zalfde tot koning van Israël, ik was het die je redde uit de greep van Saul.

* Dit is een waarschuwing. In zijn toorn veroordeelt David de verzonnen dief tot een boete van vier maal het gestolene. En toen zei de profeet dat hij zelf die dief was. In de loop van het leven verliest David vier kinderen in treurige omstandigheden. En de seksuele ellende verlaat zijn gezin niet meer.

13:4,14-15 Algemene waarschuwing:

4 'Zeg eens, Amnon, 'vroeg hij aan de koningszoon, 'waarom ben je toch al dagenlang zo neerslachtig?'

Amnon antwoordde: 'Omdat ik verliefd ben op Tamar, de zuster van mijn broer Absalom.

14 Maar hij wilde niet luisteren naar wat ze zei, en hij overweldigde haar en onteerde haar en verkrachtte haar.

15 Meteen welde een diepe haat in Amnon op. Hij haatte haar zelfs meer dan hij haar eerst had liefgehad. 'Sta op, ga weg!' beet hij haar toe.

* In deze geschiedenis zien we hoezeer het fout kan gaan in een gezin tussen broer en zus of halfzus, wanneer de man zich niet beheerst. En het is de vraag in hoeverre Amnon zichzelf gek liep te maken. Daarom hoort het bij zelfbeheersing om niet te blijven hangen in foute begeerte.

16-20 Algemene aantekening:

1 Nauwelijks was David de top van de berg over, of daar kwam Siba, de dienaar van Mefiboset, hem met een span ezels tegemoet. Deze waren bepakt met tweehonderd broden, honderd plakken rozijnen, honderd verse vruchten en een zak wijn.

2 'Wat hebt u daar?' vroeg de koning, en Siba zei: 'De ezels zijn voor de koninklijke familie om erop te rijden, het brood en de vruchten zijn voor de soldaten om te eten en de wijn is om te drinken voor wie uitgeput raakt in de woestijn.'

3 De koning vroeg: 'En waar is de kleinzoon van uw meester Saul?' Siba antwoordde: 'Die is in Jeruzalem gebleven omdat, zoals hij zei, het volk van Israël hem vandaag het koningschap van zijn grootvader teruggeeft.'

4   Toen zei de koning tegen Siba: 'Dan is alles wat Mefiboset bezit voortaan van u.' En Siba zei: 'Ik dank mijn heer en koning nederig, dat hij mij zo gunstig gezind is.'

5   Zodra David bij Bachurim was aangekomen, kwam er iemand aanlopen uit de familie van Saul, een zekere Simi, de zoon van Gera. Vloekend en tierend kwam hij aanlopen,

6   en hoewel David door zijn lijfwacht van heldhaftige soldaten was omringd, bekogelde hij de koning en zijn gevolg met stenen.

7   Hij vloekte en schreeuwde: 'Maak dat je wegkomt, moordenaar! Stuk ongeluk!

8   Je hebt je de troon van Saul toegeëigend. Nu wreekt de HEER het bloed van Saul en zijn familie aan jou en geeft hij het koningschap aan Absalom, je zoon. Dat is je verdiende loon, moordenaar die je bent!'

9   Joabs broer Abisai zei tegen de koning: 'Hoe waagt dat hondsvot het mijn heer en koning te vervloeken? Uit de weg jullie, ik sla zijn kop eraf!'

10 Maar de koning zei: 'Wat heb ik met jullie te maken, zonen van Seruja? Hij vervloekt mij; en wat dan nog? Dat heeft de HEER hem natuurlijk ingegeven. Wat vraag je dan: Hoe waagt hij het?'

11 En tot het hele gezelschap vervolgde David: 'Luister, mijn bloedeigen zoon staat me naar het leven. Zou deze afstammeling van Benjamin me dan met rust laten? Laat hem maar vloeken, de HEER heeft het hem immers ingegeven.

12 Misschien merkt de HEER mijn ellende op en vergoedt hij me later de vervloeking van vandaag.'

13 Toen zetten David en zijn gevolg zich weer in beweging. Simi bleef op een iets hoger gelegen

bergrichel vloekend en tierend met hem meelopen, gooide met stenen en joeg stofwolken op.

14 Ten slotte kwamen de koning en zijn soldaten aan in Ajefim. Daar konden ze uitrusten.

15 Intussen kwamen Absalom en zijn manschappen, het leger van Israël, in Jeruzalem aan. Ook Achitofel was bij hem.

16 Toen kwam Chusai, de vertrouwensman van David, naar Absalom toe. 'Leve de koning! Leve de koning!' riep hij uit.

17 Absalom vroeg hem: 'Is dat nu vriendentrouw? Had u niet met uw vriend mee moeten gaan?'

18 'Nee, 'antwoordde Chusai. 'Wiens zijde de HEER en het volk en het leger van Israël kiezen, aan diens zijde sta ik en aan diens zijde blijf ik.

19 Bovendien, u bent toch zijn zoon; wie zou ik anders dienen? Zoals ik vroeger in dienst stond van uw vader, zo zal ik ook u van dienst zijn.'

20 Daarna wendde Absalom zich tot Achitofel: 'Geeft u ons raad. Hoe moet het nu verder?'

21 Achitofel sprak: 'Ga naar de bijvrouwen die uw vader heeft achtergelaten om voor het huis te zorgen. Dan zal heel Israël vernemen dat u uw vader hebt vernederd en zullen al uw aanhangers moed vatten.'

22 Dus werd er voor Absalom een tent neergezet op het dak van het paleis, en voor de ogen van heel Israël nam Absalom bezit van de bijvrouwen van zijn vader.

23 In die dagen nam men een raadgeving van Achitofel evenzeer ter harte als wanneer men God zelf om een uitspraak vroeg; dat gold voor elke raad van Achitofel, zowel voor David als voor Absalom.

1 Achitofel zei tegen Absalom: 'Laat mij twaalfduizend mannen uitkiezen en achter David aan gaan, vannacht nog.

2 Ik zal hem overrompelen wanneer hij uitgeput is en de moed laat zinken, zodat al zijn soldaten op de vlucht slaan. Ik zal alleen de koning doden

3 en het leger naar u terugsturen. De dood van de man die u naar het leven staat betekent immers dat het leger kan terugkeren. Allen zullen ongedeerd blijven.'

4 Dit voorstel vond instemming bij Absalom en de oudsten van Israël.

5 Toch liet Absalom ook de Arkiet Chusai roepen: 'Laten we horen wat hij ervan denkt.'

6 Toen Chusai bij Absalom kwam, vroeg deze hem: 'Dit is het voorstel van Achitofel. Moeten we doen wat hij zegt? Of denkt u er anders over?'

7 Chusai antwoordde: 'Ditmaal is de raad die Achitofel gegeven heeft niet goed.'

8 En hij vervolgde: 'U kent uw vader en zijn mannen. U weet, het zijn heldhaftige soldaten. Bovendien zijn ze verbitterd, als een berin die beroofd is van haar jongen. Uw vader is trouwens een ervaren krijgsman. Hij zal de nacht niet doorbrengen bij zijn manschappen.

9 Hij houdt zich natuurlijk ergens schuil in een spelonk of op een andere goede plek. Wanneer hij dan als eerste aanvalt, zal zich het gerucht verspreiden dat er een slachting is aangericht onder de aanhangers van Absalom.

10 Zelfs wie zo dapper is als een leeuw zal sidderen, want heel Israël weet dat uw vader een held is en zijn aanhangers dappere krijgers.

11 Daarom raad ik u aan: roep alle mannen van Israël op, van Dan tot Berseba, talrijk als zandkorrels aan de zee, en trek zelf mee ten strijde.

12 Waar hij ook is, we zullen hem vinden. We zullen hem overvallen zoals dauw op de aarde valt. Dan zal er van hem en zijn aanhangers niet één in leven blijven.

13 En mocht hij zich in een of andere stad verschansen, dan laten we uit heel Israël touwen aandragen en slepen we die stad het ravijn in tot er geen steen meer van over is.'

14 Absalom en de Israëlieten vonden de raad van Chusai beter dan die van Achitofel. Zo beschikte de HEER dat het goede krijgsplan van Achitofel werd verijdeld, omdat hij Absalom te gronde wilde richten.

15 Chusai vertelde aan de priesters Sadok en Abjatar welke raad Achitofel aan Absalom en de oudsten van Israël had gegeven en wat hij zelf had aangeraden.

16 Toen zei hij: 'Zend zo snel mogelijk bericht naar David dat hij de nacht niet doorbrengt aan deze kant van de Jordaan, maar onmiddellijk oversteekt, anders worden hij en iedereen die bij hem is van de aardbodem weggevaagd.'

17 Jonatan en Achimaäs stonden bij de Rogelbron te wachten tot een slavin hun het nieuws kwam vertellen. Zij zouden het dan weer overbrengen aan koning David. In de stad konden ze zich natuurlijk niet laten zien.

18 Maar iemand zag ze toch, en vertelde dat aan Absalom. Jonatan en Achimaäs haastten zich naar Bachurim. Daar kwamen ze bij een man die op het erf van zijn huis een put had, waarin ze zich verstopten.

19 Zijn vrouw spreidde een zak over de opening van de put en strooide daar gerst over uit, zodat er niets te zien was.

20 Toen de mannen van Absalom bij het huis aankwamen, vroegen ze haar: 'Waar zijn Achimaäs en Jonatan?' 'Die zijn aan de overkant van het

113

bevloeiingskanaal verder gegaan, 'antwoordde ze. De mannen zochten, maar ze konden hen niet vinden en keerden terug naar Jeruzalem.

21 Toen ze waren verdwenen, klommen Jonatan en Achimaäs weer uit de put. Ze gingen naar koning David en brachten hem het bericht over: 'Snel, steek onmiddellijk het water over, want Achitofel heeft aangeraden u te overrompelen.'

22 David en het volk dat bij hem was, begonnen onmiddellijk de Jordaan over te steken, en toen de morgen aanbrak bevond iedereen zich aan de overkant van de rivier.

23 Toen Achitofel merkte dat zijn raad niet werd opgevolgd, zadelde hij zijn ezel en ging terug naar huis, naar Gilo. Thuis wikkelde hij zijn zaken af en daarna verhing hij zich. Hij werd begraven in het graf van zijn vader.

24 David was inmiddels gevorderd tot Machanaïm, toen Absalom de Jordaan overstak met heel het leger van Israël bij zich.

25 In Joabs plaats had Absalom Amasa als opperbevelhebber aangesteld. Deze Amasa was een zoon van de Israëliet Jitra en Abigal, de dochter van Nachas en een zuster van Joabs moeder Seruja.

26 Absalom sloeg met het leger van Israël zijn kamp op in Gilead.

27 Toen David in Machanaïm aankwam, werd hij bevoorraad door Sobi, de zoon van Nachas, uit Rabba, de hoofdstad van Ammon, door Machir, de zoon van Ammiël, uit Lo–Debar en door de Gileadiet Barzillai uit Rogelim.

28 Ze brachten hem en zijn aanhangers dekens, kookgerei en voedsel: tarwe, gerst, meel, geroosterd graan, bonen en linzen,

29 en honing, boter, kaas en schapen en geiten. 'Want, 'zeiden ze, 'u allen zult in de woestijn wel uitgeput zijn geraakt, en hongerig en dorstig.'

1 David monsterde zijn troepen, en stelde over elke eenheid van duizend en van honderd man een bevelhebber aan.

2 Hij verdeelde het leger in drieën: een derde deel kwam onder bevel van Joab, een derde deel onder bevel van diens broer Abisai en een derde deel onder bevel van de Gatiet Ittai. De koning sprak tot de troepen: 'Ik zal persoonlijk met jullie ten strijde trekken.'

3 'Nee, doet u dat niet, 'wierpen ze tegen. 'Als wij moeten vluchten, zal niemand dat erg vinden. Zelfs als de helft van ons sneuvelt, zal niemand dat erg vinden. Maar u bent evenveel waard als tienduizend van ons. Daarom is het beter dat u ons vanuit de stad bijstaat.'

4 De koning antwoordde: 'Ik zal doen wat jullie het beste lijkt.' Hij stelde zich op bij de poort, en de troepen rukten uit in eenheden van honderd en van duizend.

5 Aan Joab, Abisai en Ittai beval hij: 'Treed niet te hard op tegen mijn jongen, tegen Absalom.' Heel het leger hoorde wat de koning de bevelhebbers omtrent Absalom opdroeg.

6 Het leger trok ten strijde, Israël tegemoet. In de bossen van Efraïm kwam het tot een treffen.

7 Daar werd het leger van Israël verslagen door de aanhangers van David. Het was een zware slag: er sneuvelden die dag twintigduizend man.

8 De strijdende partijen raakten over het hele gebied verspreid; er werden daar die dag meer mannen verslonden door het woud dan door het zwaard.

9 Absalom, die op zijn muildier reed, kwam plotseling oog in oog te staan met een aantal soldaten van David.

Toen het muildier onder een grote terebint doorging, raakte Absalom met zijn haren verstrikt in de takken. Zo bleef hij hangen tussen hemel en aarde, terwijl het muildier verder draafde.

10 Een van de soldaten zag het en vertelde het aan Joab: 'Ik heb Absalom gezien! Hij hangt in een boom!'

11 'Wat!' riep Joab. 'Heb je hem gezien? Waarom heb je hem dan niet meteen gedood? Ik had je er tien zilverstukken en een koppelriem voor gegeven!'

12 Maar de soldaat antwoordde Joab: 'Al zou u duizend zilverstukken in mijn hand uittellen, dan nog zou ik mijn hand niet opheffen tegen de zoon van de koning. De koning heeft u en Abisai en Ittai immers ten overstaan van ons allen bevolen zijn zoon Absalom te sparen.

13 En zelfs al zou ik tegen dat bevel zijn ingegaan, voor de koning blijft niets verborgen, en dan zou u zich buiten schot houden.'

14 'Integendeel, 'riep Joab, 'ik ga voorop!' Hij greep drie stokken en stootte daarmee Absalom, die nog levend in de boom hing, in de borst.

15 Tien van Joabs soldaten, zijn wapendragers, gingen om Absalom heen staan en sloegen op hem in tot hij dood was.

16 Toen blies Joab op de ramshoorn ten teken dat de achtervolging van het leger van Israël moest worden gestaakt.

17 Ze maakten Absalom los, gooiden hem ter plekke in een diep gat en stapelden er een grote berg stenen overheen. Het leger van Israël vluchtte; ieder keerde terug naar zijn eigen woonplaats.

18 Absalom had bij zijn leven voor zichzelf een gedenksteen opgericht in de Koningsvallei. Omdat hij, zoals hij zei, geen zoon had om zijn naam te doen voortleven, gaf hij de gedenksteen zijn eigen naam. Tot

116

op de dag van vandaag wordt deze het Gedenkteken van Absalom genoemd.

19 Achimaäs, de zoon van Sadok, vroeg aan Joab: 'Laat mij uw koerier zijn en het goede nieuws aan de koning gaan brengen dat de HEER hem recht heeft gedaan en hem uit de handen van zijn vijanden heeft bevrijd.'

20 Joab antwoordde: 'Maar je hebt geen goed nieuws vandaag! Een andere keer kun je goed nieuws brengen, maar vandaag heb je geen goed nieuws, want de zoon van de koning is dood.'

21 En hij gaf een Nubiër opdracht om aan de koning te gaan vertellen wat hij gezien had. De Nubiër boog voor Joab en rende weg.

22 Maar Achimaäs hield aan: 'Toch wil ik ook koerier zijn. Laat mij de Nubiër achternagaan.' Joab vroeg: 'Waarom wil je dat dan, mijn jongen, als je geen nieuws te vertellen hebt dat de moeite waard is?'

23 'Toch doe ik het!' 'Ga dan maar, 'zei Joab. En Achimaäs rende weg, over de vlakte, en haalde de Nubiër in.

24 David had plaatsgenomen in het poortgebouw. De wachtpost ging op het dak van de stadspoort op de uitkijk staan. Daar zag hij iemand komen aanrennen, alleen.

25 Hij riep de koning toe wat hij zag, en de koning zei: 'Als hij alleen is, brengt hij goed nieuws.' De koerier kwam steeds dichterbij.

26 Toen zag de wachtpost nog iemand rennen, en hij riep naar de poortwachter: 'Daar komt nog iemand aanrennen, ook alleen.' De koning zei: 'Ook hij brengt goed nieuws.'

27 Toen zei de wachtpost: 'Aan de loop van de eerste koerier herken ik Achimaäs, de zoon van Sadok.' 'Die is betrouwbaar, 'zei de koning, 'dus hij komt zeker goed nieuws brengen.'

117

28 'Alles is goed!' riep Achimaäs de koning toe, en hij knielde, boog diep voorover en zei: 'Geprezen zij de HEER, uw God, die heeft afgerekend met degenen die hun hand tegen de koning hebben opgeheven.'

29 'En is alles goed met mijn jongen, met Absalom?' vroeg de koning. Achimaäs antwoordde: 'Toen Joab de koerier en mij op weg stuurde, zag ik net een grote oploop ontstaan, maar wat er precies aan de hand was weet ik niet.'

30 'Wacht hier even, 'zei de koning, en dat deed Achimaäs.

31 Toen kwam de Nubiër binnen. Hij zei: 'Ik breng u goed nieuws, mijn heer en koning. Vandaag heeft de HEER u recht gedaan en u bevrijd uit de handen van degenen die tegen u in opstand waren gekomen.'

32 'En is alles goed met mijn jongen, met Absalom?' vroeg de koning. De Nubiër antwoordde: 'Moge het al uw vijanden en al uw tegenstanders vergaan zoals uw zoon.'

33 (19:1) Toen voer er een siddering door de koning. Jammerend trok hij zich terug in het vertrek boven de poort: 'Mijn zoon Absalom, mijn zoon, mijn zoon Absalom! Was ik maar dood in plaats van jij! Absalom, mijn zoon, mijn zoon!'

1 (19:2) Men vertelde aan Joab dat de koning huilde en rouwde over Absalom.

2 (19:3) Toen het leger hoorde dat de koning treurde om zijn zoon, sloeg de overwinningsroes om in een rouwstemming.

3 (19:4) Als dieven in de nacht slopen de soldaten die dag de stad binnen, als een leger dat zich schaamt dat het de strijd is ontvlucht.

4   (19:5) De koning had zijn gezicht in zijn handen verborgen en schreeuwde luid: 'Mijn zoon Absalom, Absalom, mijn zoon, mijn zoon!'

5   (19:6) Toen ging Joab bij de koning binnen en zei: 'Vandaag hebt u al uw aanhangers te schande gemaakt, terwijl zij uw leven en dat van uw zonen en dochters en dat van uw vrouwen en bijvrouwen hebben gered.

6   (19:7) U haat degenen die u liefhebben en u hebt degenen die u haten lief. Vandaag hebt u laten merken dat u geen waarde hecht aan uw bevelhebbers, noch aan uw aanhangers. Vandaag weet ik zeker dat u het beter zou vinden wanneer Absalom nog in leven was en wij allemaal waren gesneuveld.

7   (19:8) Komaan, sta op, ga naar buiten en steek uw aanhangers een hart onder de riem. Want bij de HEER, ik zweer u: als u nu niet naar buiten gaat, is er vannacht geen man meer bij u. En dat zou erger zijn dan al het kwaad dat u tot nu toe in uw leven is overkomen.'

8   (19:9) De koning stond op en ging naar buiten. Men vertelde aan het leger dat de koning in de doorgang van de poort had plaatsgenomen, en het hele leger kwam zijn opwachting maken bij de koning.
De Israëlieten waren gevlucht, ieder naar zijn eigen woonplaats.

9   (19:10) In heel het land, bij alle stammen van Israël, was men druk aan het beraadslagen: 'De koning heeft ons bevrijd uit de greep van onze vijanden; hij was het die ons heeft gered uit de handen van de Filistijnen. Nu is hij het land uit gevlucht voor Absalom.

10 (19:11) Maar Absalom, die wij tot koning hadden gezalfd, is in de strijd gesneuveld. Laten we daarom een daad stellen en de koning naar huis terughalen.'

11 (19:12) De uitspraak van de Israëlieten kwam de koning ter ore. Daarop zond koning David het volgende bericht aan de priesters Sadok en Abjatar: 'Zeg tegen de oudsten van Juda: "Waarom zou u de laatsten zijn om de koning naar huis terug te halen?

12 (19:13) U bent mijn broeders, mijn vlees en bloed; waarom zou u de laatsten zijn om de koning terug te halen?"

13 (19:14) En tegen Amasa moet u zeggen: "Bent u niet mijn vlees en bloed? Voortaan zult u mijn opperbevelhebber zijn in plaats van Joab, God is mijn getuige.""

14 (19:15) Op die manier won hij de Judeeërs als één man voor zich. Ze stuurden bericht naar de koning: 'Keer terug, met al uw aanhangers.'

15 (19:16) De koning begaf zich op de terugreis. Toen hij bij de Jordaan kwam, stonden de Judeeërs bij Gilgal klaar om de koning te verwelkomen en hem te begeleiden bij het oversteken van de rivier.

16 (19:17) Onder hen bevond zich de Benjaminiet Simi, de zoon van Gera, uit Bachurim. Haastig ging hij koning David tegemoet.

17 (19:18) Met hem waren duizend Benjaminieten meegekomen. Ook Siba, de dienaar van de familie van Saul, was erbij met zijn vijftien zonen en twintig knechten. Nog voor de koning de oever van de Jordaan had bereikt, renden zij de rivier in.

18 (19:19) Ze waadden door het water om de koning en zijn hofhouding naar de overkant te helpen en zo een goede indruk op hem te maken. Toen de koning op het punt stond om de Jordaan over te steken, viel Simi voor hem op zijn knieën

19 (19:20) en zei: 'Mijn heer, vergeef me alstublieft wat ik u heb misdaan. Ik smeek u, vergeet dat ik me tegen u

heb misdragen op de dag dat u wegging uit Jeruzalem, mijn heer en koning, en reken het me niet aan.

20 (19:21) Ik, uw dienaar, weet dat ik gezondigd heb. Daarom, mijn heer en koning, ben ik u vandaag als eerste van alle nakomelingen van Jozef tegemoet gekomen.'

21 (19:22) Abisai, de zoon van Seruja, nam het woord en zei: 'Simi verdient toch zeker de dood, hij heeft immers de gezalfde van de HEER vervloekt!'

22 (19:23) Maar David antwoordde: 'Wat heb ik met jullie te maken, zonen van Seruja? Juist vandaag moeten jullie me niet tegenwerken. Vandaag wordt in Israël niemand ter dood gebracht, want vandaag weet ik dat mijn koningschap over Israël is hersteld.'

23 (19:24) En tegen Simi zei de koning: 'U zult niet sterven!' en hij zwoer het hem.

24 (19:25) Ook Mefiboset, de kleinzoon van Saul, was de koning tegemoet gekomen. Vanaf de dag dat de koning was weggegaan tot nu, de dag waarop hij ongedeerd terugkeerde, had Mefiboset zijn voeten niet gewassen, zijn baard niet verzorgd en zijn kleren niet verschoond.

25 (19:26) Toen hij de koning vanuit Jeruzalem tegemoet kwam, vroeg deze hem: 'Waarom bent u niet met me meegegaan, Mefiboset?'

26 (19:27) Hij antwoordde: 'Mijn heer en koning, mijn dienaar heeft me bedrogen. U moet weten dat ik me had voorgenomen om mijn ezel te zadelen en met u mee te rijden, omdat ik immers kreupel ben.

27 (19:28) Toen heeft hij me erin laten lopen met zijn valse beschuldiging tegenover u. Maar mijn heer en koning is als een engel van God; doet u wat u het beste vindt.

28 (19:29) U had het in uw macht om heel mijn familie ter dood te brengen, maar u nam mij op aan uw hof. Met welk recht zou ik me dan nu nog bij u beklagen?'

29 (19:30) De koning antwoordde: 'Genoeg hierover. U en Siba moeten het land maar delen.'

30 (19:31) Toen zei Mefiboset tegen de koning: 'Nu u ongedeerd bent teruggekomen, mijn heer en koning, mag hij wat mij betreft zelfs alles hebben.'

31 (19:32) De Gileadiet Barzillai was uit Rogelim gekomen en had de koning vergezeld naar de Jordaan om hem uitgeleide te doen bij de oversteek van de rivier.

32 (19:33) Hij was al heel oud, wel tachtig jaar. Hij had de koning tijdens diens verblijf in Machanaïm gastvrij onthaald; hij was een zeer vermogend man.

33 (19:34) De koning zei tegen hem: 'Barzillai, ga met me mee de rivier over, dan zal ik u bij mij in Jeruzalem gastvrij onthalen.'

34 (19:35) Maar Barzillai antwoordde: 'Ik ben aan het einde van mijn levensdagen. Waarom zou ik nog met de koning meegaan naar Jeruzalem?

35 (19:36) Ik ben nu tachtig jaar. Wat valt er voor mij nog te genieten van het leven? Kan ik nog proeven wat ik eet en drink? Kan ik de stem nog horen van zangers en zangeressen? Waarom zou ik u dan nog tot last zijn, mijn heer en koning?

36 (19:37) Ik zou zelfs nauwelijks in staat zijn met u de rivier over te steken. Waarom zou u mij op die manier belonen?

37 (19:38) Laat me toch teruggaan, zodat ik kan sterven in mijn eigen stad, bij het graf van mijn vader en mijn moeder. Neem liever Kimham met u mee, mijn heer en koning, en behandel hem zoals u voor ogen staat.'

38 (19:39) De koning antwoordde: 'Kimham zal met mij meegaan, en ik zal hem behandelen zoals u voor ogen staat. Ik zal doen zoals u wenst.'

39 (19:40) Ondertussen stak het leger de Jordaan over. Toen de koning aan de beurt was om over te steken, bedankte hij Barzillai en kuste hem vaarwel. Barzillai ging terug naar zijn woonplaats,

40 (19:41) en de koning vervolgde zijn reis naar Gilgal. Kimham ging met hem mee.
Heel het volk van Juda had de koning bij zijn doortocht begeleid, en de helft van het volk van Israël.

41 (19:42) De Israëlieten kwamen op de koning af en vroegen hem: 'Waarom hebben onze broeders, de Judeeërs, beslag op u gelegd door u en uw gevolg bij het oversteken van de Jordaan te begeleiden terwijl al uw aanhangers al bij u waren?'

42 (19:43) Maar de Judeeërs wierpen tegen: 'De koning is immers aan ons verwant! Waarom maken jullie je zo kwaad? Laten we ons soms door de koning onderhouden? Worden we soms door hem bevoordeeld?'

43 (19:44) De Israëlieten antwoordden: 'Wij hebben tien keer zoveel aandeel in het koningschap, en ook op David hebben wij meer recht dan jullie. Waarom doen jullie zo geringschattend? Hebben wij soms niet als eersten besloten dat we onze koning zouden terughalen?' Maar de Judeeërs stonden sterker dan de Israëlieten.

1 Nu was er onder de Israëlieten ook een echte onruststoker, een zekere Seba, de zoon van Bichri, uit de stam Benjamin. Hij blies op de ramshoorn en zei: 'Wat hebben wij met David te maken? Wij hebben

niets gemeen met de zoon van Isaï! We breken op, volk van Israël.'

2 Alle Israëlieten keerden David de rug toe en volgden de Benjaminiet Seba, maar de Judeeërs bleven hun koning vergezellen van de Jordaan tot aan Jeruzalem.

3 Toen koning David in zijn paleis in Jeruzalem kwam, stelde hij de tien bijvrouwen die hij als huisbewaarsters had achtergelaten, in bewaring in een eigen huis. Hij bleef hen onderhouden, maar hij zocht hen niet meer op. Zo bleven zij tot aan de dag van hun dood opgesloten als onbestorven weduwen.

4 De koning zei tegen Amasa: 'Roep alle mannen van Juda bijeen en meld u binnen drie dagen weer bij mij.'

5 Amasa ging op weg om de Judeeërs bijeen te roepen, maar op de afgesproken tijd was hij nog niet terug.

6 Toen zei David tegen Abisai: 'Seba, de zoon van Bichri, vormt een nog grotere bedreiging voor ons dan Absalom! Abisai, neemt u dan mijn leger onder uw bevel en ga achter hem aan voordat hij onze versterkte steden voor zich wint, want dan staan wij met lege handen.'

7 De mannen van Joab, de Keretieten en Peletieten en al Davids helden sloten zich bij Abisai aan en zetten vanuit Jeruzalem de achtervolging van Seba in.

8 Bij de grote steen in Gibeon kwamen ze Amasa achterop. Joab droeg gevechtskleding, met daarop een koppelriem waarin zijn zwaard gestoken was. Toen hij een stap naar voren deed, gleed het zwaard uit de schede.

9 'Is alles goed met je, Amasa?' vroeg hij, en hij greep hem met zijn rechterhand bij zijn baard om hem te kussen.

10 Amasa was niet verdacht op het zwaard dat Joab in zijn andere hand hield. Joab stak Amasa in de buik,

zodat zijn ingewanden naar buiten kwamen. Hij hoefde geen tweede maal te steken: de verwonding was dodelijk. Joab en zijn broer Abisai zetten de achtervolging van Seba voort.

11 Een van Joabs wapendragers bleef bij Amasa staan en riep: 'Wie het goed meent met Joab, wie vóór David is, hij volge Joab!'

12 Amasa lag op de weg, stuiptrekkend in zijn bloed. Toen de wapendrager merkte dat de soldaten stil bleven staan, rolde hij Amasa van de weg af, het veld in, en wierp een kleed over hem heen omdat iedereen die langs hem kwam stilhield.

13 Toen Amasa van de weg was verwijderd, volgden allen Joab, Seba achterna.

14 Seba was dwars door Israël naar Abel–Bet–Maächa getrokken. Alle Bichrieten hadden zich bij hem aangesloten.

15 Toen kwam ook Joab met zijn leger bij Abel–Bet–Maächa en sloot hem daar in. Ze wierpen een wal op tegen de muur van de vesting en bestookten van daar af met man en macht de stadsmuur.

16 Toen riep een wijze vrouw vanuit de stad: 'Luister, luister! Vraag of Joab dichterbij komt, zodat ik met hem praten kan.'

17 Joab kwam naderbij en de vrouw vroeg: 'Bent u Joab?' 'Jazeker, 'antwoordde hij. 'Luister naar wat ik u te zeggen heb, 'zei de vrouw, en Joab antwoordde: 'Ik luister.'

18 Toen zei de vrouw: 'Vroeger bestond er een zegswijze: Wie in Abel om raad vraagt, komt nooit bedrogen uit.

19 Wij zijn vredelievende en getrouwe Israëlieten. Maar u, u wilt een stad van de aardbodem wegvagen die als

125

een wijze moeder is in Israël. Waarom vergrijpt u zich aan Gods eigen land?'

20 'Geen sprake van!' antwoordde Joab. 'Ik ben er beslist niet op uit om me aan uw stad te vergrijpen of haar van de aardbodem weg te vagen.

21 Daar is het me niet om te doen. Maar iemand uit het bergland van Efraïm–een zekere Seba, een zoon van Bichri–is in opstand gekomen tegen de koning, tegen David. Lever hem aan mij uit, dan zal ik de stad verder ongemoeid laten.' Toen zei de vrouw tegen Joab: 'Goed, zijn hoofd zal u over de muur worden toegeworpen.'

22 De vrouw legde haar wijze raad voor aan de bevolking van de stad, en zij hakten Seba's hoofd af en wierpen het Joab toe. Joab blies op de ramshoorn en het beleg van de stad werd opgebroken. De soldaten gingen terug naar hun eigen woonplaats, en Joab keerde terug naar Jeruzalem, naar de koning.

23 Joab was opperbevelhebber van het leger van Israël en Benaja, de zoon van Jojada, was bevelhebber van de Keretieten en Peletieten;

24 Adoram was opzichter van de herendienst; Josafat, de zoon van Achilud, was kanselier

25 en Seja was hofschrijver; Sadok en Abjatar waren priester,

26 en ook de Jaïriet Ira was priester bij David.

* In deze geschiedenis van Absalom en David ligt een grote waarschuwing. We zien hier allerlei politiek gekonkel. In geestelijk opzicht hebben christenen daar ook een houtje van. In plaats van de Here Jezus te dienen, zijn wij vaak opportunisten op zoek naar eigen voordeel. Dit is vaak zelfs materieel voordeel. Maar ook is het vaak een kwestie van partijvorming, evenals in de

126

politiek je links en rechts hebt. Zo weet de duivel ons ook te verdelen en ons krachteloos te maken. En sommigen van ons gaan zelfs mensen als Absalom achterna die het gezag van de Here Jezus willen vernietigen.

1 Koningen

6:7

7 (Bij de bouw van de tempel werden alleen stenen gebruikt die al in de groeve waren afgewerkt; in de tempel was tijdens de bouw geen enkel geluid van hamers, houwelen of andere ijzeren gereedschappen te horen.)

* Het volgende is een grote belofte: Geestelijk is de Kerk Gods huis, en wanneer de laatste ziel wordt toegevoegd, is het Huis compleet. In dit vers wordt gezegd dat alles zo passend gemaakt is dat er geen hamerslag gehoord werd. En zo zullen wij eens volmaakt voor Hem staan.

8:27

27 Zou God werkelijk op aarde kunnen wonen? Zelfs de hoogste hemel kan u niet bevatten, laat staan dit huis dat ik voor u heb gebouwd.

* Dit is een indirecte belofte en een theologische waarheid. Elders in het Oude Testament staat dat de Here God in de eeuwigheid woont en bij de gebrokenen van hart. Dat Hij in de eeuwigheid woont wil zeggen dat

128

Hij boven tijd en ruimte leeft. Het heeft hiermee te maken, namelijk dat Hij boven alles verheven is en dat geen ding ons van Hem kan scheiden. Zoals Paulus zegt. En omdat Hij buiten het universum leeft en boven alles uit troont, heeft Hij macht over alles. En dat kan ook niet anders, want Hij is de Schepper van alle dingen.

10 Algemene aantekening:

1 De roem van Salomo, die de naam van de HEER tot eer strekte, was tot de koningin van Seba doorgedrongen. Ze ging naar hem toe om hem met raadsels op de proef te stellen.

2 Ze kwam naar Jeruzalem met een grote karavaan kamelen beladen met reukwerk, een grote hoeveelheid goud, en edelstenen. Ze bracht Salomo een bezoek en legde hem alle vragen voor die ze had bedacht.

3 En Salomo wist op al haar vragen een antwoord, er was er niet één waarop hij het antwoord schuldig moest blijven.

4 Toen de koningin van Seba merkte hoe wijs Salomo was en ze het paleis zag dat hij gebouwd had,

5 de gerechten die bij hem op tafel kwamen, de wijze waarop zijn hovelingen aanzaten, de kleding en de goede manieren van zijn bedienden, de dranken die werden geschonken en de offers die hij opdroeg in de tempel van de HEER, was ze buiten zichzelf van bewondering.

6 Ze zei tegen de koning: 'Het is dus echt waar wat ik in mijn land over u en uw wijsheid heb horen vertellen.

7 Ik geloofde het niet, maar nu ik hierheen ben gekomen en het met eigen ogen gezien heb, moet ik toegeven

dat ik nog niet de helft te horen heb gekregen. Uw wijsheid en welvaart zijn nog veel groter dan wordt gezegd.

8 Wat zijn uw hovelingen, die voortdurend in uw gezelschap verkeren en al uw wijze woorden horen, bevoorrecht!

9 Geprezen zij de HEER, uw God, die zo veel behagen in u schept dat hij u op de troon van Israël heeft gezet. Zijn liefde voor Israël is zo grenzeloos dat hij u als koning heeft aangesteld om recht en gerechtigheid te handhaven.'

10 De koningin van Seba schonk Salomo honderdtwintig talent goud en een grote hoeveelheid reukwerk en edelstenen. Zoveel reukwerk als de koningin van Seba aan koning Salomo gaf, is later nooit meer aangevoerd.

11 De vloot van Chiram die het goud uit Ofir had meegebracht, voerde van daar ook een grote hoeveelheid sandelhout en edelstenen mee.

12 Uit het sandelhout liet Salomo balustrades maken voor de tempel van de HEER en het koninklijk paleis, en ook lieren en harpen voor de zangers. Het is tot op de dag van vandaag niet meer voorgekomen dat er zulk sandelhout werd aangevoerd.

13 Koning Salomo gaf de koningin van Seba de gebruikelijke koninklijke geschenken en daarbij nog alles wat ze verder maar vroeg. Daarna keerde ze met haar gevolg naar haar eigen land terug.

14 Koning Salomo ontving jaarlijks zeshonderdzesenzestig talent goud,

15 nog afgezien van het goud dat de handelskaravanen meebrachten, de winst die zijn handelaars maakten en het goud dat de oosterse vorsten en de stadhouders van Israël afdroegen.

16 De koning liet tweehonderd grote schilden maken van gedreven goud; in één zo'n schild werd zeshonderd sjekel goud verwerkt.

17 En ook nog driehonderd kleinere schilden van gedreven goud; in één zo'n schild werd drie mine goud verwerkt. Deze schilden liet hij opstellen in de hal die het Woud van de Libanon werd genoemd.

18 Van ivoor liet hij een grote troon maken, die werd overtrokken met zuiver goud.

19 Zes treden leidden naar de troon, die aan de bovenkant een ronde hoofdsteun had en armleuningen aan weerskanten van de zitting. Naast de armleuningen stonden twee leeuwen

20 en op de zes treden stonden twaalf leeuwen, één aan elke kant van iedere tree. In geen enkel koninkrijk was ooit zo'n troon gemaakt.

21 Al het drinkgerei van koning Salomo was van goud en al het andere vaatwerk in het Woud van de Libanon was verguld. Er werd geen zilver gebruikt, want aan zilver hechtte men in de tijd van Salomo geen bijzondere waarde.

22 De koning beschikte namelijk over een handelsvloot die samen met de vloot van Chiram de zeeën bevoer en eens in de drie jaar binnenliep met een lading goud, zilver, olifantstanden, apen en pauwen.

23 Koning Salomo overtrof alle andere koningen op aarde in rijkdom en wijsheid.

24 Uit alle delen van de wereld kwamen mensen naar Salomo toe om te luisteren naar de wijsheid waarmee God hem vervuld had.

25 En allemaal brachten ze geschenken mee: zilveren en gouden voorwerpen, gewaden, wapens, reukwerk, paarden en muildieren. Dat ging zo jaar in jaar uit.

26 Salomo schafte ook wagens en paarden aan. Hij bezat veertienhonderd wagens en twaalfduizend paarden, die hij deels in Jeruzalem bij zich hield en deels onderbracht in garnizoenssteden verspreid over het land.

27 Dankzij koning Salomo was zilver in Jeruzalem even gewoon als steen, en was er aan cederhout net zo'n overvloed als aan wilde vijgenbomen in het heuvelland.

28 Salomo's paarden waren afkomstig uit Egypte, uit Kewe, waar ze door handelaars van de koning werden aangekocht.

* Net als de koningin van Seba Salomo eerde, zo zal de Kerk eens de Here Jezus dienen en net als de hele aarde Salomo's wijsheid zocht, zo zal de Here Jezus eens alom geprezen zijn.

13:18

18 'Maar ik ben ook een profeet, net als u, 'voerde de ander aan. 'En tegen mij heeft een engel in opdracht van de HEER gezegd: "Neem hem mee terug naar je huis en laat hem wat eten en drinken."' Zo loog hij hem voor,

* In deze geschiedenis ligt een waarschuwing: Namelijk dat we consequent moeten zijn. Als de Bijbel zegt dat het een eer is voor de vrouw om lang haar te hebben, maar een oneer voor de man, dan wordt niet het tegenovergestelde bedoeld. Laten we hier gehoor aan geven.

132

2 Koningen

4:19

19 ... riep hij plotseling uit: 'Mijn hoofd! Mijn hoofd!' De vader beval een knecht de jongen naar zijn moeder te brengen.

* De jongen zegt 'Mijn hoofd! Mijn hoofd! En zo is het ook met jongere generaties. De indrukken en verleidingen zijn zoveel dat jongelui het er moeilijk mee hebben. Daarom is het belangrijk dat ze al jong leren de helm van de redding en verder de hele wapenrusting aan te doen, die in Efeze 6 beschreven wordt.

4:40-41

40 Het gerecht werd rondgediend, en zodra ze ervan proefden schreeuwden ze uit: 'Godsman, de dood zit in de pot!' Ze konden geen hap door hun keel krijgen.
41 Toen zei Elisa: 'Breng me wat meel.' Hij strooide wat meel in de pot en zei: 'Schep iedereen opnieuw op. Nu kunnen ze ervan eten.' En inderdaad, de bittere smaak was volkomen verdwenen.

* Zoals het eten hier vergiftigd was, zo is vaak wat we elkaar geestelijk opdienen behept met zonden. En dan

hebben we de Here Jezus nodig als een offerande van fijn meel, en dan wordt alles goed.

5:17-19

17 Toen zei Naäman: 'Als u werkelijk niets van uw dienaar wilt aannemen, wees dan zo goed mij twee muildierlasten aarde mee te geven. Ik verzeker u dat ik nooit meer offers zal brengen aan andere goden dan de HEER.

18 Maar ik hoop dat de HEER mij het volgende zal willen vergeven: wanneer mijn vorst naar de tempel gaat om zich voor Rimmon neer te buigen, steunt hij altijd op mijn arm, zodat ik wel gedwongen ben me ook in de tempel van Rimmon neer te buigen. Ik hoop dus dat de HEER het mij zal willen vergeven wanneer ik me neerbuig in de tempel van Rimmon.'

19 Elisa antwoordde: 'Ga in vrede.'
Naäman was nog niet zo lang vertrokken,

* De bekeerling Naäman toont gelijk een vrucht van de bekering, omdat hij de Here wil aanbidden, wanneer hij teruggekeerd is in zijn oude omstandigheden. En hij maakt zich zorgen vanwege de afgodische toestand daar. En de profeet zegt hem 'Ga in vrede!' En inderdaad zorgt de Here voor Zijn bekeerlingen.

6:15-16

15 Toen de bediende van Elisa de volgende morgen opstond en naar buiten kwam, zag hij dat de stad

omsingeld was door een leger met strijdwagens en paarden. 'Wat moeten we beginnen, heer?' riep hij uit.

16 Zijn meester antwoordde: 'Wees niet bang, wij zijn met meer dan zij.'

* Wanneer we in verdrukking zijn, mogen we op de Here Jezus hopen. Want de geestelijke machten die bij ons zijn, zijn meer in getal dan die bij de vijand zijn. Dit is vooral geestelijk bedoeld. En we moeten het niet overdrijven zoals sommige overdreven pinkster-broeders doen.

9 Algemene aantekening:

1 Ondertussen riep de profeet Elisa een van de leerlingen van de profetengemeenschap bij zich en droeg hem op: 'Neem dit kruikje met olie en ga zo snel mogelijk naar Ramot in Gilead.

2 Daar aangekomen moet je Jehu opzoeken, de zoon van Josafat, de zoon van Nimsi. Ga naar hem toe en neem hem apart. Ga met hem naar een afgezonderd vertrek

3 en giet het kruikje olie over zijn hoofd uit met de woorden: "Dit zegt de HEER: Hierbij zalf ik je tot koning van Israël." Daarna moet je het vertrek verlaten en maken dat je wegkomt.'

4 De jonge profeet ging naar Ramot in Gilead.

5 Toen hij daar aankwam, zaten de bevelhebbers van het leger bij elkaar. 'Kan ik u spreken, overste?' vroeg hij. 'Wie van ons wilt u spreken?' vroeg Jehu. 'U, overste, 'antwoordde hij.

6 Jehu stond op en ging met de jonge profeet mee naar binnen. Daar goot de profeet de olie over Jehu's hoofd

135

uit en zei: 'Dit zegt de HEER, de God van Israël: Hierbij zalf ik je tot koning over Israël, het volk van de HEER.

7 Ruim het koningshuis van Achab, waarbij je in dienst staat, uit de weg, want ik wil het bloed wreken van de profeten en van al mijn andere dienaren die door Izebel ter dood zijn gebracht.

8 Heel het koningshuis van Achab zal ten onder gaan, alle mannelijke leden van zijn familie zal ik uitroeien, van hoog tot laag.

9 Het zal het koningshuis van Achab vergaan als het koningshuis van Jerobeam, de zoon van Nebat, en het koningshuis van Basa, de zoon van Achia.

10 En Izebel zal op de akkers van Jizreël door de honden worden opgevreten, niemand zal haar begraven.' Daarop verliet de profeet het vertrek en maakte dat hij wegkwam.

11 Toen Jehu terugkwam bij de dienaren van zijn heer vroegen ze hem: 'Is alles in orde? Wat moest die gek van jou?' 'Ach, het gewone gezeur, jullie kennen dat wel, 'antwoordde Jehu.

12 'Maak dat een ander wijs, 'zeiden ze. 'Zeg op, wat had hij te vertellen?' Toen zei Jehu: 'Hij heeft me het volgende gezegd: "Dit zegt de HEER: Hierbij zalf ik jou tot koning van Israël."'

13 Ogenblikkelijk deden ze allemaal hun mantels af en spreidden die voor hem als loper over de traptreden uit. Toen bliezen ze op de ramshoorn en riepen: 'Jehu is koning!'

14 Jehu, de zoon van Josafat, de zoon van Nimsi, beraamde een complot tegen koning Joram. Die had met heel het leger van Israël Ramot in Gilead verdedigd tegen koning Hazaël van Aram,

15 maar was naar Jizreël teruggekeerd om te herstellen van de verwondingen die de Arameeërs hem tijdens de

136

slag met koning Hazaël van Aram hadden toegebracht. 'Als jullie het ermee eens zijn, 'zei Jehu tegen de andere bevelhebbers, 'laten we er dan voor zorgen dat niemand uit de stad ontsnapt om in Jizreël te vertellen wat hier gebeurd is.'

16 Daarop reed hij zelf naar Jizreël, waar Joram gewond te bed lag. Koning Achazja van Juda was ook naar Jizreël gekomen om Joram te bezoeken.

17 Toen de wachtpost op de toren van Jizreël Jehu en zijn gevolg in het oog kreeg, meldde hij dat er een stoet in aantocht was. Joram beval dat hun een ruiter tegemoet moest gaan om te vragen of alles in orde was.

18 De ruiter ging hun tegemoet en zei: 'De koning laat vragen of alles in orde is.' 'Dat gaat je niets aan, 'antwoordde Jehu. 'Volg mij.' De wachtpost meldde dat de bode de stoet had bereikt en niet terugkeerde.

19 Joram stuurde een tweede ruiter, en toen deze bij Jehu kwam zei hij: 'De koning laat vragen of alles in orde is.' 'Dat gaat je niets aan, 'antwoordde Jehu. 'Volg mij.'

20 De wachtpost meldde dat de bode de stoet had bereikt en niet terugkeerde. En hij voegde eraan toe: 'Aan zijn rijstijl te zien is het Jehu, de zoon van Nimsi, die de stad nadert, want hij rijdt als een waanzinnige.'

21 Hierop beval Joram zijn wagen in te spannen. De wagen werd ingespannen en koning Joram van Israël en koning Achazja van Juda reden uit, ieder in zijn eigen wagen, Jehu tegemoet. Op de akker van de Jizreëliet Nabot troffen zij elkaar.

22 Toen Joram Jehu zag, vroeg hij: 'Is alles in orde, Jehu?' Jehu antwoordde: 'Hoe kan alles in orde zijn zolang de losbandige praktijken en de toverkunsten van uw moeder Izebel voortduren?'

23 Joram wendde de teugels en vluchtte weg, terwijl hij Achazja toeriep: 'Verraad, Achazja!'

137

24 Maar Jehu greep snel zijn boog en trof Joram tussen zijn schouderbladen. De pijl ging dwars door zijn hart en Joram zakte in zijn wagen in elkaar.

25 Jehu zei tegen zijn adjudant Bidkar: 'Pak hem op en gooi hem op de akker van de Jizreëliet Nabot. U herinnert u vast nog hoe wij tweeën zij aan zij achter zijn vader Achab reden toen de HEER de volgende profetie over hem uitsprak:

26 "Zo waar ik gisteren het bloed van Nabot en zijn zonen heb zien vloeien–zo spreekt de HEER –,zo waar zal ik het u op deze akker vergelden–zo spreekt de HEER." Dus pak hem op en gooi hem op de akker, zoals de HEER heeft gezegd.'

27 Koning Achazja van Juda, die zag wat er gebeurde, vluchtte in de richting van Bet–Haggan. Maar Jehu zette de achtervolging in en riep: 'Dood ook hem!' Achazja werd getroffen terwijl hij in zijn wagen de pas van Gur bij Jibleam opreed. Hij wist te ontkomen naar Megiddo, en daar is hij gestorven.

28 Zijn dienaren brachten zijn lichaam op een wagen over naar Jeruzalem, waar ze hem begroeven bij zijn voorouders in de Davidsburcht.

29 Achazja was koning van Juda geworden in het elfde regeringsjaar van Joram, de zoon van Achab.

30 Toen Izebel hoorde dat Jehu onderweg was naar Jizreël, zette ze haar ogen aan, maakte haar kapsel op en ging bij haar venster op de uitkijk staan.

31 Toen Jehu bij de stadspoort aankwam verwelkomde ze hem met de woorden: 'Gaat het goed met je, Zimri de Koningsmoorde-naar?'

32 Jehu keek omhoog en vroeg: 'Is daar iemand die aan mijn kant staat? Niemand?' Twee, drie eunuchen verschenen aan het venster

33 en Jehu beval hun: 'Gooi haar het raam uit!' Ze wierpen haar naar beneden, zodat haar bloed tegen de stadsmuur en tegen de paarden opspatte. Jehu vertrapte haar lichaam.

34 Daarna trok hij de stad binnen en liet zich een maaltijd voorzetten. Toen hij gegeten en gedronken had zei hij: 'Ga eens naar die vervloekte vrouw kijken en begraaf haar, tenslotte is ze een koningsdochter.'

35 Maar de mannen die haar gingen begraven vonden alleen nog haar schedel, haar voeten en haar handen.

36 Toen ze terugkwamen om het aan Jehu te vertellen zei deze: 'Zo is in vervulling gegaan wat de HEER bij monde van de Tisbiet Elia heeft voorzegd: "De honden zullen het lichaam van Izebel op de akkers van Jizreël opvreten.

37 Het lijk van Izebel zal als een hoop mest op het land liggen, op de akkers van Jizreël, en niemand zal kunnen zeggen: 'Dit was Izebel.'"'

* Er is weleens gezegd 'Gods molens malen langzaam, maar ze malen wel door' en dat zien we ook in deze geschiedenis.

13:2,6,23 Algemene aantekening:

2 Hij deed wat slecht is in de ogen van de HEER: hij volgde het slechte voorbeeld van Jerobeam, de zoon van Nebat, die de Israëlieten tot zonde had aangezet, en brak niet met diens zondige praktijken.

6 Toch braken ze niet met de zondige praktijken van het huis van Jerobeam, die hen tot zonde had aangezet, maar volhardden erin. Zelfs de Asjerapaal in Samaria lieten ze staan.23 Maar de HEER was de Israëlieten

139

genadig. Hij kreeg medelijden met hen en was met hen begaan vanwege het verbond dat hij met Abraham, Isaak en Jakob gesloten had. Hij wilde de Israëlieten niet uitroeien en verstootte hen niet, zoals hij dat tot op de dag van vandaag niet heeft gedaan.

* Het volgende is zowel een waarschuwing als een belofte. Elke keer zien we in de geschiedenis van het Joodse volk, en van de Israëlieten dat ze het voorbeeld van de koning volgen. Als de koning kwaad deed en zondigde, dan zo ook het volk. En zo ook wanneer hij goed deed. Dit is een ernstige waarschuwing voor hen die leiders onder ons zijn. En die moeten ze goed ter harte nemen. Maar gelukkig is het ook een troost en een belofte dat de Here steeds weer genadig is. In al ons falen blijft Hij genadig.

17:6

6 In het negende regeringsjaar van Hosea nam de koning van Assyrië Samaria in. Hij voerde de Israëlieten als ballingen mee naar Assyrië. Sommigen wees hij een woonplaats aan in Chalach, anderen aan de rivier de Chabor in Gozan, en weer anderen in de steden van Medië.

* Deze geschiedenis is een waarschuwing voor ons. Gods geduld met ons kan opraken. Net als de Here Jezus zegt in Johannes 15, dat Hij de ranken die geen vrucht dragen, afsnijdt. Zo kan de Here ook een hele kerk aan haar einde doen komen.

140

18:4

4 Hij verwijderde de offerplaatsen, verbrijzelde de gewijde stenen, haalde de Asjerapalen omver en sloeg de koperen slang die Mozes gemaakt had aan stukken. De Israëlieten hadden namelijk nog altijd de gewoonte voor deze slang, die de naam Koperslang droeg, wierook te branden.

* Net zoals deze koperen slang verafgood werd, hoewel die in eerste instantie een gezegend voorwerp van de Here was geweest, zo hebben wij ook vaak afgoden waarmee we mee weglopen. En op die manier veranderen wij de zegen van de Here in een vloek. Zo kunnen wij afgoden maken van oude voorgangers, kerkvaders, ideeën, praktijken of wat dan ook.

19:10,11,14-22

10 'Zeg tegen koning Hizkia van Juda: "Laat u niet misleiden door de HEER, uw God, in wie u uw vertrouwen hebt gesteld omdat hij u heeft toegezegd dat Jeruzalem niet in handen zal vallen van de koning van Assyrië.

11 U hebt toch zelf gehoord hoe de koningen van Assyrië alle landen die ze binnenvielen vernietigd hebben. Zou u dan gered worden?

14 Toen Hizkia de brief had gelezen die de boden hem overhandigd hadden, ging hij naar de tempel van de HEER en legde de brief daar open voor hem neer.

15 En hij bad tot de HEER: 'HEER, God van Israël, u die op de cherubs troont, u alleen bent God van alle

koninkrijken op aarde, u hebt de hemel en de aarde gemaakt.

16 Leen mij uw oor, HEER, en luister, open uw ogen en zie toe. Hoor met welke woorden Sanherib de levende God hoont.

17 Het is waar, HEER, de koningen van Assyrië hebben andere volken en hun landen verwoest

18 en hun goden aan het vuur prijsgegeven. Dat waren dan ook geen goden, het waren slechts maaksels van mensenhanden, beelden van hout en steen, die ze vernietigd hebben.

19 Ik vraag u, HEER, onze God: red ons uit zijn handen, opdat alle koninkrijken op aarde zullen beseffen dat u, HEER, de enige God bent.'

20 Jesaja, de zoon van Amos, liet Hizkia weten: 'Dit zegt de HEER, de God van Israël: Ik heb je gebed over koning Sanherib van Assyrië gehoord,

21 en dit is wat ik, de HEER, over hem zeg:
Vrouwe Sion minacht je, ze lacht je uit,
meewarig schudt Jeruzalem haar hoofd.

22 Weet wie je hebt beledigd en bespot,
wie je hebt uitgejouwd, uitdagend aangekeken:
het was de Heilige van Israël!

* Deze geschiedenis is een belofte. Wanneer we op de Here Jezus vertrouwen met een oprecht hart, kunnen we er zeker van zijn dat Hij ons vroeg of laat zal uitredden. In het Nieuwe Testament worden we ergens aan Job herinnert die ook vol hield. En in die passage worden volhouders gelukzalig gesproken.

16 "Dit zegt de HEER: Ik zal onheil brengen over deze stad en haar bewoners, precies zoals beschreven staat in het boek dat de koning van Juda heeft gelezen.
17 Dat doe ik omdat zij zich van mij hebben afgekeerd, offers hebben ontstoken voor andere goden en mij hebben getergd met de beelden die ze gemaakt hebben. Mijn toorn tegen deze stad is hoog opgelaaid en zal niet meer doven."

* Dit hoofdstuk is zowel een waarschuwing als een belofte. De belofte is dat in tijden van verval God toch herstel wil geven. En de waarschuwing is, dat het oordeel toch zal komen. Volgens de brieven aan Romeinen (hoofdstukken 10,11) zal het christendom verworpen worden en zal de Here met Israël verder gaan. Volgens de brief aan Laodicea (openbaring 3) zal de lauwe kerk van de eindtijd, waar de Here buiten staat en alleen contact heeft met een enkeling, uitgebraakt worden.

24-25 Algemene aantekening:

1 Tijdens de regering van Jojakim viel koning Nebukadnezar van Babylonië het land binnen en maakte hij Jojakim tot zijn vazal. En toen Jojakim na drie jaar rebelleerde en tegen Nebukadnezar in opstand kwam,
2 stuurde de HEER benden Chaldeeën, Arameeërs, Moabieten en Ammonieten op hem af, die hij Juda liet binnenvallen om het te vernietigen, zoals hij bij monde van zijn dienaren, de profeten, had voorzegd.

3 Dit overkwam Juda omdat de HEER zelf het zo beschikt had; hij verstootte het vanwege alle zonden die Manasse had bedreven.

4 Wat de HEER hem vooral niet vergaf, was dat hij onschuldig bloed had vergoten–hij had Jeruzalem gevuld met onschuldig bloed.

5 Verdere bijzonderheden over Jojakim zijn opgetekend in de kronieken van de koningen van Juda.

6 Toen hij bij zijn voorouders te ruste ging, volgde zijn zoon Jojachin hem op.

7 De koning van Egypte ondernam geen veldtochten meer buiten zijn eigen land, want de koning van Babylonië had heel het gebied dat aan de koning van Egypte toebehoorde ingenomen, vanaf de wadi die de grens met Egypte vormt tot aan de Eufraat.

8 Jojachin was achttien jaar oud toen hij koning werd. Drie maanden regeerde hij in Jeruzalem. Zijn moeder was Nechusta, de dochter van Elnatan, uit Jeruzalem.

9 Hij deed wat slecht is in de ogen van de HEER, precies zoals zijn vader.

10 Het was in die tijd dat veldheren van koning Nebukadnezar van Babylonië tegen Jeruzalem optrokken en de stad belegerd werd.

11 Toen koning Nebukadnezar zelf voor de omsingelde stad verscheen,

12 gaf koning Jojachin van Juda zich samen met zijn moeder, zijn hovelingen, zijn legeraanvoerders en zijn kamerheren aan de koning van Babylonië over; deze nam hem gevangen in het achtste jaar van zijn regering.

13 Nebukadnezar haalde alle schatten weg uit de tempel van de HEER en het koninklijk paleis en haalde alle gouden versieringen los die koning Salomo van Israël

in de grote zaal van de tempel had aangebracht, zoals de HEER had voorzegd.

14 Heel Jeruzalem werd in ballingschap weggevoerd: alle legeraanvoerders en alle krijgslieden, tienduizend man, en alle handwerkslieden en smeden; alleen de onaanzienlijksten van het gewone volk bleven achter.

15 Koning Jojachin werd als balling meegevoerd naar Babel, samen met zijn moeder, zijn vrouwen, zijn kamerheren en de notabelen.

16 Ook zevenduizend militairen en duizend handwerkslieden en smeden, allen betrokken bij het krijgsbedrijf, werden door de koning van Babylonië in ballingschap weggevoerd.

17 Hij stelde Mattanja, een oom van Jojachin, in diens plaats als koning aan en veranderde zijn naam in Sedekia.

18 Sedekia was eenentwintig jaar oud toen hij koning werd. Elf jaar regeerde hij in Jeruzalem. Zijn moeder was Chamutal, de dochter van Jirmeja, uit Libna.

19 Hij deed wat slecht is in de ogen van de HEER, precies zoals Jojakim.

20 De HEER was zo woedend op Jeruzalem en Juda dat hij ze uiteindelijk verstootte.
Sedekia kwam tegen de koning van Babylonië in opstand.

* Sommige theologen maken onderscheid tussen de God van het Oude Testament en het Nieuwe Testament. Terwijl de Bijbel zegt dat Hij dezelfde is gisteren vandaag en tot in alle eeuwigheid. We zien in de geschiedenis van het volk van Israël dat God geen God van toorn genoemd mag worden, maar veeleer een God van liefde en geduld. Dit is voor ons een belofte en een troost. Maar wee ons als we denken misbruik te

145

kunnen maken van Zijn geduld. Want Gods geduld raakt inderdaad een keer op, zoals we ook hier zien. Dit is niet omdat Hij niet een God van liefde is, maar omdat Hij ons verantwoordelijkheid heeft gegeven. En we zullen eens verantwoording moeten afleggen van onze daden. En dit is de waarschuwing uit deze geschiedenis voor ons.

25 Algemene aantekening:

1 In het negende jaar van zijn regering, op de tiende dag van de tiende maand, kwam Nebukadnezar, de koning van Babylonië, met heel zijn leger bij Jeruzalem aan. Hij sloeg er zijn kamp op en wierp een wal op rondom de stad.

2 Het beleg van de stad duurde tot in het elfde regeringsjaar van koning Sedekia.

3 Op de negende dag van de maand–de hongersnood in de stad was ondraaglijk geworden, er was voor de bevolking niets meer te eten–

4 werd er een bres in de stadsmuur geslagen. Hoewel de Chaldeeën rondom de stad lagen, wisten alle soldaten 's nachts te ontkomen via de poort tussen de beide stadsmuren die uitkwam op de tuin van de koning. De koning vluchtte in de richting van de Jordaanvallei,

5 maar het Chaldese leger zette de achtervolging in en haalde hem in op de vlakte van Jericho. Heel zijn leger werd uiteengeslagen

6 en de koning zelf namen ze gevangen. Ze brachten hem naar Ribla, naar de koning van Babylonië, en daar werd hij berecht.

7 Eerst werden zijn zonen voor zijn ogen afgeslacht en toen werden hem de ogen uitgestoken. Daarna werd hij naar Babel afgevoerd, geboeid met bronzen ketenen.

8 Op de zevende dag van de vijfde maand, in het negentiende regeringsjaar van koning Nebukadnezar van Babylonië, trok diens dienaar Nebuzaradan, de commandant van zijn lijfwacht, Jeruzalem binnen.

9 Hij stak de tempel van de HEER in brand, en ook het koninklijk paleis en alle andere huizen van Jeruzalem; alle huizen van de welgestelden gingen in vlammen op.

10 Het Chaldese leger, dat onder zijn bevel stond, haalde de stadsmuren van Jeruzalem neer.

11 De mensen die nog in de stad over waren, werden door commandant Nebuzaradan als ballingen weggevoerd, evenals degenen die naar de koning van Babylonië waren overgelopen, kortom, iedereen die nog over was.

12 Slechts de allerarmsten liet hij achter om voor de wijngaarden en akkers te zorgen.

13 De bronzen zuilen bij de tempel van de HEER, de verrijdbare onderstellen van de spoelbekkens en het grote bronzen bekken, de Zee, werden door de Chaldeeën uit elkaar gehaald; het brons namen ze mee naar Babel.

14 Ook de vuurbekkens, vuurscheppen, messen, kommen en het andere koperen tempelgerei namen ze mee.

15 Verder nam commandant Nebuzaradan alles mee wat maar van goud of zilver was, zoals de vuurbakken en de offerschalen.

16 De twee zuilen, de Zee, waarvan er maar één was, en de verrijdbare onderstellen die Salomo voor de tempel van de HEER had laten maken, bevatten samen een niet te wegen massa brons.

17 De zuilen waren elk achttien el hoog en bekroond met een bronzen kapiteel van drie el. Daar omheen zat een koperen vlechtwerk, versierd met granaatappels.

18 De hogepriester Seraja, zijn plaatsvervanger Sefanja en de drie priesters die aan het hoofd van de tempelwacht stonden, werden door Nebuzaradan, de commandant van de lijfwacht, gevangengenomen.

19 En uit de stad haalde hij de raadsheer die belast was met oorlogszaken, vijf van de vertrouwelingen die vrij toegang hadden tot de koning, de secretaris van de opperbevelhebber die tot taak had het volk onder de wapenen te roepen, en zestig grootgrondbezitters.

20 Deze personen werden door Nebuzaradan gevangengenomen en naar Ribla overgebracht, naar de koning van Babylonië.

21 De koning van Babylonië liet hen in Ribla, in het gebied van Hamat, ter dood brengen.
Zo werd Juda uit zijn land weggevoerd in ballingsschap.

22 Over het deel van het volk dat van koning Nebukadnezar van Babylonië in Juda mocht blijven, stelde hij Gedalja, de zoon van Achikam, de zoon van Safan, als gouverneur aan.

23 Toen de bevelhebbers van het leger en hun manschappen daarvan hoorden, zochten zij Gedalja in Mispa op: Jismaël, de zoon van Netanja, Jochanan, de zoon van Kareach, Seraja, de zoon van Tanchumet uit Netofa, en Jaäzanja, de zoon van iemand uit Maächa, allen met hun mannen.

24 Gedalja bezwoer de bevelhebbers en hun mannen: 'Van de Chaldese ambtenaren hebt u niets te vrezen. U kunt in het land blijven wonen, en zolang u de koning van Babylonië dient zal het u goed gaan.'

25 Maar in de zevende maand van dat jaar kwam Jismaël, de zoon van Netanja, de zoon van Elisama, die tot de koninklijke familie behoorde, met tien mannen naar

Mispa. Ze doodden Gedalja en de Judeeërs en Chaldeeën die bij hem waren.

26 Uit angst voor de Chaldeeën nam daarop heel het volk, van hoog tot laag, met de bevelhebbers van het leger de vlucht naar Egypte.

27 In het zevenendertigste jaar van de ballingschap van koning Jojachin van Juda, op de zevenentwintigste dag van de twaalfde maand, verleende koning Ewil–Merodach van Babylonië hem ter gelegenheid van zijn troonsbestijging gratie en ontsloeg hij hem uit de gevangenis.

28 Koning Ewil–Merodach verzekerde hem van zijn welwillendheid en bevoorrechtte hem boven de andere koningen die gedwongen in Babel verbleven.

29 Jojachin hoefde niet langer gevangeniskleren te dragen en werd voor de rest van zijn leven aan het hof opgenomen.

30 In zijn dagelijks onderhoud werd voortaan door de koning voorzien, zijn leven lang.

* Er wordt vaak kritiek uitgeoefend op de gewelddadigheden van mensen als David. Maar vaak zullen zulke mensen er geen woord aan vuil maken wanneer in een hedendaagse oorlog terroristen gedood en misschien zelfs gemarteld worden. We moeten goed begrijpen dat God in die tijd van Israël politiek bezig was tegenover Zijn vijanden die Hem niet wilden erkennen. Maar na het falen van Israël, dat een aardse roeping had, luidt de Here Jezus een periode in met een hemelse roeping. Dit is een grote belofte en troost voor ons. (Maar het blijft moeilijk te begrijpen dat onder Jozua soms zelfs babies over de kling gejaagd moesten worden en het vee. Laat dit echter geen excuus zijn om de Here Jezus en de God van de Bijbel te verwerpen.

Laten we blijven geloven dat de Rechter van de hele aarde op een of andere manier toch recht doet.)

* In verband hiermee wil ik erop wijzen dat er verschillende perioden in de menselijke geschiedenis zijn in de manier waarop God met mensen omgaat. Namelijk tot op de zondvloed liet God de mensen over aan hun geweten. Tot Abraham en min of meer tot David, liet God de regering over aan belangrijke mensen. En bij Nebukadnezar begint de periode van de volkeren, omdat de macht aan de heidenen was gegeven. En vanaf Pinksteren tot de wederkomst in de wolken hebben we de periode van de Kerk

1 Kronieken

1-10 Algemene aantekening:

* In deze hoofdstukken zien we dat de Here alles bijhoudt. En dit is niet alleen maar goed om de lijn van Adam tot op Christus te berekenen. Maar het houdt ook een grote belofte in voor hen die het goede zoeken. Als we voor Hem leven, komt eens de beloning Maar dan moeten we wel trouw blijven. Want je kan alles waar je voor staat als christen verknoeien en dan verlies je je kroon. Want in de brief aan Filadelfia staat de waarschuwing; 'Kijk uit dat niemand uw kroon afneemt.' Zulke mensen zijn wel behouden voor de eeuwigheid. Maar er wordt van hen gezegd door Paulus dat ze als door het vuur gered worden. Want voor de rechterstoel van Christus worden al onze werken openbaar. En dit is ook een waarschuwing voor hen die het licht schuwen en hun eigen dingen willen doen. Want omdat God alles bijhoudt, door middel van de heilige engelen, worden we allemaal eens totaal met onszelf geconfronteerd en krijgen we onszelf te zien in Gods Licht.

1 Algemene aantekening:

1 Adam, Set, Enos,
2 Kenan, Mahalalel, Jered,
3 Henoch, Metuselach, Lamech,
4 Noach, Sem, Cham en Jafet.
5 Zonen van Jafet: Gomer, Magog, Madai, Jawan,Tubal, Mesech en Tiras.
6 Zonen van Gomer: Askenaz, Difat en Togarma.
7 Zonen van Jawan: Elisa en Tarsis; andere nakomelingen van Jawan: Kittiërs en Rodanieten.
8 Zonen van Cham: Kus, Misraïm, Put en Kanaän.
9 Zonen van Kus: Saba, Chawila, Sabta, Rama en Sabtecha. Zonen van Rama: Seba en Dedan.
10 Kus was ook de vader van Nimrod, de eerste machthebber op aarde.
11 Misraïm was de stamvader van de Ludieten, de Anamieten, de Lehabieten, de Naftuchieten,
12 de Patrusieten, de Kasluchieten—uit wie de Filistijnen zijn voortgekomen—en de Kretenzers.
13 Kanaän was de vader van Sidon, die de oudste was, en van Chet,
14 en de stamvader van de Jebusieten, Amorieten, Girgasieten,
15 Chiwwieten, Arkieten, Sinieten,
16 Arwadieten, Semarieten en Hamatieten.
17 Nakomelingen van Sem: Elam, Assur, Arpachsad, Lud en Aram, Us, Chul, Geter en Mesech.
18 Arpachsad was de vader van Selach, en Selach de vader van Eber.
19 Eber kreeg twee zonen. De ene heette Peleg; in zijn tijd werd de aarde verdeeld. De andere heette Joktan.
20 Joktan was de vader van Almodad, Selef, Chasarmawet, Jerach,

152

21 Hadoram, Uzal, Dikla,
22 Ebal, Abimaël, Seba,
23 Ofir, Chawila en Jobab. Zij allen waren zonen van Joktan.
24 Sem, Arpachsad, Selach,
25 Eber, Peleg, Reü,
26 Serug, Nachor, Terach,
27 Abram, dat is Abraham.
28 ¶ Zonen van Abraham: Isaak en Ismaël.
29 Dit zijn hun nakomelingen: Nebajot, Ismaëls oudste zoon, Kedar, Adbeël, Mibsam,
30 Misma, Duma, Massa, Chadad, Tema,
31 Jetur, Nafis en Kedema. Dit waren de zonen van Ismaël.
32 Zonen van Ketura, een bijvrouw van Abraham: zij baarde Zimran, Joksan, Medan, Midjan, Jisbak en Suach. Zonen van Joksan: Seba en Dedan.
33 Zonen van Midjan: Efa, Efer, Chanoch, Abida en Eldaä. Zij allen waren nakomelingen van Ketura.
34 Abraham verwekte Isaak. Zonen van Isaak: Esau en Israël.
35 Zonen van Esau: Elifaz, Reüel, Jeüs, Jalam en Korach.
36 Zonen van Elifaz: Teman, Omar, Sefi, Gatam, Kenaz, Timna en Amalek.
37 Zonen van Reüel: Nachat, Zerach, Samma en Mizza.
38 Zonen van Seïr: Lotan, Sobal, Sibon, Ana, Dison, Eser en Disan.
39 Zonen van Lotan: Chori en Homam; de zuster van Lotan was Timna.
40 Zonen van Sobal: Aljan, Manachat, Ebal, Sefi en Onam. Zonen van Sibon: Ajja en Ana.
41 Zoon van Ana: Dison. Zonen van Dison: Chamran, Esban, Jitran en Keran.

42 Zonen van Eser: Bilhan, Zaäwan en Jaäkan. Zonen van Disan: Us en Aran.

43 Dit zijn de koningen die in Edom geregeerd hebben nog voordat er een koning regeerde over de Israëlieten. Eerst Bela, de zoon van Beor; de stad waar hij zetelde heette Dinhaba.

44 Na de dood van Bela werd Jobab uit Bosra koning, de zoon van Zerach.

45 Na de dood van Jobab werd Chusam uit het land van de Temanieten koning.

46 Na de dood van Chusam werd Hadad koning, de zoon van Bedad; hij versloeg de Midjanieten in Moab en de stad waar hij zetelde heette Awit.

47 Na de dood van Hadad werd Samla uit Masreka koning.

48 Na de dood van Samla werd Saül uit Rechobot aan de rivier koning.

49 Na de dood van Saül werd Baäl–Chanan, de zoon van Achbor, koning.

50 Na de dood van Baäl–Chanan werd Hadad koning; de stad waar hij zetelde heette Paï, en zijn vrouw was Mehetabel, die een dochter was van Matred, de dochter van Me–Zahab.

51 Toen stierf Hadad.
Er waren ook stamvorsten in Edom: Timna, Alja, Jetet,

52 Oholibama, Ela, Pinon,

53 Kenaz, Teman, Mibsar,

54 Magdiël en Iram. Dit waren de stamvorsten van Edom.

* De stamhoofden die hier vermeld worden, moet je vergelijken met Genesis tien. Een trouwe etnograaf heeft al deze genealogische lijnen bijgehouden, en dat kon ook wel, omdat al deze families nog relatief dicht bij elkaar woonden. En bij de torenbouw van Babel heeft

God de ene taal, die bestond, verward. En zijn de talen-families ontstaan en wel zeventig. Volgens het boek Deuteronomium heeft God het getal van de volkeren in Genesis 10 bepaald naar de hand van het aantal nakomelingen van Jakob, toen hij naar Egypte ging. De geschiedenis van de volkeren begon dus met zeventig natiën. Volgens die opmerking in Deuteronomium blijkt het dus dat God in Genesis 10 Israël al als zijn oogappel zag. En dat zal tot in alle eeuwigheid zo zijn, uitgezonderd de Kerk. In de tijd van Nebukadnezar waren er nog veel meer volken. En we kunnen er zeker van zijn dat de wonderbare visvangst na de opstanding van de Here Jezus, slaat op het aantal van de volkeren die het duizendjarigrijk binnen mogen gaan.

2:4

4 Bij zijn schoondochter Tamar verwekte Juda Peres en Zerach. In totaal had hij dus vijf zonen.

* De Here Jezus komt uit Juda en wel uit de lijn van Tamar, zijn schoondochter. Dit is uit een vorm van incest. We zien dus hoe God in zijn genade ons opzoekt, hoe ver we ook vallen. Zo zeer dat Hij zich niet schaamt om via Tamar geboren te worden.

4:9-10

9 Jabes stond in hoger aanzien dan zijn broers. Zijn moeder had hem Jabes genoemd, 'want, 'zei ze, 'ik heb hem in pijn gebaard.'
10 Jabes bad tot de God van Israël: 'Zegen mij: maak mijn grondgebied groot en bescherm me tegen het kwaad,

zodat ik geen pijn hoef te lijden.' God gaf hem wat hij gevraagd had.

* Het gebed van Jabes wordt door sommige kapitalisten gebruikt om financiële zegen te claimen. Deze mensen zijn zich er niet van bewust dat de Kerk een geestelijke roeping heeft. Het Nieuwe Testament waarschuwt ons dat zij die rijk willen worden in een valstrik en vele soorten verzoekingen vallen. Maar we kunnen wel leren dat God ons meer en meer kan en wil zegenen, vooral geestelijk en emotioneel en ook in wijsheid. En ons door liefde geven dat we van het kwade bevrijd worden. En dat het ons geen pijn geeft, wanneer bijvoorbeeld mensen ons beledigen, omdat we vergevingsgezind zijn..

11:5

5 De Jebusieten zeiden tegen David: 'U komt er niet in!' Toch veroverde David de bergvesting van Sion, de huidige Davidsburcht.

* David nam deze hoogte in, die zelfs een sterke burcht was. En zo wil de Here ook ons op Hemzelf vestigen. Hij is de hoge Rots waarop wij mogen bouwen. En David zegt dat de Here als een vesting is. Maar we moeten die wel eerst waarmaken!

12:39

39 (12:40) Drie dagen lang bleven ze bij David, genietend van het feestmaal dat hun verwanten voor hen hadden aangericht.

156

* Koning David is een beeld van onze Koning de Here Jezus. Er staat in dit vers dat Israël met één hart David eerde. Hoe beschamend is het dat christenen niet met elkaar de Here groot maken en aanbidden.

13:12

12 Toen werd David bang voor God en hij vroeg zich af: Hoe kan ik de ark van God ooit bij mij in Jeruzalem brengen?

* De Ark is het middelpunt van aanbidding en van de eredienst van de Here. David weet hier nog niet hoe hij met de Ark behoort om te gaan. En zo weten veel moderne christenen niet wat echte aanbidding is. Ze denken vaak dat als je een liedje zingt voor de Here Jezus dat dat aanbidding is. Maar de Here Jezus zegt in Johannes 4 dat de Vader hen zoekt die aanbidden in Geest en Waarheid. Het zingen van praise muziek is vaak geen aanbidding, omdat er ongeestelijke zaken en leugens in onze levens gevonden worden. En dat hebben we zelf niet eens in de gaten. Daarom zegt David ook in een psalm: 'Doorgrond mij, oh God en ken mijn hart, test mij en ken mijn gedachten en emoties en zie of er een afgodische weg is in mij en leidt mij op de eeuwige weg'.

14:8

8 Toen de Filistijnen hoorden dat David tot koning van heel Israël was gezalfd, rukten ze met al hun troepen uit omdat ze hem wilden overmeesteren. Zodra David dit vernam, trok hij hun tegemoet.

* David hier is een beeld van een dienstknecht van de Here. Iemand die door de Here geroepen wordt om een dienst voor Hem te beginnen, kan er zeker van zijn dat de duivel hem of haar zal aanvallen, net als de Filistijnen hier. En dat kan zelfs van binnenuit, uit je gezin en of familie en of medegelovigen. Maar net als David advies kreeg van de Here om de overwinning te behalen, zo wil Hij de trouwe dienstknecht ook helpen.

15:12

12 ... en zei tegen hen: 'U bent de hoofden van de Levitische families. U en uw verwanten moeten zich heiligen en de ark van de HEER, de God van Israël, overbrengen naar de plaats die ik in gereedheid heb gebracht.

* Net als David hier tegen de priesters zegt dat ze zich moeten heiligen, zegt de Here Jezus tot ons dat we het kwade uit onze levens moeten wegdoen. En dat is noodzakelijk om te aanbidden.

15:25,29a

25 Zo gingen David en de oudsten van Israël en de bevelhebbers over duizend man op weg om de ark van het verbond met de HEER feestelijk op te halen uit het huis van Obed–Edom.
29a Toen de ark de Davidsburcht binnenkwam,

* Hier zien we dat echte aanbidding ook vreugde brengt. En dit is een grote belofte.

158

15:29b, 2 Samuel 6:23

29b ... stond Michal, de dochter van Saul, al op de uitkijk bij haar venster. Ze zag koning David dansen en springen, en haar hart vulde zich met minachting.
2 Samuel 6:23

* Michal, de dochter van Saul, zou kinderloos blijven tot op de dag van haar dood.

* Dit is een ernstige waarschuwing. Michal verachte haar man David, die met al zijn energie de Here groot maakte en het resultaat was dat God haar kinderloos liet. Gelukkig bezoekt de Here ons niet naar onze zondigheid in het algemeen. Maar God ziet wel degelijk de diepe roerselen van ons hart. En zeker wanneer we ons zelfs aan de Here God ergeren, zal dat niet zonder consequenties blijven.

21:1

1 Satan keerde zich tegen Israël en zette David ertoe aan in Israël een volkstelling te houden.

* Elders, namelijk in het boek Koningen, lezen we dat God David noopte om deze telling te verrichten. En hier zien we dat de Satan er achter zat. Beide zijn waar, want God is het die test en de duivel is het die pest.

25:1

1 De nakomelingen van Asaf, Heman en Jedutun werden door David en de hoofden van de eredienst van de gewone taken vrijgesteld om de lofliederen te zingen onder begeleiding van lieren, harpen en cimbalen. Hier volgt de lijst van de mannen die deze taak moesten verrichten:

* Hier worden verschillende muziekinstrumenten genoemd. En dit is in het kader van de aardse roeping van Israël. Maar in het Nieuwe Testament, in de Hebreeënbrief, wordt ons voorgehouden dat de vrucht van onze lippen offers voor de Here zijn. Want de Kerk heeft een hemelse roeping. Maar dat wil natuurlijk niet zeggen dat er geen muziek in de hemel is.

2 Kronieken

1:7

7 Die nacht verscheen God aan Salomo en zei: 'Wat wil je dat ik je geef?'

* Het gaat hier over een visioen, ja een verschijning, want er wordt niet bij gezegd dat het een droom is. In het Nieuwe Testament verscheen de Here Jezus verschillende keren aan Paulus. In deze tijd kan God nog steeds verschijningen gebruiken. En het schijnt dat in landen waar het moeilijk tot zeer moeilijk is voor het Evangelie om door te dringen, dat de Here aan mensen verschijnt. Maar we moeten hier wel erg voorzichtig mee zijn.

9:2,5

2 En Salomo wist op al haar vragen een antwoord, er was er niet één waarop hij het antwoord schuldig moest blijven.

5 Ze zei tegen de koning: 'Het is dus echt waar wat ik in mijn land over u en uw wijsheid heb horen vertellen.

* De koningin van Seba hier is een mooi beeld van de Kerk. Al haar vragen werden beantwoord en ze was

totaal overweldigd door zijn heerlijkheid. En zo hoort het ook met de Gemeente te zijn.

9:9

9 De koningin van Seba schonk Salomo honderdtwintig talent goud en een grote hoeveelheid reukwerk en edelstenen. Het reukwerk dat de koningin van Seba aan koning Salomo gaf, was van onovertroffen kwaliteit.

De specerijen van de koningin van Seba hier spreken van aanbidding. En het mooie van dit verhaal is dat deze specerijen zo zeldzaam waren, zoals nooit gezien was. Dat doet ons denken aan Maria van Betanië die de Heer balsemde. En zo mogen ook wij Hem waarlijk aanbidden!

16:8,12

8 Beschikten de Nubiërs en Libiërs niet ook over een enorme overmacht aan strijdwagens en ruiters? Toch heeft de HEER hen aan u uitgeleverd, omdat u in hem uw vertrouwen stelde.

12 In zijn negenendertigste regeringsjaar raakte hij slecht ter been, vanwege een kwaal die hem veel last bezorgde. Maar ook toen hij ziek was zocht hij zijn heil niet bij de HEER, maar bij genezers.

* Koning Asa begon zo goed. Maar in plaats van op de Here te blijven vertrouwen, sloot hij compromissen met de wereld. En op een gegeven moment werd zijn persoonlijke relatie met de Here God beschadigd.

18:1

1 Josafat verwierf dus steeds meer rijkdom en roem. Door een huwelijk smeedde hij familiebanden met Achab.

* Het ging heel goed met koning Josafat. Hij diende de Here. En de Here zegende hem groots. Toen moet het hem naar zijn hoofd zijn gestegen, zozeer dat hij niet naar de trouwe profeet Micha luisterde. En het geheel liep op een debacle uit.

Ezra

4:1-5

1 De tegenstanders van Juda en Benjamin hoorden dat de teruggekeerde ballingen een heiligdom voor de HEER, de God van Israël, aan het bouwen waren.

2 Zij gingen naar Zerubbabel en de familiehoofden, en zeiden: 'Wij willen meehelpen met de bouw, want ook wij vereren uw God, wij offeren al aan hem sinds de dag dat Esarhaddon, de koning van Assyrië, ons hierheen heeft gebracht.'

3 Zerubbabel en Jesua en de andere familiehoofden van Israël antwoordden hun: 'Wij mogen niet samen met u een tempel bouwen voor onze God. Wij alleen zullen die bouwen voor de HEER, de God van Israël, want alleen aan ons heeft Cyrus, de koning van Perzië, deze opdracht verstrekt.'

4 (4–5) Vanaf de tijd dat Cyrus, de koning van Perzië, regeerde, tot onder de regering van koning Darius, probeerde de bevolking van het land het moreel van de Judeeërs te ondermijnen en hen bang te maken, om hen af te houden van de bouw. Ze kochten zelfs raadgevers om opdat die de plannen van de Judeeërs zouden verijdelen.

* Als we een werk voor de Here hebben te doen, en andere mensen willen meedoen. (dubieuze christenen), dan moeten we toezien dat we ons niet laten verleiden hun hulp te accepteren. We moeten niet zeggen "ééndracht maakt macht" want als het moet, kan de Here zelfs door één persoon veel goeds doen. Maar als de effectiviteit verwaterd wordt door naamchristenen, dan blijft er niet veel van het werk over

Nehemia

1:6

6 Luister aandachtig en zie hoe uw dienaar dag en nacht tot u bidt ten behoeve van uw dienaren, de Israëlieten. Ik belijd de zonden die wij, Israëlieten, tegenover u hebben begaan, ook ik en mijn familie.

* Net als Daniël, zo ook Nehemia hier. Hij maakt zichzelf één met heel Israël. Zo zeer zelfs dat hij zegt, 'Ik heb gezondigd'. Wij zouden zeggen 'Dat is niet mijn probleem, die ouwe van mij wist niet beter'. Maar Nehemia kijkt verder dan zijn neus lang is. En weet dat hij zelf niet beter is.

2:6

6 De koning–met zijn lievelingsvrouw aan zijn zijde–wilde weten hoe lang mijn reis zou duren en wanneer ik terug zou keren. Nadat ik de koning een tijdstip had genoemd, willigde hij mijn verzoek om te vertrekken in.

* Het is een troostrijke gedachten en een belofte voor ons, om mensen zoals Daniël en ook Nehemia hier te zien. Door hun ijver en getrouwheid waren ze opgeklommen tot hoge functies. En het steeg niet naar

hun hoofd, maar ze bleven trouw. En zo kan het gebeuren dat een hoge functionaris of president van een multinational ons een gunst bewijst.

4:6

6 (3:38)

Zo bouwden wij de muur weer op. De hele muur werd voltooid tot op halve hoogte, het hele volk was vastbesloten door te gaan.

* Wanneer de Heilige Geest ons motiveert, dan kan het gebeuren dat we met z'n allen een groot werk verrichten. Net als in deze hoofdstukken gebeurt. Maar dan moeten we wel bereidwillig zijn. En open staan voor de leiding van de Heilige Geest. En vaak werkt die ook door omstandigheden.

4:17

17 (4:11) die de muur aan het bouwen waren. De lastdragers deden het werk met de ene hand en hielden een werpspies in de andere,

* We kunnen het als een waarschuwing beschouwen dat wanneer het nodig is, we onszelf helemaal moeten geven. En tot het uiterste moeten gaan. Zoals dat hier ook het geval was.

5:7

5 En nu onze akkers en wijngaarden in het bezit van anderen zijn, moeten we onze zonen en dochters als slaaf verkopen. Sommige van onze dochters zijn al slavin. Wij staan machteloos! Maar we zijn toch van hetzelfde vlees en bloed als onze volksgenoten, onze kinderen zijn toch niet minder dan die van hen!'

* De sterkere christen moet de zwakke niet verdrukken, maar veeleer verdragen. Ja helpen en ondersteunen in elk opzicht. We moeten voor elkaar zorgen, anders kunnen we als Kerk niet blijven bestaan.

6:19

19 In mijn aanwezigheid gaven ze zelfs hoog van hem op, en ze vertelden alles wat ik zei aan hem door. Daarop stuurde Tobia mij dan weer brieven om me bang te maken.

* We moeten ons niet bang laten maken, noch laten afmatten door vijanden van het kruis. Wanneer je iets voor de Here Jezus mag doen, zal de Satan altijd proberen je werk te verhinderen. Maar die tegenstand behoort je alleen maar sterker te maken.

7:71

(7:71)

... en de overige teruggekeerde ballingen gaven 20.000 gouden drachmen, 2000 zilveren minen en 67 priestergewaden.

* Tenzij dat we leren geven, kan het werk van de Heilige Geest geen goede voortgang hebben, maar bedroeven wij Hem. Maar God heeft de blijmoedige gever lief en zal zijn goedgevigheid te zijner tijd rijkelijk belonen. En dat in de eerste plaats geestelijk en niet noodzakelijkerwijs door ons financiëel te belonen.

8:3

2 Ezra, de priester, haalde het wetboek en toonde het aan de aanwezige mannen en vrouwen, en aan iedereen die in staat was het te begrijpen. Dit gebeurde op de eerste dag van de zevende maand.

3 Op het plein voor de Waterpoort las Ezra de mannen en de vrouwen en iedereen die het kon begrijpen hardop uit het boek voor, vanaf het moment dat het licht werd tot de middag. Allen luisterden aandachtig naar het boek van de wet.

* Het is van uiterst belang dat we ons grondig bezighouden, ja biddend bezighouden, met de lezing van het Woord van de Levende God. Want daarin staat alles wat Hij ons wil zeggen.

8:6

5 Ezra stond hoger dan het volk, zodat iedereen kon zien hoe hij het boek opende, en op dat moment ging heel het volk staan.

6 Ezra prees de HEER, de grote God, en heel het volk antwoordde 'Amen, amen, 'en ze hieven hun handen op, knielden neer en bogen diep voor de HEER.

* En dit alles, wanneer we het allemaal oprecht menen, zal ons tot nederige aanbidding brengen.

8:11

10 Ezra zei tegen hen: 'Maak een feestmaal klaar met lekker eten en drinken, en deel ervan uit aan wie niets heeft, want deze dag is gewijd aan onze Heer. Wees niet bedroefd, want de vreugde die de HEER u geeft, is uw kracht.'

* 'Want vreugde in de Here, dat is jullie Kracht.(in andere vertalingen staat "toevlucht") Dit is inderdaad een grote belofte. Want wanneer de Here onze bron van vreugde is, en wij ons in Hem verheugen, dan zullen we sterk zijn tot elk goed werk. David zegt het zo: verlustig u in de Here en Hij zal u de begeerte van uw hart geven.

8:17

16 De mensen gingen eropuit om takken te halen, en iedereen maakte een loofhut, op zijn dak of op zijn erf, en ook in de voorhoven van de tempel en op de pleinen voor de Waterpoort en de Efraïmpoort.

* En dit zal ons ook grote vreugde brengen.

9:28

28 Maar zodra ze weer rust hadden deden ze weer wat slecht is in uw ogen. Dan leverde u hen aan hun vijanden uit, die hen vervolgens weer overheersten, en dan riepen zij u opnieuw aan, en vanuit de hemel verhoorde u hen weer. Liefdevol als u bent, redde u hen vele malen.

* We zien hier dat God een genadig God is. Ook in het geval van Israël. Toch is de maat van het kwade op een keer vol. Want de Here Jezus zegt tegen de Farizeeërs 'Maken jullie de maat maar vol'. En daarom zal het bloed van Abel tot Zacharia hun toegerekend worden. En volgens Paulus in de brief aan de Romeinen zal de maat van de Kerk ook eens vol zijn. En dan zullen wij als de wilde olijftak weer uit de olijfboom uitgerukt worden en zal Israël als de natuurlijke olijftak weer ingeënt worden. Maar dat is dan wel een heel nieuw begin voor de aarde. En zo zullen zij het duizendjarigrijk ingaan bij de wederkomst op de olijfberg.

10:29

28 (10:29) (29–30)

De rest van ons volk sluit zich bij deze vooraanstaande volksgenoten aan. De priesters, de Levieten, de poortwachters, de zangers, de tempelknechten en alle anderen die afstand genomen hebben van de

171

bevolking van het land en zich op de wet van God hebben gericht, verplichten zich onder zelfvervloeking en onder ede om te leven volgens de wet van God, die door Mozes, Gods dienaar, is gegeven, en om alle geboden, rechtsregels en voorschriften van de HEER, onze Heer, te onderhouden en na te leven. Dit geldt ook voor hun vrouwen, hun zonen en dochters, en voor iedereen die ze kan begrijpen.

* We zien hier dat het volk Israël zich onder een vloek stelt en zich met een eed verbindt. Dit komt omdat de Wet aan het volk Israël was gegeven als een tuchtmeester . Tot op de tijd van de genade, waarin we nu leven. Voor ons is het niet meer een kwestie van de Wet houden om zalig te worden. Dat was zelfs toen eigenlijk niet het geval. Mensen als David begrepen dat de Wet veroordeelt en dat we Genade en Vergeving nodig hebben. Hiermee wil ik natuurlijk niet zeggen dat we er dan maar op los mogen leven. Maar de Here Jezus is onze Wet geworden. De hoogst denkbare Wet van Waarheid en Genade.

Ester

En allen die Ester zagen, keken vol bewondering naar haar.

* Het is niet zo dat allen Ester alleen maar zeer mooi vonden. Maar ze moeten gezien hebben dat haar innerlijke mens ook mooi was. En haar uiterlijke schoonheid zelfs bevestigde. Als we dit geestelijk toepassen, dan is dat een belofte voor meisjes en vrouwen die geen beauty queen zijn. En het is een waarschuwing voor hen die uiterlijk schoon te veel benadrukken.

6:13

13 Aan zijn vrouw Zeres en aan al zijn vrienden vertelde hij wat hem was overkomen. Zijn raadgevers en zijn vrouw zeiden daarop tegen hem: 'Als die Mordechai, van wie je nu voor het eerst hebt verloren, tot het Joodse volk behoort, kun je niet tegen hem op; je zult het volledig van hem verliezen.'

* In dit hoofdstuk en eigenlijk in het hele boek, is het het recht dat zegeviert. Maar in onze tijd, d.w.z de Genadetijd, moeten dingen verdragen en vergeven worden. Maar dat wil niet zeggen dat God de dingen nooit zal rechtzetten, of dat we altijd over ons heen moeten laten lopen. Daarom, net als de Here Jezus alles overgaf aan Hem die rechtvaardig oordeelt, zo behoren ook wij alles met liefde en geduld in de Handen van God de Vader te leggen. Het kan zelfs zo zijn dat we net als de Here Jezus als martelaar zullen sterven. We moeten daarom niet om recht en rechtvaardigheid schreeuwen, zeker niet tegenover onze naaste gelovigen. En ook niet tegenover mensen in het algemeen. Want het Recht viel op de Here Jezus. David zegt 'Bij U is Vergeving, opdat wij U vrezen.

Job

1 Algemene aantekening:

1 In het land Us woonde een man die Job heette. Hij was rechtschapen en onberispelijk, hij had ontzag voor God en meed het kwaad.
2 Job had zeven zonen en drie dochters.
3 Hij bezat zevenduizend schapen en geiten, drieduizend kamelen, vijfhonderd span runderen, vijfhonderd ezelinnen en een groot aantal slaven en slavinnen. Hij was de aanzienlijkste man van het Oosten.
4 Zijn zonen hadden de gewoonte om de beurt een feest te geven, ieder in zijn eigen huis, en nodigden dan hun drie zusters uit om bij hen te komen eten en drinken.
5 Nadat elk van zijn zonen zo'n feest had gegeven, liet Job hen bij zich komen voor een reinigingsritueel. Hij stond dan 's ochtends vroeg op om voor elk van hen een offer te brengen, want hij dacht bij zichzelf: Misschien hebben mijn kinderen wel gezondigd en God in hun hart vervloekt. Job deed dit telkens weer.
6 Op een dag kwamen de hemelbewoners hun opwachting maken bij de HEER, en ook Satan bevond zich onder hen.
7 De HEER vroeg aan Satan: 'Waar kom je vandaan?' Hij antwoordde: 'Ik heb rondgezworven en rondgedoold op aarde.'

175

8 De HEER vroeg aan Satan: 'Heb je ook op mijn dienaar Job gelet? Zoals hij is er niemand op aarde: hij is rechtschapen en onberispelijk, hij heeft ontzag voor God en mijdt het kwaad.'

9 Satan antwoordde de HEER: 'Zou Job werkelijk zonder reden zoveel ontzag voor God hebben?

10 U beschermt hem immers, evenals zijn gezin en alles wat hem toebehoort. U hebt het werk dat hij doet gezegend, zodat zijn bezit zich steeds meer uitbreidt.

11 Maar als u uw hand naar hem uitstrekt en aantast wat hem toebehoort, zal hij u ongetwijfeld in uw gezicht vervloeken.'

12 Toen zei de HEER tegen Satan: 'Goed, met alles wat van hem is mag je doen wat je wilt, maar raak Job zelf niet aan.' Hierop vertrok Satan.

13 Toen Jobs zonen en dochters op een dag weer in het huis van hun oudste broer zaten te eten en te drinken,

14 kwam er een boodschapper bij Job en zei: 'De runderen trokken de ploeg en de ezelinnen liepen vlakbij in de wei te grazen,

15 maar plotseling werden we overvallen door de Sabeeërs, die het vee roofden en de knechten met hun zwaarden doodden. Ik ben als enige ontkomen om u te zeggen wat er gebeurd is.'

16 Nog voordat de boodschapper uitgesproken was, kwam er een volgende met het bericht: 'Een verwoestende bliksem uit de hemel trof de schapen en geiten en de knechten, en het vuur verbrandde en verteerde allen. Ik ben als enige ontkomen om u te zeggen wat er gebeurd is.'

17 En ook hij was nog niet uitgesproken, of er kwam een volgende met het bericht: 'De Chaldeeën overvielen ons van drie kanten en roofden de kamelen, en ze

doodden de knechten met hun zwaarden. Ik ben als enige ontkomen om u te zeggen wat er gebeurd is.'

18 Ook deze boodschapper was nog niet uitgesproken, of er kwam een volgende met het bericht: 'Uw zonen en uw dochters zaten in het huis van hun oudste broer te eten en wijn te drinken.

19 Maar plotseling werd het huis getroffen door een hevige storm uit de woestijn, zodat de vier muren instortten, en uw kinderen onder het puin bedolven werden en de dood vonden. Ik ben als enige ontkomen om u te zeggen wat er gebeurd is.'

20 Toen stond Job op, hij scheurde zijn kleren, schoor zijn hoofd kaal en wierp zich neer in het stof.

21 En hij zei: 'Naakt ben ik uit de schoot van mijn moeder gekomen en naakt zal ik in haar schoot terugkeren. De HEER heeft gegeven, de HEER heeft genomen, de naam van de HEER zij geprezen.'

22 Ondanks alles zondigde Job niet en maakte hij God geen enkel verwijt.

* We zien in dit hoofdstuk dat Satan een aanklager is. En dat betekent zijn naam in het Hebreeuws ook. En hier speelt hij een gemene dubbelrol. Waaruit blijkt dat hij niet alleen Gods kinderen haat, maar ook God zelf in twijfel trekt. Job moet heel sterk in zijn geloof zijn geweest en zeer oprecht en nauwgezet. En hij was bezorgd over het eeuwig lot van zijn kinderen. En hij was bang dat ze God zouden vervloeken in hun onderbewustzijn. En daar bedoelde hij dingen mee zoals een houding van "Wij hebben God niet nodig". En omdat Job zo sterk was in zijn geloof, vuurt Satan al zijn pijlen te gelijk af. En als klap op de vuurpeil het ergste, namelijk de dood van zijn kinderen. Maar Job hield aan zijn rechtvaardigheid vast. En bleef God de Eer geven.

177

2 Algemene aantekening:

1 Op een dag kwamen de hemelbewoners hun opwachting maken bij de HEER, en ook Satan maakte bij hem zijn opwachting.

2 De HEER vroeg aan Satan: 'Waar kom je vandaan?' Hij antwoordde: 'Ik heb rondgezworven en rondgedoold op aarde.'

3 De HEER vroeg aan Satan: 'Heb je ook op mijn dienaar Job gelet? Zoals hij is er niemand op aarde: hij is rechtschapen en onberispelijk, hij heeft ontzag voor God en mijdt het kwaad. Ja, hij is nog even onberispelijk als altijd, en jij hebt mij ertoe aangezet hem zonder reden te gronde te richten.'

4 Hierop zei Satan: 'Zijn leven is hem alles waard. Daarvoor geeft hij zijn hele bezit.

5 Maar als u uw hand naar hem uitstrekt en zijn lichaam aantast, zal hij u ongetwijfeld in uw gezicht vervloeken.'

6 Toen zei de HEER tegen Satan: 'Goed, doe met hem wat je wilt, maar spaar zijn leven.'

7 Hierop vertrok Satan en overdekte Job van voetzool tot kruin met kwaadaardige zweren.

8 Job pakte een potscherf om zich te krabben, terwijl hij in het stof en het vuil zat.

9 Zijn vrouw zei tegen hem: 'Waarom blijf je zo onberispelijk? Vervloek God toch en sterf.'

10 Maar Job zei tegen haar: 'Je woorden zijn de woorden van een dwaas. Al het goede aanvaarden we van God, zouden we dan het kwade niet aanvaarden?' Ondanks alles zondigde Job niet en sprak hij geen onvertogen woord.

11 Drie vrienden van Job, Elifaz uit Teman, Bildad uit Suach en Sofar uit Naäma, hoorden van de rampspoed die hem had getroffen, en ze besloten hem op te

178

zoeken. Onderweg ontmoetten ze elkaar, en samen gingen ze naar hem toe om hun medeleven te tonen en hem te troosten.

12 Toen ze Job vanuit de verte zagen herkenden ze hem niet, en ze barstten uit in luid geweeklaag, ze scheurden hun kleren en wierpen stof omhoog over hun hoofd.

13 Zeven dagen en zeven nachten bleven ze naast hem op de grond zitten zonder iets tegen hem te zeggen, want ze zagen hoe vreselijk hij leed.

* We zien in dit hoofdstuk dat Satan een humorloos figuur is, die niet van ophouden weet. En we kunnen zijn werken indirect in de rest van het boek zien. Wat hem niet direct lukte, lukte hem wel door Job's vrienden. Maar er moet wel gezegd worden dat die drie vrienden met grote sympathie begonnen. Maar ze wisten niet beter. Salomo zegt: 'In de kwade dag kijk uit!' Wat Job's vrouw betreft, zou je vers 9 moeten vertalen met 'Vervloek God en pleeg zelfmoord'. Dit alles is een ernstige waarschuwing voor ons. In Efeze 6, waar Paulus het heeft over de geestelijke wapenuitrusting, zegt hij dat wanneer we alles volbracht hebben in de kwade dag, we mogen blijven staan.

3 Algemene aantekening:

1 Daarna opende Job zijn mond en vervloekte de dag van zijn geboorte.

2 Hij zei:

3 ' Laat de dag dat ik geboren ben vergaan,
en ook de nacht die zei: "Een jongen is verwekt."

179

4 Laat die dag een dag van duisternis worden,
laat God in de hemel er geen acht op slaan.
Laat die dag niet baden in het licht.

5 Laat het diepste donker hem omhullen,
een dichte wolk hem bedekken
en een zonsverduistering hem teisteren.

6 Laat het donker die nacht wegnemen,
zodat hij geen dag van het jaar vergezelt,
en geen plaats vindt in de reeks van maanden.

7 Laat die nacht onvruchtbaar worden–
een nacht waarin geen vreugdekreet opklinkt.

8 Laten zij die het licht wekken die dag vervloeken,
zij die het wagen om Leviatan te verstoren.

9 Zelfs de ochtendsterren zullen niet verschijnen,
die dag verwacht vergeefs de komst van het licht
en zal nooit de wimpers van het morgenrood zien.

10 Hij opende de deuren van mijn moeders buik,
hij hield het ongeluk niet voor mij verborgen.

11 Waarom ben ik niet in haar schoot gestorven,
niet gestikt toen ik ter wereld kwam!

12 Hadden knieën mij maar niet ontvangen
en borsten mij maar niet gezoogd!

13 Dan zou ik nu geborgen in de aarde liggen,
dan zou ik geen zorgen hebben, ik zou slapen,

14 omringd door koningen en raadsheren,
bouwers van paleizen, al vergaan tot puin,

15 tussen machtigen die goud bezaten
en die hun huis met zilver vulden.

16 Was ik maar als een misgeboorte weggestopt,
als een kind dat het licht nooit heeft gezien.

17 In het dodenrijk worden de goddelozen stil,
zij die uitgeput zijn, vinden daar hun rust.

18 Gevangenen worden niet meer opgejaagd,
de stem van de drijver horen ze niet meer.

19 Daar zijn hoog en laag verzameld
en is de slaaf vrij van zijn meester.

20 Waarom geeft God het licht aan ongelukkigen,
het leven aan verbitterden?

21 Zij wachten op de dood die uitblijft,
ze zoeken naar hem, meer dan naar schatten;

22 hun vreugde kent geen grenzen,
ze jubelen als ze hun graf gevonden hebben.

23 Waarom geeft God het licht aan hem
voor wie de weg verborgen blijft,
wie hij de weg verspert?

24 Ik heb geen ander voedsel dan verdriet,
mijn klachten stromen in een vloed van tranen.

25 Wat ik vreesde, komt nu over me,
wat mij angst aanjoeg, heeft me getroffen.

26 Ik vind geen vrede, vind geen kalmte,
mijn rust is weg–onrust bevangt mij.'

* Net als Elia en Jeremia wordt het Job teveel. God gaat
tot het uiterste in dit geval. Maar het is beter om net als
Job het uit te schreeuwen en zelfs boos te worden op
God en Hem in twijfel te trekken, dan onverschillig te
worden. Lauwheid is iets waar God van braakt. Zoals
duidelijk gezegd wordt van de eindtijdgemeente
Laodicea.

4 Algemene aantekening:

1 Toen nam Elifaz uit Teman het woord:

2 'Kun je verdragen dat iemand het woord tot je richt?
Maar wie zou nu kunnen zwijgen?

3 Velen stond je bij met raad en daad
en wie de moed ontzonk, heb je gesterkt.

4 Je woorden richtten hem die struikelde weer op,
aan knikkende knieën gaf je nieuwe kracht.

5 Maar nu word jij beproefd, en je verliest de moed,
nu treft jou het onheil, en je geeft het op.

6 Vertrouw je niet op je ontzag voor God,
geeft je onbesproken levenswandel je geen hoop?

182

7 Ken jij onschuldigen die hij te gronde richtte?
Werden rechtschapenen ooit in het ongeluk gestort?

8 Ik heb gezien: wie onrecht ploegt,
wie rampspoed zaait, zal het ook oogsten.

9 Eén ademstoot van God, en ze komen om,
één vlaag van zijn woede vaagt ze weg.

10 De leeuw brult, de welp gromt,
maar hun tanden worden uitgeslagen.

11 De leeuw gaat zonder prooi te gronde,
de jonge leeuwen zwerven hongerend rond.

12 Een verholen stem drong tot mij door,
mijn oor ving een fluisteren op,

13 in de verontrustende visioenen van de nacht,
die de mensen dompelt in een diepe slaap.

14 Opeens werd ik door angst gegrepen,
een siddering voer door mijn gebeente.

15 Een adem streek langs mijn gezicht
en de haren rezen mij te berge.

16 Een verschijning doemde op,
een gestalte voor mijn ogen.
Stilte—en toen zei een zachte stem:

17 "Kan een mens zich gedragen zoals God het wil,
kan iemand zonder smet zijn voor zijn schepper?"

183

18 Zelfs in zijn dienaren stelt God geen vertrouwen,
ook bij zijn engelen bespeurt hij nog gebreken.

19 Hoeveel te meer dan bij de mens, wonend in zijn huis van leem,
met fundamenten in het stof.
Hij is een mot: men drukt hem dood.

20 Van de ochtend tot de avond afgepijnigd
gaat hij onbemerkt ten onder, voor eeuwig weggevaagd.

21 De koorden van zijn tent zijn losgerukt,
hij sterft en heeft de wijsheid niet gekend.

* In dit hoofdstuk begint de erge aanval van Job's vrienden met hun eigen religie. Zij beweren namelijk dat het kwade dat ons overkomt een direct gevolg is van onze fouten en zonden. En ze blijven Job hiermee maar bezoeken en houden niet op dit te doen voor een hele lange tijd. (Het moet gezegd worden dat deze drie vrienden in het algemeen wel een grote wijsheid bezaten)

5 Algemene aantekening:

1 Roep dan, is er iemand die jou antwoordt?
Tot wie in de hemel kun jij je wenden?

2 Aan ergernis gaat de dwaas ten onder,
van afgunst sterft de domme.

3 Ik zag een dwaas die het voor de wind ging,

184

maar plotseling was zijn huis vervloekt.

4 Zijn kinderen vonden hulp noch bescherming,
ze werden in de poort vertrapt en niemand schoot te
hulp.

5 Wat de dwaas oogst, eet de hongerige,
zelfs tussen dorens haalt hij weg al wat hij kan,
en de dorstige smacht naar zijn bezit.

6 Nee, niet uit de aarde spruit het kwaad,
niet uit de grond komt het ongeluk voort.

7 De mens is voor het ongeluk geboren–
zoals vonken uit het vuur omhoog spatten.

8 Ik zou me in jouw plaats tot God wenden,
aan God zou ik het oordeel overlaten.

9 Hij doet grote, ondoorgrondelijke dingen,
ontelbaar zijn de wonderen die hij verricht.

10 Hij zendt de regen die op aarde valt,
hij laat het water over de akkers vloeien.

11 Onaanzienlijken brengt hij tot aanzien,
treurenden geeft hij weer vertrouwen.

12 Hij doorkruist de listen van de sluwen,
wat zij ondernemen zal mislukken.

13 De wijzen overtroeft hij in hun wijsheid,
verraderlijke plannen lopen op niets uit.

185

14 Overdag stuiten ze op duisternis,
ze tasten in de middag rond alsof het nacht is.

15 Maar de armen redt hij van de gesel van hun tong,
hij redt hen uit de greep van de sterken.

16 Er is hoop voor de weerlozen–
het kwaad wordt de mond gesnoerd.

17 Gelukkig de mens die door God wordt getuchtigd,
wijs daarom de straf van de Ontzagwekkende niet af!

18 Want hij verwondt en hij verbindt,
hij slaat en zijn handen genezen.

19 Zesmaal zal hij je redden in gevaar,
ook de zevende maal zal je niets overkomen.

20 In tijden van honger behoedt hij je voor de dood,
in tijden van oorlog voor de macht van het zwaard.

21 Voor de gesel van de tong ben je veilig,
bij naderend geweld zul je niet bang zijn.

22 Met honger en geweld kun je spotten,
de wilde dieren van de aarde hoef je niet te vrezen.

23 Je hebt een verbond met de stenen van het veld,
met de dieren van het veld leef je in vrede.

24 Je weet dat er vrede in je huis heerst,
je kijkt uit over je weiden–niets ontbreekt je.

25 Je weet dat je kroost talrijk zal zijn,

dat je nageslacht de aarde als gras zal bedekken.

26 Verzadigd van het leven zul je in het graf dalen,
als een rijpe korenschoof die wordt binnengehaald.

27 Dit hebben wij onderzocht, en zo is het;
luister naar ons en neem het ter harte.'

* De vrienden van Job prediken veel wijze raadslagen,
maar ondertussen wijzen ze met het vingertje naar Job.
Ik ben bang dat dit soort mensen diep in hun eigen hart
zich op de borst slaan en zich beter voelen. Hun religie
leert dat er een directe rede moet zijn voor het ongeluk
van de gelovigen. Een rede die in zijn eigen gedrag
gevonden moet worden. Zo vroegen de discipelen aan
de Here over iemand die met een ernstige handicap
geboren was, of hij of zijn ouders gezondigd hadden.
Geen van beide was waar. Dit is allemaal, zei de Here,
opdat de grootheid van God openbaar zou worden.

6:9-10

9 Wilde hij mij maar verpletteren,
zijn hand terugtrekken, mijn levensdraad afsnijden.

10 Dat zou een troost voor mij zijn,
ik zou opspringen, ondanks de pijn die hij mij niet
bespaart,
ik heb de woorden van de Heilige nooit verloochend.

* Nadat eerder Job zijn geboorte vervloekt had en liever
een miskraam was geweest, verlangt hij nu te sterven.

En wat hier doorschijnt, is dat hij bang is om ook zijn rechtvaardigheid te verliezen. Verder in het hoofdstuk begint het steekspel tussen Job en z'n vrienden die elkaar over en weer proberen te overtuigen. Totdat de jongeman Elihu als een soort scheidsrechter optreedt. De waarschuwing hierin is dat God zijn aangezicht, zoals David zei, voor een lange tijd kan verbergen. En Salomo zei: 'In de kwade dag kijk uit!'

7:20

20 Heb ik gezondigd?
Heb ik u iets misdaan, bespieder van de mens?
Waarom hebt u mij tot mikpunt gekozen?
Ik ben mezelf al tot last.

* Job zegt hier dat hij het mikpunt is geworden van Gods toorn, In zijn wanhoop begint hij de Almachtige te beschuldigen. Dit is allemaal begrijpelijk en dit heeft God liever dan onverschilligheid. Job is een voorbeeld voor ons, omdat hij het niet opgeeft. Hij pleegt geen zelfmoord en kiest niet voor de zonde, hoewel zijn lijden een verschrikkelijke marteling moet zijn geweest.

8 Algemene aantekening:

1 Toen nam Bildad uit Suach het woord:

2 'Hoe lang blijf je deze dingen nog verkondigen?
Al die woorden van je–ze zijn niets dan wind.

3 Is God dan onrechtvaardig?
Zou de Ontzagwekkende het recht verdraaien?

188

4 Als je kinderen tegen hem gezondigd hebben,
  gingen zij te gronde aan wat zij zelf misdeden.

5 Als jij je zelf tot God zult wenden
  en de Ontzagwekkende om genade smeekt,

6 als je rein bent, en rechtschapen–
  dan zal hij het voor je opnemen
  en zal de gerechtigheid weer wonen in je huis.

7 En al was je verleden onbeduidend,
  je toekomst zal des te grootser zijn.

8 Ga bij eerdere geslachten te rade,
  bouw voort op de wijsheid van je voorouders.

9 Wij zijn hier pas sinds gisteren en wij weten niets;
  ons leven op aarde is zo vluchtig als een schaduw.

10 Zij zullen tot je spreken en je onderrichten,
   je laten delen in de kennis van hun hart:

11 Kan papyrus gedijen buiten het moeras,
   komt riet tot wasdom zonder water?

12 Nog in de knop, te vroeg voor de oogst,
   verdort het en droogt uit, eerder dan het oevergras.

13 Dat is het lot van hem die God vergeet,
   de hoop van de trouweloze gaat teloor.

14 Herfstdraad–daarop verlaat hij zich,
   een huis van spinrag is zijn toevlucht.

15 Als hij er schuilt, houdt het geen stand,
grijpt hij het vast, dan stort het in.

16 Toch gedijt hij, bloeiend in de zon,
zijn loten spreiden zich over de tuin.

17 Zijn wortels woekeren rond de stenen,
ze dringen zelfs door de rotsen heen.

18 Maar dan wordt hij weggerukt
en men verloochent hem: "Ik heb je nooit gezien."

19 Dit nu is de vreugde van zijn leven:
in zijn plaats spruiten anderen uit de grond.

20 Maar nooit zal God onschuldigen verachten,
nooit zal hij hem die kwaad doet sterken.

21 Eens zal hij je mond weer vullen met gelach,
de vreugde van je lippen laten klateren.

22 Hen die je haten zal hij met schande overladen,
de huizen van de goddelozen worden weggevaagd.'

* Het is duidelijk dat Jobs vrienden het wel allemaal
goed bedoelen. Maar omdat ze het niet bij het rechte
eind hebben, beschuldigen zij eigenlijk indirect de
Almachtige. Aan de ene kant willen ze Job helpen, maar
aan de andere kant spelen ze god over hem. Dat is een
voorbeeld van het dubbele van de onderlinge
betrekkingen van mensen.

9:2b,20-21,33,35

2b ... hoe kan een mens in zijn recht staan tegenover God?

20 Ook al heb ik geen schuld,
mijn eigen mond zal me veroordelen.
Ook al ben ik onschuldig,
hij zal mij schuldig verklaren.

21 Ik ben rechtschapen–maar mijn leven telt niet meer,
ik veracht mijn bestaan.

33 Was er maar iemand die tussen ons rechtsprak,
die over ons beiden zijn gezag kon laten gelden.

35 Dan zou ik spreken zonder hem te vrezen–
maar nee, dat is mij niet vergund.

* In dit hoofdstuk begint Job te klagen, evenals Asaf in zijn psalm. Toch zien we in dit hele boek dat God zijn kinderen niet verlaat. Hij verbergt Zijn aangezicht, zegt David. En als we volharden, net als Job, dan komt er eens een einde aan de beproeving. Hier zegt Job dat er geen scheidsrechter is tussen hem en God. Maar later in dit boek roept hij het uit: 'Ik weet dat mijn verlosser leeft en dat ik Hem zal zien in mijn lichaam'. Daarom is dit boek zowel een ernstige waarschuwing als een belofte voor hen die volharden. Wanneer we de strijd opgeven betekent dat niet dat we verloren gaan, maar het berooft ons van de gezegende nabijheid van de Here Jezus en geeft ons een kwaad geweten of een geweten dat zwak is.

191

10 Algemene aantekening:

1 Vervuld van afschuw voor het leven
laat ik mijn klacht de vrije loop
en zal ik spreken uit het bitterst van mijn ziel.

2 Tegen God zal ik zeggen: "Veroordeel mij niet,
laat me weten waarom u mij bestrijdt.

3 Doet het u goed mij te verdrukken,
te verachten wat uw handen hebben voort-gebracht
en de plannen van de goddelozen te begunstigen?

4 Hebt u de ogen van een mens,
ziet u zoals mensenogen zien?

5 Zijn uw dagen als de dagen van een sterveling,
uw jaren als de levensdagen van een mens?

6 Zoals u naar mijn fouten speurt,
zoals u probeert te ontdekken wat ik heb misdaan!

7 U weet dat ik niet schuldig ben,
maar niets kan mij uit uw macht bevrijden.

8 Uw handen hebben me gevormd en gemaakt,
geheel en al–en nu wilt u mij verdelgen?

9 Bedenk toch dat u mij uit leem gevormd hebt,
wilt u mij tot stof doen terugkeren?

10 Hebt u mij niet als melk uitgegoten
en als kaas doen stremmen?

11 Met vlees en huid ben ik door u bekleed,
met botten en pezen hebt u mij samengeweven.

12 U schonk mij het leven en de liefde,
uw zorg heeft mij bewaard.

13 Maar dit houdt u in uw hart verborgen,
ik weet wat u met mij voorhebt:

14 wanneer ik zondig, dan merkt u het op,
nooit laat u mij vrijuit gaan.

15 Als ik schuldig ben–wee mij!
Maar zelfs onschuldig kan ik mijn hoofd niet oprichten,
verdwaasd van schande, dronken van ellende als ik ben.

16 Als ik het opricht, zult u mij bespringen als een leeuw
en u nogmaals oppermachtig tonen.

17 Steeds weer roept u nieuwe getuigen op,
steeds erger wordt uw boosheid jegens mij,
vijand na vijand overvalt me.

18 Waarom hebt u mij ter wereld laten komen?
Waarom ben ik niet gestikt, voor iemand mij had gezien?

19 Dan was het of ik nooit had geleefd,
ik was uit de moederschoot zo naar het graf gebracht.

20 Mij resten weinig dagen, laat dit ophouden.
Keer u af van mij, zodat ik nog wat vreugde heb,

21 voor ik vertrek, voorgoed,
naar het land van diepe donkerte,

22 het land van het donkerste duister,
van de diepzwarte chaos,
van het nachtzwarte licht."'

* Zoals begrijpelijk ziet Job het niet meer zitten, en begrijpt hij er niets meer van. Zijn psychische pijn is nog groter dan zijn lichamelijk lijden.

13 Algemene aantekening:

1 Mijn ogen hebben alles gezien,
mijn oren alles gehoord en begrepen.

2 Wat jullie weten, weet ik ook,
ik ben niet jullie mindere.

3 Nu zal ik spreken tot God, de Ontzagwek-kende,
ik wil me verdedigen ten overstaan van God.

4 Want jullie dekken alles toe met leugens,
kwakzalvers zijn jullie, allemaal!

5 O, wilden jullie maar eens zwijgen,
dat zou wel een blijk van wijsheid zijn.

6 Luister goed naar mijn verweer,
hoor het pleidooi dat over mijn lippen komt.

7 Spreken jullie onwaarheid namens God?
Willen jullie God met leugens dienen?

8 Zien jullie hem naar de ogen?
   Is het zijn zaak waarvoor jullie pleiten?

9 Loopt het goed af, als hij jullie onderzoekt?
   Kun je hem bedriegen zoals je een mens bedriegt?

10 Streng zal hij je straffen,
   als je heimelijk partijdig bent.

11 Boezemt zijn majesteit je dan geen schrik in?
   Overweldigt je geen siddering van angst?

12 Jullie betoog is louter zand,
   jullie verweer een lemen schild.

13 Zwijg nu, dan zal ik spreken,
   wat er ook gebeuren mag.

14 Al moet ik mijzelf aan stukken rijten,
   al moet ik mijn leven op het spel zetten

15 –hij wil me zeker doden–,ik deins niet terug,
   ik zal mijn daden tegenover hem verdedigen.

16 Ja, dit zal zelfs mijn redding worden,
   want huichelaars verschijnen niet voor hem.

17 Luister dus aandachtig naar mijn woorden,
   laat mijn betoog in jullie oren dringen.

18 Nu zal ik mijn zaak uiteenzetten;
   ik weet: het recht staat aan mijn kant.

19 Is er iemand die mijn gelijk betwisten kan?

Dan zal ik zwijgen en te gronde gaan.

20 Maar ik vraag u om twee dingen,
zodat ik mij niet voor u hoef te verbergen:

21 haal uw handen van mij af
en laat angst voor u mij niet verlammen.

22 Roep mij, dan zal ik antwoorden,
of ik zal spreken en dan antwoordt u.

23 Hoeveel wandaden en zonden heb ik begaan?
Laat me weten wat mijn overtredingen zijn!

24 Waarom verbergt u uw gezicht
en behandelt u mij als uw vijand?

25 Wilt u een opgewaaid blad opjagen,
een verdorde strohalm achtervolgen?

26 Want u verordent bitterheid voor mij,
u belast mij met de zonden van mijn jeugd.

27 U sluit mijn voeten in het blok,
u bewaakt me waar ik ga of sta,
u merkt mijn voetzool met uw teken.

28 En dat bij iemand die verteerd wordt, als door wormen,
als een door motten aangetast gewaad.

* Als wij zulke vrienden als Job hadden, zouden wij zeggen dat zij het bloed onder onze nagels vandaan halen. Men zou kunnen zeggen dat het allemaal een

misverstand is. Maar de situatie is veel te ernstig om van een misverstand te spreken.

13:15b

Ik zal mijn daden tegenover hem verdedigen.

* In dit vers is het duidelijk dat Job het niet opgeeft. Het effect van de woorden van zijn twistzieke vrienden is dat Job strijdlustig wordt. En zo werkte deze beproeving mede ten goede, hoewel het zou blijken dat Job het ook niet helemaal bij het rechte eind had.

13:26

26 Want u verordent bitterheid voor mij,
u belast mij met de zonden van mijn jeugd.

* In dit vers heeft Job het over de fouten van zijn jeugd. Hij zoekt een oorzaak waarom God hem zo bezoekt. Hierin is hij een beetje als zijn vrienden. Maar al ons lijden hoeft niet veroorzaakt te zijn door ons eigen gedrag. Er wordt wel eens gezegd dat in iedereen zijn kast zich wel een skelet bevindt. Maar God is te groot om al onze overtredingen te bezoeken.

17:3

3 God, stel u zelf borg voor mij,
wie staat er anders voor mij in?

* In dit soort verzen zien wij dat Job groeit in zijn geloof, totdat hij het op een gegeven moment uitroept: ,'Ik weet dat mijn verlosser leeft en dat ik Hem zal zien in mijn lichaam.'. En dit is een mooie belofte. Want we zien dat wanneer we trouw blijven, God onze moeite en verdriet gebruikt om ons diepe lessen te leren die wij anders nooit geleerd zouden hebben.

19:6

6   ...weet dan dat God zich tegen mij gekeerd heeft, dat hij zijn netten om mij samentrekt.

* We zien hier dat Job er bijna niets meer van begrijpt. In zijn ellende geeft hij God de schuld en dat vindt de Here God niet zo erg, nogmaals, zolang als we maar niet onverschillig worden. In het Nieuwe Testament staat: 'Verneder u dan onder de machtige hand van God, opdat Hij u op de juiste tijd kan verhogen.' We zien dan ook aan het einde van dit boek dat Job zich vernedert en verlost wordt uit al zijn ellende.

20 Algemene aantekening:

1   Toen nam Sofar uit Naäma het woord:

2   'Ik ben verontrust en moet daarom wel antwoorden; tot in mijn binnenste ben ik gekwetst.

3   Wat ik hoorde was een les in smaad; inzicht in het leven dwingt mij tot een antwoord.

4   Weet je niet dat al sinds mensenheugenis,

198

sinds de mens op aarde is gezet,

5 het gejuich van goddelozen snel verklinkt
en de vreugde van de misdadiger kortstondig is?

6 Ook al zal zijn roem ten hemel stijgen,
ook al zal zijn hoofd de wolken raken,

7 als zijn eigen drek zal hij voorgoed vergaan
en zij die hem kenden, zullen vragen: "Waar is hij?"

8 Als een droom vervliegt hij, spoorloos,
hij wordt uitgewist, als een nachtelijk visioen.

9 Het oog dat hem zag, ziet hem niet meer;
nooit meer zal zijn woonplaats hem aanschouwen.

10 Zijn kinderen zullen de gunsten van de armen zoeken,
want hij moet afstaan wat hij zich heeft toegeëigend.

11 Zijn lichaam heeft nog de kracht van de jeugd,
maar hij wordt geveld–en zijn botten liggen in het stof.

12 Hoewel het kwaad hem zoet smaakt in de mond
en hij het verbergt onder zijn tong,

13 hoewel hij zuinig is en niets laat glippen,
maar het tegen zijn gehemelte bewaart,

14 zal het in zijn ingewanden gisten,
in zijn binnenste tot addergif verworden.

15 Rijkdom heeft hij doorgeslikt, maar weer uitgebraakt,
God perst alles uit zijn buik omhoog.

16 Hij zuigt slangengif op,
een slangentong zal hem ook doden.

17 Nooit zal hij genieten van de overvloed,
van rivieren die van room en honing stromen.

18 Wat hij heeft verworven, spuugt hij uit, het smaakt hem niet,
zoals ook zijn handel hem geen vreugde schenkt.

19 Want hij heeft de armen onderdrukt en in de steek gelaten;
hij heeft hun huis verwoest, hij heeft het niet gebouwd.

20 Zijn binnenste is altijd rusteloos,
niets van zijn kostbaarheden weet hij te bewaren.

21 Al wat hij bezit verslindt hij,
zijn welvaart zal dan ook niet duren.

22 Hoe groot ook zijn vermogen, hij weet zich niet veilig;
het onheil stort zich in volle omvang over hem uit.

23 Terwijl hij zijn buik nog vult,
treffen hem de vlammen van Gods woede,
een regen van verderf komt op hem neer.

24 Hij kan vluchten voor een ijzeren wapen,
maar wordt door een bronzen boog doorschoten.

25 De pijl steekt in zijn rug, hij trekt hem uit,
de schacht zal glinsteren van zijn gal,
ontzetting overweldigt hem.

26 Het donker verbergt al zijn schatten,
een smeulend vuur verslindt ze
en verteert wat in zijn huis nog over is.

27 De hemel openbaart zijn schuld,
de aarde keert zich tegen hem.

28 Een vloedgolf overspoelt zijn huis,
het wordt weggevaagd op die dag van Gods woede.

29 Dat wacht hem die God ontrouw is.
Dat is de erfenis die God voor hem bestemd heeft.'

* De vrienden van Job gaan maar door met zeuren. En de één is nog harder dan de ander.   Ze hebben het maar over de goddelozen, die gestraft worden door God. En hier mee blijven ze maar insinueren dat Job een bedekte zonde moet hebben. Maar net als in het geval van de blindgeborene, was dat niet zo.

21:7-9

7 Waarom leven goddelozen lang,
tot in hun ouderdom welvarend en gezond?

8 Zij leven en ze zien hun kinderen gedijen,
en zelfs de kinderen van hun kinderen.

9 In hun huis heerst vrede zonder vrees,
ze worden niet getroffen door Gods gesel.

* Net als Asaf in zijn psalm, ziet Job hier op het succes van de zondaren. En hij begrijpt er niets meer van. Zo

verging Asaf het ook, tot hij op hun einde zag. Wij kunnen zeggen, hun eeuwig einde. 'Hij die gelooft, moet geloven dat God bestaat en dat Hij een beloner is van hen die Hem zoeken', staat er in het Nieuwe Testament.

21:14-15

14 Ze zeggen tegen God: "Blijf ver van ons,
wij willen niet de wegen volgen die u wijst.

15 Wie is de Ontzagwekkende dat wij hem zouden eren?
Wat baat het ons tot hem te bidden?"

* Salomo zegt: 'Omdat God niet onmiddellijk straft, is er dwaasheid in de harten van de mensen'.

22:5-9

5 Je weet toch dat je levenswandel slecht is,
dat je zonden ontelbaar zijn?

6 Zonder reden eiste je een pand van je naaste
en armen nam je zelfs hun laatste kleren af.

7 Wie uitgeput was weigerde je water,
brood onthield je hem die honger had.

8 Ja, de gewelddadige bezit het land,
de nietsontziende heeft er zijn macht gevestigd.

9 Weduwen heb je weggestuurd met lege handen,
de krachten van wezen heb je gebroken.

* En nu gaan zijn vrienden Job beschuldigen met hun bekrompen religie, terwijl er niet eens bewijs is. Dit zijn onterechte beschuldigingen die uit de lucht zijn gegrepen.

28:28

28 En hij sprak tot de mens:
'Ontzag voor de Heer–dat is wijsheid;
het kwaad mijden–dat is inzicht.'

* Deze tekst wordt door Salomo herhaald. En een psalm zegt dat het uiterste respect voor de Here het begin van kennis is. Het uiterste respect voor de Here is een vrije vertaling van mij van 'de vreze van de Here'. Het valt op hier dat Job God niet de Almachtige noemt. maar zijn Heer. Hij geeft het dus niet op.

30-31 Algemene aantekening:

1 Maar nu bespotten ze mij,
mannen die minder jaren tellen dan ik, zonen van vaders
die zelfs de honden van mijn kudden onwaardig waren!

2 Wat baat mij de kracht van hun handen,
als al hun levenssap is weggevloeid?

3 Onmachtig door gebrek en honger
stropen ze de woestijn af,
in een donker vol onheil en troosteloosheid.

4 Ze plukken melde en bladeren van struiken,

de wortels van de brem zijn hun voedsel.

5 Ze worden uit de gemeenschap gestoten,
nagejouwd als dieven,

6 en moeten wonen op de hellingen van het dal,
in holen in de grond en tussen de rotsen.

7 Ze kermen in het struikgewas,
kruipen onder de distels bij elkaar,

8 mannen zonder verstand en zonder aanzien,
weggeslagen uit het land.

9 En nu ben ik het onderwerp van hun spotlied,
het mikpunt van hun lasterpraat.

10 Van afschuw deinzen ze terug voor mij
en niets weerhoudt hen mij in het gezicht te spuwen.

11 God rukt mijn tentkoord los, hij vernedert mij,
en zij overschrijden alle grenzen.

12 Het gespuis aan mijn rechterhand dringt op,
ze dwingen mij te vluchten,
zetten de aanval in, tot mijn vernietiging.

13 Mijn weg is versperd–de ondergang komt nader,
en er is niemand die te hulp schiet.

14 Aanstormend in een woeste golf
slaan ze een brede bres in mij.

15 Verschrikkingen storten zich over me uit,

mijn eer wordt weggevaagd als door de wind,
als een wolk vervliegt mijn aanzien.

16 Nu stroomt het leven uit mij weg,
ik ontsnap niet meer aan mijn ellende.

17 's Nachts jaagt hij helse pijnen door mijn botten,
het bloed in mijn aderen komt niet tot rust.

18 Hij rukt met geweld aan mijn kleed,
omklemt mij met de kraag van mijn mantel.

19 Hij heeft me neergesmeten in het slijk
en ik ben als stof, als as geworden.

20 Ik roep u om hulp, maar u antwoordt niet;
ik sta voor u, maar u wilt mij niet zien.

21 U bent wreed voor mij geworden,
met al uw kracht hebt u zich tegen mij gekeerd.

22 U tilt me op en laat me rijden op de wind,
uw woedende storm schudt mij heen en weer.

23 Ja, ik weet dat u mij naar de dood drijft,
naar het huis van samenkomst voor alle levenden.

24 Maar keert men zich tegen een mens in nood,
wanneer hij, de ondergang nabij, om hulp roept?

25 Heb ik niet gehuild om wie in nood verkeerde?
Had ik geen medelijden met de behoeftige?

26 Ik hoopte op het goede, maar het kwade kwam,

het licht verwachtte ik, maar de duisternis brak aan.

27 Heel mijn binnenste is in beroering, ik ken geen rust;
ik zie slechts dagen van ellende naderen.

28 In het zwart gehuld dool ik rond, van licht verstoken,
ik sta op in de vergadering en roep om hulp.

29 Een broeder van de jakhals ben ik geworden,
een metgezel van de struisvogels.

30 Mijn huid is verschroeid en schilfert,
koorts verteert mijn gebeente.

31 Mijn lier is geworden tot rouwinstrument,
mijn fluit tot de stem van de treurenden.

1 Ik heb een verbond gesloten met mijn ogen:
nooit zal ik naar jonge vrouwen kijken.

2 Wat heb ik van God in de hemel te verwachten,
wat valt mij ten deel van de Ontzagwekkende daar
boven?

3 Wacht de boosdoener geen rampspoed,
treft het ongeluk niet hen die onrecht doen?

4 Ziet hij niet de wegen die ik ga,
telt hij niet al mijn stappen?

5 Heb ik het pad van het bedrog bewandeld,
vluchtte ik ooit in de leugen?

6 Laat hij mij op een eerlijke weegschaal wegen,

dan zal hij zien dat ik onschuldig ben.

7 Als mijn voet is afgeweken van de goede weg,
als mijn hart heeft toegegeven aan mijn oog,
als er aan mijn hand een smet is blijven kleven,

8 dan zal ik zaaien, maar anderen zullen eten,
en wat ik voortbreng zal verdelgd worden.

9 Als mijn hart zich door een vrouw heeft laten lokken
en ik geloerd heb bij mijn buurmans deur,

10 laat mijn vrouw dan koren malen voor een vreemde,
laat anderen maar bij haar liggen,

11 want het zou een schanddaad zijn,
een misdrijf dat bestraft moet worden,

12 een vuur dat een mens de afgrond in drijft,
dat de oogst verdelgt tot aan de wortels.

13 Als ik mijn slaaf of slavin ooit hun recht ontzegd heb
wanneer wij van mening verschilden,

14 wat zal ik dan beginnen als God voor mij oprijst,
en als hij mij ondervraagt–wat kan ik dan antwoorden?

15 Maakte hij hen in de moederschoot niet net als mij,
vormde een en dezelfde ons niet eender in de
moederbuik?

16 Onthield ik aan de armen ooit waar ze om vroegen,
liet ik de ogen van weduwen versmachten?

17 At ik mijn brood alleen,
deelde ik het niet met wezen?

18 Hadden zij van kindsbeen geen vader in mij,
stond ik weduwen niet van jongs af bij?

19 Als ik een zwerver zag die geen kleren had,
een verschoppeling die zich met niets kon bedekken,

20 zegende hij mij dan niet met heel zijn hart,
wanneer hij zich warmde met de wol van mijn
schapen?

21 Als ik mijn vuisten tegen wezen heb gebald,
omdat de rechters in de poort mijn vrienden waren,

22 mogen mijn schouders dan ontwricht worden
en mijn arm doormidden breken bij de elleboog–

23 want één ding vrees ik: een door God gezonden ramp–
tegen zijn oppermacht ben ik niet opgewassen.

24 Heb ik mijn hoop gevestigd op goud,
van het fijnste goud gezegd: "Daarop vertrouw ik"?

25 Heb ik mij verheugd over mijn vermogen,
omdat ik eigenhandig zoveel had verworven?

26 Keek ik ooit naar de zon, haar stralende licht,
naar de maan in haar wassende pracht,

27 terwijl mijn hart zich heimelijk liet lokken
en ik in verering mijn mond op mijn hand drukte?

28 Ook dat zou een misdrijf zijn dat bestraft moet worden,
want dan zou ik God daar boven verloochend hebben.

29 Verheugde ik mij over de ondergang van mijn vijand,
juichte ik wanneer hij door het kwaad getroffen werd?

30 Nooit heb ik mijn mond laten zondigen
door met een vloek zijn leven te verlangen.

31 Zullen mijn verwanten niet getuigen:
"Ieder deed zich te goed aan het vlees van zijn
kudden"?

32 Geen vreemdeling liet ik buiten overnachten,
voor elke reiziger opende ik mijn deuren.

33 Heb ik als anderen mijn overtredingen verhuld
en mijn zonden weggeborgen in mijn binnenste,

34 omdat ik in angst en beven voor de menigte verkeerde
en de verachting van anderen mij angst aanjoeg,
zodat ik mij stilhield en geen stap naar buiten deed?

35 O, wilde er maar iemand luisteren!
Ik sta in voor wat ik heb gezegd.
Laat nu de Ontzagwekkende antwoord geven,
laat mijn tegenstander zijn klacht boekstaven!

36 Dan zou ik die op mijn schouders dragen,
als een krans zou ik hem om mijn hoofd vlechten.

37 Ik kan van al mijn gangen rekenschap afleggen,
fier als een vorst treed ik hem tegemoet.

38 Als mijn akkers ooit geroepen hebben om vergelding,
als uit hun voren een jammerklacht is opgestegen,

39 als ik hun vruchten heb verteerd zonder te betalen
en de boeren tot wanhoop heb gebracht–

40 mogen er dan dorens opschieten in plaats van tarwe
en woekerkruid in plaats van gerst.' Hier eindigen de
woorden van Job.

* Als Job naar zijn leven kijkt en al zijn rechtvaardigheid,
dan begrijpt hij er niets meer van. Wij weten dat God
soeverein is en dat Hij geloof eist in alle
omstandigheden. Maar wanneer het moeilijk wordt,
mogen we het uitroepen: 'Ik geloof, kom mijn ongeloof te
hulp!' Zoals de vader van de bezeten jongen in het
Nieuwe Testament zei. En we kunnen dit uitbreiden met
'Ik wil, kom mijn onwil te hulp'. Dat God soeverein is, wil
niet zeggen dat Hij een nukkige boeman is, laat staan
een sadist. Maar Hij is ook geen sinterklaas.

32:2b

... hij ontstak in woede tegen Job, omdat deze in zijn
recht meende te staan tegenover God,

* Elihu, die uit respect tot nu toe had gezwegen, omdat
hij de jongste was, neemt pas nu het woord. De drie
vrienden van Job hadden Job niet kunnen overtuigen
met hun primitieve religie. De kern van dit hoofdstuk is
dat Job zichzelf meer rechtvaardigt dan zijn Maker.
Verderop zegt Elihu dat Job onrechtvaardigheid drinkt
als water. Hoewel Elihu de jongste was, had hij van
boven het meeste licht gekregen. En hij kon nu zijn

210

woorden niet meer inhouden. De waarschuwing moet duidelijk zijn. Job beschuldigt God eigenlijk van onrechtvaardigheid. Maar de drie vrienden van Job maken het nog erger, want zij schilderen God af als een mens die leeft volgens de wet van actie is reactie. De belofte in dit alles staat in het Nieuwe Testament, waar van Job gezegd wordt dat hij tot het einde toe volhardde. En dat God hem daarvoor beloonde. Dus hoewel Job in de war raakte en God de schuld gaf, was er ook een goede kant aan hem. Hij gaf de strijd niet op.

33:24-28

24 en als God hem welgezind is en zegt:
"Laat niet toe dat hij in de afgrond afdaalt,
ik heb een losgeld voor hem verkregen, "

25 dan krijgt hij weer vlees op zijn botten als vroeger
en keert hij terug naar de kracht van zijn jeugd.

26 Hij bidt weer tot God en God is hem gunstig gezind,
hij roept het uit van vreugde en verschijnt voor hem,
want hij wordt door God in ere hersteld.

27 Dan zingt hij het uit en zegt tegen ieder:
"Ik heb gezondigd, wat recht is maakte ik krom,
maar het werd mij niet aangerekend.

28 Hij redde mij van de val in de afgrond,
opdat ik zal leven en van het licht genieten."

* De jongeling Elihu maant Job God niet meer te beschuldigen van onrecht. En niet zondeloos te zijn in

211

zijn eigen ogen. En hij raadt hem aan om in alle nederigheid zijn zondige toestand te belijden. Een psalm zegt: 'Bij U is vergeving opdat wij U vrezen'. Want als er geen vergeving bij God zou zijn of als Hij alles zou vergeven zomaar, dan zouden wij onverschillige zondaars zijn. Elihu hier heeft het over iemand die tussenbeide komt en het voor ons opneemt. En hij noemt zo iemand één in de duizend. En dat slaat op de Here Jezus.

34 Algemene aantekening:

1 En Elihu vervolgde:

2 'Luister, wijzen, naar mijn woorden,
jullie die alles weten, hoor wat ik zeg.

3 Want het oor toetst de woorden,
zoals het gehemelte het voedsel proeft.

4 Laten we samen onderzoeken wat juist is,
laten we met elkaar vaststellen wat goed is.

5 Welnu, Job heeft gezegd: "Ik sta in mijn recht,
maar God heeft het mij onthouden.

6 Ondanks mijn gelijk ga ik voor leugenaar door;
een dodelijke pijl heeft mij getroffen, al heb ik niets misdaan."

7 Is er een tweede zoals Job,
die zijn dorst met laster lest,

8 die zich onder de onrechtplegers schaart

en omgaat met wettelozen?

9 Want hij heeft gezegd:
"Het baat de mens niet om bevriend te zijn met God."

10 Jullie die zo verstandig zijn, luister dus naar mij:
het is verre van God om kwaad te doen,
de Ontzagwekkende zal geen misdaad plegen.

11 Hij vergeldt daarentegen de mens zijn daden,
hij beslist over hem naar gelang zijn doen en laten.

12 God zal geen slechtheden begaan,
de Almachtige zal het recht niet verdraaien.

13 Wie heeft de aarde aan hem toevertrouwd,
wie heeft de hele wereld onder zijn bevel gesteld?

14 Als hij zijn aandacht alleen op zichzelf zou richten
en hij zijn geest en adem voor zichzelf zou bewaren,

15 dan zou al wat leeft onmiddellijk ten onder gaan
en de mens zou terugkeren tot stof.

16 Als je ook maar iets begrijpt, luister dan;
laat de woorden die ik zeg tot je doordringen.

17 Kan wie het recht haat met macht omgord zijn?
Wil je hem veroordelen die machtig en rechtvaardig is,

18 die tegen koningen zegt "nietswaardige!"
en "goddeloze!" tegen edelen?

19 Die geen partij kiest voor de vorsten

en de rijken niet begunstigt boven de geringen,
omdat zij allen het werk van zijn handen zijn?

20 Onverwacht sterven zij, in het diepst van de nacht;
de rijke wordt opgeschrikt en het is voorbij met hem,
de machtige wordt weggehaald, en niet door
mensenhand.

21 Want Gods oog is op de wegen van de mens gericht,
geen van zijn stappen blijft voor hem verborgen.

22 Geen donker is zo diep, zo zwart,
dat het onrechtplegers kan verbergen.

23 Het is niet aan de mens het tijdstip te bepalen
waarop God zijn rechtsgeding begint.

24 God maakt korte metten met de machtigen
en stelt anderen in hun plaats.

25 Jazeker, hij doorziet hun daden
en brengt hen in de nacht ten val;
verpletterd liggen ze terneer.

26 Ter plaatse, ten overstaan van allen,
geselt hij hen voor hun goddeloosheid.

27 Want ze hebben zich van hem verwijderd,
ze slaan geen acht op de wegen die hij wijst;

28 het komt door hen dat de armen om hulp roepen,
door hen hoort God de vertrapten schreeuwen.

29 Maar als hij zwijgt, wie kan hem dan verstoren?

Als hij zijn gelaat verbergt, wie kan hem dan aanschouwen?
Over de mensen en de volken waakt hij evenzeer,

30 opdat geen schurk ooit koning wordt,
niemand die het volk in zijn net verstrikt.

31 Stel, een mens heeft tegen God gezegd:
"Ik heb mijn straf gekregen, ik zal niets kwaads meer doen.

32 Leer mij de dingen die ik niet kan zien;
als ik onrecht heb gepleegd, zal het niet weer gebeuren" –

33 moet God het volgens jou dan toch vergelden?
Maar jij hebt zijn oordeel afgewezen!
Jij, niet ik, moet kiezen. Zeg nu wat je denkt.

34 Mensen met verstand zullen mij zeggen,
en elke wijze man die naar mij luistert:

35 "Job spreekt zonder kennis van zaken,
zijn woorden getuigen niet van inzicht.

36 O, werd Job maar tot het uiterste beproefd,
want hij praat als iemand die op kwaad uit is.

37 Hij voegt zonde toe aan zonde,
hij is opstandig waar wij bij zijn
en spreekt zich keer op keer uit tegen God.'"

* We moeten goed onderscheiden dat Elihu Job niet beschuldigt van verborgen zonden, zoals de drie

vrienden dat deden. Er is geen causaliteit tussen Jobs daden en zijn ellende. Maar waar Elihu hem van beticht is dat Job God de schuld geeft. En eigenlijk beweert dat het geen zin heeft om God te dienen.

34:32

32 Leer mij de dingen die ik niet kan zien;
als ik onrecht heb gepleegd, zal het niet weer gebeuren" –

* David zegt het zo: 'Maak mij onschuldig van onbewuste overtredingen'. En zo mogen ook wij bidden dat de Here ons wil onderwijzen en ons bewust wil maken van onze fouten. Vaak zien andere mensen die wel, maar wij zelf niet.

34:36

36 O, werd Job maar tot het uiterste beproefd,
want hij praat als iemand die op kwaad uit is.

* Dit is een ernstige waarschuwing voor wanneer God ons op de proef stelt, dat Hij dit af moet maken. Daarom staat hier ook: 'Laat Job beproefd worden tot het einde'.

36:26

26 Zie hoe groot God is, buiten elk begrip,
het getal van zijn jaren is ontelbaar.

* Elihu zegt hier eigenlijk dat we geloof moeten hebben en ons moeten vernederen. Zoals het Nieuwe Testament zegt: 'Onderwerp u onder Zijn machtige hand, opdat Hij u op de juiste tijd moge verhogen'. Salomo zegt het zo: 'Bezwijk niet onder Zijn tucht, noch veracht die, want de zoon die Hij liefheeft die tuchtigt Hij'. En er staat ook in het Nieuwe Testament dat dit ons wel bedroefd maakt, maar dat het resultaat zal zijn dat we rechtvaardige daden zullen doen. En dan zullen wij ons verheugen. En dit is een belofte en een vooruitzicht dat we voor ons moeten houden.

42:6

6 Daarom herroep ik mijn woorden en buig ik mij, zoals ik hier zit in het stof en het vuil.'

* In het Nieuwe Testament worden we er aan herinnerd dat er een einde kwam aan het lijden van Job. En in dat vers staat: 'Wij prijzen gelukzalig degenen die volharden'. In dit hoofdstuk zien we dat Job zich vernedert en ook dat hij bidt voor zijn vrienden die hem zo beledigd hebben. Hoewel er in het geval van Job een einde aan zijn lijden kwam, zo zijn er ook kinderen van de Here Jezus die als martelaren sterven. In beide gevallen geldt dat we moeten volharden tot het einde.

De Psalmen

Psalm 1 Algemene aantekening:

1 Gelukkig de mens
die niet meegaat met wie kwaad doen,
die de weg van zondaars niet betreedt,
bij spotters niet aan tafel zit,

2 maar vreugde vindt in de wet van de HEER
en zich verdiept in zijn wet, dag en nacht.

3 Hij zal zijn als een boom,
geplant aan stromend water.
Op tijd draagt hij vrucht,
zijn bladeren verdorren niet.
Alles wat hij doet komt tot bloei.

4 Zo niet de wettelozen!
Zij zijn als kaf
dat verwaait in de wind.

5 Wettelozen houden niet stand waar recht heerst,
zondaars niet in de kring van de rechtvaardigen.

6 De HEER beschermt de weg van de rechtvaar-digen,

de weg van de wettelozen loopt dood.

* Deze psalm slaat op de Here Jezus. Maar ook van gelovigen wordt gezegd dat ze kunnen zijn als een boom, die zelfs in barre omstandigheden groeit, omdat hij geplant is aan een waterrijke oever. Dit staat in Jeremia 17. En als we de Here Jezus volgen die beschreven wordt in deze psalm, dan is deze psalm ook een belofte voor ons. Want Jezus is onze Wet. 'De Wet van de geest van het leven in Christus Jezus heeft me verlost van de wet van de zonde en dood.'

1:1

1   Gelukkig de mens
    die niet meegaat met wie kwaad doen,
    die de weg van zondaars niet betreedt,
    bij spotters niet aan tafel zit,

* Je ziet hier dat de zonde een hellend vlak is, waarop je steeds verder afglijdt. Het begint met lopen in de raad van de goddelozen, vervolgens sta je in de weg van de zondaren, en uiteindelijk zit je in het gestoelte van de spotters. Dit is een ernstige waarschuwing.

4:9

8   (4:9) In vrede leg ik mij neer
    en meteen slaap ik in,
    want u, HEER, laat mij wonen
    in een vertrouwd en veilig huis.

219

* Dit vers houdt een belofte in. Tenzij dat de Here ons tuchtigt en zijn aangezicht tijdelijk verbergt, zoals ook bij David het geval was, mogen we erop hopen dat dit vers werkelijkheid wordt in ons leven. Op voorwaarde dat we volharden.

7:16

15 (7:16) Hij delft een put en diept hem uit,
maar valt in de kuil die hij zelf heeft gegraven.

* Hier komt ons gezegde vandaan: (Wie een kuil graaft voor een ander valt er zelf in). Toch is het niet zo in onze tijd, de tijd van de Genade, dat dit een absolute wet is. Want vaak worden we het slachtoffer van hen die een kuil voor ons graven. En dan vraagt God geloof van ons, dat uiteindelijk zowel de waarschuwing als de belofte van dit vers waar worden.

8 Algemene aantekening:

1 Voor de koorleider. Op de wijs van De Gatitische. Een psalm van David.
(8:2) HEER, onze Heer,
hoe machtig is uw naam
op heel de aarde.
U die aan de hemel uw luister toont–

2 (8:3) met de stemmen van kinderen en zuigelingen
bouwt u een macht op tegen uw vijanden
om hun wraak en verzet te breken.

3 (8:4) Zie ik de hemel, het werk van uw vingers,

220

de maan en de sterren door u daar bevestigd,

4 (8:5) wat is dan de sterveling dat u aan hem denkt,
het mensenkind dat u naar hem omziet?

5 (8:6) U hebt hem bijna een god gemaakt,
hem gekroond met glans en glorie,

6 (8:7) hem toevertrouwd het werk van uw handen
en alles aan zijn voeten gelegd:

7 (8:8) schapen, geiten, al het vee,
en ook de dieren van het veld,

8 (8:9) de vogels aan de hemel, de vissen in de zee
en alles wat trekt over de wegen der zeeën.

9 (8:10) HEER, onze Heer,
hoe machtig is uw naam
op heel de aarde.

* Deze psalm slaat op de Here Jezus, vooral vers 5-7.
(Beter vertaald: 'U heeft Hem een beetje minder dan de
engelen gemaakt.') En Paulus haalt deze psalm aan in
de brief aan de Hebreeën. De mooie belofte in deze
psalm is, dat wat hiervan de Here Jezus gezegd wordt,
ook voor ons geldt, Zijn zonen en dochters.

11:4-5

4 De HEER in zijn heilig paleis,
de HEER op zijn troon in de hemel,
met aandacht beziet hij

221

en fronsend keurt hij
de mensen op aarde.

5   De HEER keurt rechtvaardigen en zondaars.
Wie het geweld liefhebben, haat hij.

* In het Nieuwe Testament staat dat niets voor God
verborgen is. Vanaf Zijn troon houdt Hij alles in de
gaten. En volgens vers 5 is Hij vooral bezig met de
rechtvaardigen, en de slechten laat Hij maar wat
aanmodderen totdat de maat vol is.

12:7

6   (12:7) De woorden van de HEER zijn zuiver
als zilver, gesmolten in de smeltkuil,
gelouterd tot zevenmaal toe.

* Waar wordt nog zilver gemaakt dat zeven keer door
het vuur is gegaan. En het getal zeven hier slaat op
volmaaktheid. De woorden van de Here zijn daarom
100% proof. Salomo zegt 'Hoe goed is een woord op
zijn tijd gesproken.' En 'Een man verheugt zich in het
antwoord van zijn mond.' Daarom is het zo belangrijk je
te vullen met de zuivere woorden van God's woord. Het
Nieuwe Testament roept ons op; 'Laat Zijn woord rijkelijk
in u wonen.' De vraag is waar vullen wij ons mee. Als we
ons vullen met de dingen van het vlees, zullen we
spreken en handelen naar het vlees. En als we ons
vullen met de woorden van de Geest, zullen we naar
Hem spreken en handelen. Dit is zowel een
waarschuwing, als een belofte.

13:2-3

2 Hoe lang nog, HEER, zult u mij vergeten,
hoe lang nog verbergt u voor mij uw gelaat?
3 Hoe lang nog wordt mijn ziel gekweld door zorgen
en mijn hart door verdriet overstelpt, dag aan dag?
Hoe lang nog houdt mijn vijand de overhand?

* De Here verborg zijn aangezicht voor David. Dit doet
Hij op een gegeven moment om ons te testen en te
tuchtigen. En dan is het zaak om je zelf te vernederen
en te volharden.

14:1

1 Voor de koorleider. Van David.
Dwazen denken: Er is geen God.
Verdorven zijn ze, en gruwelijk hun daden,
geen van hen deugt.

* De dwaas zegt in zijn hart 'Er is geen God.' En toch
beseffen we allemaal diep in ons hart, dat wanneer we
sterven ons spelletje is afgelopen, en we rekenschap
zullen moeten afleggen aan God. In het Nieuwe
Testament staat dat door de angst voor de dood we
onderworpen zijn aan de zonde. Er zijn mensen die
beweren dat ze niet bang zijn voor de dood, maar dan
zouden ze ook niet schrikken, waar wij allemaal last van
hebben. Hij die zegt dat er geen God is, meet zich een
houding aan, die hij steeds weer aan zichzelf moet
bevestigen. Omdat diep in zijn hart hij beter weet.

16:2

2 Ik zeg tot de HEER: 'U bent mijn Heer,
   mijn geluk, niemand gaat u te boven.'

   * David heeft al zijn goed in de Here. De Here is zijn
   erfdeel en onderhoudt zijn bestemming. En zo kunnen
   wij met David de Here aanbidden.

   19 Algemene aantekening:

1 Voor de koorleider. Een psalm van David.
   (19:2) De hemel verhaalt van Gods majesteit,
   het uitspansel roemt het werk van zijn handen,

2 (19:3) de dag zegt het voort aan de dag die komt,
   de nacht vertelt het door aan de volgende nacht.

3 (19:4) Toch wordt er niets gezegd, geen woord
   gehoord, het is een spraak zonder klank.

4 (19:5) Over heel de aarde gaat hun stem,
   tot aan het einde van de wereld hun taal.
   Daar heeft hij een tent opgeslagen voor de zon:

5 (19:6) een jonge bruidegom die het bruidsbed verlaat,
   een held die vrolijk voortrent op zijn weg.

6 (19:7) Aan het ene einde van de hemel komt hij op,
   aan het andere einde voltooit hij zijn loop,
   niets blijft voor zijn gloed verborgen.

7 (19:8) De wet van de HEER is volmaakt:

levenskracht voor de mens.
De richtlijn van de HEER is betrouwbaar:
wijsheid voor de eenvoudige.

8 (19:9) De bevelen van de HEER zijn eenduidig:
vreugde voor het hart.
Het gebod van de HEER is helder:
licht voor de ogen.

9 (19:10) Het ontzag voor de HEER is zuiver,
houdt stand, voor altijd.
De voorschriften van de HEER zijn waarachtig,
rechtvaardig, geheel en al.

10 (19:11) Ze zijn begeerlijker dan goud,
dan fijn goud in overvloed,
en zoeter dan honing,
dan honing vers uit de raat.

11 (19:12) Uw dienaar laat zich erdoor verlichten,
wie ze opvolgt wordt rijk beloond.

12 (19:13) Maar wie kan al zijn fouten kennen?
Spreek mij vrij van verborgen zonden.

13 (19:14) Bescherm mij, uw dienaar, en laat hoogmoed
niet over mij heersen, dan zal ik volmaakt zijn
en bevrijd van grote zonde.

14 (19:15) Laten de woorden van mijn mond u behagen,
de overpeinzingen van mijn hart u bekoren,
HEER, mijn rots, mijn verlosser.

* David sprak deze wijze woorden, nadat hij naar de hemel had gekeken. Overdag zag hij de zon en in de nacht zag hij de sterren. Dit sprak voor hem niet alleen van Gods grootheid, maar in dit geval van zijn eigen nietigheid en zijn eigen fouten. En wat onze fouten betreft, laten we de Here God vragen om een rein en gevoelig geweten. En laten we gewaarschuwd zijn dat we niet volharden in verkeerde dingen.

19:13-14

12 (19:13) Maar wie kan al zijn fouten kennen?
Spreek mij vrij van verborgen zonden.

13 (19:14) Bescherm mij, uw dienaar, en laat hoogmoed niet over mij heersen, dan zal ik volmaakt zijn
en bevrijd van grote zonde.

* Hier heeft David het over wat wij het onbewuste zouden noemen. Omdat het over dingen gaat, over morele fouten van je zelf die je niet veroordeeld hebt in het licht van God's waarheid. De apostel Paulus heeft het over het feit dat mensen hun geweten hebben dicht geschroeid. Met andere woorden, je kan je zelf blind en nog blinder maken wat je eigen tekortkomingen betreft. Daarom bidt David hier dat hij verlost mag worden van zijn verborgen fouten. En vooral van hoogmoedige zonden. En dat ze geen overmacht over hem zullen hebben.

20:8

7 (20:8)

Anderen vertrouwen op paarden en wagens,
wij op de naam van de HEER, onze God.

* David hier heeft het over mensen die vertrouwen op
hun eigen middelen. Maar hij begreep dat in de eerste
plaats we het moeten hebben van de Here God zelf.

23:2-3

2 Hij laat mij rusten in groene weiden
en voert mij naar vredig water,

3 hij geeft mij nieuwe kracht
en leidt mij langs veilige paden
tot eer van zijn naam.

* Wij christenen zijn eigenlijk maar zwakke schaapjes
die niets kunnen zonder de Herder. Het mooie is dat Hij
ons op zijn tijd verkwikt met groene weiden en stille
wateren. En als Hij ons door moeilijke tijden leidt dan
beschermt Hij ons met zijn stok en zijn staf. Met Zijn staf
brengt Hij ons terug in het gareel. En met Zijn stok
verslaat Hij de vijand. En na alle ellende verzorgt Hij ons
met het goede. En het mooie is, dat wil Hij ons nu al
geven.

25:4-9

4 Maak mij, HEER, met uw wegen vertrouwd,
leer mij uw paden te gaan.

5 Wijs mij de weg van uw waarheid en onderricht mij,
want u bent de God die mij redt,
op u blijf ik hopen, elke dag weer.

6 Denk aan uw barmhartigheid, HEER,
aan uw liefde door de eeuwen heen.

7 Denk niet aan de zonden uit mijn jeugd,
maar denk met liefde aan mij
en laat uw goedheid spreken, HEER.

8 Goed en rechtvaardig is de HEER:
hij wijst zondaars de weg,

9 wie nederig zijn leidt hij in het rechte spoor,
hij leert hun zijn paden te gaan.

* Deze verzen gelden ook voor ons. En ze vormen een
grote troost en belofte.

25:12

12 Aan wie in ontzag voor hem leven,
leert de HEER de rechte weg te kiezen.

* Deze woorden doen ons denken aan het vers: 'De
vreze des Here is het begin van wijsheid en af te wijken
van het kwade, is gezond verstand.' Het woordje vreze
hier betekent natuurlijk niet dat we bang hoeven te zijn
voor de Here. Hij heeft ons immers verlost en heeft ons
lief. Maar het duidt op het uiterste respect en het
bedenken dat als we zondigen er gevolgen zijn..

26:4-5

4 Met bedriegers zit ik niet aan,
met huichelaars ga ik niet om,

5 ik haat de kring van slechte mensen,
met wettelozen wil ik niet aan tafel.

* In het Nieuwe Testament zegt Paulus dat kwade
omgangen goede zeden bederven. In deze psalm
hebben wij een voorbeeld van wat onze vriendschappen
en kennissenkring betreft. Dit is beide een
waarschuwing en belofte.

27:1

1 Van David.
De HEER is mijn licht, mijn behoud,
wie zou ik vrezen?
Bij de HEER is mijn leven veilig,
voor wie zou ik bang zijn?

* Paulus zegt het zo: 'Als God voor ons is, wie zal tegen
ons zijn.' En wie weet misschien heeft hij dit wel hier
vandaan.

27:4

4 Ik vraag aan de HEER één ding,
het enige wat ik verlang:
wonen in het huis van de HEER
alle dagen van mijn leven,

229

om de liefde van de HEER te aanschouwen,
hem te ontmoeten in zijn tempel.

* Wat hier staat is gewoon weg prachtig! Als we dit in ons leven zouden realiseren, dan zouden we echt gelukkig zijn. Want zo'n groot goed beantwoordt de diepste verlangens, die de Here God in ons schepselen gelegd heeft.

31:25

24 (31:25) Allen die uw hoop vestigt op de HEER:
wees sterk en houd moed.

* In het Nieuwe Testament staat het zo: 'Zij die God zoeken moeten geloven dat Hij bestaat en dat Hij een beloner is van hen die Hem zoeken.' Het leven van een christen is dus in de eerste plaats gebaseerd op geloof; maar de beloning zal heel reëel zijn.

32:1,4,11

1 Van David, een kunstig lied.
Gelukkig de mens van wie de ontrouw wordt vergeven,
van wie de zonden worden bedekt.
4 Zwaar drukte uw hand op mij, dag en nacht,
mijn kracht smolt weg als in de zomerhitte. *sela*
11 Verheug u in de HEER, rechtvaardigen, en juich,
zing het uit, allen die oprecht zijn van hart.

* Deze psalm begint met vergeving, en benoemt dan een stukje psychologie. Want wanneer een oprecht iemand zijn fouten voor zichzelf verbergt, wordt hij krachteloos. Maar het leven wordt weer vernieuwd na belijdenis. En zo eindigt deze psalm in vreugde.

33:3

3 Zing voor hem een nieuw lied,
speel en zing met overgave.

* We kunnen een nieuw lied zingen wanneer we de duivel overwinnen, en wanneer we ervaren dat de Here oprecht is. Maar omdat te bereiken, moeten we wel volharden.

34:19-20

18 (34:19) gebroken mensen is de HEER nabij,
hij redt wie zwaar wordt getroffen.

19 (34:20)

Al blijft de rechtvaardige niets bespaard,
de HEER zal hem steeds weer bevrijden.

* Het Nieuwe Testament zegt het zo: 'Leer van Mij dat Ik nederig ben en zachtmoedig van hart, en jullie zullen rust vinden voor jullie zielen.' En ook staat er dat we door vele beproevingen het Koninkrijk Gods moeten binnengaan.

37:4-6

4 Zoek je geluk bij de HEER,
hij zal geven wat je hart verlangt.

5   Leg je leven in de handen van de HEER,
     vertrouw op hem, hij zal dit voor je doen:

6   het recht zal dagen als het morgenlicht,
     de gerechtigheid stralen als de middagzon.

     * Jakobus zegt: 'Jullie hebben niet, omdat jullie niet
     bidden, ja jullie bidden wel, maar het is om het in jullie
     lusten door te brengen.' En Johannes zegt in zijn brief;
     dat 'als ons hart ons niet veroordeelt, en onze gebeden
     verhoord worden, dan weten we dat we de goede
     gebeden gebeden hebben.' Het is dus een kwestie om
     op één lijn te zijn met de Here Jezus. En zo moeten we
     dit vers zien van deze psalm. Als de Here onze lust en
     leven is, dan zal Hij onze gebeden verhoren. Dit wordt
     bevestigd in vers 5.

     38:4,19

3   (38:4)

     Door uw toorn is niets aan mijn lichaam nog gaaf,
     door mijn zonden is niets van mijn gebeente nog heel.
18   (38:19) Ik wil u mijn schuld belijden,
     door mijn zonden word ik gekweld.

     * Als we zondigen, kunnen we niet echt gelukkig zijn. De
     Here Jezus zegt dat het de bedoeling is dat onze
     vreugde vol is. Maar wanneer we onze zonden belijden,
     zoals David, dan valt er een pak van ons hart. We
     moeten daarom uitkijken dat we ons geweten niet
     dichtschroeien.

232

42:2-3

(42:2)

Zoals een hinde smacht
naar stromend water,
zo smacht mijn ziel
naar u, o God.

2   (42:3)

Mijn ziel dorst naar God,
naar de levende God,
wanneer mag ik nader komen
en Gods gelaat aanschouwen?

* In deze verzen ligt een belofte. Als we met elke vezel
van ons wezen dorsten naar onze schepper en redder,
dan ervaren we de hoogste verblijding. En Salomo zegt:
'Een blijmoedig hart, is goed voor genezing.'

44:7-8

6   (44:7) Het is niet mijn boog waarop ik vertrouw,
niet mijn zwaard dat mij redt,

7   (44:8) u hebt ons gered van onze belagers,
u liet onze haters beschaamd staan.

* In deze verzen ligt een waarschuwing en een belofte.
We moeten namelijk niet in ons eigen kunnen en
mogelijkheden vertrouwen, maar in de verlossing van de
Here Jezus. Dat wil niet zeggen dat Hij onze gaven en

233

talenten aan de kant zet. Maar Zijn verlossing stijgt boven ons kunnen uit.

49:8-10

7 (49:8) Geen mens kan een ander vrijkopen,
wat God vraagt voor een leven, is niet te betalen.

8 (49:9) De prijs van het leven is te hoog,
in eeuwigheid niet op te brengen.

9 (49:10) Onmogelijk dat iemand voor altijd zou leven,
de kuil van het graf nooit zou zien.

* De enige uitzondering op wat hier staat is de Here Jezus zelf. Niemand kan de ziel van een ander redden. Ook niet met zijn eigen ziel. Maar het lijden van de Here Jezus is zo kostbaar dat iedereen tot Hem mag komen, om voor eeuwig gered te worden.

49:18

17 (49:18) Want bij zijn dood kan hij niets meenemen,
zijn weelde volgt hem niet in het graf.

* Dit vers wordt bevestigd in het Nieuwe Testament dat je niets uit deze wereld weg kan dragen. Maar wat je wel mee neemt zijn je geest, je ziel, je verstand, je hart en al je herinneringen. Toch staat er ook in het Oude Testament, en dit wordt in het Nieuwe Testament bevestigd, dat er mogelijkheden zijn om het leven lief te hebben en goede dagen te zien. Maar dan moeten we het goede najagen en de vrede omhelzen.

50:21-22

21 Zou ik dan zwijgen bij wat je doet,
je denkt toch niet dat ik ben als jij?
Ik klaag je aan, ik som je wandaden op.

22 Begrijp dit goed, jullie die God vergeten,
of ik verscheur je, en er is niemand die redt:

* Het is ook zo dat iedereen zijn eigen Jezusbeeld heeft.
Iemand die te zeer naar heiligheid streeft houdt er een
overdreven Jezus op na. En zij die te licht aan de zaken
tillen, beelden Hem in zichzelf af als zijzelf. Laten we
allen bedenken dat Hij eens onze Rechtvaardige Richter
zal zijn. De Here Jezus is niet één of andere boeman die
boos is op iedereen. Maar Hij is zeker ook geen
Sinterklaas die iedereen de hemel inlaat. Paulus zegt
wel dat God wenst dat iedereen gered wordt, maar Hij
geeft ons ook verantwoordelijkheid.

51:14-15,19

12 (51:14) Red mij, geef mij de vreugde van vroeger,
de kracht van een sterke geest.

13 (51:15) Dan wil ik verdwaalden uw wegen leren,
en zullen zondaars terugkeren tot u.

17 (51:19) Het offer voor God is een gebroken geest;
een gebroken en verbrijzeld hart
zult u, God, niet verachten.

* David werd echt hersteld nadat Natan hem een spiegel voorgehouden had. En hij vraagt hier aan de Here om het herstel van zijn vreugde, zo zeer dat hij andere zondaren weer mag onderwijzen. Daarom is het zo toepasselijk dat hij concludeert dat echte offeranden aan God, een verbroken geest zijn en een verslagen hart (let wel, niet een kapot hart!). David ontdekte hier dat er een hogere Wet is, de Wet van Genade. Want volgens de wet van Mozes verdiende hij een dubbele doodstraf.

53:2

(53:2) Dwazen denken bij zichzelf: Er is geen God. Verdorven zijn ze, en gruwelijk is hun onrecht, geen van hen deugt.

* Hier worden niet alleen atheïsten mee bedoeld. Maar eigenlijk iedereen die niet bewust met de Here Jezus rekent. Het is zelfs zo dat als je niet in de Here Jezus gelooft, dan maak je God automatisch tot een leugenaar.

54:9

7   (54:9) hij heeft mij uit de nood gered, onbevreesd zie ik mijn vijanden aan.

* Dit vers geldt voor allen die de Here Jezus liefhebben. Eens zullen we met Hem triomferen en zal Hij de Satan onder onze voeten vertrappen.

56:9

8 (56:9) Mijn omzwervingen hebt u opgetekend,
vang mijn tranen op in uw kruik.
Staat het niet alles in uw boek?

* Net als Job het uitriep dat het verslag van zijn lijden
mocht ingekerfd worden, zo beschrijft David hier dat de
allerkleinste details van ons lijden bij God gewogen
worden en bekend zijn.

56:12

11 (56:12) op God vertrouw ik, angst ken ik niet,
wat kan een mens mij aandoen?

* Dit vers wordt in het Nieuwe Testament aangehaald en
moge ons tot troost zijn.

62:6-9

5 (62:6) Zoek rust, mijn ziel, bij God alleen,
van hem blijf ik alles verwachten.

6 (62:7) Hij alleen is mijn rots en mijn redding,
mijn burcht, ik zal niet wankelen.

7 (62:8) Bij God is mijn redding en eer,
mijn machtige rots, mijn schuilplaats is God.

8 (62:9) Vertrouw op hem, mijn volk, te allen tijde,
open voor hem uw hart,
God is onze schuilplaats. *sela*

Wat een belofte !!

73:22

22 ... dom en dwaas,
was ik bij u als een redeloos dier.

* Asaf hier in zijn kortzichtigheid is jaloers op de
goddeloze die het altijd goed schijnt te gaan. Maar in
vers 17 staat dat toen hij Gods Heiligdom inging, toen
zag hij pas hun einde. En hij zag van zichzelf dat hij
geen verstand had voorheen, net als een dier. Nu hij op
de Here ziet wordt zijn geloof versterkt en beseft hij dat
God een beloner is voor hen die Hem zoeken.

78 Algemene aantekening:

1 Een kunstig lied van Asaf.
Luister, mijn volk, naar wat ik leer,
hoor de woorden uit mijn mond.

2 Ik open mijn mond voor een wijze les,
spreek uit wat sinds lang verborgen is.

3 Wij hebben het gehoord, wij weten het,
onze ouders hebben het ons verteld.

4 Wij willen het onze kinderen niet onthouden,
wij zullen aan het komend geslacht vertellen

van de roemrijke, krachtige daden van de HEER,
van de wonderen die hij heeft gedaan.

5 Hij stelde een richtlijn vast voor Jakob
en kondigde in Israël een wet af.
Onze voorouders gaf hij de opdracht
die aan hun kinderen te leren.

6 Zo zou het volgende geslacht ervan weten,
en zij die nog geboren moesten worden,
zouden het weer aan hun kinderen vertellen.

7 Dan zouden zij op God vertrouwen,
Gods grote daden niet vergeten
en zich richten naar zijn geboden.

8 Dan zouden zij niet worden als hun voorouders,
een onwillig en opstandig geslacht,
onstandvastig van hart en geest,
een geslacht dat God ontrouw was.

9 De mannen van Efraïm,
bewapend met pijl en boog,
trokken zich terug op de dag van de strijd.

10 Zij hielden zich niet aan het verbond met God
en weigerden te leven naar zijn wet.

11 Zij vergaten zijn grote daden,
de wonderen die hij had getoond.

12 In het land Egypte, in de vlakte van Soan
zagen hun voorouders hoe hij een wonder verrichtte:

13 hij spleet de zee en voerde hen erdoor,
als een dam hield hij het water tegen.

14 Hij leidde hen met een wolk overdag,
in de nacht met een lichtend vuur.

15 Hij spleet de rotsen in de woestijn
en leste hun dorst met een watervloed,

16 uit de steen ontsprongen beken,
het water stroomde als rivieren.

17 Maar zij bleven tegen hem zondigen,
de Allerhoogste tergen in de woestenij.

18 Met opzet daagden zij God uit
en riepen om eten zoveel als ze wilden.

19 Zij beledigden God
en zeiden: 'Zou God in staat zijn
een tafel te dekken in de woestijn?

20 Toen hij op de rots sloeg,
vloeide er water,
stroomden er beken–
maar zou hij zijn volk ook
brood en vlees kunnen geven?'

21 Toen de HEER dat hoorde, ontstak hij in woede,
een vuur laaide op tegen Jakob,
tegen Israël ontbrandde zijn toorn.

22 Want zij hadden God niet geloofd,
niet vertrouwd op zijn hulp.

23 Hij gaf een bevel aan de hoge wolken
en de deuren van de hemel gingen open,

24 manna om te eten regende op hen neer.
Hij schonk hun het koren van de hemel,

25 zij aten het brood van de engelen,
hij stuurde voedsel dat hen verzadigde.

26 Hij liet uit de hemel de oostenwind los,
de zuidenwind wakkerde hij aan,

27 en vlees regende als stof op hen neer,
vogels zo talrijk als zandkorrels aan de zee,

28 hij liet ze vallen midden in zijn kamp,
in een kring om zijn tabernakel.

29 Zij aten en werden meer dan verzadigd,
hij gaf hun zoveel ze begeerden.

30 Maar nauwelijks was hun honger gestild,
hun mond was nog vol eten,

31 of tegen hen ontbrandde Gods toorn,
hij sloeg de vraatzuchtigen dood
en bracht de sterksten van Israël om.

32 Toch bleven zij zondigen,
op zijn wonderen vertrouwden zij niet.

33 En hun dagen eindigden in leegte,
hun jaren liepen uit op een verschrikking.

34 Zodra er doden vielen, zochten zij God,
zij kwamen tot inkeer en verlangden naar hem,

35 dachten eraan dat God hun rots was,
God, de Allerhoogste, hun bevrijder.

36 Maar zij bedrogen hem met hun mond,
met hun tong logen zij hem voor,

37 hun hart was niet aan hem gehecht,
zij waren zijn verbond niet trouw.

38 Uit erbarmen bedekte hij hun zonde,
hij wilde geen dood en verderf,
dikwijls bedwong hij zijn toorn
en joeg hij het vuur van zijn woede niet aan.

39 Dan dacht hij: Ze zijn maar vlees,
adem die gaat en niet terugkeert.

40 Hoe vaak tergden zij God in de woestijn,
kwetsten zij hem in dat dorre land,

41 hoe vaak keerden zij zich af en daagden zij hem uit,
krenkten zij de Heilige van Israël!

42 Zij dachten niet aan zijn helpende hand,
aan de dag dat hij hen verloste van hun belager

43 en in Egypte tekenen verrichtte,
wonderen in de vlakte van Soan.

44 Hij veranderde hun rivieren in bloed,
uit geen waterstroom was meer te drinken.

45 Hij stuurde de steekvlieg die hen opvrat,
en de kikvors die verderf bracht.

46 Hij gaf hun gewas aan de sprinkhaan,
aan de kaalvreter hun oogst.

47 Hij doodde hun wijnstokken met hagel,
hun vijgenbomen met ijzel.

48 Hij gaf hun vee aan de hagel prijs,
hun kudden aan het vuur van de bliksem.

49 Hij liet zijn woede op hen los,
toorn, razernij, verschrikking,
en zond hun rampen en onheil.

50 Hij baande een weg voor zijn toorn,
hij behoedde hen niet voor de dood,
gaf hun leven prijs aan de pest.

51 Hij doodde in Egypte elke oudste zoon,
de eerstgeboren mannen in de tenten van Cham.

52 Maar zijn volk liet hij wegtrekken als een kudde,
hij voerde hen door de woestijn als schapen en geiten,

53 hij leidde hen veilig, zij hadden niets te vrezen,
het water van de zee had hun vijanden bedekt.

54 Hij bracht hen naar zijn heilig domein,
naar de berg, met eigen hand verworven,

55 hij joeg vreemde volken voor hen uit,
verdeelde hun land met het meetlint
en liet Israëls stammen wonen in hun tenten.

56 Maar zij daagden God uit en tergden hem,
namen de Allerhoogste en zijn richtlijnen niet ernstig,

57 ze werden afvallig en ontrouw zoals hun voorouders,
ze faalden als een bedrieglijke boog,

58 griefden hem met hun offerdienst op de hoogten
en wekten met hun godenbeelden zijn afgunst.

59 Toen God dit hoorde, werd hij verbolgen
en wierp hij Israël ver van zich af.

60 Hij gaf zijn woning in Silo op,
de tent waar hij woonde onder de mensen.

61 Hij liet zijn volk gevangen wegvoeren,
leverde zijn sieraad uit aan de belager,

62 gaf zijn sterke mannen prijs aan het zwaard.
Hij was verbolgen op zijn eigen bezit.

63 Het vuur verslond zijn jonge mannen,
zijn jonge vrouwen werden niet bejubeld,

64 zijn priesters kwamen om door het zwaard,
zijn weduwen vonden geen tranen meer.

65 De Heer ontwaakte als uit een slaap,
als een strijder uit de roes van de wijn,

66 hij joeg zijn belagers terug,
    bedekte hen met eeuwige smaad.

67 Hij verwierp de tent die bij Jozef stond,
    de stam Efraïm koos hij niet,

68 nee, de stam Juda koos hij,
    de Sionsberg heeft hij lief.

69 Hij bouwde zijn heiligdom, hoog als de hemel,
    en zette het vast als de aarde, voor eeuwig.

70 Zijn keuze viel op David, zijn dienaar,
    hij riep hem weg bij de schapen,

71 haalde hem achter de zogende ooien vandaan
    en maakte hem herder van Jakob, zijn volk,
    van Israël, zijn eigen bezit.

72 Hij was een herder met een zuiver hart,
    met vaste hand heeft hij hen geleid.

* In dit hoofdstuk zien we hoe Asaf beschrijft dat Israël
het keer op keer verknoeide, maar God hun steeds weer
een kans gaf. Paulus zegt in Romeinen 10 dat de
natuurlijke olijftakken zijn uitgerukt en dat de wilde
olijftakken, d.w.z wij de heidenen, zijn ingeënt. En net
als Israël faalde, hebben wij christenen er ook steeds
weer een puinhoop van gemaakt. En Paulus
waarschuwt ons dat daarom wij weer uitgerukt zullen
worden en de natuurlijke takken weer ingeënt zullen
worden. Dit slaat op Gods wegen in de geschiedenis en
doet natuurlijk niets af aan Zijn beloften voor ons.

84:8

(84:8) Steeds krachtiger gaan zij voort
om in Sion voor God te verschijnen.

* De apostel Paulus zegt dat de innerlijke mens van dag
tot dag vernieuwd wordt. En hoewel hij zegt dat we zijn
als slachtschapen, is het ook zo dat wij de krachten
vernieuwen als jonge arenden.

84:11a

10 (84:11)

Beter één dag in uw voorhoven
dan duizend dagen daarbuiten,

* David zegt hier:(geestelijk geïnterpreteerd) dat elke
dag dat we dicht bij de Here Jezus zijn, beter is dan
duizend andere. En wat die andere dagen betreft, kun je
denken aan bijvoorbeeld succes in het leven, naar de
wereld gesproken.

84:12-13

11 (84:12)

Want God, de HEER, is een zon en een schild.
Genade en glorie schenkt de HEER,
zijn weldaden weigert hij niet
aan wie onbevangen op weg gaan.

12 (84:13)

HEER van de hemelse machten,
gelukkig de mens die op u vertrouwt.

* Deze verzen kunnen ook waar worden in ons eigen leven.

85:11

10 (85:11)

trouw en waarheid omhelzen elkaar,
recht en vrede begroeten elkaar met een kus,

* De woorden hier, namelijk 'erbarmen en waarheid' doen ons denken aan het blijde evangelie van het Nieuwe Testament. Het is erbarmen als je niet naar de hel hoeft. En het is vrede en genade dat we erfgenamen zijn van God met Christus. Het woord rechtvaardigheid hier mag je betrekken op het feit dat God de Vader ons door de Here Jezus aanziet. Paulus zegt (1 Korinthe 1:30) dat Jezus onze rechtvaardigheid is geworden. En daarom zullen wij eens zijn zoals Hij, alleen wat zijn menselijkheid betreft natuurlijk.

86:1-12

1 Een gebed van David.
Hoor mij, HEER, en antwoord mij,
ik ben verzwakt en arm.

2 Behoed mij, want ik ben u toegewijd,
red uw dienaar die op u vertrouwt,
u bent mijn God.

3 Wees mij genadig, Heer,
heel de dag roep ik tot u,

4 verblijd het hart van uw dienaar,
naar u verlang ik, Heer.

5 U, Heer, bent goed en tot vergeving bereid,
uw trouw is groot voor ieder die u aanroept.

6 Hoor mijn gebed, HEER,
luister naar mijn smeken.

7 In dit uur van mijn nood roep ik u aan,
want u geeft mij antwoord.

8 Geen god is u gelijk, Heer,
uw daden zijn zonder weerga.

9 Alle volken, door u gemaakt, komen
en buigen zich, Heer, voor u
en prijzen uw naam.

10 U bent groot, u doet wonderen,
u alleen bent God.

11 Wijs mij uw weg, HEER,
laat mij wandelen op het pad van uw waarheid,
vervul mijn hart met ontzag voor uw naam.

12 U, Heer, mijn God, zal ik loven met heel mijn hart,
uw naam voor eeuwig prijzen.

* Hier mogen we amen op zeggen.

89:12

11 (89:12)

Van u is de hemel, van u ook de aarde,
de wereld met alles wat er leeft, hebt u gegrond,

* Elders staat geschreven dat het vee op duizend
heuvels van de Here is. En er staat ook geschreven dat
het goud en het zilver van Hem zijn. Hier kunnen we
troost uit putten, wat betreft onze dagelijkse noden.

89:29

28 (89:29) Mijn liefde zal hem altijd beschermen,
hecht is mijn verbond met hem.

* In dit vers kunnen we zien dat de belofte aan David
onberouwelijk is, evenals die aan Abraham. We maken
God tot een leugenaar als we zeggen dat deze beloften
een einde hebben gevonden in de verwerping van
Israël. In Romeinen 11 waarschuwt Paulus ons dat de
natuurlijke olijftakken, dat is Israël, zijn uitgetrokken. En
dat de wilde olijftakken, dat zijn de heidenen, zijn
ingeënt. En dat daarom net als Israël de wilde olijftakken
weer uitgetrokken zullen worden en de natuurlijke
olijftakken weer ingeënt zullen worden. Paulus zegt ook
dat de wederaanneming van Israël een veel grotere

zegen zal zijn dan hun verwerping, dit slaat op het duizendjarigrijk.

90:4

4 Duizend jaar zijn in uw ogen
als de dag van gisteren die voorbij is,
niet meer dan een wake in de nacht.

* Petrus maakt hiervan dat bij de Here één dag is als duizend jaar en duizend jaar als één dag. Wat het eerste betreft, gebeurt er in één dag zoveel alsof het duizend jaren zijn. En wat het tweede betreft, kunnen we zeggen dat de aarde nog maar 6 dagen bestaat. Want de Here woont in de eeuwigheid, d.w.z boven ruimte en tijd. En daarom zijn duizend jaren voor Hem als het ware één dag.

90:5

5 U vaagt ons weg als slaap
in de morgen, als opschietend gras

* Jakobus maakt hiervan dat de mens is als gras, als een bloem, als een mist. Ook de rijken.

90:10,12

10 Zeventig jaar duren onze dagen,
of tachtig als wij sterk zijn.
Het beste daarvan is moeite en leed,
het gaat snel voorbij en wij vliegen heen.

12 Leer ons zo onze dagen te tellen
dat wijsheid ons hart vervult.

* Daarom staat hier ook dat we onze dagen moeten
tellen. En dat we moeten beseffen dat alles waarop we
trots kunnen zijn, maar moeite en nietigheid is. Maar
gelukkig weten wij dat hij of zij die voor de Here leeft, tot
in eeuwigheid zal leven. En hoewel er veel moeite en
verdriet is, is het toch de bedoeling dat onze vreugde
vervolmaakt zal zijn.

91:1,2,4,5

1 Wie in de beschutting van de Allerhoogste woont
en overnacht in de schaduw van de Ontzagwekkende,

2 zegt tegen de HEER: 'Mijn toevlucht, mijn vesting,
mijn God, op u vertrouw ik.'
4 hij zal je beschermen met zijn vleugels,
onder zijn wieken vind je een toevlucht,
zijn trouw is een veilig schild.

5 De verschrikking van de nacht hoef je niet te vrezen,
ook de pijl niet die overdag op je afvliegt,

* Op deze beloften mogen we amen zeggen.

92:13-16

12 (92:13)

De rechtvaardigen groeien op als een palm,
als een ceder van de Libanon rijzen zij omhoog.

13 (92:14) Ze staan geplant in het huis van de HEER,
in de voorhoven van onze God groeien zij op.

14 (92:15) Zij dragen nog vrucht als ze oud zijn
en blijven krachtig en fris.

15 (92:16) Zo getuigen zij dat de HEER recht doet,
mijn rots, in wie geen onrecht is.

* Ook op deze beloften mogen we amen zeggen.

93:5

5 Uw uitspraken zijn betrouwbaar.
Heiligheid is van uw huis het sieraad,
HEER, tot in lengte van dagen.

* In dit vers ligt een ernstige waarschuwing. Er staat hier
dat heiligheid het huis van de Here siert. Omdat de Here
heilig is, vraagt hij van ons reine harten. En dat is een
verantwoordelijkheid waarvoor we moeten vechten.

94:11-12

11 De HEER kent de mensen,
niet meer dan lucht zijn hun gedachten.

12 Gelukkig de mens, HEER, die door u wordt geleid
en onderwezen in uw wet en uw leer.

* In deze verzen ligt ook een waarschuwing, namelijk dat
we niet achter nutteloze zaken moeten aangaan. En het
resultaat is dan dat God ons onderwijst uit Zijn woord.

95:10-11

10 Veertig jaar voelde ik weerzin tegen hen.
Ik zei: "Het is een stuurloos volk
dat mijn wegen niet wil kennen."

11 En ik zwoer in mijn woede:
"Nooit gaan zij mijn rustplaats binnen!'"

* Hier ligt een hele ernstige waarschuwing voor ons.
Want net als het volk Israël veertig jaren lang het geduld
van de Here op de proef stelden, zo hebben wij
christenen er door de eeuwen heen ook een potje van
gemaakt. Is het gek dan, als na alle waarschuwingen wij
nog steeds niet wijzer zijn geworden, Hij ons in ons
eigen sop gaar laten koken.

97:11-12

11 Licht is uitgezaaid voor de rechtvaardige,
vreugde voor de oprechten van hart.

12 Verheug u, rechtvaardigen, in de HEER,
en breng hulde aan zijn heilige naam.

* In deze verzen liggen zowel een belofte als een waarschuwing. Als we rechtvaardigheid en oprechtheid nastreven, dan wachten voor ons licht op ons pad en vreugde voor ons hart. Paulus zegt in het Nieuwe Testament dat onze vreugde zelfs helemaal vol kan zijn.

99:6,8

6 Mozes en Aäron waren zijn priesters,
ook Samuël riep zijn naam.
Riepen zij tot de HEER, hij antwoordde;

8 HEER, onze God, u hebt hun geantwoord.
U was voor hen een God van vergeving
en een God die hun misdaden strafte.

* Ook hier worden zowel een belofte als een waarschuwing verwoord. Als we in oprechtheid de Here aanroepen, dan zal Hij vroeg of laat antwoorden. Want Hij laat geen bidder staan. Maar we moeten niet verslappen, wetende dat verkeerde daden, hoewel vergeven voor de eeuwigheid, consequenties op aarde hebben.

103:8-13

8   Liefdevol en genadig is de HEER,
    hij blijft geduldig en groot is zijn trouw.

9   Niet eindeloos blijft hij twisten,
    niet eeuwig duurt zijn toorn.

10   Hij straft ons niet naar onze zonden,
    hij vergeldt ons niet naar onze schuld.

11   Zoals de hoge hemel de aarde overspant,
    zo welft zich zijn trouw over wie hem vrezen.

12   Zo ver als het oosten is van het westen,
    zo ver heeft hij onze zonden van ons verwijderd.

13   Zo liefdevol als een vader is voor zijn kinderen,
    zo liefdevol is de HEER voor wie hem vrezen.

* Deze verzen houden een grote belofte in. Ergens anders staat en vergelijk dit met vers 10 hier, dat als Hij ons bezocht had naar onze overtredingen, dan zouden we allang vernietigd zijn. Maar volgens vers 12 heeft Hij onze zonden oneindig ver weggedaan. Want je kunt altijd naar het oosten of het westen. Ergens anders staat dat Hij onze zonden, zeg maar onze morele fouten, in de diepte van de zee heeft geworpen. En in de eeuwigheid, nadat we voor Zijn rechterstoel zijn verschenen, zal Hij ons niet meer met ze bezoeken.

103:14-16

14 Want hij weet waarvan wij gemaakt zijn,
hij vergeet niet dat wij uit stof zijn gevormd.

15 De mens–zijn dagen zijn als het gras,
hij is als een bloem die bloeit op het veld

16 en verdwijnt zodra de wind hem verzengt;
de plek waar hij stond, kent hem niet meer.

* Deze verzen houden een waarschuwing in. David heeft
het over het leren tellen van je dagen, en Salomo heeft
het erover dat we meer lering trekken uit een begrafenis
dan uit een feest.

104 Algemene aantekening:

1 Prijs de HEER, mijn ziel.
HEER, mijn God, hoe groot bent u.
Met glans en glorie bent u bekleed,

2 in een mantel van licht gehuld.
U spant de hemel uit als een tentdoek

3 en bouwt op de wateren uw hoge zalen,
u maakt van de wolken uw wagen
en beweegt u op de vleugels van de wind,

4 u maakt van de winden uw boden,
van vlammend vuur uw dienaren.

5 U hebt de aarde op pijlers vastgezet,
tot in eeuwigheid wankelt zij niet.

6 De oerzee bedekte haar als een kleed,
tot boven de bergen stonden de wateren.

7 Toen u hen dreigde, vluchtten zij weg,
toen uw donderstem klonk, stoven zij heen:

8 naar hoog in de bergen, naar diep in de dalen,
naar de plaatsen die u had bepaald.

9 U stelde een grens die zij niet overschrijden,
nooit weer zullen zij de aarde bedekken.

10 U leidt het water van de bronnen door beken,
tussen de bergen beweegt het zich voort.

11 Het drenkt alles wat leeft in het veld,
de wilde ezels lessen er hun dorst.

12 Daarboven wonen de vogels van de hemel,
uit het dichte groen klinkt hun gezang.

13 U bevloeit de bergen vanuit uw hoge zalen,
de aarde wordt verzadigd en vruchtbaar:

14 gras laat u groeien voor het vee
en gewassen die de mens moet verbouwen.
Zo zal hij brood winnen uit de aarde

15 en wijn die het mensenhart verheugt,
geurige olie die het gelaat doet stralen,
ja, brood dat het mensenhart versterkt.

16 De bomen van de HEER zuigen zich vol,
de ceders van de Libanon, door hemzelf geplant.

17 De vogels bouwen daar hun nesten,
in hun kronen huizen de ooievaars.

18 De hoge bergen zijn voor de steenbokken,
in de kloven schuilen de klipdassen.

19 U hebt de maan gemaakt voor de tijden,
de zon weet wanneer zij moet ondergaan.

20 Als u het duister spreidt, valt de nacht,
en alles wat leeft in het woud gaat zich roeren.

21 De jonge leeuwen gaan uit op roof,
brullend vragen zij God om voedsel.

22 Bij zonsopgang trekken zij zich terug
en leggen zich neer in hun legers.

23 De mensen gaan aan het werk
en arbeiden door tot de avond.

24 Hoe talrijk zijn uw werken, HEER.
Alles hebt u met wijsheid gemaakt,
vol van uw schepselen is de aarde.

25 Zie hoe wijd de zee zich uitstrekt.
Daar wemelt het, zonder tal,
van dieren, klein en groot.

26 Daar bewegen de schepen zich voort,

daar gaat Leviatan, door u gemaakt om ermee te spelen.

27 En allen zien ernaar uit
dat u brood geeft, op de juiste tijd.

28 Geeft u het, dan doen zij zich te goed,
opent zich uw hand, dan worden zij verzadigd.

29 Verberg uw gelaat en zij bezwijken van angst,
ontneem hun de adem en het is met hen gedaan,
dan keren zij terug tot het stof dat zij waren.

30 Zend uw adem en zij worden geschapen,
zo geeft u de aarde een nieuw gelaat.

31 De luister van de HEER moge eeuwig duren,
laat de HEER zich verheugen in zijn werken.

32 Hij richt zijn oog op de aarde en zij beeft,
hij raakt de bergen aan en zij stoten rook uit.

33 Voor de HEER wil ik zingen zolang ik leef,
een lied voor mijn God zolang ik besta.

34 Moge mijn lofzang de HEER behagen,
zoals ik mijn vreugde vind in hem.

35 Zondaars zullen van de aardbodem verdwijnen,
onrechtvaardigen zullen niet meer bestaan.
Prijs de HEER, mijn ziel.
Halleluja!

* Als de Here God zo goed voor de natuur zorgt, zal Hij dan ons vergeten? Het antwoord is een veelvuldig Neen! Maar we moeten wel volharden.

106:36-38

36 vereerden hun godenbeelden
en raakten verstrikt in hun netten.

37 Zij brachten hun zonen en dochters
ten offer aan de demonen

38 en vergoten het bloed van onschuldigen,
het bloed van hun zonen en dochters,
geofferd aan de beelden van Kanaän.
Een stroom van bloed ontheiligde het land.

* Net zoals de Israëlieten zeer diep zonken, zoals hier beschreven staat, zo kunnen ook wij zeer diep zinken wanneer we niet in de Here Jezus blijven. Net zoals de Israëlieten de afgoden dienden, zo hebben ook wij onze afgoden, hoewel we er ons niet van bewust zijn. Het kan je hobby zijn, je auto, je carrière, sport, een mooi lichaam, een goed uiterlijk, mooie kleding en sieraden, lekker eten en drinken, een mooi huis, verre vakanties. Maar ook hoogstaande dingen zoals muziek, theologie, filosofie, vrijwilligerswerk, ja ook je kinderen en partner. Dit zijn allemaal dingen die niet slecht zijn op zichzelf. Maar wanneer wij er een afgod van maken, ook wanneer we het zogenaamd voor de Here Jezus Zelf doen, dan missen we ons doel en dan offeren we onze kinderen op aan de demonen. Evenals de Israëlieten hier.

111:10

10 Het begin van wijsheid is ontzag voor de HEER,
wie leeft naar zijn wet, getuigt van goed inzicht.
Zijn roem houdt stand, voor altijd.

* Er zijn vele twijfelaars en sceptici die bewijs eisen van
christenen, maar het bewijs komt pas wanneer je eerst
voor de Here Jezus kiest. Niet een hoorder van de Wet
is wijs, maar iemand die het doet. Niet degene die zegt
dat we elkaar moeten liefhebben, is wijs. Want een
dwaas kan dat ook beweren. Maar degene die het echt
doet, die is pas wijs. Als je het ultieme respect hebt voor
de Here Jezus, en als je helemaal voor Hem gaat, dat is
pas het begin van wijsheid, en als je die dingen doet,
dan heb je goed verstand en zul je vroeg of laat
bevestigd worden in je weg. Niet volgens
wetenschappelijk bewijs, maar in de ervaring van je hart.
Als Schepper van alle dingen, ook van de wetenschap,
staat God boven alles, en kun je Hem niet bewijzen.
Want het is een kwestie van geloof, dat eens vervuld zal
worden. Toch is het geloof redelijk te noemen. Omdat,
zoals een mooie auto een indicatie is, dat er een
uitvinder achter zit, zo verwijst de natuur en het heelal
naar Gods goddelijke kracht en majesteit.

115:13

13 zegenen wie de HEER vrezen,
van klein tot groot.

* Dit spreekt voor zich; De vreze des Heren is het begin
van de wijsheid. En ergens anders staat ook van de
kennis.

116:6a

6 de HEER beschermt de eenvoudigen,

* Dit doet ons denken aan de uitspraak van de Here Jezus 'zalig zijn de armen van geest.' En hiermee worden natuurlijk niet de verstandelijk gehandicapten bedoeld. Maar zij die inzien dat in hun gevallen en gebroken staat, zij nog heel veel moeten leren.

118:8,9

8 Beter te schuilen bij de HEER
dan te vertrouwen op mensen.

9 Beter te schuilen bij de HEER
dan te vertrouwen op mannen met macht.

* Elders staat zelfs 'Vervloekt is degene die vlees tot zijn hulp stelt.' En het is zelfs zo dat we niet teveel vertrouwen moeten stellen in leiders die groot aanzien hebben. Dat wil niet zeggen dat we een sceptische houding aan moeten nemen. Maar wel dat ten diepste ons vertrouwen op de Here is.

119:9

9 Hoe kan wie jong is zuiver leven?
Door zich te houden aan uw woord.

* Dit houdt een waarschuwing in, dat wil zeggen wanneer een jongeling zich niet aan Gods woord houdt, dan houdt hij zijn pad niet rein en dan wordt hij een kromme boom die zo goed als niet recht te krijgen is. Het is niet voor niets dat er gezegd wordt: ,'Jong geleerd is oud gedaan.'.

119:105

105 Uw woord is een lamp voor mijn voet,
een licht op mijn pad.

* Dit is een geweldige belofte en doet ons denken aan een ander vers waar staat dat het pad van een rechtvaardige is als een licht dat steeds helderder gaat schijnen.

119:143

143 Al ben ik in nood en dreigt er gevaar,
uw geboden verheugen mij.

* Dit vers moet echt door de praktijk geleerd worden. In de verdrukking is theorie niet genoeg. Geboden als dat we elkaar moeten liefhebben, zijn dan een troost. Beloftes als dat eens alle tranen afgewist worden, zijn dan een gebod en waarschuwing tegelijk. Want het is een gebod dat we moeten volharden tot het einde. En het is waarschuwing dat, wanneer we dat niet doen, we als christen ons doel missen. Het is een grote troost en belofte dat, hoe groot de verdrukking ook wordt, Hij met zijn woorden bij ons wil zijn.

119:156

156 Groot is uw mededogen, HEER,
houd mij in leven, u bent rechtvaardig.

* Dit is weer een grote belofte. Wanneer we neergedrukt zijn, mogen we er op vertrouwen dat Hij, naar de inwendige mens, ons wil vernieuwen, zodat we geestelijk krachtig blijven.

119:162

162 Ik schep vreugde in uw belofte,
als de vinder van een rijke buit.

* Dit is wederom een fantastische belofte. Er staat in deze psalm niet voor niets dat het woord van de Here veel meer waard is dan goud en zilver. Salomo zegt zelfs dat alles wat je zou kunnen verlangen niet zoveel waard is als de wijsheid. En wanneer we leven bij elk woord dat uit de mond van God komt, zullen we ware schatten vinden.

121:3

3 Hij zal je voet niet laten wankelen,
hij zal niet sluimeren, je wachter.

* De belofte aan Israël hier mogen we ook geestelijk toepassen op onszelf. Toch staat er ook ergens dat we allemaal vele malen struikelen, ja zelfs ten val komen. Maar er staat ook dat de rechtvaardige zevenmaal zal vallen, en dat de Here hem al die keren weer zal oprichten. Dat zie je ook bij Simson.

126:5

5   Zij die in tranen zaaien,
    zullen oogsten met gejuich.

* Deze belofte doet ons denken aan de zaligsprekingen van de Here Jezus in het boek Mattheus. In deze gevallen wereld is het natuurlijk niet altijd rozegeur en maneschijn. Want God tuchtigt ons ook en test ons geloof om ons te onderwijzen. En het resultaat is dat we meer vreugde ervaren dan wanneer we geen droefheid hadden gehad.

132:16

16 en de priesters met eer bekleden.
    Zijn getrouwen zullen juichen van vreugde.

* In dit vers ligt een belofte voor het aardse volk Israël en haar priesters. Maar de Kerk bestaat uit geestelijke priesters en priesteressen. Elke gelovige heeft een priesterbediening, naast de bediening van het evangelie en andere gaven. En de Here belooft ons dat de poorten van de hel geen einde zullen maken aan de Kerk.

133 Algemene aantekening:

1 Een pelgrimslied van David.
Hoe goed is het, hoe heerlijk
als broeders bijeen te wonen!

2 Goed als olie op het hoofd
die neervalt op de baard,
de baard van Aäron,
en neervalt op de hals van zijn gewaad,

3 als de dauw van de Hermon
die neervalt op de bergen van Sion.
Daar geeft de HEER zijn zegen:
leven voor altijd.

* In deze psalm kunnen we zowel een waarschuwing als
een belofte zien. Want wanneer christenen niet in vrede
leven met elkaar, dan ontstaat er een voedingsbodem
voor allerlei kwaad. Maar waar christenen elkaar oprecht
liefhebben, daar gebied de Heer zijn zegen. En de
hogepriester Aäron hier staat voor de Here Jezus als
hogepriester die ons allemaal bij God de Vader brengt.

136 Algemene aantekening:

1 Loof de HEER, want hij is goed–
eeuwig duurt zijn trouw–

2 loof de allerhoogste God–
eeuwig duurt zijn trouw–

3 loof de oppermachtige Heer–
eeuwig duurt zijn trouw–

4 die wonderen doet, hij alleen–
eeuwig duurt zijn trouw–

5 die de hemel maakte, met wijsheid–
eeuwig duurt zijn trouw–

6 die de aarde uitspreidde, op het water–
eeuwig duurt zijn trouw–

7 die de grote lichten maakte–
eeuwig duurt zijn trouw–

8 de zon, om te heersen over de dag–
eeuwig duurt zijn trouw–

9 maan en sterren, om te heersen over de nacht–
eeuwig duurt zijn trouw–

10 die Egypte trof, in hun eerstgeborenen–
eeuwig duurt zijn trouw–

11 en Israël wegleidde, uit hun midden–
eeuwig duurt zijn trouw–

12 met krachtige hand en geheven arm–
eeuwig duurt zijn trouw–

13 die de Rietzee spleet, in tweeën–
eeuwig duurt zijn trouw–

14 en Israël overbracht, daar midden doorheen–
eeuwig duurt zijn trouw–

15 en de farao met zijn leger achterliet, in de Rietzee–
eeuwig duurt zijn trouw–

16 die zijn volk leidde, in de woestijn–
eeuwig duurt zijn trouw–

17 die geduchte koningen versloeg–
eeuwig duurt zijn trouw–

18 en machtige koningen doodde–
eeuwig duurt zijn trouw–

19 Sichon, koning der Amorieten–
eeuwig duurt zijn trouw–

20 en Og, de koning van Basan–
eeuwig duurt zijn trouw–

21 en hun land weggaf, als bezit–
eeuwig duurt zijn trouw–

22 als bezit aan Israël, zijn dienaar–
eeuwig duurt zijn trouw–

23 die in onze rampspoed aan ons heeft gedacht–
eeuwig duurt zijn trouw–

24 en ons ontrukte aan onze belagers–
eeuwig duurt zijn trouw–

25 hij geeft brood aan alles wat leeft–
eeuwig duurt zijn trouw–

26 loof de God van de hemel–
eeuwig duurt zijn trouw!

* 'Want Zijn erbarmen duurt tot in de eeuwigheid' Deze belofte geldt ook voor ons en daar kunnen we amen op zeggen. Ook al verknoeien wij het, Hij blijft getrouw. Want Hij kan zichzelf niet ontkennen. En zo is er hoop voor ons, ook al gaan we steeds weer onderuit.

138:7,8

7 Al is mijn weg vol gevaren, u houdt mij in leven,
u verdedigt mij tegen de woede van mijn vijanden,
uw rechterhand brengt mij redding.

8 De HEER zal mij altijd beschermen.
HEER, uw trouw duurt eeuwig,
laat het werk van uw handen niet los.

* Paulus zegt tegen Timoteus dat de Here het pand hem toevertrouwd, zal bewaren tot die dag. En dat wil zeggen dat zijn geloof stand zal houden en eens beloond zal worden. En dat door alle ellende heen, wanneer het stormt in het leven en dat Hij ons uithelpt en de Satan en zijn demonen terechtwijst.

139 Algemene aantekening:

1 Voor de koorleider. Van David, een psalm.
HEER, u kent mij, u doorgrondt mij,

2 u weet het als ik zit of sta,
u doorziet van verre mijn gedachten,

3 ga ik op weg of rust ik uit, u merkt het op,
met al mijn wegen bent u vertrouwd.

4 Geen woord ligt op mijn tong,
of u, HEER, kent het ten volle.

5 U omsluit mij, van achter en van voren,
u legt uw hand op mij.

6 Wonderlijk zoals u mij kent,
het gaat mijn begrip te boven.

7 Hoe zou ik aan uw aandacht ontsnappen,
hoe aan uw blikken ontkomen?

8 Klom ik op naar de hemel–u tref ik daar aan,
lag ik neer in het dodenrijk–u bent daar.

9 Al verhief ik mij op de vleugels van de dageraad,
al ging ik wonen voorbij de verste zee,

10 ook daar zou uw hand mij leiden,
zou uw rechterhand mij vasthouden.

11 Al zei ik: 'Laat het duister mij opslokken,
het licht om mij heen veranderen in nacht, '

12 ook dan zou het duister voor u niet donker zijn–
de nacht zou oplichten als de dag,
het duister helder zijn als het licht.

13 U was het die mijn nieren vormde,
die mij weefde in de buik van mijn moeder.

14 Ik loof u voor het ontzaglijke wonder van mijn bestaan,
wonderbaarlijk is wat u gemaakt hebt.
Ik weet het, tot in het diepst van mijn ziel.

15 Toen ik in het verborgene gemaakt werd,
kunstig geweven in de schoot van de aarde,
was mijn wezen voor u geen geheim.

16 Uw ogen zagen mijn vormeloos begin,
alles werd in uw boekrol opgetekend,
aan de dagen van mijn bestaan ontbrak er niet één.

17 Hoe rijk zijn uw gedachten, God,
hoe eindeloos in aantal,

18 ontelbaar veel, meer dan er zandkorrels zijn.
Ontwaak ik, dan nog ben ik bij u.

19 God, breng de zondaars om, –
weg uit mijn ogen, jullie die bloed vergieten–

20 ze spreken kwaadaardig over u,
uw vijanden misbruiken uw naam.

21 Zou ik niet haten wie u haten, HEER,
niet verachten wie tegen u opstaan?

22 Ik haat hen, zo fel als ik haten kan,
ze zijn mijn vijand geworden.

23 Doorgrond mij, God, en ken mijn hart,
peil mij, weet wat mij kwelt,

24 zie of ik geen verkeerde weg ga,
en leid mij over de weg die eeuwig is.

* Hier hebben we onze verzekering niet van de wieg tot
het graf, maar van de baarmoeder tot in der eeuwigheid.

141:3

3 Zet een wacht voor mijn mond, HEER,
een post voor de deur van mijn lippen.

* Hier zit een ernstige waarschuwing in. Want woorden
kunnen maken en breken. Salomo zegt dat de lippen
van een rechtvaardige zijn als een levensboom. Ook
zegt hij 'Hoe kostelijk is een goed woord gesproken op
de juiste tijd.'

145:18-21

18 Allen die hem aanroepen is de HEER nabij,
die hem roepen in vast vertrouwen.

19 Hij vervult het verlangen van wie hem eren,
hij hoort hun klacht en komt te hulp.

20 De HEER waakt over wie hem liefhebben,
maar wie hem afwijzen, vaagt hij weg.'

21 Laat zó mijn mond de lof spreken van de HEER,
en alles wat leeft zijn heilige naam prijzen,
tot in eeuwigheid.

* Deze verzen gelden ook voor ons en vormen een fantastische belofte. En het resultaat is dat we Hem eeuwig zullen loven. En daar mogen we nu al mee beginnen.

146:3-5

3 Vertrouw niet op mensen met macht,
op een sterveling bij wie geen redding is.

4 Stokt zijn adem, hij keert terug tot de aarde,
op die dag gaat hij met zijn plannen ten onder.

5 Gelukkig wie de God van Jakob tot hulp heeft,
wie zijn hoop vestigt op de HEER, zijn God,

* In deze verzen ligt een duidelijke waarschuwing en een belofte. Hoewel het leven op vertrouwen is gebaseerd, moeten we niet te afhankelijk worden van onze voorgangers en van leiders, opdat we niet teleurgesteld worden wanneer zij fouten maken. En opdat we niet als gemeente of als individu ons christelijk doel missen. Gelukkig is hij, en dat is de belofte, die het in eerste plaats, en in laatste instantie verwacht van de Here Jezus. Het gaat om een directe verbinding tussen ons en Hem.

147:10-11

10 Niet de kracht van paarden verheugt hem,
niet de sterkte van soldaten geeft hem vreugde,

11 vreugde vindt de HEER in wie hem eren
en in wie hopen op zijn liefde en trouw.

* Laten we gewaarschuwd zijn, dat succes, ook
geestelijk, niet in de eerste plaats afhangt van onze
eigen kracht. We moeten natuurlijk wel ons best doen.
Maar in de eerste plaats hangt het af van geloof en van
afhankelijkheid van Hem. En zij die het van boven
verwachten, mogen ervan overtuigd zijn dat ze de Here
welgevallig zijn.

148-150 Algemene aantekening:

1 Halleluja!
Loof de HEER, bewoners van de hemel,
loof hem daar in de hoogten,

2 loof hem, al zijn herauten,
loof hem, heel zijn engelenmacht.

3 Loof hem, zon en maan,
loof hem, heldere sterren,

4 loof hem, hoogste hemelen,
water boven de hoge hemel.

274

5 Laten zij loven de naam van de HEER:
op zijn bevel zijn zij geschapen,

6 hij gaf hun een plaats voor eeuwig en altijd,
hij stelde een wet die nooit zal vergaan.

7 Loof de HEER, bewoners van de aarde,
zeemonsters en oceanen,

8 vuur en hagel, sneeuw en rook,
stormwind die doet wat hij zegt.

9 Alle bergen en heuveltoppen,
hout dat vrucht draagt, alle ceders,

10 dieren van het veld en dieren in de wei,
alles wat kruipt en op vleugels gaat.

11 Koningen van de aarde en alle naties,
vorsten en alle leiders van de aarde,

12 jonge mannen en jonge vrouwen,
oud en jong tezamen.

13 Laten zij loven de naam van de HEER,
alleen zijn naam is hoogverheven,
zijn luister gaat aarde en hemel te boven.

14 Hij verhoogt het aanzien van zijn volk,
de roem van al wie hem trouw zijn,
het volk van Israël, dat hem nabij is.
Halleluja!

149

1 Halleluja!
Zing voor de HEER een nieuw lied,
roem hem te midden van zijn getrouwen.

2 Laat Israël verheugd zijn over zijn machtige maker,
het volk van Sion juichen om zijn koning.

3 Laten zij dansend zijn naam loven,
bij lier en tamboerijn voor hem zingen.

4 Ja, de HEER vindt vreugde in zijn volk,
hij kroont de vernederden met de zege.

5 Laten zijn getrouwen juichen in triomf,
nog jubelen als zij te ruste gaan,

6 met lofzang voor God uit hun kelen,
een tweesnijdend zwaard in hun hand.

7 De volken laten boeten,
de naties bestraffen,

8 hun koningen in boeien slaan,
hun leiders met ketenen binden,

9 het geschreven recht aan hen voltrekken:
dat is de glorie voor al zijn getrouwen.
Halleluja!

150

1 Halleluja!
Loof God in zijn heilige woning,
loof hem in zijn machtig gewelf,

2 loof hem om zijn krachtige daden,
loof hem om zijn oneindige grootheid.

3 Loof hem met hoorngeschal,
loof hem met harp en lier,

4 loof hem met dans en tamboerijn,
loof hem met snaren en fluit.

5 Loof hem met klinkende bekkens,
loof hem met slaande cimbalen.

6 Alles wat adem heeft, loof de HEER.
Halleluja!

* In de houding die uit deze psalmen blijkt, ligt een grote
belofte. Want wanneer wij een prijzend leven leiden, dan
hebben we een gelukkig leven. Want dan staat de Here
tussen ons en het kwade en niet andersom. Halleluja!

De Spreuken

1:7

7 Het begin van alle kennis is ontzag voor de HEER; een dwaas veracht de wijsheid en weigert elk onderricht.

* In dit vers ligt zowel een waarschuwing als een belofte. De dwazen, staat hier, verachten wijsheid en tucht. En dit is een waarschuwing, die, als die niet opgevolgd wordt, allerlei consequenties heeft. Uiteindelijk de hel. Ergens anders staat dat ontzag voor de Here niet alleen begin van kennis, maar ook van wijsheid is. En dit is de ware filosofie, dat wil zeggen de liefde voor wijsheid. En dit is geen leeg bedrog, wat de meeste vormen van menselijke filosofie zijn.

1:10-11

10 Mijn zoon, als zondaars je proberen in te palmen, geef er niet aan toe.

11 Luister niet naar hen
als ze je willen overhalen met hen mee te gaan,

als ze zeggen: 'We willen bloed vergieten,
we gaan onschuldigen de dood in jagen, zonder reden,

* In deze verzen en de volgende, worden wij ernstig gewaarschuwd ons niet aan te sluiten bij mensen die niet het verschil tussen het mein en dein handhaven in alle vormen.

1:32-33

32 Want wie onnozel is, gaat aan zijn halsstarrigheid ten onder,
en zelfgenoegzaamheid brengt de dwazen om.

33 Maar wie naar mij luistert, zal veilig zijn,
hij hoeft geen angst te hebben voor het kwaad.'

* Zowel de waarschuwing als de belofte in deze verzen mogen duidelijk zijn.

2:1-5 Algemene aantekening:

1 Mijn zoon, als je in acht neemt wat ik zeg,
mijn richtlijnen altijd onthoudt,

2 een open oor hebt voor mijn wijsheid,
een geest die neigt naar inzicht,

3 als je erom vraagt de dingen te begrijpen,
roept om scherpzinnigheid,

4   ernaar zoekt als was het zilver,
ernaar speurt als naar een verborgen schat–

5   dan zul je ontdekken wat ontzag voor de HEER is,
dan zul je kennis van God verwerven.

* Hier wordt uitgelegd hoe je ontzag voor de Here en de
kennis van God, dus de ware theologie, kunt bereiken.

2   Algemene aantekening:

1   Mijn zoon, als je in acht neemt wat ik zeg,
mijn richtlijnen altijd onthoudt,

2   een open oor hebt voor mijn wijsheid,
een geest die neigt naar inzicht,

3   als je erom vraagt de dingen te begrijpen,
roept om scherpzinnigheid,

4   ernaar zoekt als was het zilver,
ernaar speurt als naar een verborgen schat–

5   dan zul je ontdekken wat ontzag voor de HEER is,
dan zul je kennis van God verwerven.

6   Want het is de HEER die wijsheid schenkt,
zijn woorden bieden kennis en inzicht.

7   Aan wie rechtschapen is, geeft hij voorspoed,
voor wie op rechte wegen gaat, is hij een schild.

8 Hij waakt over het rechte pad
en beschut de weg van wie hem trouw zijn.

9 Als je in acht neemt wat ik zeg,
zul je leren wat oprecht, eerlijk en rechtvaardig is,
dan volg je altijd het juiste spoor.

10 Want wijsheid zal je geest doordringen,
je koestert je in kennis.

11 Bedachtzaamheid zal je behoeden,
inzicht houdt de wacht

12 om je af te houden van verkeerde wegen,
om je te beschermen tegen leugenaars,

13 mannen die het rechte pad hebben verlaten,
de wegen van de duisternis gaan,

14 genieten van hun slechte daden,
staan te juichen bij hun valse streken,

15 mannen die op kromme wegen gaan
en slechts een dwaalspoor volgen.

16 En inzicht houdt de wacht
om je te beschermen tegen een lichtzinnige vrouw,
die je met haar vleierij wil paaien,

17 een vrouw die ver is afgedwaald,
de geliefde van haar jeugd heeft verlaten,
het verbond met haar God is vergeten.

18 Het huis van zo'n vrouw verzinkt in de dood,
haar pad voert naar het rijk van de schimmen.

19 Niemand die bij haar komt keert ooit terug,
onbereikbaar is de weg die naar het leven leidt.

20 Houd daarom het rechte pad,
volg de weg van wie rechtvaardig zijn,

21 want wie rechtschapen zijn,
zullen wonen in het land der levenden,
wie onberispelijk hun weg gaan,
vinden er een vast verblijf.

22 Maar wie kwaad doen, worden verdreven,
wie God niet trouw zijn, worden weggevaagd.

* Moge dit boek vol van waarschuwingen en beloften
ons troosten en ons licht geven op ons levenspad.

3:1-2

1 Mijn zoon, vergeet mijn lessen niet,
houd in je hart mijn richtlijnen vast.

2 Ze vermeerderen de dagen van je leven,
geven je vele jaren van geluk.

*In het Nieuwe Testament wordt een oudtestamentische
belofte herhaald, namelijk dat wanneer je als kind je je
ouders gehoorzaam bent, je een lang leven zult
genieten. En hier wordt een lang leven en vrede beloofd.

3:4

4 God en de mensen zullen je genegen zijn
en je zult waardering ondervinden.

 * Belofte.

3:5-7

5 Vertrouw op de HEER met heel je hart,
steun niet op eigen inzicht.

6 Denk aan hem bij alles wat je doet,
dan baant hij voor jou de weg.

7 Wees niet eigenzinnig,
maar heb ontzag voor de HEER
en ga het kwaad uit de weg.

 * Waarschuwing.

3:8

8 Het zal je sterken als een medicijn,
het verkwikt je lichaam.

 * Belofte.

3:9-10

9 Eer de HEER met al je rijkdom,
met het beste van de oogst.

10 Graan zal je voorraadschuren vullen,
je kuipen lopen over van wijn.

* Belofte op handelen.

3:18

18 Ze is een levensboom voor wie haar omhelst,
wie haar omarmt mag zich gelukkig prijzen.

* Belofte.

3:33-35

33 De HEER vervloekt het huis van goddelozen,
maar de woning van rechtvaardigen zegent hij.

34 Met spotters drijft hij de spot,
maar verschoppelingen schenkt hij zijn gunst.

35 Wijzen verwerven eer,
dwazen torsen schande.

* Belofte en waarschuwingen.

4:8

8 Acht de wijsheid hoog, dan geeft ze je aanzien,
ze strekt je tot eer wanneer je haar omhelst.

* Belofte.

4:18

18 De weg van de rechtvaardigen is stralend als de zon,
die opkomt, hoger klimt, totdat de dag zijn licht
verspreidt.

* Prachtige belofte, want hier wordt beloofd dat de
oprechte steeds meer licht zal ontvangen.

4:27

27 Wijk niet af naar rechts, wijk niet af naar links,
wijk alleen uit voor het kwaad.

* De waarschuwing is dat we de ware gulden
middenweg moeten bewandelen. En niet een
compromis moeten sluiten aan beide kanten. Want in
het leven kan men overdreven zijn aan de ene kant en
aan de andere kant te gemakkelijk.

5:3-6

Van haar lippen komen gladde praatjes,
haar mond spreekt honingzoete woorden,

3
4 maar uiteindelijk zijn ze als gif zo bitter,
   zo scherp als een tweesnijdend zwaard.

5 Haar pad voert naar het graf,
   haar voeten dalen af in het dodenrijk.

6 Ze wil dat je de weg die naar het leven leidt niet inslaat,
   haar valse sporen volg je zonder dat je het beseft.

* Dit is een ernstige waarschuwing. Het kan allemaal zo
mooi en lekker schijnen maar het einde is ellende. In het
Nieuwe Testament staat dat wie één lichaam is met een
hoerachtige vrouw, tegen zijn eigen lichaam zondigt . Dit
is de enige keer dat er zoiets staat, alle andere zonden
zijn dus buiten het lichaam.

6:1-5 Algemene aantekening:

1 Mijn zoon, als je borg staat voor een ander,
   hem dat met handslag hebt beloofd,

2 als je aan je woord gebonden bent,
   vastgeketend zit aan je belofte–

3 bevrijd je dan, mijn zoon,
   want die ander heeft je in zijn greep.
   Vooruit, vat moed, ga op hem af,

4 (4–5) ga niet slapen, gun jezelf geen rust
   voordat je je van hem hebt losgemaakt,

zoals een gazelle ontkomt aan de jager,
een vogel ontsnapt aan de vogelaar.

5

* Waarschuwing tegen het maken van schulden.

6:6,10,11 Algemene aantekening:

6 Ga naar de mieren, luiaard,
kijk hoe ze werken en word wijs.

10 Nog even dan? Nog even slapen, nog een beetje rusten,
een ogenblik nog blijven liggen?

11 Armoede overvalt je als een struikrover,
gebrek slaat je neer als een bandiet.

* Waarschuwing tegen armoede door luiheid.

6:23-24

23 Want de lessen van je vader en je moeder zijn een lamp,
een licht dat je vermaant en de weg wijst naar het leven.

24 Hun onderricht beschermt je tegen lichtzinnige vrouwen,
tegen de gladde woorden van een afgedwaalde vrouw.

* Grote belofte en grote waarschuwing.

6:26

26 Een hoer kost je niet meer dan een brood,
maar de vrouw van een ander jaagt op je kostbare
leven.

* Zeer ernstige waarschuwing. Je eeuwige ziel staat op
het spel.

7 Algemene aantekening:

1 Mijn zoon, denk altijd aan mijn uitspraken,
vergeet mijn woorden niet,

2 denk altijd aan wat ik je leer,
dan zul je blijven leven.
Koester mijn lessen als het licht in je ogen,

3 draag mijn woorden als een ring aan je vinger,
schrijf ze in je hart.

4 Zeg tegen Wijsheid: 'Je bent mijn zuster, '
noem Inzicht je vriendin.

5 Ze behoeden je voor lichtzinnige vrouwen,
voor afgedwaalde vrouwen met hun vleierij.

6 Ik stond eens bij het raam van mijn huis,
en keek uit het venster naar buiten.

7 Ik zag daar onervaren jongens;
een van hen, ontdekte ik, was zonder verstand.

8 Hij liep door de straat,
kwam bij de hoek waar zo'n vrouw woont,
hij was vlak bij haar huis.

9 Het was in de schemering, de avond viel,
de nacht brak aan, duisternis verspreidde zich.

10 En kijk, daar komt die vrouw op hem af,
gekleed als een hoer, een listig karakter.

11 Ongedurig en losbandig,
als iemand die in huis geen rust vindt,

12 loopt ze nu eens in de straten, dan weer op de pleinen,
op elke straathoek staat ze op de loer.

13 Ze grijpt de jongen vast en kust hem,
schaamteloos kijkt ze hem aan.

14 Ze zegt: 'Ik moest een vredeoffer brengen,
vandaag heb ik mijn geloften ingelost.

15 Daarom ben ik de deur uit gegaan,
ik ging op zoek naar jou, nu heb ik je gevonden.

16 Ik heb mijn bed al opgemaakt met kostbaar linnen,
met bontgekleurde dekens uit Egypte.

17 Ik heb het besprenkeld met mirre,
met aloë en kaneel.

18 Kom, laten we dronken worden van de liefde,
laten we genieten van het minnespel tot in de morgen.

19 Mijn man is niet thuis,
hij is ver weg, hij is op reis

20 en heeft meer dan voldoende geld bij zich.
Hij komt pas terug wanneer het vollemaan is.'

21 Zo wist ze hem te paaien met haar vleierij,
ze haalde hem over met allerlei lokkende woorden,

22 en zonder na te denken liep hij achter haar aan.
Zoals een os die naar de slachtbank gaat
bleef die dwaas aan haar geketend–

23 totdat een pijl zijn lever doorboorde,
zoals een vogel in het net vliegt
en niet merkt dat het hem zijn leven kost.

24 Nu dan, mijn zonen, luister naar mij,
schenk aandacht aan mijn woorden.

25 Volg de wegen van zo'n vrouw niet,
dwaal niet op haar paden.

26 Veel slachtoffers heeft zij gemaakt,
talloos velen zijn door haar geveld.

27 Haar woning is de toegang tot het dodenrijk,
van daar daal je af tot in de kamers van de dood.

* De verleiding kan heel geniepig en overweldigend
aankomen. Daarom moeten wij bepaalde
omstandigheden, zoals waar het seksuele een rol kan
spelen, mijden.

8:17,35

17 Wie mij liefheeft, heb ik ook lief,
wie mij zoekt, zal mij vinden.

35 Want wie mij vindt, vindt het leven,
en ontvangt de gunst van de HEER.

* Volgens het Nieuwe Testament is de Here Jezus de
wijsheid van God geworden. Daarom Hem liefhebben is
de ware filosofie. ('Sofia' is Grieks voor 'wijsheid') Als we
Hem ernstig zoeken dan zullen we het ware leven
vinden, Hij zegt: 'Ik ben de weg en de Waarheid en het
Leven.'

9:8-9

8 Wijs een spotter niet terecht, hij zou je haten,
berisp een wijze, en hij mag je graag.

9 Een wijze wordt nog wijzer als je hem berispt,
een rechtvaardige vergroot zijn inzicht door wat je hem
leert.

* Op je werk en elders moet je voorzichtig zijn. Je moet
spotters niet bepreken want dan gaan ze je alleen maar
haten. Bovendien de beste preek is een godzalige
houding en leven.

10:12

12 Haat brengt ruzie voort,
liefde dekt alle fouten toe.

* De haat is iets ergs en moet door de liefde voorkomen en gemeden worden. Als je aan haat toegeeft, zul je allerlei ellende veroorzaken.

13:11

11 In de schoot geworpen rijkdom is weer snel verdwenen, gestage groei maakt rijk.

* Dit is een belofte die rust op sparen. Als je rustig spaart en er vanaf blijft, dan vergaar je een appel voor de dorst. Wat het eerste deel betreft, zie je dat mensen die de loterij winnen, het geld bijna altijd gelijk weer opmaken. De volksmond zegt niet voor niets 'Zo gewonnen, zo geronnen.'

13:20

20 Wie met wijzen omgaat, wordt zelf wijs, wie met dwazen verkeert, is er ellendig aan toe.

* Pas goed op wie je vrienden zijn. Paulus zegt: 'Verkeerde omgangen bederven goede zeden.'

14 Algemene aantekening:

1 Vrouwe Wijsheid bouwt haar huis, Dwaasheid breekt het hare eigenhandig af.

2 Wie de juiste weg volgt, toont ontzag voor de HEER, wie verkeerde wegen gaat, minacht hem.

3 De woorden van een dwaas zijn een stok voor zijn hoogmoed,
wat een wijze zegt, biedt veiligheid.

4 Als er geen runderen zijn, kan de voederbak leeg blijven,
de kracht van ossen biedt een rijke oogst.

5 Een betrouwbare getuige spreekt de waarheid,
een valse getuige strooit alleen maar leugens rond.

6 Een spotter zoekt naar wijsheid–tevergeefs,
wie verstandig is, vindt zonder moeite kennis.

7 Blijf uit de buurt van een dwaas,
er komt geen verstandig woord over zijn lippen.

8 Door zijn wijsheid weet de wijze welke weg hij moet gaan,
dwazen bedriegen zichzelf met hun dwaasheid.

9 Wat dwazen verenigt, is hun wangedrag,
oprechten waarderen elkaar.

10 Alleen je eigen hart kent je diepste verdriet,
in je vreugde kan een ander niet delen.

11 Het huis van goddelozen wordt verwoest,
voorspoed is er voor de woning van oprechten.

12 Een mens denkt de juiste weg te gaan,
terwijl die eindigt bij de dood.

13 Zelfs al lacht het hart, het lijdt pijn,
vreugde eindigt altijd in verdriet.

14 Wie afdwaalt krijgt zijn verdiende loon,
een goed mens wacht een betere beloning.

15 Wie onnozel is, hecht aan ieder woord geloof,
wie verstandig is, let op elke stap.

16 Een wijze is voorzichtig, hij gaat het kwaad uit de weg,
een dwaas is roekeloos, en waant zich nog veilig ook.

17 Wie onbesuisd is, handelt dwaas,
wie berekenend is, maakt zich gehaat.

18 Dwaasheid wacht wie onbezonnen leeft,
een verstandig iemand wordt gekroond met kennis.

19 Slechte mensen moeten buigen voor goede,
goddelozen kloppen op de poorten van rechtvaardigen.

20 Een arm mens wordt zelfs door zijn vriend gehaat,
wie rijk is heeft veel vrienden.

21 Wie zijn medemens veracht, is een zondaar,
gelukkig hij die zich bekommert om de armen.

22 Wie kwaad smeden, komen zij niet op een dwaalweg?
Wie goed doen, oogsten zij geen liefde en trouw?

23 Elke inspanning levert iets op,
loze praatjes leiden enkel tot gebrek.

24 Wijzen worden met rijkdom gekroond,
dwaasheid is de tooi van dwazen.

25 Een betrouwbare getuige redt levens,
een valse getuige liegt en bedriegt.

26 Ontzag voor de HEER geeft een krachtig vertrouwen,
het biedt je kinderen een schuilplaats.

27 Ontzag voor de HEER is de bron van het leven,
het hoedt je voor de strikken van de dood.

28 De luister van een koning is een talrijk volk,
bij gebrek aan onderdanen gaat een machthebber ten
onder.

29 Wie geduldig is geeft blijk van groot inzicht,
wie onbesuisd is stapelt dwaasheid op dwaasheid.

30 Een tevreden geest geeft een goede gezondheid,
jaloezie knaagt aan je botten.

31 Wie een verschoppeling onderdrukt, beledigt zijn
schepper,
wie zich over een arme ontfermt, eert hem.

32 Een goddeloze gaat door zijn slechtheid ten onder,
een rechtvaardige vindt als hij sterft een schuilplaats.

33 In de geest van een verstandig mens is wijsheid,
zelfs onder dwazen wordt zij herkend.

34 Rechtvaardigheid verheft een volk,
zonde maakt het te schande.

35 Een verstandige dienaar geniet de gunst van de koning,
diens woede treft de dienaar die zijn taak verwaarloost.

* In dit hoofdstuk staan vele waarschuwingen en beloften. Zoals tegen dwaasheid en voor wijsheid met hun respectievelijke gevolgen. Dit hoofdstuk is het waard om rustig overdacht te worden in het geheel. En doordacht.

15:1

1 Een vriendelijk antwoord doet woede bedaren,
krenkende woorden wakkeren toorn aan.

* In dit vers ligt zowel een belangrijke belofte als een waarschuwing voor intermenselijke relaties. Als je je dit vers eigen maakt, kan je dat een hoop ellende schelen. Als iemand boos op je is, moet je niet boos antwoorden, want dan wordt zijn of haar woede alleen maar erger. En volgens vers 4a is er zelfs leven in je tong. En volgens Jakobus kan je tong ook door de laagste hel zijn aangestoken.

16:3

3 Vertrouw bij je werk op de HEER,
en je plannen zullen slagen.

* Belofte.

16:17b

...wie zijn weg in het oog houdt, beschermt zijn leven.

* Belofte.

16:18

18 Hooghartigheid gaat vooraf aan ellende,
hoogmoed komt voor de val.

* Waarschuwing.

16:20

20 Wie goed luistert, zal het goed vergaan,
wie op de HEER vertrouwt, is gelukkig.

* Belofte.

17:9

9 Wie vriendschap zoekt, dekt fouten toe,
wie ze telkens oprakelt, verliest zijn vrienden.

* In dit vers liggen zowel een waarschuwing als een belofte. De belofte is dat wanneer je iemand vergeeft, je zult groeien in liefde. En de waarschuwing is dat wanneer je oude koeien uit de sloot haalt, dan verlies je, je vrienden.

17:13

13 Als je telkens goed met kwaad vergeldt,
verdwijnt het kwaad nooit uit je huis.

* Waarschuwing.

17:14

14 Wie een ruzie begint, ontketent een stortvloed;
staak de strijd voordat hij losbarst.

* Dit is een ernstige waarschuwing. Wanneer je ruzie
gaat maken, kun je in een vicieuze cirkel terechtkomen,
waarin de ruzie steeds erger wordt. Dus stop met ruzie
maken voordat je in een neerwaartse spiraal
terechkomt. En geef acht op het vers waar staat: 'Een
zacht antwoord keert de woede weg.'

17:22

22 Een vrolijk hart bevordert een goede gezondheid,
een sombere geest verzwakt het lichaam.

* Als we ons verblijden in de Here Jezus dan is dat goed
voor je gezondheid, maar als je een slachtofferrol gaat
spelen dat is nadelig.

18:1

1   Een zelfzuchtig iemand volgt alleen zijn eigen wil,
hij gaat de strijd met alle wijsheid aan.

* Dit is een ernstige waarschuwing tegen het farizeïsme. Als je je teveel afzondert van anderen is dat alleen maar om jezelf een plezier te doen. En het resultaat is dat je zelfs geen begrip meer hebt voor common sense. Je zult bijvoorbeeld onbeleefd zijn, onverschillig en zelfs liefdeloos.

18:10

10 De naam van de HEER is een sterke toren,
de rechtvaardige snelt erheen, en is veilig.

* Grote belofte.

18:12

12 Wie zichzelf in de hoogte steekt, komt ten val,
bescheidenheid gaat aan eerbetoon vooraf.

* We hebben al gehad dat hoogmoed voor de val komt. Hier draait hij de volgorde andersom. Dat deze waarschuwing herhaald wordt, maakt het erg belangrijk. En de belofte die volgt is een troost voor de nederigen. Het Nieuwe Testament zegt het zo: 'God weerstaat de hoogmoedigen, maar geeft genade aan de nederigen.'

18:14

14 Door geestkracht overwint een mens zijn ziekte,
maar wie geneest een zieke geest?

* We hebben dit vers al in andere woorden gehad. De
belofte hierin is, dat als je je sterk maakt in je geest–en
hoe kan dat anders dan door je kracht van boven te
krijgen–dan is dat wederom goed voor je gezondheid.
En wanneer je ziek bent, krijg je kracht. Maar wederom,
wanneer je je laat breken hoe kan je dan stand houden
en hoe kan je, je zelf verdragen.

18:21

21 Woorden hebben macht over leven en dood,
wie zijn tong koestert, plukt daarvan de vruchten.

* Dit is zowel een ernstige waarschuwing, als een
prachtige belofte. Met je tong, zoals eerder gezegd, kan
je mensen maken en breken.

19:16

16 Wie de geboden naleeft, behoudt zijn leven,
wie de weg van de HEER veracht, zal sterven.

* Waarschuwing en belofte.

20:1

1 Van wijn word je een spotter, van drank een braller,
wie zich bedrinkt, verliest zijn verstand.

* Plezier, zoals in wijn en drank, daar moet je voorzichtig
mee zijn. Het kan de grootste ellende veroorzaken. Ook
zegt Salomo dat als je een wijnliefhebber bent, dan geef
je teveel geld uit. En iemand die van plezier houdt, is
een man van gebrek.

20:4

4 Een luiaard ploegt niet in de herfst,
en vraagt zich in de zomer af waarom hij niet kan
oogsten.

* Iemand die lui is zal daar de consequenties van
dragen.

20:22

22 Zeg niet: 'Ik zal dat kwaad vergelden, '
wacht op de HEER, hij zal je helpen.

* Dit is een waarschuwing om niet het recht in eigen
handen te nemen. In het Nieuwe Testament staat 'Mij
komt de wrake toe, Ik zal het vergelden.'

21:5

5 De plannen van een vlijtig mens strekken hem tot
voordeel,
wie overijld te werk gaat, zal gebrek lijden.

* IJver tegenover luiheid brengt goede resultaten. Maar als je te haastig te werk gaat, krijg je geen goed resultaat.

21:23

23 Wie zijn tong in toom houdt,
bespaart zich in zijn leven allerlei ellende.

* Opnieuw een waarschuwing; wat betreft je taalgebruik en hoe je praat tegen mensen. En dat behoedzaam zwijgen je ziel van ellende bewaart.

22:6

6 Leer een kind van jongs af aan de juiste weg,
en het zal er niet van afwijken wanneer het oud geworden is.

* Dit vers houdt zowel een belofte als een waarschuwing in. Voeden we onze kinderen niet goed op, dan groeien ze krom als een boompje.

22:7

7 Een rijke heeft macht over armen,
wie leent, is de slaaf van wie uitleent.

* Waarschuwing tegen schulden maken. En een belofte van vrijheid wanneer je geen schulden maakt.

22:8

8 Wie onheil zaait, zal onheil oogsten,
de stok waarmee hij slaat, zal hem te gronde richten.

* Waarschuwing.

22:9

9 Een goedhartig mens wordt gezegend,
hij deelt zijn voedsel met de armen.

* Belofte.

22:11

11 Wie een zuiver hart heeft en beminnelijk spreekt,
heeft de koning als vriend.

* Grote belofte, vooral wanneer je bedenkt dat de Here
Jezus de Koning is met een hoofdletter.

23:4-5

4 Tob jezelf niet af om rijk te worden,
zet dat plan opzij.

5 Zodra je op rijkdom afvliegt,
is die al verdwenen.
Hij krijgt vleugels, plotseling,
en vliegt als een arend weg.

Dit is een waarschuwing tegen de poging om rijk te worden. Paulus zegt het zo, zij die rijk willen worden vallen in een strik en allerlei verzoekingen.

23:20-21

20 Ga niet om met dronkelappen,
blijf bij gulzigaards vandaan.

21 Want wie slempt en brast, wordt arm,
wie altijd zijn roes ligt uit te slapen,
gaat ten slotte in lompen gehuld.

* Waarschuwing tegen overdaad. Elders zegt Salomo dat iemand die van veel plezier houdt, gebrek zal lijden.

23:27-28

27 Want een hoer is een valkuil,
een lichtzinnige vrouw een nauwe put.

28 Ze legt hinderlagen als een rover,
door haar neemt ontrouw toe.

* Ernstige waarschuwing tegen hoerachtige vrouwen.

23:29-35 Algemene aantekening:

29 Wie roept altijd ach en wee,
wie maakt altijd ruzie?

304

Wie heeft altijd wat te klagen,
wie raakt altijd nodeloos gewond?
Wie heeft altijd troebele ogen?

30 Een dronkaard, die tot in de vroege morgen drinkt,
die blijft proeven van de wijn.

31 Laat je niet verleiden door de glans van wijn,
wanneer hij fonkelt in de beker.
Hij glijdt zo makkelijk over de tong,

32 maar later bijt hij als een slang,
spuit hij gif als een adder.

33 Dan zie je vreemde dingen
en begin je wartaal uit te slaan.

34 Je voelt je heen en weer geslingerd door de golven,
alsof je vastzit boven in het want.

35 Ik ben geslagen, maar heb niets gevoeld,
ik ben afgerost, maar heb niets gemerkt.
Laat ik maar eens opstaan,
eerst een beker wijn.'

* Waarschuwing tegen te veel wijngebruik en zeker
sterke drank. Het maakt je een prooi voor vreemde
vrouwen.

24:14

14 Zie wijsheid als de honing voor je leven.
Als je wijsheid vindt, heb je een toekomst,
je hoop gaat niet verloren.

* Grote belofte.

24:30-34 Algemene aantekening:

30 Ik liep over het veld van een luiaard,
door de wijngaard van een dwaas.

31 Alles was overwoekerd door onkruid,
zijn hele terrein was met distels bedekt,
de muur lag in puin.

32 Ik zag het, en nam het ter harte,
ik nam het in mij op, en trok er lering uit.

33 Nog even dan? Nog even slapen, nog een beetje
rusten,
een ogenblik nog blijven liggen?

34 Armoede overvalt je als een struikrover,
als een bandiet slaat gebrek je neer.

* Ernstige waarschuwing tegen luiheid.

25:17

17 Bezoek een vriend alleen zo nu en dan,
anders word je hem te veel en gaat hij je haten.

* Waarschuwing tegen het teveel bezoeken van
kennissen, buren en vrienden.

25:28

28 Iemand zonder zelfbeheersing
is als een stad waarvan de muur is geslecht.

* Waarschuwing tegen gebrek aan zelfbeheersing.

26:17

17 Wie zich met een woordenstrijd bemoeit die hem niet
aangaat,
trekt aan de oren van een hond die rustig voorbijloopt.

* Waarschuwing tegen bemoeizucht.

26:27

27 Wie een kuil graaft voor een ander, valt er zelf in,
wie een steen op iemand afrolt, komt er zelf onder.

* Laat de onrechtvaardige niet denken, dat hij tot in het
einde mensen kan bedriegen. Want hij zal zelf bedrogen
worden.

27:8

8 Een man die wegvlucht van zijn huis
is als een vogel die zijn nest ontvlucht.

* Wanneer een christen zijn veilige plaats bij de Here
Jezus verlaat, dan is hij net als een vogel zonder nestje.

27:14

14 Wie zijn buurman 's ochtends luid begroet,
wekt de indruk dat hij hem vervloeken wil.

* We moeten wel nuchter blijven in praktische zaken.

27:17

17 Zoals men ijzer scherpt met ijzer,
zo scherpt een mens zijn medemens.

* Mensen kunnen elkaar geestelijk scherp maken net als
je ijzer met ijzer wet.

28:13

13 Wie zijn fouten verbergt, zal geen voorspoed kennen,
wie ze toegeeft en vermijdt, krijgt vergeving.

* In het Nieuwe Testament staat: 'Belijdt elkander jullie
zonden, opdat jullie genezen mogen worden.' En dit vers
waarschuwt dat je je zonden niet moet bedekken. En
hoewel er dingen zijn die je niet hoeft te zeggen tegen

anderen, maar die tussen jou en God zijn; de zonde die je tegen een ander begaat, moet je niet verhelen, maar belijden. en God zal je genadig zijn.

29:25

25 Angst voor mensen is een valstrik,
wie op de HEER vertrouwt, wordt beschermd.

* De Here Jezus zegt dat we niet bang moeten zijn voor hen die alleen je lichaam kunnen doden. Maar we moeten alleen God vrezen Die zowel je lichaam als je ziel in de hel kan werpen. Maar wanneer je niet bang bent en alleen de Heer vertrouwt, zal er zegen op je pad zijn.

30:7-9

7 Twee dingen vraag ik u,
gun ze me zolang ik leef:

8 Houd me ver van leugen en bedrog.
Maak me niet arm, maar ook niet rijk,
voed me slechts met wat ik nodig heb.

9 Want als ik rijk zou zijn, zou ik u wellicht verloochenen,
zou ik kunnen zeggen: 'Wie is de HEER?'
En als ik arm zou zijn, zou ik stelen
en de naam van mijn God te schande maken.

* Dit gebod mogen we ons zeker tot voorbeeld stellen. Want als je echt arm bent geworden, hoe gelovig je ook bent, dan ga je echt stelen om te kunnen overleven. Maar als je te rijk bent, dan wordt je wijs in eigen ogen.

31:30

30 Charme is bedrieglijk en schoonheid vergaat, maar een vrouw met ontzag voor de HEER moet worden geprezen.

* Veel mannen denken dat als ze maar een mooie vrouw hebben, dan zullen ze gelukkig zijn. Maar hier staat dat schoonheid niets voorstelt, maar dat een vrouw die de Here vreest, geprezen zal worden.

Prediker

2:26a

26 Aan een mens die hem behaagt geeft hij wijsheid, kennis en vreugde,

* In het eerste gedeelte van dit vers ligt een grote belofte; We moeten ons wel eerst bewijzen aan God. Hij test ons namelijk op volharding en als we goed bevonden worden, geeft Hij ons wijsheid en kennis en vreugde.

7:16-17

16 Wees daarom niet al te rechtvaardig en meet jezelf geen overdreven wijsheid aan. Waarom zou je jezelf te gronde richten?
17 Maar gedraag je ook niet al te onrechtvaardig en wees niet overmatig dwaas. Waarom zou je sterven voor je tijd?

* Als je jezelf te rechtvaardig aanstelt of te wijs, dan is het resultaat dat je anderen en of jezelf vernietigt. Maar aan de andere kant als je je te slecht gedraagt en te dwaas dan sterf je buiten je tijd.

311

7:21-22

21 Spits daarom je oren niet bij alles wat er om je heen gezegd wordt. Dan hoef je niet te horen hoe je dienaar je vervloekt.
22 Je weet maar al te goed hoe vaak ook jij een ander hebt vervloekt.

* Als werkgever moet je niet serieus naar al het geroddel van je personeel luisteren. Bovendien ben je zelf niet beter.

8:2-4

2 Ik geef je deze raad: Volg de bevelen van de koning op, zoals je hebt gezworen tegenover God.
3 Onttrek je niet aan zijn gezag, voorkom problemen, want wanneer de koning iets beveelt gebeurt het ook.
4 Zijn woord is wet; is er iemand die hem rekenschap kan vragen van zijn daden?

* Zover als het kan moet je je aan de wet houden, omdat ook God dat wil. En wanneer je de fout ingaat, wees dan niet eigenwijs en ga niet redeneren met een rechter.

8:17

17 ...maar bij alles wat God doet onder de zon, zo heb ik ingezien, doet hij wat hij doet. De mens is niet in staat de zin ervan te vinden. Hij tobt zich af en zoekt ernaar, maar hij vindt hem niet, en al zegt de wijze dat hij

inzicht heeft, ook hij is niet in staat de zin ervan te vinden.

* Dit vers is een waarschuwing tegen betweters. Hoe geleerd ook iemand is of hoe wijs. Als hij denkt dat hij God kan narekenen, dan heeft hij het mis.

11:1

1 Werp je brood uit over het water, want je vindt het later weer terug.

* Dit vers wordt wel voor het evangelie gebruikt. Men kan jarenlang op de rotsen ploegen, maar toch zal er resultaat zijn op een gegeven moment.

11:9

9 Geniet dus, beste vriend, van je jonge jaren, haal je hart op aan de dagen van je jeugd. Volg de wegen die je hart wil gaan, gun je ogen wat ze wensen. En onthoud bij alles wat je doet dat God je aan zijn oordeel onderwerpt.

* Dit vers is een waarschuwing voor jonge mensen, niet te wild te zijn. En er rekening mee te houden dat ze eens verantwoording moeten afleggen van alles voor Gods aangezicht.

12:12

12 En tot slot, mijn zoon, nog deze waarschuwing: er komt geen einde aan het aantal boeken dat geschreven wordt, en veel lezen mat het lichaam af.

* Dit is duidelijk een waarschuwing, tegen te veel geleerdheid en ook dat veel studie je afmat. Vooral als je jong bent, moet je studie aflossen met een gezond leven. Dit is niet een waarschuwing per se tegen het schrijven van boeken. Maar wel een waarschuwing voor knappe mensen dat ze niet te veel moeten publiceren. Bovendien waarschuwt Salomo dat in veel woorden de overtreding niet ontbreekt.

314

Hooglied

6 Draag mij als een zegel op je hart,
als een zegel op je arm.
Sterk als de dood is de liefde,
beklemmend als het dodenrijk de hartstocht.
De liefde is een vlammend vuur,
een laaiende vlam.

7 Zeeën kunnen haar niet doven,
rivieren spoelen haar niet weg.
Zou een man met al zijn rijkdom liefde willen kopen,
dan werd hij smadelijk veracht.

* Dit is een grote belofte. Dat de Liefde zo sterk is als de dood. En dat geldt niet alleen voor ons, wanneer we echt liefhebben. Maar in de eerste plaats voor de Liefde van de Here Jezus, Die zelfs sterker is dan de dood, want Hij overwon het graf. De dood is de laatste vijand die teniet wordt gedaan. Het is een grote waarschuwing dat echte liefde niet te koop is. Zeker niet voor geld en ook niet voor goedkope aandacht en affectie.

Jesaja

1:3

3 Een rund herkent zijn meester,
een ezel kent zijn voederbak,
maar Israël mist elk inzicht,
mijn volk leeft in onwetendheid.

*Dit geldt helaas ook voor de christenheid in het
algemeen. Dieren kennen hun meester, maar wij
besteden lang niet genoeg aandacht aan onze meester.
We bidden wel om zegen, maar het is uit egoïsme. En
wanneer we op de proef gesteld worden, worden we
bitter tegen God en onze naaste.

1:11c-14

...het bloed van stieren, rammen en bokken wil ik niet
meer.

12 En wanneer jullie voor mij verschijnen–
wie heeft je gevraagd mijn voorhoven plat te lopen?

13 Houd op met die zinloze offergaven.
Ik heb een afschuw van jullie wierook;
jullie feesten, nieuwemaan en sabbat,
ik duld ze niet naast al dat wangedrag.

14 Van jullie nieuwemaan, van ál jullie feesten heb ik een afkeer,
ze hinderen mij, ik kan ze niet langer verdragen.

* Het Nieuwe Testament zegt het zo: 'Ik wil erbarmen en geen slachtoffer'. Als christenen zijn we er goed in om samenkomsten te houden, mooie liederen te zingen, de Here te prijzen en vroom te bidden. Maar net als hier zijn wij hypocrieten die met de vinger naar anderen wijzen.

1:18

18 De HEER zegt: Laten we zien wie er in zijn recht staat.
Al zijn je zonden rood als scharlaken, ze worden wit als sneeuw,
al zijn ze rood als purper, ze worden wit als wol.

* Dit is een grote belofte; die slaat niet alleen op de bekering, maar ook op onze levens als christenen.

6:3,5,8

3 Zij riepen elkaar toe: 'Heilig, heilig, heilig is de HEER van de hemelse machten. Heel de aarde is vervuld van zijn majesteit.'

5   Ik schreeuwde het uit: 'Wee mij! Ik moet zwijgen, want ik ben een mens met onreine lippen, en ik leef te midden van een volk dat onreine lippen heeft. En nu heb ik met eigen ogen de koning, de HEER van de hemelse machten, gezien.'

8   Daarop hoorde ik de stem van de Heer zeggen: 'Wie zal ik sturen? Wie kan namens ons gaan?' Ik antwoordde: 'Hier ben ik, stuur mij.'

* Als we Gods Heiligheid gezien hebben dan zien we ons eigen falen. En als we daar dan spijt van hebben kan God ons gebruiken net als Jesaja.

9:5

6   (9:5)

Een kind is ons geboren,
een zoon is ons gegeven;
de heerschappij rust op zijn schouders.
Deze namen zal hij dragen: Wonderbare raadsman,
Goddelijke held, Eeuwige vader, Vredevorst.

* Dit is de belofte waar alles om draait. De Here is als mens geboren en als zoon van God gegeven. Dit slaat op zijn menselijkheid en zijn goddelijkheid. Daarom zei de Here ook 'Het heil is uit de Joden'.

12:2

2   God, hij is mijn redder.
Ik heb een vast vertrouwen, ik wankel niet,
want de HEER is mijn sterkte, hij is mijn beschermer,
hij heeft mij redding gebracht.'

* Dit vers kunnen wij op zijn minst geestelijk op onszelf toepassen. En we mogen Hem ook vertrouwen in de aardse dingen. Ergens anders staat 'Ik zal u niet begeven noch verlaten'.

25:8

8 Voor altijd doet hij de dood teniet.
God, de HEER, wist de tranen van elk gezicht,
de smaad van zijn volk neemt hij van de aarde weg–
de HEER heeft gesproken.

* Deze beloften staan ook in het boek Openbaring. De dood is echt een vijand die tranen brengt. We zullen van beide verlost worden.

29:13

13 De Heer zegt:
Omdat dit volk mij naar de mond praat,
mij slechts met de lippen dient,
terwijl hun hart ver bij mij vandaan is;
omdat hun ontzag voor mij louter plicht is,
slechts aangeleerd en door mensen opgelegd–

* De Here Jezus verwijst naar zulke verzen bij zijn optreden in het Nieuwe Testament. Maar wij moeten dit ook ter harte nemen. We moeten beseffen dat we verre van volmaakt zijn, en daarom voor een groot gedeelte hypocriet. En de wereld ziet dat en wijzen erop en gebruiken het als excuus om niet te geloven.

40:31

31 ...maar wie hoopt op de HEER krijgt nieuwe kracht:
hij slaat zijn vleugels uit als een adelaar,
hij loopt, maar wordt niet moe,
hij rent, maar raakt niet uitgeput.

* Dit vers spreekt van een mooie belofte. Niet alleen
wanneer we het van de Here verwachten, maar vooral
wanneer we op Hem Zelf wachten, dan zullen onze
krachten vernieuwd worden. Paulus zegt wat dit betreft
dat hoewel de uitwendige mens vervalt, de inwendige
mens wordt dag aan dag vernieuwd.

43:1b-2

Wees niet bang, want ik zal je vrijkopen,
ik heb je bij je naam geroepen, je bent van mij!

2 Moet je door het water gaan–ik ben bij je;
of door rivieren–je wordt niet meegesleurd.
Moet je door het vuur gaan–het zal je niet verteren,
de vlammen zullen je niet verschroeien.

* Sommige mensen leggen psalm 23 uit als het
sterfbed, omdat er staat 'de vallei der schaduw des
doods'. En inderdaad zij die zich in de Hand van de
Heer weten, hoeven de dood niet te vrezen. Maar zo
ook hier wanneer het leven met zijn zorgen op ons
afkomt, en we overweldigd worden, als door een
watermassa of een vuurgloed, dan kunnen we het ook
van Hem verwachten.

53 Algemene aantekening:

1   Wie kan geloven wat wij hebben gehoord?
    Aan wie is de macht van de HEER geopenbaard?

2   Als een loot schoot hij op onder Gods ogen,
    als een wortel die uitloopt in dorre grond.
    Onopvallend was zijn uiterlijk,
    hij miste iedere schoonheid,
    zijn aanblik kon ons niet bekoren.

3   Hij werd veracht, door mensen gemeden,
    hij was een man die het lijden kende
    en met ziekte vertrouwd was,
    een man die zijn gelaat voor ons verborg,
    veracht, door ons verguisd en geminacht.

4   Maar hij was het die onze ziekten droeg,
    die ons lijden op zich nam.
    Wij echter zagen hem als een verstoteling,
    door God geslagen en vernederd.

5   Om onze zonden werd hij doorboord,
    om onze wandaden gebroken.
    Voor ons welzijn werd hij getuchtigd,
    zijn striemen brachten ons genezing.

6   Wij dwaalden rond als schapen,
    ieder zocht zijn eigen weg;
    maar de wandaden van ons allen
    liet de HEER op hem neerkomen.

7   Hij werd mishandeld, maar verzette zich niet
    en deed zijn mond niet open.
    Als een schaap dat naar de slacht wordt geleid,
    als een ooi die stil is bij haar scheerders
    deed hij zijn mond niet open.

8   Door een onrechtvaardig vonnis werd hij weggenomen.
    Wie van zijn tijdgenoten heeft er oog voor gehad?
    Hij werd verbannen uit het land der levenden,
    om de zonden van mijn volk werd hij geslagen.

9   Hij kreeg een graf bij misdadigers,
    zijn laatste rustplaats was bij de rijken;
    toch had hij nooit enig onrecht begaan,
    nooit bedrieglijke taal gesproken.

10 Maar de HEER wilde hem breken, hij maakte hem ziek.
    Hij offerde zijn leven voor hun schuld,
    om zijn nageslacht te zien en lang te leven.
    En door zijn toedoen slaagde wat de HEER wilde.

11 Na het lijden dat hij moest doorstaan,
    zag hij het licht en werd met kennis verzadigd.
    Mijn rechtvaardige dienaar verschaft velen recht,
    hij neemt hun wandaden op zich.

12 Daarom ken ik hem een plaats toe onder velen
    en zal hij met machtigen delen in de buit,
    omdat hij zijn leven prijsgaf aan de dood
    en zich tot de zondaars liet rekenen.
    Hij droeg echter de schuld van velen
    en nam het voor zondaars op.

* Dit hele hoofdstuk slaat in de eerste plaats op de Here Jezus en zijn verlossingswerk. Daar houdt dit hoofdstuk de grootste belofte in. Maar ook de grootste waarschuwing. Hij belooft ons eeuwig leven door een persoonlijke relatie met Hem. Maar als we Hem verwerpen, missen we voor eeuwig ons doel. De Here Jezus zegt het zo: 'Wie niet voor mij is, is tegen mij'.

55:1-2

1   Hierheen! Hier is water,
    voor ieder die dorst heeft.
    Kom, ook al heb je geen geld.
    Koop hier je voedsel en eet.
    Kom, koop voedsel zonder geld,
    koop wijn en melk zonder betaling.

2   Waarom geld betalen voor iets dat geen brood is,
    je loon besteden aan wat niet verzadigen kan?
    Luister aandachtig naar mij,
    en je zult ruimschoots te eten hebben
    en genieten van een overvloedig maal.

* Door de Here Jezus mogen we vrij tot God komen. We mogen al het goede vragen zonder dat het geld kost. Want dingen als echte wijsheid en echte liefde zijn niet voor geld te koop. Maar als we het kwade kiezen, dan bevredigt het op den duur niet echt. En kost het meestal veel geld en emotie en uiteindelijk je ziel.

57:15

15 Dit zegt hij die hoog is en verheven,
die troont in eeuwigheid–heilig is zijn naam:
In hoogheid en heiligheid zal ik tronen
met hen die verslagen en onaanzienlijk zijn,
opdat de onaanzienlijke geest herleeft,
opdat het verslagen hart tot leven komt.

* Het mooie van dit vers is dat hoewel de Here boven
tijd en ruimte woont en in een ontoegankelijk licht, Hij
toch in de nederige wil wonen, om ons levenslust te
geven.

58:9-11

9 Dan geeft de HEER antwoord als je roept;
als je om hulp schreeuwt, zegt hij: 'Hier ben ik.'
Wanneer je het juk van de onderdrukking uitbant, de
beschuldigende vinger en de kwaadsprekerij,

10 ..wanneer je de hongerige schenkt
wat je zelf nodig hebt
en de verdrukte gul onthaalt,
dan zal je licht in het donker schijnen,
je duisternis wordt als het licht van het middaguur.

11 De HEER zal je voortdurend leiden,
hij zal je verkwikken in dorre streken,
hij maakt je botten sterk en krachtig.
Je zult zijn als een goed bevloeide tuin,
als een bron waarvan het water nooit opdroogt.

* Hoe hebben wij de neiging, ook u en ik, als christen om met de vinger naar anderen te wijzen. En als we één of andere macht bezitten, of ergens goed in zijn, dan maken we daar vaak misbruik van en leggen de andere een juk op. zoals hier staat geschreven. Maar als we deze dingen achterwege laten en juist in liefde andere mensen dienen, dan zal de Heer ook voor ons klaar staan.

61:1,6

1 De geest van God, de HEER, rust op mij,
want de HEER heeft mij gezalfd.
Om aan armen het goede nieuws te brengen
heeft hij mij gezonden,
om aan verslagen harten hoop te bieden,
om aan gevangenen hun vrijlating bekend te maken
en aan geketenden hun bevrijding,

6 En jullie worden priester van de HEER genoemd,
dienaar van onze God zul je heten.
Je zult je te goed doen aan de rijkdom
door vreemde volken vergaard,
je zult je met hun luister bekleden.

* De belofte hier is; Dat de Here Jezus gestorven is om niet alleen zondaren te bevrijden, maar zelfs priesters en priesteressen van ze te maken in geestelijk opzicht.

65:17-18

17 Zie, ik schep een nieuwe hemel en een nieuwe aarde.
Wat er vroeger was raakt in vergetelheid,
het komt niemand ooit nog voor de geest.

18 Er zal alleen maar blijdschap zijn
en groot gejuich om wat ik schep.
Ik herschep Jeruzalem in een jubelende stad
en schenk haar bevolking vreugde.

* Deze beloften staan ook in het Nieuwe Testament. Het oude universum zal voorbij gaan. En God zal het nieuwe tot in alle eeuwigheid bevestigen. En er zal een hemels en aards Jeruzalem zijn.

Jeremia

5:9

9 Zou ik zo'n volk niet straffen? –
spreekt de HEER.
Zou ik mij niet wreken
op een volk dat zoiets doet?

*Als dan een volk verantwoordelijk is als een geheel en niet alleen het volk Israël heeft een collectieve verantwoordelijkheid, maar alle volkeren; hoe zeer dan hebben christelijke kerken, groeperingen en geloofsgemeenten een collectieve verantwoordelijkheid. God heeft ook het menselijk zijn een sociale kant gegeven. Daarom zal de Here ons niet alleen individueel beoordelen, maar ook in zijn geheel.

10:6,8

6 'Niemand is als u, o HEER, u bent groot,
groot is uw naam door uw kracht.

8 Allen zijn ze dom en dwaas,
wat ze moeten leren is dit:
die nietige beelden zijn maar hout.

*Deze twee verzen bevatten zowel een belofte als een waarschuwing. De waarschuwing is, dat wanneer we er afgoden op na houden we vervreemd worden van de Here. En de belofte is, dat wanneer we ons oog op Hem richten en er naar verlangen, de enige God te dienen. Dat we dan uiteindelijk net als Job beloond zullen worden. Maar we moeten wel volharden.

17:9-10

9 Niets is zo onbetrouwbaar als het hart,
onverbeterlijk is het, wie zal het kennen?
10 Ik, de HEER, ben het die het hart doorgrondt,
die nieren toetst,
die ieder naar zijn levenswandel beloont,
aan ieder geeft wat hij verdient.

*Dit vers wijst erop dat onze bewuste zonden maar het tipje van de ijsberg zijn. De rest is verborgen voor ons bewustzijn. En alleen wanneer de Heilige Geest erop schijnt, leren we onszelf beter kennen en kunnen we vragen om heiliging. We moeten echter voorzichtig zijn met teksten als dat een mens oogst wat hij zaait. Want denk aan de geschieddenis van Job (die oogstte dingen die hij niet gezaaid had).

20:2

2 ...liet hij de profeet stokslagen geven en hem in de hoge Benjaminpoort bij de tempel in het blok sluiten.

*We zien hier dat na honderden jaren er nog steeds priesters zijn, hoewel de religie totaal uitgehold was. Dit zien wij bijvoorbeeld ook bij de Russische orthodoxen onder de communisten. En we zien dat bij remonstranten en vrijzinnigen. De religie blijft voortbestaan maar geheel verdraaid, van kracht beroofd en dienende de oude natuur, in plaats van op te roepen tot bekering en heiliging. En wanneer er dan iemand hiertoe oproept, wordt hij het mikpunt van de vijandschap en intolerantie van de zogenaamde toleranten.

20:7

7   'HEER, u hebt mij verleid, en ik ben bezweken,
u was te sterk voor mij en hebt mij in uw greep gekregen.
Dag in dag uit lachen ze om mij,
iedereen bespot mij.

*Het kan gebeuren dat kinderen van God de dood vinden onder de macht van de vijand. Net als Paulus de marteldood stierf. En Jeremia. hier gaat zelfs zo ver om te zeggen dat God hem bedrogen heeft. Als we naar Job kijken dan kwam gedurende zijn aardse leven alles nog goed. En Jakobus in het Nieuwe Testament houdt ons dit voor als een belofte. Maar het kan gebeuren, zeker in landen waar vervolging heerst, dat we alles op een gruwelijke wijze verliezen. Dat vrouwen en kinderen voor je ogen verkracht en afgeslacht worden. En dat daarna je eigen hoofd afgehakt wordt. Oogaanschijnlijk heeft dit allemaal geen zin, maar groot is het loon van hen die de Here trouw blijven. En we kunnen ervan uitgaan dat wanneer de Here zoiets van je vraagt, Hij ook de kracht zal geven om er door heen te komen.

5 Maar als jullie niet naar deze woorden luisteren, dan zweer ik bij mijn eigen naam dat dit paleis in puin zal vallen–spreekt de HEER.

*Het joodse volk kreeg steeds weer een kans om zich te bekeren. Zo is het ook vaak met ons. Er staat ergens dat de rechtvaardige zeven keer valt en dat uit die alle de Here hem opricht. En die volheid van zeven is voor de één misschien vier keer en voor de ander vijftig keer of meer. Maar er staat ook dat iemand die vaak gewaarschuwd is, die zal de Here plotseling de nek verbreken zodat er geen genezen meer aan zij. Dit is zeer ernstig en overkwam ook het joodse volk. Dat wil niet zeggen dat je dan voor eeuwig verloren bent. Maar ook van zulke mensen zegt Paulus dat ze als door het vuur gered worden.

29:11-13

11 Mijn plan met jullie staat vast–spreekt de HEER. Ik heb jullie geluk voor ogen, niet jullie ongeluk: ik zal je een hoopvolle toekomst geven.
12 Jullie zullen mij aanroepen en tot mij bidden, en ik zal naar jullie luisteren.
13 Jullie zullen mij zoeken en ook vinden, als jullie mij tenminste met hart en ziel zoeken.

*In het Hebreeuws staat eigenlijk: 'Einde en hoop'. Wat we kunnen vertalen met een 'Hoopvol einde'. Dit is een troostvolle belofte. Soms kunnen we het gevoel hebben dat alles voor niets is en dat we volledig verslagen zijn.

Echter in dit gedeelte staat dat wanneer we de Here met ons gehele hart zoeken dan zullen we Hem vinden. En daarom mogen we ook een triomf verwachten in ons leven.

31:3

3 Van ver ben ik naar je toe gekomen, vrouwe Israël.
Ik heb je altijd liefgehad,
mijn liefde zal je altijd vergezellen.

*De woorden 'Eeuwige liefde' hier houden een mooie belofte in. Uitverkoren van alle eeuwigheid wordt de kinderen van God een glansrijke eeuwigheid in het verschiet gesteld.

Klaagliederen

3:21-25 Algemene aantekening:

21 Toch geef ik de hoop niet op, want hieraan houd ik vast:

22 Genadig is de HEER: wij zijn nog in leven! Zijn ontferming kent geen grenzen.

23 Elke morgen schenkt hij nieuwe weldaden. –Veelvuldig blijkt uw trouw!

24 Ik besef: mijn enig bezit is de HEER, al mijn hoop is op hem gevestigd.

25 Goed is de HEER voor wie hem zoekt en alles van hem verwacht.

*Net als in het leven van Job, wil de Here ons na alle ellende een omkering ten goede geven. Maar dan moeten we vooral op het vers letten, dat de Here goed is voor hen die het van Hem verwachten, en voor de ziel die Hem zoekt. Maar als we er een potje van maken, moeten we niet menen dat we het leven kunnen liefhebben en gelukkige dagen kunnen zien.

3:27-28

27 Goed is het als een mens zijn juk draagt in zijn jeugd.
28 Laat hij neerzitten, eenzaam en geduldig, als het hem
wordt opgelegd.

*Deze verzen komen ook met een belofte voor hen die
nog jong zijn. Jonge mensen kunnen het in de pubertijd
heel moeilijk hebben, maar waarschijnlijk niet zo moeilijk
als in deze verzen en verdere. De belofte is: Dat we
leren vechten voor onszelf. En dat de Here dat zal
zegenen, als we tenminste niet opstandig worden.

Ezechiël

10:18-19

18 Toen ging de stralende verschijning van de HEER weg bij de tempelingang en kwam tot stilstand boven de cherubs.

19 Ik zag dat ze hun vleugels spreidden, in beweging kwamen en van de grond opstegen met de wielen naast zich. Ze gingen bij de oostelijke poort van de tempel van de HEER staan, en de stralende verschijning van de God van Israël rustte op hen.

*Er kan een tijd komen dat Gods geduld opraakt en dat Hij een mens of een bepaalde groep, of een hele kerk zelfs, of een familie, verlaat en hen in hun eigen sop gaar laat koken. In dit geval verliet de Here de tempel. Maar hoewel gelovigen, net als Simson, het kunnen verknoeien, kan toch op een gegeven moment de Here weer genade hebben. Maar laten we heel voorzichtig zijn dat we Zijn geduld niet op de proef stellen en de Heilige Geest niet bedroeven of zelfs uitdoven. Want hoewel we voor de eeuwigheid niet verloren hoeven te gaan, kan het toch zo zijn dat we het op aarde verknoeien.

16:52

52 Jij moet je vernedering nu dragen, omdat de zonden van je zusters bij jouw daden verbleken; je hebt je zo veel gruwelijker misdragen dan zij dat het wel lijkt of zij onschuldig zijn. Schaam je en onderga nu je vernedering, want door jou lijken je zusters haast rechtvaardig.

*Israël heeft het dus erger gemaakt dan Sodom die haar jongere zus wordt genoemd. Bederf van het beste is het slechtste, en zo kan het ons ook vergaan. Dit is in de middeleeuwen ook gebeurt en dat op grote schaal. En het gebeurt nog steeds in allerlei groeperingen. De Heer zegt dan ook: 'Waakt en bidt opdat gij niet in verzoeking komt. Want de geest is wel gewillig maar het vlees is zwak.

18:20-21

20 Iemand die zondigt zal sterven, maar een zoon hoeft niet te boeten voor de schuld van zijn vader, en een vader hoeft niet te boeten voor de schuld van zijn zoon; wie rechtvaardig is wordt als een rechtvaardige behandeld, en een slecht mens wordt voor zijn slechte daden gestraft.

21 Wie goddeloos leeft, maar zich afkeert van de zonden die hij heeft begaan, zich houdt aan al mijn geboden, mij trouw is en het goede doet, zal zeker in leven blijven en niet sterven.

*Paulus zegt en waarschuwt dat als we zondigen we sterven, maar dat bedoelt hij niet letterlijk in de meeste gevallen. Maar Johannes zegt dat er een zonde tot de dood is. En dan kunnen we denken aan mensen die zichzelf vernietigen met bepaalde levensstijlen. In dit vers echter wordt het letterlijk bedoeld. En zo zei de Here ook tegen de Farizeeërs, dat ze in hun zonden zouden sterven. En zo kunnen we ook denken aan het bedroeven en uitdoven van de Heilige Geest. Paulus heeft het ook over iemand, christenen, die al hun werken verliezen, omdat ze waardeloos zijn of omdat ze hun goede werken verworpen hebben. En zij worden als door het vuur gered. Eens behouden altijd behouden geldt ook voor hen, maar ze zullen geen beloning krijgen. En zo staat er in de brief aan Filadelfia dat we op moeten passen dat we onze kroon niet verliezen.

22:30

30 Ik heb gezocht naar iemand die een muur om de stad kon bouwen, die voor het land in de bres wilde springen opdat het niet zou worden vernietigd–maar zo iemand heb ik niet gevonden.

*Uit de brief aan Laodicea, in Openbaring 3, weten wij dat ook voor de christenheid de maat eens vol zal zijn. Dit blijkt ook uit Romeinen 10. De christenheid zal geen hemelwaardse triomf kennen. Ook voor ons zal het schriftwoord gelden; Wanneer Ik terugkom, zal Ik nog wel geloof aantreffen? De christenheid eindigt in een halfhartige lauwe toestand. En het zal duidelijk zijn voor de wereld dat wij gefaald hebben. Toch, hoewel wij falen, Hij blijft getrouw en zal tot Zijn doel komen. Het christendom faalt maar de boodschap van Christus niet.

30:3

3   Nabij is de dag,
    nabij is de dag van de HEER !
    Een dag van wolken zal het zijn,
    de dag van het oordeel over de volken.

*De tijd van de volkeren wordt daarmee bedoeld; De Dag van de Here waarin Hij zijn toorn over de aarde giet, zoals beschreven in de profeten en het boek Openbaring. De Here God oordeelt de mensen niet alleen individueel, maar ook collectief zoals ieder van de volkeren en die allen bij elkaar als de bewoonde wereld. De Here God heeft de wereld wel liefgehad zodat Hij zijn Zoon gegeven heeft, maar ze hebben Hem verworpen, en het oordeel zal hen toch treffen. Net als bij de stad Nineve die alleen maar tijdelijk tot bekering kwamen. Zoiets staat ook beschreven in Hebreeën 6. We moeten dus goed begrijpen dat als iemand niet tot bekering is gekomen, hij geoordeeld zal worden naar zijn daden.

31:8

8   Zelfs in de tuin van God was er geen ceder als hij,
    geen cipres met zulke takken,
    geen plataan met zulke twijgen,
    in de tuin van God was er geen boom zo mooi als hij.

*We begrijpen dat in Jesaja 14 en Ezechiël 28 er duidelijke verwijzingen zijn naar de val van Satan. Het lijkt erop dat dat min of meer indirect hier ook het geval is. Het oordeel over Satan wordt voltrokken aan hem in diverse stadia. Eerst is er zijn val. Waarna hij op de aarde geworpen wordt, waarvan de Here zei dat Hij de Satan als een bliksem op aarde geworpen had gezien. In de toekomst wordt hij ook nog in de bodemloze put gebonden, om vervolgens in de poel van vuur geworpen te worden.

33:13

13 Als ik tegen hem zeg dat hij in leven zal blijven en hij, vertrouwend op zijn rechtvaardigheid, begaat onrecht, dan zullen al zijn goede daden niet meer tellen, maar zal hij sterven door het onrecht dat hij begaan heeft.

*Ik ben bang dat dit ook een waarschuwing voor ons is. En dat een christen, hoe goed hij ook begint en al doet hij twintig jaar goed werk, maar als hij dan van het pad afraakt dan is hij niet verloren voor de eeuwigheid; maar hij wordt zoals Paulus waarschuwt als door het vuur gered. Hij heeft immers zijn vorige werken verworpen en staat er niet meer achter. Vergelijk de gelijkenis van de twee zonen waarvan de één niet voor zijn vader wilde werken, maar het daarna toch deed.

47:1-5

1 Toen bracht de man mij terug naar de ingang van de tempel. Daar zag ik water onder de drempel van de tempel vandaan komen. Het stroomde naar het oosten, want de voorkant van de tempel lag op het oosten. Het water liep van onder de rechter buitenmuur van de tempel, ten zuiden van het altaar, naar beneden.

2 Hij nam mij door de noordpoort mee naar buiten en we liepen buitenom naar de oostelijke buitenpoort. Daar zag ik het water aan de rechterkant eruit sijpelen.

3 Met een meetlint in zijn hand ging de man naar het oosten, en hij mat 1000 el. Daar liet hij mij door het water waden: het water kwam tot mijn enkels.

4 Hij mat nog eens 1000 el en liet me weer door het water waden: het water kwam tot mijn knieën. Hij mat nog eens 1000 el en liet me er weer door waden: het water kwam tot mijn heupen.

5 Hij mat nog eens 1000 el en toen was het water een rivier waar ik niet doorheen kon waden. Het water was zo hoog dat je er alleen in zwemmen kon, het was een ondoorwaadbare rivier.

*Water in de Bijbel is vaak een beeld van de Heilige Geest Die het woord van God toepast op onze harten. We zien hier dat het water steeds hoger reikt. Eerst tot aan de enkels, dan tot aan de knieën, enzovoort. Dit wordt wel vergeleken met geestelijke groei. Zo ook de geschiedenis van Ruth die steeds meer graan krijgt. En uiteindelijk de eigenaar van het landgoed als bruidegom trouwt. En zo zal eens de Kerk één worden met Christus.

Daniël

*Algemene opmerking: Daniël is een prachtig voorbeeld van een gelovige in een afvallige religieuze omgeving, waar hij de gulden middenweg moet vinden tussen aan de ene kant het dienen van de Here en aan de andere kant het dienen van de autoriteiten. Het moge duidelijk zijn dat voor Daniël, net als voor de apostelen in het boek Handelingen, het belangrijker was om gehoorzaam te zijn aan de Here. Er is een lied dat de woorden bevat: 'Weest gij ook als een Daniël, want die staat niet alleen'. Mogen wij zijn voorbeeld volgen.

2:45

45 ...precies zoals u zag dat er een steen van de berg losraakte zonder dat er een mensenhand aan te pas kwam, en het ijzer, brons, leem, zilver en goud verbrijzelde. De grote God heeft de koning laten weten wat er in de toekomst te gebeuren staat. De droom is waar, en de uitleg betrouwbaar.'

*De belofte hier is, dat wanneer alle vormen van regeringen een kans zullen hebben gehad en gefaald zullen hebben; dat dan de Here Jezus als de Rots Die van God vandaan komt, een eeuwig Koninkrijk zal stichten.

3:27

27 De satrapen, stadhouders, gouverneurs en raadsheren van de koning drongen naar voren. Ze bekeken de mannen en zagen dat het vuur geen vat had gekregen op hun lichaam. Geen haar op hun hoofd was verschroeid, hun jassen waren nog heel, er hing zelfs geen brandlucht om hen heen.

*De belofte hierin is dat we voor de Here Jezus moeten kiezen met heel ons hart. en wanneer we dat doen kan het gebeuren dat we ons leven verliezen. En dat we ter dood gebracht worden, letterlijk. Maar het kan ook dat de Here ons spaart. En in beide gevallen zullen wij een getuigenis zijn. Laten wij daarom dit voorbeeld volgen wanneer het er op aankomt.

7

1 (1–2) In het eerste jaar van koning Belsassar van Babylonië had Daniël een droom, beelden kwamen in hem op tijdens zijn slaap. Hij schreef die droom op en zijn verslag begon aldus:
'Ik had een nachtelijk visioen waarin ik zag hoe de vier winden van de hemel de grote zee in beroering brachten.
2
3 Vier grote dieren rezen op uit de zee, elk met een andere gestalte.

341

4 Het eerste dier leek op een leeuw, maar dan met adelaarsvleugels. Ik zag hoe zijn vleugels werden uitgerukt, hoe het dier werd opgetild, op twee voeten overeind werd gezet als een mens en ook het hart van een mens kreeg.

5 Toen verscheen er een tweede dier; het leek op een beer en het had zich half opgericht. Het hield drie ribben tussen de tanden van zijn muil, en het dier werd aangespoord met de woorden: "Sta op, eet veel vlees."

6 Daarna zag ik een ander dier; het leek op een panter, maar dan met vier vogelvleugels op zijn rug, en het had ook vier koppen. Dit dier werd macht toebedeeld.

7 Daarna zag ik in mijn nachtelijke visioenen een vierde dier, angstaanjagend, afschrikwekkend en geweldig sterk, met grote ijzeren tanden. Het vrat en vermaalde alles, en wat overbleef vertrapte het met zijn poten. Het verschilde van alle dieren die daarvoor verschenen waren, en het had tien horens.

8 Toen ik naar de horens keek zag ik hoe een kleine, nieuwe horen tussen de andere opkwam; drie van de oude horens werden uitgerukt om er plaats voor te maken. En in die horen bevonden zich ogen als mensenogen en een mond vol grootspraak.

9 Ik zag dat er tronen werden neergezet en dat er een oude wijze plaatsnam. Zijn kleed was wit als sneeuw, zijn hoofdhaar als zuivere wol. Zijn troon bestond uit vuurvlammen, de wielen uit laaiend vuur.

10 Een rivier van vuur welde op en stroomde voor hem uit. Duizend maal duizenden dienden hem, tienduizend maal tienduizenden stonden voor hem. Het hof nam plaats en de boeken werden geopend.

11 Ik zag hoe het dier werd gedood vanwege de grootspraak van de horen, ik zag hoe zijn lichaam werd vernietigd en aan de vlammen werd prijsgegeven.

342

12 De andere dieren werd wel hun macht ontnomen, maar hun werd nog enige tijd van leven gegund.

13 In mijn nachtelijke visioenen zag ik dat er met de wolken van de hemel iemand kwam die eruitzag als een mens. Hij naderde de oude wijze en werd voor hem geleid.

14 Hem werden macht, eer en het koningschap verleend, en alle volken en naties, welke taal zij ook spraken, dienden hem. Zijn heerschappij was een eeuwige heerschappij die nooit ten einde zou komen, zijn koningschap zou nooit te gronde gaan.

15 Ik, Daniël, was tot in het diepst van mijn gemoed geraakt; de visioenen die door mijn hoofd gingen brachten mij in verwarring.

16 Ik wendde me tot een van de omstanders en vroeg hem naar de ware betekenis van dit alles. Hij gaf mij deze verklaring:

17 "Die grote dieren, vier in getal, duiden op vier koningen die uit de aarde zullen opkomen.

18 Daarna zullen de heiligen van de hoogste God het koningschap ontvangen, en zij zullen het koningschap altijd behouden–voor eeuwig en altijd."

19 Toen wilde ik de ware betekenis weten van het vierde dier, dat anders was dan alle andere, buitengewoon angstaanjagend met zijn ijzeren tanden en bronzen klauwen, dat alles vrat en vermaalde en wat overbleef met zijn poten vertrapte;

20 en de betekenis van de tien horens op zijn kop en van de nieuwe horen die opkwam, waarvoor er drie moesten wijken–de horen met ogen en een mond vol grootspraak die er groter uitzag dan de andere.

21 Ik had immers gezien hoe die horen strijd voerde tegen de heiligen en hen overwon,

22 totdat de oude wijze kwam, er recht werd verschaft aan de heiligen van de hoogste God en de tijd aanbrak dat de heiligen het koningschap in bezit kregen.

23 Hij zei: "Dat vierde dier duidt op een vierde koninkrijk dat op aarde zal komen, anders dan alle andere koninkrijken, en dat de hele aarde zal verslinden, vertrappen en vermorzelen.

24 Die tien horens duiden op tien koningen die uit dat koninkrijk zullen opstaan, maar na hen zal een andere opstaan, anders dan alle vorige, en deze zal drie koningen ten val brengen.

25 Hij zal in opstand komen tegen de hoogste God, en de heiligen van de hoogste onderdrukken. Hij zal proberen hun feesten en hun wet te veranderen, en zij zullen aan zijn heerschappij zijn overgeleverd voor één tijd, een dubbele tijd en een halve tijd.

26 Dan zal het hof plaatsnemen en zal hem zijn heerschappij ontnomen worden, hij zal voor eeuwig verdelgd en vernietigd worden.

27 Het koningschap, de heerschappij en de grootheid van alle koninkrijken onder de hemel zullen gegeven worden aan het volk van de heiligen van de hoogste God. Zijn koningschap is een eeuwig koningschap en alle machten zullen hem dienen en gehoorzamen."

28 Hier eindigt mijn verslag. Wat mij, Daniël, betreft, mijn gedachten brachten mij geheel in verwarring en ik werd bleek; ik koesterde die woorden in mijn hart.'

*In dit hoofdstuk zien wij maar weer eens, dat God de toekomst precies kent. Dit is een belofte en een troost voor ons. Wij weten niet wat de toekomst ons zal brengen. Maar we weten Wie de toekomst in handen heeft.

9:15

15 Nu dan, Heer, onze God, die uw volk met krachtige hand uit Egypte hebt weggeleid en daarmee uw naam hebt gevestigd tot op deze dag–wij hebben gezondigd, wij hebben ons misdragen.

*Wij zien hier dat Daniël zich één maakt met de zondigheid van het hele volk. Hij ziet zich zelf niet als een onschuldige partij, hij weet drommels goed dat hij in wezen niet beter is dan anderen. En zo moeten wij niet menen dat we onschuldige buitenstaanders zijn. Maar we moeten ons vernederen onder de Machtige hand van God, opdat Hij ons te zijner tijd kan verhogen.

Hosea

4:6

6 Mijn volk komt om doordat het met mij niet vertrouwd is. Jij wilde het niet met mij vertrouwd maken, daarom wil ik niets meer met jou te maken hebben: je zult mij niet meer als priester dienen. Jij hebt de wet van je God verwaarloosd, daarom zal ik jouw kinderen verwaarlozen.

*Een voorbeeld van gebrek aan kennis is het idee dat de scheppingsdagen langere periodes zijn geweest. En men haalt dan teksten aan als 'duizend jaren zijn als één dag bij de Here', terwijl de leeftijd van Adam gewoon wordt genoemd. Hij was namelijk nog geen duizend jaar oud geworden. En als deze theorie waar zou zijn, want Adam en Eva werden op de zesde dag gemaakt, dan zouden ze een paar duizend jaar oud geworden zijn. En zo slaat de duivel een wig tussen ons en de Here, en worden we onwetend en dan kan men ons van alles en nog wat wijs maken. En het resultaat is dat we steeds meer dingen zullen loslaten, waar we eens in geloofd hebben.

5 Algemene aantekening:

1 Luister, priesters! Hoor toe, oudsten van Israël! Leden van het hof, luister aandachtig! De rechtspraak is toch aan jullie toevertrouwd? Maar in Mispa hebben jullie mijn volk in de val gelokt, op de Tabor je netten voor hen uitgespreid;

2 een diepe kuil van ontrouw hebben jullie gegraven. Maar ik zal jullie leren, allemaal!

3 Ik kende Efraïm, Israël lag mij na aan het hart; maar nu is Efraïm overspelig geworden, Israël heeft zich besmeurd.

4 Hun daden verhinderen hen terug te keren naar hun God: ze zijn bezeten van ontucht, waardoor de HEER een vreemde voor hen geworden is.

5 Israëls hoogmoed zal tegen hemzelf getuigen, Efraïm komt door zijn wandaden ten val; zelfs Juda wordt in zijn val meegesleept.

6 Als ze dan met hun schapen, geiten en runderen op weg gaan om de HEER te zoeken, zullen ze hem niet vinden: hij zal zich voor hen verborgen houden.

7 Ze zijn de HEER ontrouw geweest en hebben bastaardkinderen voortgebracht. Maar vóór nieuwemaan worden ze met hun akkers verslonden.

8 Blaas de ramshoorn in Gibea, steek de trompet in Rama, sla alarm in Betel: 'Te wapen, Benjamin!'

9 Efraïm zal een schrikbeeld worden als de dag van de vergelding komt; wat ik over de stammen van Israël afkondig is onafwendbaar.

10 Nu al stillen de Judese bevelhebbers hun landhonger. Maar ik stort mijn woede als een vloed over hen uit.

11 Efraïm wordt verdrukt en het recht wordt verkracht, omdat het volk onverstoorbaar achter machten van niets aan liep.

12 Als een etterwond ben ik voor Efraïm, voor het volk van Juda als beenrot.

13 Toen Efraïm merkte hoe ziek het was, en Juda zijn zwerende wonden zag, wendde Efraïm zich tot Assyrië om hulp te zoeken bij koning Kemphaan. Maar die kan geen genezing brengen, die heeft geen middel tegen hun kwalen.

14 Want ik ben het die Efraïm aanvalt als een leeuw, als een sterke leeuw keer ik mij tegen het volk van Juda: ikzelf zal hen verscheuren, ik zal hen wegslepen, en niemand die hen redden kan.

15 Ik ga terug naar de plaats waar ik woon, totdat ze voor hun daden geboet hebben en mij weer gaan zoeken. Door de nood gedreven zullen ze weer naar mij vragen.

*In het Nieuwe Testament staan ernstige woorden wat religieuze leiders betreft. Vele van hen zijn de weg van Kaïn gegaan, doen mee met de opstand van Datan en Abiram en hebben het loon van Biliam lief gekregen. Dit komt ook omdat de meeste mensen de waarheid niet meer willen horen. Dat staat ook in het Nieuwe Testament. Nu, Kaïn had een religie zonder bekerring. Datan en Abiram kwamen in opstand tegen de religieuze autoriteit van God. En Biliam verdiende eraan om het volk te verleiden.

14:10

9 (14:10) Wie inzicht heeft doorgrondt deze woorden, wie wijs is neemt ze ter harte. Want de wegen van de HEER zijn recht: wie rechtvaardig is verlaat ze niet, maar wie zich verzet komt ten val.

*Dit vers kan ook op ons toegepast worden in onze tijd. Zondaren ergeren zich aan God, en struikelen over wat Hij te zeggen heeft. Daarom staat er ook,'Een ziend oog en een horend oor, die beide heeft de Here gemaakt' Dit laatste vers van Hosea wijst ons er weer op dat we moeten smeken om ware wijsheid en schranderheid.

Joël

1:6-7 Algemene aantekening:

6 Mijn land is ten prooi aan een volk,
een machtig volk zonder tal,
met tanden als van een leeuw,
geweldige kaken als van een leeuwin.

7 Het maakte dode takken van mijn wijnstok
en brandhout van mijn vijgenboom:
naakt en kaal zijn ze, omvergehaald,
de wijnranken zijn verbleekt.

*In het boek Richteren en in het algemeen in de geschiedenis van Israël, als ze ontrouw werden aan de Here, zond God een vijand om ze te tuchtigen. Zo ook hier. Maar wij moeten niet menen dat we beter zijn. Door de geschiedenis van de christenheid heen hebben wij keer op keer gefaald. En dan zond God een dwaalleer. Maar Hij heeft ook in Zijn genade steeds weer trouwe profeten gezonden. Mogen wij ook trouw zijn.

Amos

2:12

12 Maar jullie gaven de nazireeërs wijn te drinken, en tegen de profeten hebben jullie gezegd: 'Jullie mogen niet profeteren.'

*Evenals de Israëlieten de profeten verboden om namens God te spreken, zo willen de meeste christenen vandaag aan de dag niet echt meer luisteren. Paulus zegt dat ze jeukende oren hebben, en zich hun eigen leraren uitkiezen, en dat ze zich tot de fabelen zullen wenden; net zoals de Grieken vroeger hun eigen mythen hadden. Als men de waarheid niet wil, zal men vanzelf de leugen geloven.

3:3

3 Gaan er ooit twee samen op weg zonder bij elkaar te zijn gekomen?

*Als collectief hebben christenen een verantwoordelijkheid naar God toe en elkaar. Maar wij hebben er een puinhoop van gemaakt, door te ruziën en te redetwisten over van alles en nog wat. We moeten echter van de weeromstuit niet fundamentele waarheden gaan geringschatten of zelfs verdoezelen ter wille van een oppervlakkige samenhorigheid. We moeten trachten de ware balans te houden tussen genade en waarheid.

4:12b want ik ben het die tegen je zal optreden.

*Dit is een ernstige waarschuwing. Paulus zegt dat alle christenen voor de rechterstoel van Christus zullen verschijnen. Onze werken zullen getest worden door het vuur van Zijn oordeel. En als wij met hooi en stoppelen gebouwd hebben, dan zullen onze werken veroordeeld worden. En zullen wij geen loon hebben. Maar de belofte geldt hun, die met offeranden gekomen zijn van edelstenen, goud en zilver. En die een bestaan hebben geleid de Here waardig.

4:13a

13 De schepper van de bergen en de wind,
hij die de mens zijn plan onthult,

*Hoe goed is het als God een mens aan zichzelf doet ontdekken. David zei, wie kent zijn eigen overtredingen en verklaart mij onschuldig van mijn onbewuste dingen. En Jeremia zegt: Het hart is pervers meer dan enig ding. Ja, dodelijk ziek is het, wie zal het kennen.

5:4b

Zoek mij en leef!

*Dit is de oproep en de belofte van de Heiland. Dat wanneer we Hem gewillig zoeken en gehoorzaam zijn, dan mogen wij voor Zijn aangezicht leven.

5:14-15

14 Zoek het goede, niet het kwade. Dan zullen jullie leven, en dan zal de HEER, de God van de hemelse machten, met jullie zijn, zoals jullie altijd zeggen.
15 Haat het kwade, heb het goede lief en zorg dat er recht gedaan wordt in de poort. Misschien zal dan de HEER, de God van de hemelse machten, genade schenken aan wie er overgebleven zijn van Jozefs volk.

*Deze waarschuwing spreekt eigenlijk vanzelf. We moeten het goede zoeken en het kwade haten. Echter wat de dingen van God betreft, leven wij in een tijd waar men het goede kwaad noemt en het kwade goed. Welbewust van onze eigen zondigheid en falen, worden wij opgeroepen om te schijnen als lichten temidden van een verkeerd en verdraaid geslacht.

5:25-26

25 Israëlieten, hebben jullie mij die veertig jaar in de woestijn ooit zulke offers en gaven gebracht?
26 Nu zullen jullie de beelden die jullie zelf gemaakt hebben–je koning Sakkut en je sterrengod Kewan–met je mee moeten dragen,

*De Here gaf het huis van Israël de Tabernakel en een offerdienst. Die hebben zij verwaarloosd. En in plaats daarvan dienden ze een afgod met beelden en zelfs een tabernakel. Zo is het ook met ons. Stefanus zei tegen de Joden 'Jullie wederstaan de Heilige Geest voortdurend'. En zo hebben wij zelf altijd onze eigen afgoden en dwaalleringen gehad. En de Eredienst met tekenen van wijn en brood die in het boek Handelingen nog elke zondag plaats vond, hebben wij verwaarloosd of er een lege traditie van gemaakt.

6:4

4 Jullie liggen maar op je ivoren bedden, hangen op je divans, eten lammeren uit de kudde en kalveren uit de stal.

*In dit vers hebben we het toppunt van materialisme. Maar zoals we in dit boek diverse keren kunnen lezen, ging dit altijd ten koste van de armen. Die nota bene nog bedrogen werden ook. Ze werden niet alleen minderwaardig behandeld, maar ook nog met onterechte gewichten van de weegschaal bedrogen. En het ergste was dat God geen eer kreeg. Laten we niet vergeten dat wanneer we God de eer niet geven, we de mensen ook geen eer geven. En als dat er wel op lijkt, is het meestal lege vleierij. Laten we er goed aan denken dat het eerste gebod gelijk is aan het tweede. God liefhebben boven alles en je naaste.

354

Obadja

Algemene aantekening:

1 De profetie van Obadja.
De HEER heeft een bode gestuurd naar alle volken; ook wij hebben zijn boodschap gehoord: 'Kom, laten we ten strijde trekken tegen Edom!'
Dit is wat God, de HEER, over dat volk zegt:

2 Ik maak van jou een onbeduidend volk,
veracht door iedereen.

3 Door je hoogmoed heb je je laten verleiden:
hoog woon je, hoog in de rotskloven,
daar heb je je huis gebouwd,
en je denkt: Wie haalt mij naar beneden?

4 Maar al vlieg je zo hoog als een adelaar,
al bouw je je nest in de sterren,
dan nog haal ik je neer–
spreekt de HEER.

5 Komen er dieven, rovers in de nacht–
ze stelen alleen wat hun van pas komt.
Maar Edom, jij bent leeggeroofd!

En komen er druivenplukkers–
niet alle trossen snijden ze af.

6 Maar Esaus volk is uitgeschud,
zijn schuilplaatsen geplunderd!

7 Bondgenoten verdreven je uit je eigen land,
vrienden hebben je verraden en verslagen,
tafelgenoten lokken je in de val,
en je blijft verbijsterd achter.

8 De dag komt–spreekt de HEER –dat ik de wijzen in
Edom zal doden, zodat er in het bergland van Esau
niemand meer is met enig verstand.

9 De helden van Teman zullen verlamd staan van schrik;
in het bergland van Esau wordt iedereen omgebracht,
niemand blijft in leven.

10 Je hebt je tegen het volk van Jakob gekeerd, geweld
gebruikt tegen je eigen broeder. Daarom zul je met
schande worden overdekt en voor altijd worden
uitgeroeid.

11 Op de dag dat je toekeek hoe andere volken de
bezittingen van je broeder wegsleepten, hoe
vreemdelingen de stadspoorten binnengingen en het
lot wierpen over Jeruzalem, toen was jij zoals zij.

12 Die dag had je je niet mogen verlustigen in de
rampspoed die je broeder trof, je had je niet mogen
verheugen over de ondergang van het volk van Juda,
en op die dag van angst had je hen niet mogen
bespotten.

13 Die dag had je de poorten van de stad niet binnen
mogen gaan, je had je op die dag van onheil niet
mogen verlustigen in het kwaad dat mijn volk werd
aangedaan, en op die dag van ongeluk had je je niet
mogen vergrijpen aan hun bezittingen.

14 Op die dag van angst had je de mensen die vluchtten de weg niet mogen versperren om ze te doden, en hen die ontkomen waren niet mogen uitleveren.

15 Maar de dag van de HEER is nabij voor alle volken; dan zal met jou gedaan worden wat jij met hen gedaan hebt, dan zullen je daden op je eigen hoofd neerkomen.

16 Zoals jullie, volk van Jakob, op mijn heilige berg de beker van mijn woede moesten drinken, zo zal ieder volk die drinken. Ze zullen moeten drinken tot ze niet meer kunnen, en het zal zijn alsof ze nooit hadden bestaan.

17 Maar jullie vinden een toevlucht op de Sion; de Sion wordt weer een heilige plaats. Het volk van Jakob zal zijn bezetters verjagen:

18 Jakobs volk zal het vuur zijn, Jozefs volk de vlam, en het volk van Esau de stoppels. De stoppels gaan in vlammen op, het vuur zal ze verteren, en niemand van Esaus volk zal ontkomen–de HEER heeft gesproken.

19 Het volk van Jakob zal de Negev en het bergland van Esau in bezit nemen, het heuvelland en het gebied van de Filistijnen, en ook de gebieden van Efraïm en Samaria, en Benjamin en Gilead.

20 De ballingen uit Israël, een legermacht geworden, zullen het land van de Kanaänieten veroveren tot aan Sarefat, en de ballingen uit Jeruzalem, nu nog in Sefarad, zullen de steden van de Negev in bezit nemen.

21 Bevrijders zullen de Sion opgaan en regeren over het bergland van Esau–en aan de HEER zal het koningschap toebehoren.

*We zien in dit boek en in de Bijbel in het algemeen, dat God alles bijhoudt. En zoals Hij de volkeren

357

beschouwde, en nog beschouwt, naar hun houding tegenover Israël, zo doet Hij dat ook tegenover christenen. Het is zelfs zo, dat als je één van Zijn kinderen een verfrissend glas water geeft, dan zul je daarvoor je loon krijgen.

Jona

4:1

1 Dit wekte grote ergernis bij Jona en hij werd kwaad.

*Salomo houdt het ons voor dat we ons niet moeten verheugen wanneer Gods Hand onze vijand treft. En zo ook Jona hier wordt boos wanneer God genadig is. Ja de Here Jezus houdt het ons voor dat we onze vijanden zelfs lief moeten hebben. En Salomo zei al; Dat wanneer onze vijand honger en dorst heeft dat we hem daarin tegemoet moeten komen.

4:11

11 ...zou ik dan geen verdriet hebben om Nineve, die grote stad, waar meer dan honderdtwintig-duizend mensen wonen die het verschil tussen links en rechts niet eens kennen, en dan nog al die dieren?'

*Het kennen van het onderscheidt tussen rechts en links kunnen wij wellicht interpreteren als duidende op de zogenaamde leeftijd van verantwoordelijkheid. Wanneer kinderen een bepaald bewust zijn krijgen worden ze verantwoordelijk geacht voor God te kiezen. We kunnen overigens gerust aannemen dat wanneer ze dat bewustzijn nog niet hebben, ze naar het paradijs gaan; mochten ze komen te overlijden. Daarom zegt de Here Jezus: 'Laat de kindertjes tot Mij komen en verhindert ze niet.' Let goed op dat Hij niet zegt kinderen, maar kindertjes. Wanneer kinderen beginnen te praten, moeten we ze dus al bij de Here Jezus brengen. Door liefde te tonen, ze goed te verzorgen en ze met versjes en verhaaltjes op Hem te wijzen. Laten we hier niet in falen en er ons niets van aantrekken als de wereld dit indoctrinatie vindt.

Micha

4:7

7 De kreupelen zal ik sparen,
van de verdrevenen maak ik een groot volk,
en op de Sion zal de HEER hun koning zijn,
van nu tot in eeuwigheid.

*Dit is ook een belofte voor de zwakke christenen, die
misschien denken dat ze niet echt geschikt zijn om de
Here te dienen. Maar wat voor gebrek je ook hebt, doe
wat je hand vindt om te doen. En de Here zal het vroeg
of laat zegenen.

7:18-20

18 Wie is een God als u,
die schuld vergeeft
en aan zonde voorbijgaat?
U blijft niet woedend
op wie er van uw volk nog over zijn;
liever toont u hun uw trouw.

19 Opnieuw zult u zich over ons ontfermen
en al onze zonden tenietdoen.
Onze zonden werpt u in de diepten van de zee.

20 U bewijst Jakob uw trouw
en Abraham uw goedheid,
zoals u gezworen hebt aan onze voorouders,
in de dagen van weleer.

*Deze verzen mag iedereen toepassen op zichzelf. Iedereen die de Here vertrouwt op zijn woord. Ergens anders staat vermeld, dat God geen behagen heeft in de dood van een goddeloze. En weer ergens anders staat dat God wil dat alle mensen behouden worden. Maar wij weten dat er maar één naam is door wie wij tot de Vader kunnen naderen, namelijk de naam van Jezus, Hij heeft voor ons betaald. En zoals hier staat, zal Hij onze zonden in de vergetelheid van de diepte van de zee werpen.

Nahum

1:6

6 Wie houdt zich staande in zijn toorn?
Wie houdt stand in de gloed van zijn woede?
Zijn woede is als een laaiend vuur,
rotsen spatten voor hem uiteen.

*In het Nieuwe Testament zegt Paulus dat het een
verschrikkelijk ding is om in de handen van de levende
God te vallen. Dit is omdat God absoluut Heilig is... Veel
mensen zijn onverschillig, omdat God niet gelijk straft.
Ja wij mensen kunnen vervuld zijn van dwaasheid en
liederlijkheid, juist omdat God zo geduldig is. Maar eens
komt de afrekening. Gelukzalig hij of zij die in deze zaak
op het werk van de Here Jezus vertrouwt.

Habakuk

1:3b-4

Ik zie slechts verwoesting en geweld,
opkomende twist en groeiende tweedracht.

4 De wet wordt ondermijnd,
het recht krijgt niet langer zijn loop,
de wettelozen verdringen de rechtvaardigen,
het recht wordt verdraaid.

*Wat hier staat kan je ook op de christenheid toepassen.
Dit wordt tegen de joden gezegd. Maar wij moeten het
als een waarschuwing ter harte nemen. De armen zijn
altijd al verdrukt, kinderen en vrouwen misbruikt of
verwaarloosd. En d 'r is altijd veel twist en onenigheid
geweest. En vanwege zulke dingen kan God ons niet
goed zegenen.

2:4b

...de rechtvaardige zal leven door zijn trouw.

*Deze woorden worden in het Nieuwe Testament
aangehaald (waar het vertaald wordt in het Grieks met

'geloof') en wijzen erop dat we niet teveel volgens ons verstand moeten leven. Het blijft een kwestie van geloof, om elke dag weer op de Here te vertrouwen, en zo je leven te leiden. Maar als wij trouw blijven is er de belofte van de Zegen.

Sefanja

1:5

5 Ik zal wegvagen wie op het dak knielt voor het
sterrenleger aan de hemel, wie knielt voor de HEER en
trouw aan hem zweert, maar tegelijk ook aan Milkom.

*Dit kunnen we ook op ons zelf toepassen. Aan de ene
kant zeggen wij: 'Moge de wil van de Here geschieden'.
Maar aan de andere kant zweren we bij de Mammon.

3:5

5 Maar de HEER is in haar midden, hij is rechtvaardig,
hij doet geen onrecht.
Iedere ochtend wanneer het licht wordt
spreekt hij recht, en nooit ontbreekt hij.
Maar wie onrecht doet, kent geen schaamte.

*De belofte in dit vers is dat de Here ons altijd trouw wilt
zijn, elke morgen weer. Paulus zegt: 'Als wij Hem
ontkennen, ontkent Hij ons ook'. Maar dan vervolgt hij:
'Als wij ontrouw zijn Hij blijft getrouw. Want Hij kan
zichzelf niet ontkennen.'

Haggai

1:2-6

2 'Dit zegt de HEER van de hemelse machten: Dit volk beweert dat de tijd nog niet gekomen is om de tempel van de HEER weer op te bouwen.

3 Maar, 'zo sprak de HEER bij monde van de profeet Haggai,

4 'is de tijd dan wel gekomen om zelf in mooi afgewerkte huizen te wonen? En dat terwijl mijn huis nog een ruïne is!

5 Nu dan–dit zegt de HEER van de hemelse machten: Welke weg zijn jullie ingeslagen? Denk toch na!

6 Jullie hebben veel gezaaid maar weinig geoogst; jullie eten maar raken nooit verzadigd, jullie drinken maar nooit is het genoeg, jullie kleden je maar krijgen het nooit warm; de dagloner krijgt zijn geld maar het verdwijnt in een beurs vol gaten.

*Als we dit geestelijk op ons zelf toepassen, dan ligt hierin zowel een waarschuwing als een belofte. Wanneer we de Kerk verwaarlozen als Gods tempel en die niet collectief opbouwen, kan de Here ook niet veel zegen geven; want we zijn van elkaar afhankelijk. Net als in onze tijd, was ook hier sprake van materialisme en

waren ze druk bezig om hun eigen huizen te bouwen,
Laat dit ons tot waarschuwing strekken.

1:12b-13
12b

...luisterden naar de oproep die de HEER, hun God, had gedaan; ze luisterden naar de woorden van de profeet Haggai, die door de HEER, hun God, gezonden was. En het volk werd vervuld van vrees voor de HEER.

13 Maar Haggai, de bode van de HEER, zei in opdracht van de HEER tot het volk: 'Ik ben bij jullie–spreekt de HEER.'

*Laat dit een belofte voor ons zijn dat wanneer we de Here vrezen en naar hem luisteren die het woord brengen, dat de Here dan met ons zal zijn.

2:5-6

4 Maar houd vol, Zerubbabel–spreekt de HEER –,houd vol, Jozua, zoon van Josadak en hogepriester; jullie allen, bewoners van dit land, houd vol! –spreekt de HEER. Werk door, ik ben bij jullie–spreekt de HEER van de hemelse machten.

5 Dat heb ik jullie beloofd toen jullie wegtrokken uit Egypte; ik zal steeds in jullie midden aanwezig zijn, wees dus niet bevreesd.

*Laat dit een belofte voor ons zijn dat wanneer we onze moed verzamelen en ons sterk maken in de Here Hij met ons zal zijn en ons zal zegenen. En dat we niet bang hoeven te zijn voor anderen.

2:13

12 Als iemand offervlees bij zich draagt in een plooi van zijn mantel, en deze plooi komt in aanraking met brood of met gekookt voedsel, met wijn, olie of met wat voor voedsel ook, wordt dat voedsel daardoor dan heilig?' 'Nee, 'antwoordden de priesters op deze vraag.

*Laat dit een geestelijke waarschuwing voor ons zijn de dingen van de Here heilig te houden en niet te vermengen met aardse dingen. Die overigens wel een plaats in ons leven hebben.

Zacharia

1:4/2:2/4:6

4 Wees niet als jullie voorouders. Toen de vroegere profeten hen in mijn naam opriepen om terug te keren van hun dwaalwegen en te breken met hun kwalijke praktijken, luisterden ze niet en gaven ze aan mijn woorden geen gehoor–spreekt de HEER.

2 (2:6) 'Waar gaat u heen?' vroeg ik, en hij antwoordde: 'Ik ga opmeten hoe groot Jeruzalem moet worden.'

6 Toen zei hij: 'Luister, dit zegt de HEER over Zerubbabel: Niet door eigen kracht of macht zal hij slagen–zegt de HEER van de hemelse machten–maar met de hulp van mijn geest.

*In deze verzen liggen voor ons ook een waarschuwing en een belofte. We moeten niet menen dat we het zo goed doen. Voor ons geldt ook dat we niet goed luisteren naar de profeten. En dat we maar heel zwak zijn in het gehoorzamen aan Gods voorschriften. Laat het ons een waarschuwing zijn dat de Here Jezus Jeruzalem mat, en zo meet Hij ook ons. Niet alleen als individu maar ook als gemeenschappen. En wanneer we ons zo aangesproken voelen, en in ons geweten getroffen voelen, dan richten we onze ogen naar boven en zeggen "Help ons" Here. En dan kunnen we de woorden, "Niet door kracht nog door geweld, maar door Mijn Geest" als een troostrijke belofte beschouwen.

4:10

10 Ook al hadden jullie in het begin geen vertrouwen in het werk, de ogen van de HEER zullen met welgevallen rusten op de gegraveerde steen in de handen van Zerubbabel. Die zeven lampen zijn de ogen van de HEER, die over de hele aarde rondgaan.

*Laat het ons een troost zijn wanneer we niet veel succes hebben. En als het lijkt dat we op de rotsen aan het ploegen zijn, dat de Here ook het kleine op prijs stelt. We hebben niet allemaal een roeping als Paulus. Sommigen zijn voor jaren aan een ziekbed gekluisterd, maar dan mogen ze bezig zijn om te bidden voor vele anderen.

8:16-17

16 Hier moeten jullie je aan houden: Spreek de waarheid tegen elkaar, bewaar de vrede door eerlijk en rechtvaardig recht te spreken;

17 ...wees er niet op uit om een ander kwaad te doen en laat je niet verleiden tot meineed, want daar heb ik een afkeer van–spreekt de HEER.'

*Deze verzen spreken voor zich. En je zou kunnen zeggen dat in de eerste plaats, als christenen, we eerlijk naar elkaar moeten zijn. En ook niet roddelen, al is het de waarheid. Maar het geldt ook dat we eerlijk naar de buitenwacht moeten zijn. Er staat zelfs dat we van te voren het goede moeten bedenken voor alle mensen. En het minste wat we kunnen doen is bidden voor de mensen die we kennen.

10:12

12 Met mijn hulp zullen ze onoverwinnelijk zijn, en zij zullen optrekken in mijn naam–zo spreekt de HEER.

*Moge dit vers ook bewaarheid worden in ons leven als christenen.

Maleachi

1:7

7 Jullie brengen verwerpelijk voedsel naar mijn tafel, en zeggen dan: 'Hoezo hebben wij u verworpen?' Door te beweren dat mijn altaar de moeite niet waard is!

*De tafel van de Here moet natuurlijk heilig in onze ogen zijn. Paulus zegt ook dat we onszelf moeten onderzoeken en zo deelnemen aan het Heilig Avondmaal. Zo niet, dan eet en drink je jezelf een oordeel. De tafel van de Here mag ook niet verontreinigd worden door verkeerde leringen. Afzondering is dus belangrijk.

2:14

14 En jullie vragen je af: Waarom toch? Omdat je de vrouw met wie je je leven deelde trouweloos behandeld hebt, de vrouw met wie je in je jeugd een verbintenis bent aangegaan, waarvan de HEER getuige is geweest.

*Het huwelijk is heilig in Gods ogen en wordt hier zelfs een verbond genoemd. Als men licht over het huwelijk denkt, wat trouwens ook alleen tussen een man en vrouw hoort te zijn en elkaar ontrouw wordt of de één de ander, dan haal je een vloek over jezelf. En die kan alleen weggenomen worden als je je zonden belijdt naar de Here toe en naar elkaar. Daarom zegt Paulus ook, belijdt elkaar jullie zonden. En bidt voor elkaar opdat jullie mogen genezen.

3:17-18

17 Op de dag die ik voorbereid–zegt de HEER van de hemelse machten–zullen zij mijn eigendom zijn. Ik zal hen sparen zoals je een kind spaart dat je gehoorzaam is.
18 Dan zullen jullie het verschil weer zien tussen rechtvaardigen en wettelozen, tussen mensen die God gehoorzamen en wie dat niet doen.

*Deze verzen kunnen ook op ons toegepast worden. In de eerste plaats geestelijk, en in de tweede plaats letterlijk.

Mattheus

1:22-23

22 Dit alles is gebeurd opdat in vervulling zou gaan wat bij monde van de profeet door de Heer is gezegd:

23 'De maagd zal zwanger zijn en een zoon baren, en men zal hem de naam Immanuël geven, 'wat in onze taal betekent 'God met ons'.

*De persoon van de Here Jezus is voor Zijn volgelingen één en al belofte. Vanaf Zijn conceptie tot aan Zijn hemelvaart. Ja en nu als onze Advocaat bij de Vader is Hij alles voor ons. Hij is inderdaad God met ons.

2:6

6 "En jij, Betlehem in het land van Juda, bent zeker niet de minste onder de leiders van Juda, want uit jou komt een leider voort die mijn volk Israël zal hoeden.'"

*Hierin ligt de grote belofte voor het volk Israël. Gods beloften aan Abraham zijn onberouwelijk en God zwoer zelfs bij Zichzelf. En we maken God dus een leugenaar als we beweren dat Israël voor altijd verworpen is. De Here Zelf zei dat God een God van de levenden is en niet van de doden. Dit geldt ook voor Israël als volk. Niet alleen voor de stam van Juda, maar voor alle twaalf stammen.

2:10,12

10 Toen ze dat zagen, werden ze vervuld van diepe vreugde.
12 Nadat ze in een droom waren gewaarschuwd om niet naar Herodes terug te gaan, reisden ze via een andere route terug naar hun land.

*Een waarschuwing die we misschien geestelijk kunnen toepassen op individuele mensen.

2:14-15

14 Jozef stond op en week nog diezelfde nacht met het kind en zijn moeder uit naar Egypte.
15 Daar bleef hij tot de dood van Herodes, en zo ging in vervulling wat bij monde van de profeet door de Heer is gezegd: 'Uit Egypte heb ik mijn zoon geroepen.'

*Hier zien we de Here Jezus dat Hij zich één maakt met zondaars die voor God kiezen. Dit is een zeer grote troost en belofte.

5:3-12

3 'Gelukkig wie nederig van hart zijn,
want voor hen is het koninkrijk van de hemel.

376

4 Gelukkig de treurenden,
want zij zullen getroost worden.

5 Gelukkig de zachtmoedigen,
want zij zullen het land bezitten.

6 Gelukkig wie hongeren en dorsten naar gerechtigheid,
want zij zullen verzadigd worden.

7 Gelukkig de barmhartigen,
want zij zullen barmhartigheid ondervinden.

8 Gelukkig wie zuiver van hart zijn,
want zij zullen God zien.

9 Gelukkig de vredestichters,
want zij zullen kinderen van God genoemd worden.

10 Gelukkig wie vanwege de gerechtigheid vervolgd worden,
want voor hen is het koninkrijk van de hemel.

11 Gelukkig zijn jullie wanneer ze je omwille van mij uitschelden, vervolgen en van allerlei kwaad betichten.

12 Verheug je en juich, want je zult rijkelijk worden beloond in de hemel; zo immers vervolgden ze vóór jullie de profeten.

*Dit zijn allemaal pure en grote beloften. Het zij terzijde opgemerkt dat arm van geest niet slaat op een verstandelijke handicap, maar op erkenning van onze geestelijke armoede. In deze verzen mogen we een ideale geestelijke groei zien.

5:19

19 Wie dus ook maar een van de kleinste van deze geboden afschaft en aan anderen leert datzelfde te doen, zal als de kleinste worden beschouwd in het koninkrijk van de hemel. Maar wie ze onderhoudt en dat aan anderen leert, zal in het koninkrijk van de hemel in hoog aanzien staan.

*Dit is een vrij ernstige waarschuwing. Er zijn christenen geweest die groots zijn begonnen. Maar daarna aan de Bijbel zijn gaan toornen en dingen zijn gaan verdraaien, als zouden ze niet meer van toepassing zijn.

5:20

20 Want ik zeg jullie: als jullie gerechtigheid niet groter is dan die van de schriftgeleerden en de Farizeeën, zullen jullie zeker het koninkrijk van de hemel niet binnengaan.

*Dit is ook een vrij ernstige waarschuwing. Het slaat er niet op dat we verloren zullen gaan. Maar wel dat we aan de zijlijn zullen staan, wat betreft het Koninkrijk van de Here Jezus, wanneer Hij als de Leeuw van Juda terugkomt. Dit duidt op het duizendjarigrijk.

5:23-24

23 Wanneer je dus je offergave naar het altaar brengt en je je daar herinnert dat je broeder of zuster je iets verwijt,

24 laat je gave dan bij het altaar achter; ga je eerst met die ander verzoenen en kom daarna je offer brengen.

*Wij kunnen dit geestelijk toepassen op het avondmaal. En misschien ook wel op onze giften.

5:28

28 En ik zeg zelfs: iedereen die naar een vrouw kijkt en haar begeert, heeft in zijn hart al overspel met haar gepleegd.

*Dit is een waarschuwing. Men zegt wel eens: De wens is de vader van de gedachte. Ik ben bang dat we een vrouw van een ander kunnen begeren, onbewust, zonder bepaalde gedachten in ons verstand te formuleren. Salomo zei al: 'Begeer haar schoonheid in uw hart niet.'

5:32

32 En ik zeg jullie: ieder die zijn vrouw verstoot, drijft haar tot overspel–tenzij er sprake was van een ongeoorloofde verbintenis; en ook wie trouwt met een verstoten vrouw, pleegt overspel.

*Hier wordt duidelijk de mogelijkheid tot echtscheiding aangeduid. Velen verwijzen naar de tekst; Dat wat God samengevoegd heeft scheidde de mens niet. Velen interpreteren dit in de zin dat het huwelijk in Gods ogen niet ontbonden kan worden. Maar dat is niet waar. Tegen de Samaritaanse vrouw zei de Here gij hebt vijf mannen gehad, en die u nu heeft is uw man niet. In de ogen van de Here dus had ze vijf wettelijke huwelijken gehad, tenzij ze vijf maal verstoten was. Dan had ze die mannen wel gehad, maar niet wettelijk in de ogen van de Here.

5:37

37 Laat jullie ja ja zijn, en jullie nee nee; wat je daaraan toevoegt komt voort uit het kwaad.

*We moeten niet zweren bij iets hogers dan onszelf, maar alleen plechtig beloven. Met dien verstande dat God het ons geeft. Salomo in het boek Prediker zegt dat we niet snel een gelofte moeten doen aan God. En dat wanneer we het niet kunnen volbrengen niet achteloos moeten opmerken, in het bij zijn van een engel, dat het een vergissing was.

5:39b

...maar wie je op de rechterwang slaat, ook de linkerwang toe te keren.

*Dit vers wordt wel gebruikt voor extreem passivisme, echter het getuigt van totale onverschilligheid wanneer je je vrouw en kinderen niet beschermt. Dit geldt ook voor een regering. Maar betreft het een geval van geloof en geloofsvervolging, dan moeten we uiterste verdraagzaamheid betrachten. Laat het ons tot waarschuwing strekken dat we hierin niet naïef moeten zijn. Paulus stond ook op zijn rechten als romeins burger.

5:41

41 En als iemand je dwingt één mijl met hem mee te gaan, loop er dan twee met hem op.

*Dit slaat op een verplichting van regeringswege. Zo kan het gebeuren dat je verplicht wordt om een brand te blussen samen met anderen. En dan moet je duidelijk niet de kantjes er van aflopen.

6:1-4

1 Let op dat jullie de gerechtigheid niet beoefenen voor de ogen van de mensen, alleen om door hen gezien te worden. Dan beloont jullie Vader in de hemel je niet.

2 zaDus wanneer je aalmoezen geeft, bazuin dat dan niet rond, zoals de huichelaars doen in de synagoge en op straat om door de mensen geprezen te worden. Ik verzeker jullie: zij hebben hun loon al ontvangen.

3 Maar als je aalmoezen geeft, laat dan je linkerhand niet weten wat je rechterhand doet.

4 Zo blijft je aalmoes in het verborgene, en jullie Vader, die in het verborgene ziet, zal je ervoor belonen.

*Laat het ons tot waarschuwing en belofte strekken dat we niet snoevende filantropen worden. De rest spreekt vanzelf.

6:5-6

5 En wanneer jullie bidden, doe dan niet als de huichelaars die graag in de synagoge en op elke straathoek staan te bidden, zodat iedereen hen ziet. Ik verzeker jullie: zij hebben hun loon al ontvangen.

6 Maar als jullie bidden, trek je dan in je huis terug, sluit de deur en bid tot je Vader, die in het verborgene is. En jullie Vader, die in het verborgene ziet, zal je ervoor belonen.

*Mogen ook deze verzen ons tot waarschuwing en belofte strekken. Ze spreken, mij dunkt, voor zich.

6:7-8

7 Bij het bidden moeten jullie niet eindeloos voortprevelen zoals de heidenen, die denken dat ze door hun overvloed aan woorden verhoord zullen worden.

8 Doe hen niet na! Jullie Vader weet immers wat jullie nodig hebben, nog vóór jullie het hem vragen.

*Hierbij moet men denken aan lange gebeden met repeterende frasen. Niet alleen van heidense geloven, maar ook van verschillende katholieke kerken, die hun gebeden opdreunen als een soort mantra.

6:19-21

19 Verzamel voor jezelf geen schatten op aarde: mot en roest vreten ze weg en dieven breken in om ze te stelen.

20 Verzamel schatten in de hemel, daar vreten mot noch roest ze weg, daar breken geen dieven in om ze te stelen.

21 Waar je schat is, daar zal ook je hart zijn.

*Deze verzen moeten wij in verband brengen met Efeze 1:3. Waar staat dat we gezegend zijn met alle zegeningen in de hemel. Ook zegt Paulus: 'Bedenkt de dingen die boven zijn niet die op aarde zijn'. En ook: 'Zoekt de dingen die boven zijn, waar Christus is.' Wanneer nu Christus de voornaamste schat van ons hart is, kunnen wij door Hem geestelijke schatten verzamelen, en ons gebied verbreden in de Hemelse Gewesten. Dit kunnen we ook praktisch toepassen op het groeien in onze intermenselijke relaties. En niet alleen op bijbelse kennis. Deze schatten, volgens de Here, zullen niet vergaan, maar eeuwig vrucht dragen. Tenzij we afvallig worden en op onze schreden terug keren. In dat geval worden we, zoals Paulus zegt, als door het vuur gered, en gaan onze schatten verloren. We hebben ze immers ingetrokken.

6:24

24 Niemand kan twee heren dienen: hij zal de eerste haten en de tweede liefhebben, of hij zal juist toegewijd zijn aan de ene en de andere verachten. Jullie kunnen niet God dienen én de mammon.

*Moge dit vers een ernstige waarschuwing zijn voor ons.

6:27

27 Wie van jullie kan door zich zorgen te maken ook maar één el aan zijn levensduur toevoegen?

*Dit is een waarschuwing tegen tobberij. We moeten niet te veel piekeren maar ook niet te veel onverschillig zijn. De belofte is: " Ik zal u niet verlaten."

7:1-2

1 Oordeel niet, opdat er niet over jullie geoordeeld wordt.
2 Want op grond van het oordeel dat je velt, zal er over je geoordeeld worden, en met de maat waarmee je meet, zal jou de maat genomen worden.

*We mogen niet oordelen, laat staan veroordelen. Maar we mogen wel beoordelen. De waarschuwing is dat wij ook eens door de Here geoordeeld zullen worden. En de belofte is dat wanneer we met de maat der Liefde meten, we zelf ook liefde zullen ontvangen.

7:8

8 Want ieder die vraagt ontvangt, en wie zoekt vindt, en voor wie klopt zal worden opengedaan.

*Dit is een grote belofte, en om het wat sterker te zeggen zou je het als volgt kunnen formuleren: Smeekt en u zal gegeven worden, Speurt en jullie zullen vinden, Beukt en jullie zal open gedaan worden. We mogen allemaal tot de genadetroon naderen. En om een liedje aan te halen, is het volgende inderdaad waar, namelijk: knocking on heaven's door.

7:12

12 Behandel anderen dus steeds zoals je zou willen dat ze jullie behandelen. Dat is het hart van de Wet en de Profeten.

*Spreuken als 'wie goed doet goed ontmoet', zijn in de kern waar. Wat de mensen van vers 12 hebben gemaakt: 'Wat u niet wilt dat u geschiedt, doet dat ook een ander niet', is de negatieve kant. Hier staat het positief. En wanneer de Here zegt, dat dit de Wet is en de profeten, moeten we nu het Nieuwe Testament er bij in sluiten.

7:13-14

13 Ga door de nauwe poort naar binnen. Want de brede weg, die velen volgen, en de ruime poort, waar velen door naar binnen gaan, leiden naar de ondergang.

14 Nauw is de poort naar het leven, en smal de weg ernaartoe, en slechts weinigen weten die te vinden.

*De geestelijke betekenis van deze twee teksten behelst zowel een waarschuwing als een belofte.

7:15-20 Algemene aantekening:

15 Pas op voor valse profeten, die in schaapskleren op jullie afkomen maar eigenlijk roofzuchtige wolven zijn.
16 Aan hun vruchten zul je hen herkennen. Men plukt toch geen druiven van doornstruiken of vijgen van distels?
17 Zo draagt elke goede boom goede vruchten, maar een slechte boom draagt slechte vruchten.
18 Een goede boom kan geen slechte vruchten dragen, evenmin als een slechte boom goede vruchten dragen kan.
19 Elke boom die geen goede vruchten draagt, wordt omgehakt en in het vuur geworpen.
20 Zo kunnen jullie hen dus aan hun vruchten herkennen.

*Bij wolven in schaapskleren moeten we in deze context ook aan mensen denken die een verkeerde leer brengen. Het is dus heel belangrijk dat we op de hoogte zijn van Gods woord. En dat we letten niet alleen op de mooie woorden, maar vooral op de daden van onze Leiders.

7:21

21 Niet iedereen die "Heer, Heer" tegen mij zegt, zal het koninkrijk van de hemel binnengaan, alleen wie handelt naar de wil van mijn hemelse Vader.

*Wederom gaat het dus in de eerste plaats om de daden en om de woorden.

7:24-27 Algemene aantekening:

24 Wie deze woorden van mij hoort en ernaar handelt, kan vergeleken worden met een verstandig man, die zijn huis bouwde op een rots.
25 Toen het begon te regenen en de bergstromen zwollen, en er stormen opstaken en het huis van alle kanten belaagd werd, stortte het niet in, want het was gefundeerd op een rots.
26 En wie deze woorden van mij hoort en er niet naar handelt, kan vergeleken worden met een onnadenkend man, die zijn huis bouwde op zand.
27 Toen het begon te regenen en de bergstromen zwollen, en er stormen opstaken en er van alle kanten op het huis werd ingebeukt, stortte het in, en er bleef alleen een ruïne over.'

*De Here Jezus is de Rots, evenals het Fundament, evenals de Hoeksteen. Wanneer we op Hem bouwen dan hebben we vaste grond onder onze voeten.

8:16-17

16 Bij het vallen van de avond brachten ze vele bezetenen bij hem. Met een enkel bevel dreef hij de geesten uit, en allen die ziek waren genas hij,
17 opdat in vervulling ging wat gezegd is door de profeet Jesaja: 'Hij was het die onze ziekten wegnam en onze kwalen op zich heeft genomen.'

*De waarschuwing in deze verzen ligt hierin dat het een verkeerde leer is om te beweren dat de Here ook voor onze zwakheden en ziekten gestorven is. Hier staat duidelijk dat wat in Jesaja 53 voorzegd is op zijn aardse werken van toen slaat.

9:12

12 Hij hoorde dit en gaf als antwoord: 'Gezonde mensen hebben geen dokter nodig, maar zieken wel.

*Dit vers mogen we ook letterlijk toepassen en niet alleen geestelijk. Dit vers spreekt ook tegen fanatici die denken dat ze gezondheid kunnen claimen door geesteskracht en alsof Christus ook voor onze ziekten is gestorven,

9:13

13 Overdenk eens goed wat dit wil zeggen: "Barmhartigheid wil ik, geen offers." Ik ben niet gekomen om rechtvaardigen te roepen, maar zondaars.'

*Hier staat dat de Here in de eerste plaats erbarmen vergt. Maar dat wil natuurlijk niet zeggen dat we geen offerande hoeven te brengen. En het betekent ook niet dat we alles maar door de vingers zien en toelaten.

10:24-28 Algemene aantekening:

24 Een leerling staat niet boven zijn leermeester en een slaaf niet boven zijn heer.
25 Een leerling moet er genoegen mee nemen te worden als zijn leermeester, en de slaaf als zijn heer. Als ze de heer des huizes al Beëlzebul genoemd hebben, waarvoor zullen ze dan zijn huisgenoten wel niet uitmaken?
26 Wees dus niet bang voor hen. Want niets is verborgen dat niet onthuld zal worden en niets is geheim dat niet bekend zal worden.
27 Wat ik jullie in het duister zeg, spreek dat uit in het volle licht, en wat jullie in het oor gefluisterd wordt, schreeuw dat van de daken.
28 Wees niet bang voor hen die wel het lichaam maar niet de ziel kunnen doden. Wees liever bang voor hem die in staat is én ziel én lichaam om te laten komen in de Gehenna.

*Als ze de Here Jezus als een slechterik beschouwd hebben, dan zeker ons die Hem willen volgen. Maar de Here zegt ons dat we hen niet moeten vrezen. En dan gaat Hij verder en zegt eigenlijk dat het ergste is wat ze kunnen doen, is ons doden. En Hij eindigt dit stukje met dat alle haren op ons hoofd geteld zijn. Dus we kunnen Hem gewoon vertrouwen.

10:32-33

32 Iedereen die mij zal erkennen bij de mensen, zal ook ik erkennen bij mijn Vader in de hemel.
33 Maar wie mij verloochent bij de mensen, zal ook ik verloochenen bij mijn Vader in de hemel.

*We moeten de Here belijden, en hier niet ontrouw in zijn. En wanneer medechristenen de fout ingaan moeten we ons sterk maken en voor de waarheid uitkomen.

10:34-37 Algemene aantekening:

34 Denk niet dat ik gekomen ben om op aarde vrede te brengen. Ik ben niet gekomen om vrede te brengen, maar het zwaard.
35 Want ik kom een wig drijven tussen een man en zijn vader, tussen een dochter en haar moeder en tussen een schoondochter en haar schoonmoeder;
36 de vijanden van de mensen zijn hun eigen huisgenoten!
37 Wie meer van zijn vader of moeder houdt dan van mij, is mij niet waard, en wie meer houdt van zijn zoon of dochter dan van mij, is mij niet waard.

*Laat het ons tot realisme strekken dat het evangelie de geesten doet scheiden. En dat deze scheiding dwars door families loopt. En dat onze eerste liefde voor de Here Jezus hoort te zijn.

10:38-39

38 Wie niet zijn kruis op zich neemt en mij volgt, is mij niet waard.
39 Wie zijn leven probeert te behouden zal het verliezen, maar wie zijn leven verliest omwille van mij, die zal het behouden.

*Als je de Here Jezus wilt volgen, dat gaat dwars tegen je oude natuur in. Als je jezelf zoekt, zegt de Here hier, dan verlies je jezelf juist. De paradox is dat als je jezelf ontkent, dat wil zeggen de verlangens van de oude natuur, dan vindt je het leven juist.

10:40-42

40 Wie jullie ontvangt ontvangt mij, en wie mij ontvangt ontvangt hem die mij gezonden heeft.
41 Wie een profeet ontvangt omdat het een profeet is, zal als een profeet beloond worden, en wie een rechtvaardige ontvangt omdat het een rechtvaardige is, zal als een rechtvaardige beloond worden.
42 En wie een van deze geringe mensen een beker koel water te drinken geeft alleen omdat het een leerling van mij is, ik verzeker jullie: die zal zeker beloond worden.'

*Als God iemand op onze weg brengt die ons terecht wijst, of ons iets wil bijbrengen, dan moeten we gezeggelijk zijn, en ons niet ergeren. Zulke mensen doen het werk van een profeet. En als we door hen God gehoorzamen, zullen we ook een profetenloon ontvangen. En het minste wat we kunnen doen aan de geringste van Zijn kinderen is een glas water geven. We zullen er voor beloond worden.

11:25-26

25 In die tijd zei Jezus ook: 'Ik loof u, Vader, Heer van hemel en aarde, omdat u deze dingen voor wijzen en verstandigen verborgen hebt gehouden, maar ze aan eenvoudige mensen hebt onthuld.
26 Ja, Vader, zo hebt u het gewild.

*Dit geldt ook voor ons. Paulus zegt dat de Here God het zwakke en het geringe heeft uitverkoren. En de zogenaamde wijzen en sterken heeft verworpen. Maar er zijn uitzonderingen.

11:27

27 Alles is mij toevertrouwd door mijn Vader, en niemand dan de Vader weet wie de Zoon is, en wie de Vader is, dat weet alleen de Zoon, en iedereen aan wie de Zoon het wil openbaren.

*Dit is een belofte van de aller grootste betekenis, dat de Here zijn eigen Vader aan ons wil openbaren.

11:28-30

28 Kom naar mij, jullie die vermoeid zijn en onder lasten gebukt gaan, dan zal ik jullie rust geven.
29 Neem mijn juk op je en leer van mij, want ik ben zachtmoedig en nederig van hart. Dan zullen jullie werkelijk rust vinden,
30 want mijn juk is zacht en mijn last is licht.'

*We moeten niet alleen ons kruis dragen, maar ook Zijn juk. En als we dat met alle nederigheid doen, dan zullen we rust krijgen voor onze zielen. En als onze zielen rustig zijn. En als, zoals de profeet zegt, onze vreugde in Hem, onze kracht is. Zullen we geestelijk ook gedijen. Zijn juk is eigenlijk licht zegt Hij en Zijn last makkelijk, maar we maken het vaak onszelf zo moeilijk.

12:30

30 Wie niet met mij is, is tegen mij, en wie niet met mij samenbrengt, drijft uiteen.

*Iemand heeft eens gezegd dat de Here Jezus als een heldere zon is die een troebel meer doet stinken, maar een helder meer mooi laat schijnen. In de persoon van de Here Jezus wordt de mensheid in tweeën gedeeld.

12:31-32

31 Daarom zeg ik u: elke zonde en elke godslastering kan de mensen worden vergeven, maar wie de Geest lastert kan niet worden vergeven.
32 En iedereen die iets ten nadele van de Mensenzoon zegt, zal worden vergeven. Maar wie kwaadspreekt van de heilige Geest zal niet worden vergeven, noch in deze wereld, noch in de komende.

*Er zijn vele mensen geweest en die zijn er nog, die de Satan benauwd heeft gemaakt, zodat ze met de angst zitten dat ze de zonde tegen de Heilige Geest hebben begaan. Echter degene die daarmee zit, die heeft het juist niet gedaan. Ja, zelfs Satanisten die de Heilige Geest afzweren kunnen tot bekering komen. Het geldt in

393

de eerste plaats voor de Farizeeërs die de Here Jezus verwierpen, en Hem als een godslasteraar en valse profeet in die tijd hebben gedood.

12:37

37 Want op grond van je woorden zul je worden vrijgesproken, en op grond van je woorden zul je worden veroordeeld.'

*Dit vers geldt in zekere zin ook voor gelovigen. Voor het kwade wat wij zeggen en zeker doen, zullen wij ook rekenschap afleggen. We zullen echt niet met alles wegkomen. De Here is wel voor ons gestorven, en in de eeuwigheid zal geen zonde tegen ons gebruikt worden. Maar dat wil niet zeggen dat de Here voor ons een soort kerstman is die ons alleen maar beloont.

13:12

12 Want wie heeft zal nog meer krijgen, en het zal overvloedig zijn; maar wie niets heeft zal zelfs het laatste worden ontnomen.

*Dit is zowel een waarschuwing als een belofte. Dit slaat niet alleen op bekeerden en onbekeerden, maar ook op trouwe en ontrouwe gelovigen. Je kan namelijk in de hemel komen zonder extra beloning. Want al je werken, als ze van nul en gener waarde zijn, of als je ze verwerpt, kunnen verloren gaan.

16:6

6 Dus toen Jezus tegen hen zei: 'Wees terdege op je hoede voor de zuurdesem van de Farizeeën en de Sadduceeën, '

*In het Oude Testament worden we gewaarschuwd niet af te wijken. Noch ter rechter, noch ter linkerhand. De Farizeeërs waren ter rechterhand afgeweken. Ze leerden overdreven heiligheid, waardoor ze juist hypocriet werden. De Sadduceeërs waren ter linkerhand afgeweken. Zij ontkenden het bestaan van geesten en engelen en geloofden niet in de opstanding. Voor zulke soorten partijvorming worden wij gewaarschuwd. We moeten de Bijbel niet overdrijven en fanatiekelingen worden. Maar we moeten ook niet de zaken te gemakkelijk opnemen. Beide kanten worden door de Here hier met zuurdesem vergeleken. Geestelijk heeft gist een kwade betekenis. In 1 Corinthe 5 waarschuwt Paulus dat een beetje zuurdesem het hele deeg doorzuurt, en moest de boosdoener uitgesloten worden. En elders worden we opgeroepen om het geestelijk feest te vieren met ongezuurde broden. Dit slaat op het feest van het paaslam. We moeten dus geen boze leer in verbinding brengen met het avondmaal.

16:25

25 Want ieder die zijn leven wil behouden, zal het verliezen, maar wie zijn leven verliest omwille van mij, zal het behouden.

*Als we proberen onze wereldse zin door te drijven, dan zullen we ons christelijke doel missen. Maar ontken je jezelf en verlies je in eerste instantie wat je zo dierbaar is vanwege de Here Jezus en zijn blijde boodschap, dan zal je tot je doel komen. En zul je in Gods weg zijn en Hij zal je zegenen. Maar laten we zeer gewaarschuwd zijn dat we die zegen niet weer gebruiken voor onze eigen hoogmoed. Want dan gaan we alsnog de fout in. Dit vers is een paradox, een geheim tot christelijk succes.

17:5

5   Hij was nog niet uitgesproken, of de schaduw van een stralende wolk gleed over hen heen, en uit de wolk klonk een stem: 'Dit is mijn geliefde Zoon, in hem vind ik vreugde. Luister naar hem!'

*In de Persoon van de Here Jezus vindt God de Vader al Zijn welbehagen. Het is hier alsof de Vader Zich terugtrekt, terwijl Hij de Here Jezus helemaal in het middelpunt stelt. De Here Jezus Zelf zegt 'Ik ben de weg en de waarheid en het leven, niemand komt tot de Vader dan door Mij'. Ergens anders staat dat de Here Jezus de Vader openbaart. We worden opgeroepen naar Hem, die het Woord heet, te luisteren. De Here zei tegen de Satan dat de mens niet alleen door brood zal leven, maar door ieder woord dat uit de mond van God komt. Dat betekent voor ons de hele Bijbel.

17:27a

27 Maar laten we hen niet voor het hoofd stoten;

*Dit gedeelte moeten we in verband brengen met de wijze woorden van de Here, dat we niet alleen God Zijn deel geven, maar ook Caesar. Elders zegt Paulus: 'Geef aan iedereen de verschuldigde dingen. Aan wie de belasting toekomt de belasting. (eigenlijk staat hier accijns en de munt die Petrus moest geven staat voor de persoonsbelasting) En aan wie de tol toekomt de tol. En aan wie de vreze toekomt de vreze. (hier kun je aan rechters en politie denken) En aan wie de eer toekomt de eer. (en hier kunnen we aan de overheden denken)'. Paulus zegt ook dat dwaze mensen geen belasting willen betalen. Dit wil niet zeggen dat we slaafs moeten zijn. Maar aan de andere kant moeten we ook niet proberen op een onethische manier alle mazen van de wet toe te passen.

18:6

6 Wie een van de geringen die in mij geloven van de goede weg afbrengt, die kan maar beter met een molensteen om zijn nek in zee geworpen worden en in de diepte verdrinken.

*De ergste toepassing van dit vers is wel pedofilie. Dit is wel zo erg, dat de Here zegt dat het beter zou zijn als zo iemand van tevoren de dood vindt, voordat hij een eenvoudige gelovige, waar dit kind ook van spreekt, tot zonde verleidt. Hoe ernstig is het dan, wanneer je je kinderen voor galg en rad laat opgroeien. Laten we daarom onze kleintjes bij de Here Jezus brengen door middel van christelijke liedjes, bijbelverhalen en het evangelie.

18:7

7 Wee de wereld met haar valstrikken. Het is onvermijdelijk dat er mensen ten val worden gebracht, maar wee de mens die de valstrik zet!

*Jakobus heeft het over het levenswiel, dat in beweging gezet wordt. de tong, die hij het kleinste orgaan noemt. En hij vergelijkt dit met een klein vlammetje dat een hele grote massa in brand kan steken. Toen Adam de zonden in de wereld bracht, zette hij iets in beweging waarvan de Here hier zegt dat de verleidingen wel moesten komen. En wee de mens door wie de verleiding komt. We behoeven echter niet fatalistisch te zijn, want er staat ook dat we het kwade door het goede kunnen overwinnen. En zo is er ook emotionele genezing mogelijk voor slachtoffers van de ergste wantoestanden.

18:15-18 Algemene aantekening:

15 Als een van je broeders of zusters tegen je zondigt, moet je die daarover onder vier ogen aanspreken. Als ze luisteren, dan heb je ze voor de gemeente behouden.
16 Luisteren ze niet, neem dan een of twee anderen mee, zodat de zaak zijn beslag krijgt dankzij de verklaring van ten minste twee getuigen.
17 Als ze naar hen niet luisteren, leg het dan voor aan de gemeente. Weigeren ze ook naar de gemeente te

luisteren, behandel hen dan zoals je een heiden of een tollenaar behandelt.

18 Ik verzeker jullie: al wat jullie op aarde bindend verklaren zal ook in de hemel bindend zijn, en al wat jullie op aarde ontbinden zal ook in de hemel ontbonden zijn.

*In dit gedeelte zien we richtlijnen voor kerkelijke tucht. Wee de kerk die dit niet toepast, maar ook, wee de kerk die dit overdrijft.

18:19-20

19 Ik verzeker het jullie nogmaals: als twee van jullie hier op aarde eensgezind om iets vragen, wat het ook is, dan zal mijn Vader in de hemel het voor hen laten gebeuren.
20 Want waar twee of drie mensen in mijn naam samen zijn, ben ik in hun midden.'

*Dit is een prachtige belofte. Wanneer twee serieuze christenen het over iets eens zijn hier op aarde en ze smeken de Here God om verhoring, dan zullen ze verhoord worden. Er staat echter wel bij dat ze samen moeten gekomen zijn tot de Naam van de Here Jezus. Sommigen leggen dit uit als een officiële kerkelijke bijeenkomst. Maar dat staat er niet. Maar het is wel duidelijk dat twee dwaze christenen die een gek idee krijgen, niet tot de Naam van de Here bijéén gekomen zijn. Ook moeten deze verzen niet misbruikt worden om de zegen van God af te dwingen. Maar we moeten ook niet kleingelovig zijn.

18:21-35 Algemene aantekening:

21 Daarop kwam Petrus bij hem staan en vroeg: 'Heer, als mijn broeder of zuster tegen mij zondigt, hoe vaak moet ik dan vergeving schenken? Tot zevenmaal toe?'

22 Jezus antwoordde: 'Niet tot zevenmaal toe, zeg ik je, maar tot zeventig maal zeven.

23 Daarom is het met het koninkrijk van de hemel als met een koning die rekenschap wilde vragen van zijn dienaren.

24 Toen hij daarmee begonnen was, bracht men iemand bij hem die hem tienduizend talent schuldig was.

25 Omdat hij niets kon terugbetalen, gaf zijn heer bevel dat de man samen met zijn vrouw en kinderen en alles wat hij bezat verkocht moest worden, zodat de schuld kon worden ingelost.

26 Toen wierp de dienaar zich aan de voeten van zijn heer en smeekte hem: "Heb geduld met mij, ik zal u alles terugbetalen."

27 Zijn heer kreeg medelijden, hij liet hem vrij en schold hem de geleende som kwijt.

28 Toen deze dienaar naar buiten ging, trof hij daar een van de andere dienaren, die hem honderd denarie schuldig was. Hij nam hem in een wurggreep en beet hem toe: "Betaal me alles wat je me schuldig bent!"

29 Toen wierp deze zich voor hem neer en smeekte hem: "Heb geduld met mij, ik zal je betalen."

30 Maar hij wilde daar niet van weten, integendeel, hij liet hem gevangenzetten tot hij de hele schuld zou hebben afbetaald.

31 Toen de andere dienaren begrepen wat er gebeurd was, waren ze zeer ontdaan, en gingen ze naar hun heer om hem alles te vertellen.

32 Daarop liet zijn heer hem bij zich roepen en hij zei tegen hem: "Je bent een slechte dienaar. Heel die schuld heb ik je kwijtgescholden, omdat je me erom smeekte.

33 Dan had jij toch zeker ook medelijden moeten hebben met die andere dienaar, zoals ik medelijden heb gehad met jou?"

34 En zijn heer was zo kwaad dat hij hem in handen van de gerechtsbeulen gaf tot hij de hele schuld zou hebben terugbetaald.

35 Zo zal mijn hemelse Vader ook ieder van jullie behandelen die zijn broeder of zuster niet van harte vergeeft.'

*De Here zegt hier eigenlijk dat hoe erg ook je mede-gelovige het tegen je gemaakt heeft, dat we hem of haar behoren te vergeven. Het moge duidelijk zijn dat onze persoonlijke schuld tegen de Here Zelf veel groter is, dan wat iemand ons ook aangedaan zou kunnen hebben. Laat dat ons een waarschuwing zijn dat we niet onvergevingsgezind zijn. Hierin is ook een mooie belofte. Niet dat onze eeuwige redding afhangt van het feit, of we wel of niet iedereen vergeven hebben. Maar hoe mooi is het als we zonden met de mantel der liefde bedekken. Echter dingen als incest, meen ik, pedofilie, grote misdaden en fraude tegen je medegelovigen, behoren voor het gericht te komen. Maar ook in zulke erge gevallen, zal ware vergeving een mens goed doen.

19:3-9 Algemene aantekening:

3 Toen kwamen er Farizeeën op hem af om hem op de proef te stellen. Ze vroegen: 'Mag een man zijn vrouw om willekeurig welke reden verstoten?'

401

4 Hij zei: 'Hebt u niet gelezen dat de schepper de mens bij het begin mannelijk en vrouwelijk heeft gemaakt?'

5 En hij vervolgde: 'Daarom zal een man zijn vader en moeder verlaten en zich hechten aan zijn vrouw, en die twee zullen één worden;

6 ze zijn dan niet langer twee, maar één. Wat God heeft verbonden, mag een mens niet scheiden.'

7 Toen vroegen ze hem: 'Waarom heeft Mozes dan voorgeschreven haar een scheidingsbrief te geven en haar zo te verstoten?'

8 Hij antwoordde: 'Omdat u harteloos en koppig bent, daarom heeft Mozes u toegestaan uw vrouw te verstoten. Maar dat is niet vanaf het begin zo geweest.

9 Ik zeg u: wie zijn vrouw verstoot en met een ander trouwt, pleegt overspel, tenzij er sprake was van een ongeoorloofde verbintenis.'

*De waarschuwing in dit gedeelte is dat we God behoren te gehoorzamen voor ons eigen bestwil. De enige uitzondering voor echtscheiding is de clausule in vers 9 waar het woord porneia gebruikt wordt. En dat slaat op veelvuldig overspel. Maar je zou kunnen zeggen dat als iemand je verlaat en een verbintenis met een ander aangaat, die persoon in hoererij leeft. Let op dat de Here Jezus hier de gulden middenweg preekt, waarvan je niet moet afwijken ter rechter of ter linkerhand. Want het is niet zo dat je je vrouw voor simpele redenen mag wegsturen. En aan de conservatieve kant is het niet zo dat er totaal geen echtscheiding mogelijk is, dan door de dood. De belofte is dat man en vrouw één unit mogen vormen. Een prachtige éénheid.

19:10-12 Algemene aantekening:

10 Hierop zeiden zijn leerlingen: 'Als het met de verhouding tussen man en vrouw zo gesteld is, kun je maar beter niet trouwen.'

11 Hij zei tegen hen: 'Niet iedereen kan deze kwestie begrijpen, alleen degenen aan wie het gegeven is:

12 er zijn mannen die niet trouwen omdat ze onvruchtbaar geboren werden, andere omdat ze door mensen onvruchtbaar gemaakt zijn, en er zijn mannen die niet trouwen omdat ze zichzelf onvruchtbaar gemaakt hebben met het oog op het koninkrijk van de hemel. Laat wie bij machte is dit te begrijpen het begrijpen!'

*Dit stukje doet me denken aan wat Paulus zegt, dat het beter is om niet te huwen. En de Here beëindigt dit stukje met hen die zichzelf kunnen beheersen. Maar Hij zegt erbij 'Hij die het kan bevatten laat hij het bevatten'.

19:14

14 ...zei Jezus: 'Laat de kinderen ongemoeid, belet ze niet bij mij te komen, want het koninkrijk van de hemel behoort toe aan wie is zoals zij.'

*In dit vers zit zowel een belofte als een waarschuwing. De belofte is dat als je ze bij de Here Jezus brengt, dan mogen ze tot in alle eeuwigheid een leven met Hem hebben. De waarschuwing is dat als je dat niet doet het tegenovergestelde gebeurt. Tenzij ze later tot bekering komen. Breng je kindertjes daarom zo vroeg mogelijk bij de Here Jezus, met liedjes, bidden en Bijbel lezen. En wees vooral een goed voorbeeld van wijsheid en liefde.

19:23-26

23 Jezus wendde zich tot zijn leerlingen: 'Ik verzeker jullie: slechts met grote moeite zal een rijke het koninkrijk van de hemel binnengaan.

24 Ik zeg het jullie nog eens: het is gemakkelijker voor een kameel om door het oog van een naald te gaan dan voor een rijke om het koninkrijk van God binnen te gaan.'

25 Toen de leerlingen dit hoorden, waren ze hevig ontzet en vroegen: 'Wie kan er dan nog gered worden?'

26 Jezus keek hen aan en antwoordde hun: 'Bij mensen is dat onmogelijk, maar bij God is alles mogelijk.'

*Rijkdom kan een vloek zijn. Je kan er veel goeds mee doen. Maar het zijn sterke benen die de weelde kunnen dragen. Salomo zei dat een rijke wijs is in zijn eigen ogen, maar dat een arme hem zal doorgronden. De Here Jezus zegt hier dat rijkdom de mensen meestal verhindert om zich te bekeren.

20:26-28

26 Zo zal het bij jullie niet mogen gaan. Wie van jullie de belangrijkste wil zijn, zal de anderen moeten dienen,

27 en wie van jullie de eerste wil zijn, zal jullie dienaar moeten zijn

28 –zoals de Mensenzoon niet gekomen is om gediend te worden, maar om te dienen en zijn leven te geven als losgeld voor velen.'

*In dit gedeelte is weer een waarschuwing en een belofte gevat. Als je belangrijk wilt zijn onder je mede-gelovigen, moet je ze juist zoveel mogelijk zien te dienen en de ander hoger achten dan jezelf. De belofte is dat je dan een gezegende geloofsgemeenschap krijgt. En de waarschuwing is, wanneer je persé haantje de voorste wilt zijn, dat dat jaloersheid en tweedracht zaait.

21:21-22

21 Jezus antwoordde: 'Ik verzeker jullie: als jullie geloven zonder te twijfelen, zul je niet alleen teweeg kunnen brengen wat er gebeurde met de vijgenboom, maar zul je zelfs tegen die berg kunnen zeggen: "Kom van je plaats en stort je in zee, "en het zal gebeuren.
22 Alles waarom jullie in je gebeden vragen zullen jullie krijgen, als je maar gelooft.'

*Wat een grote belofte behelst dit vers. Het probleem alleen is dat we van nature niets van God willen ontvangen, maar onze eigen boontjes willen doppen en meestal ook nog kleingelovig zijn. Daarom moeten we bidden met de discipelen: 'Vermeerder ons het geloof'.

23:3

3 Houd je dus aan alles wat ze jullie zeggen en handel daarnaar; maar handel niet naar hun daden, want ze doen zelf niet wat ze jullie voorhouden.

*Laten we naar strenge christenen luisteren en hun adviezen opvolgen. Maar laten we ook gewaarschuwd zijn dat wanneer je heiligheid overdrijft je in huichelarij vervalt.

23:8-12

8 Jullie moeten je niet rabbi laten noemen, want jullie hebben maar één meester, en jullie zijn elkaars broeders en zusters.
9 En noem niemand op aarde vader, want jullie hebben maar één vader, de Vader in de hemel.
10 Laat je ook niet leraar noemen, want jullie hebben maar één leraar, de messias.
11 De belangrijkste onder jullie zal jullie dienaar zijn.
12 Wie zichzelf verhoogt zal worden vernederd, en wie zichzelf vernedert zal worden verhoogd.

*Laten we het ter harte nemen dat we ons niet laten vereren als een grootheid onder welke naam dan ook. Maar laten we ons vernederen onder Gods machtige hand. En dan zullen we te zijner tijd verhoogd worden. En bedenk wel dat onze echte verhoging pas komt, wanneer de Here verhoogd wordt in zijn koninkrijk.

26:41

41 Blijf wakker en bid dat jullie niet in beproeving komen; de geest is wel gewillig, maar het lichaam is zwak.'

*Dit is een overduidelijke waarschuwing. Als we waakzaam zouden zijn, niet te naïef dus, veel zouden bidden, wanneer dan een verzoeking komt, dan zouden we die onderkennen.

28:18b

'Mij is alle macht gegeven in de hemel en op de aarde.

*Dit is een grote belofte. In een lied wordt gezongen 'He's got the whole world in his hand'. Laten we daarom niet bang zijn en moedig verder gaan.

28:20

20 en hun te leren dat ze zich moeten houden aan alles wat ik jullie opgedragen heb. En houd dit voor ogen: ik ben met jullie, alle dagen, tot aan de voltooiing van deze wereld.'

*Zo laten we vertroost worden door deze beloften.

Marcus

1:17

17 Jezus zei tegen hen: 'Kom, volg mij! Ik zal van jullie vissers van mensen maken.'

*De belofte hierin is dat als de Here Jezus je roept, in dit geval om evangelist te zijn en je Hem trouw blijft en niet moe wordt om goed te doen; dan zal Hij je werk zegenen.

8:15

15 Hij waarschuwde hen: 'Pas op, hoed je voor de zuurdesem van de Farizeeën en voor de zuurdesem van Herodes.'

*In Mattheus 16:6 heeft de Here het gehad over het gist van de Farizeeërs en Sadduceeërs. Hier heeft Hij het over het gist van de Farizeeërs en Herodes. We hebben al gezien dat de werking van gist, zeker in het Nieuwe Testament en ook in het geval van het paasfeest, een slechte betekenis heeft. Dat van de Farizeeërs hebben we eerder uitgelegd. Wat Herodes betreft, hij staat voor slim gekonkel op politiek en religieus vlak. De Here noemde hem een vos. Herodes nam het niet zo nou met zijn geweten en moest schipperen tussen de macht van de keizer en de religieuze wereld van de Joden. Johannes de doper was een lastpost voor hem, en de Here Jezus heeft hij ook een keer gewenst te doden. Wat we van deze waarschuwing kunnen leren, is dat we onze handen niet vuil behoren te maken aan politiek en religieus gedraai en gewring. Als je een zuivere weg wil bewandelen en geen vuile handen wil krijgen en de Here radicaal wil blijven volgen en een rechte weg wil blijven gaan en van de Here Jezus wil kunnen getuigen zonder naïef of opdringerig te zijn en zonder een compromis te sluiten, noch aan de rechter, noch aan de linkerkant; dan moeten we ons verre houden van gekonkel en gedraai.

9:24

24 Meteen riep de vader van het kind uit: 'Ik geloof! Kom mijn ongeloof te hulp.'

*De belofte in deze tekst is dat wanneer we eerlijk onze zwakheid erkennen, Hij ons echt wel zal helpen. Want hij die zichzelf vernedert zal verhoogd worden. Zo kunnen we ook zeggen "Ik wil, kom mijn onwil te hulp!"

9:37

37 'Wie in mijn naam één zo'n kind bij zich opneemt, neemt mij op; en wie mij opneemt, neemt niet mij op, maar hem die mij gezonden heeft.'

*Wanneer we de minste, of je kan beter zeggen de minst geachten van Gods kinderen helpen, dan helpen we de

Here zelf en zullen we ons loon niet missen. Maar wanneer we hoogmoedig en egoïstisch zijn, kunnen we ook geen dienstbaar hart hebben. En blijven we geestelijk blind.

10:14

14 Toen Jezus dat zag, wond hij zich erover op en zei tegen hen: 'Laat de kinderen bij me komen, houd ze niet tegen, want het koninkrijk van God behoort toe aan wie is zoals zij.

*Laat dit ons tot waarschuwing strekken. Dat wanneer we onze kindertjes, kleine kindjes dus, niet tot Hem brengen, wij ons Zijn toorn op onze hals halen.

11:24-25

24 Daarom zeg ik jullie: alles waarom jullie bidden en vragen, geloof dat je het al ontvangen hebt, en je zult het krijgen.
25 Wanneer je staat te bidden en je hebt een ander iets te verwijten, vergeef hem dan, opdat ook jullie Vader in de hemel jullie je misstappen vergeeft.'

*De Here noemde de discipelen kleingelovigen. Maar de andere kant is dat we niet zomaar van alles kunnen claimen. We moeten onszelf niet wijs maken dat we een groot geloof hebben. We moeten met de discipelen bidden " Here vermeerder ons het geloof." Wanneer we dat oprecht menen, en anderen oprecht vergeven dan zal Hij ons zegenen.

12:33

33 en hem liefhebben met heel ons hart en met heel ons inzicht en met heel onze kracht, en onze naaste liefhebben als onszelf betekent veel meer dan alle brandoffers en andere offers.'

*In het Oude Testament was dit een plicht om behouden te worden. Nu wil de Here door de Heilige Geest ons dit uit liefde geven. We weten dat we zullen falen. Maar als we de liefde en de wijsheid consequent na blijven streven, zal ons leven vrucht dragen. Let wel op dat het tweede gebod gelijk is aan het eerste. We kunnen niet doen als of we God dienen en dan onze naasten verwaarlozen.

12:39

39 ...en een ereplaats willen in de synagogen en bij feestmaaltijden:

*Door de eeuwen heen is het zo geweest dat de hypocrieten vooraan zitten. Niet dat ze allen hypocriet zijn. We zouden de zaak moeten omdraaien en de armste onder ons en de vrouwen en de kinderen vooraan moeten laten zitten. En de leidinggevenden en de rijken achterin. Dat zal nog eens nederigheid zijn.

Lucas

1:31-33 Algemene aantekening:

31 Luister, je zult zwanger worden en een zoon baren, en je moet hem Jezus noemen.
32 Hij zal een groot man worden en Zoon van de Allerhoogste worden genoemd, en God, de Heer, zal hem de troon van zijn vader David geven.
33 Tot in eeuwigheid zal hij koning zijn over het volk van Jakob, en aan zijn koningschap zal geen einde komen.'

*Jezus is de Griekse vorm van het Hebreeuwse Jozua en betekent God is Redder. En er staat hier ook dat er geen einde aan Zijn Koninkrijk zal komen. Er bestaat geen grotere belofte voor het Joodse volk. Maar wee hen die de persoon van de Here Jezus verwerpen. Want Hij zal niet hun Redder zijn, maar hun Rechter.

1:37

37 ...want voor God is niets onmogelijk.'

*Betere vertaling is: Want bij God zal geen machtswoord onmogelijk zijn. Wij hebben een God die Almachtig is.

We kunnen aan de tekst denken: Hij sprak en het was er. Zie ook Genesis 18:14

6:21

21 Gelukkig jullie die honger hebben, want je zult verzadigd worden. Gelukkig wie nu huilt, want je zult lachen.

*Vergelijk dit met wat Paulus zegt dat de Here God; het arme, het onbeduidende, het geringe, het ellendige; ja wat niet is, heeft uitverkoren. En de sterke, het zogenaamde edele, het wijze, het machtige; ja dat wat iets is, heeft Hij verworpen. En vergelijk dit vers ook met wat Sara zei na al haar beproeving. De Here heeft mij een lachen gemaakt.

6:36-38

36 Wees barmhartig zoals jullie Vader barmhartig is.
37 Oordeel niet, dan zal er niet over je geoordeeld worden. Veroordeel niet, dan zul je niet veroordeeld worden. Vergeef, dan zal je vergeven worden.
38 Geef, dan zal je gegeven worden; een goede, stevig aangedrukte, goed geschudde en overvolle maat zal je worden toebedeeld. Want de maat die je voor anderen gebruikt, zal ook voor jullie worden gebruikt.'

*Vooral in vers 37 is een grote belofte vervat, maar ook een grote waarschuwing. Want wanneer we oordelen, zullen we zeker geoordeeld worden. En wanneer we veroordelen, zullen we er de consequentie van ervaren. En wanneer we niet vergevingsgezind zijn, hoe kan God ons dan echt zegenen. Maar we moeten er ook voor waken dat we niet met een te ruime maat meten. Laten we daarom om wijsheid bidden dat we zaken in ons leven evenwichtig mogen beoordelen. En dat we een gulle hand mogen hebben qua giften en tijd en emotionele warmte. En dan zal de Here ons vroeg of laat belonen en zegenen.

6:45

45 Een goed mens brengt uit de goede schatkamer van zijn hart het goede voort, maar een slecht mens brengt uit zijn slechte schatkamer het kwade voort; want waar het hart vol van is daar loopt de mond van over.

*Dit is ook een waarschuwing en een belofte. Als we onze harten vullen met wijsheid en liefde en allerlei kostbare dingen uit de Bijbel, dan zullen we dat ook doorgeven. En wanneer de persoon van de Here Jezus centraal staat in ons leven en ons eigen ik niet op de troon zit, dan zullen mensen zien dat we goede christenen zijn die tot zegen voor anderen zijn.

6:46-49

46 Waarom roepen jullie "Heer, Heer" tegen mij, maar doen jullie niet wat ik zeg?
47 Ik zal jullie vertellen op wie degene lijkt die bij me komt, naar mijn woorden luistert en ernaar handelt:
48 hij lijkt op iemand die bij het bouwen van zijn huis een diep gat groef en het fundament op rotsgrond legde. Toen er een overstroming kwam, beukte het water

414

tegen het huis, maar het stortte niet in omdat het degelijk gebouwd was.

49 Wie wel naar mijn woorden luistert maar niet doet wat ik zeg, lijkt op iemand die een huis bouwde zonder fundament, zodat het meteen instortte toen het water ertegen beukte en er alleen een bouwval overbleef.'

*Christus is de Rots! Hij is ook het Fundament dat Paulus gelegd heeft. Als we ons geloof, onze levensstijl, ons levensdoel op iets anders bouwen dan Christus., zullen we eeuwig ten val komen.

7:23

23 Gelukkig is degene die aan mij geen aanstoot neemt.'

*Hierin ligt een prachtige belofte. Wanneer wij ook maar om het geringste klagen, nemen we eigenlijk aanstoot aan de Here Jezus en als we ons aan mensen ergeren. En Salomo zegt dat je hart heel goed weet dat je er velen vervloekt hebt. Ook dan, in ons onbewuste, ergeren we ons aan de Here Jezus, Die onze God en Schepper is. Want het tweede grote gebod "Heb uw naaste lief als uzelf", is gelijk aan het eerste, "Heb God lief boven alles." Zo kunnen we ook niet gelukkig zijn. Jammer hebben we dat meestal niet in de gaten. Maar de Here maakt ons er op attent.

8:21

21 Maar hij antwoordde: 'Mijn moeder en mijn broers zijn degenen die naar het woord van God luisteren en ernaar handelen.'

*Let goed op dat er staat, "Het Woord Gods horen EN doen." En zo zegt Paulus dat het Nieuwe Jeruzalem, dat is de Kerk, onze moeder is. Hierin ligt iets moois. Laten we onze medebroeders en zusters daarom liefhebben.

9:41

41 Jezus zei: 'Wat zijn jullie toch een ongelovig en dwars volk, hoe lang moet ik bij jullie blijven en jullie nog verdragen?

*Dit vers moeten wij persoonlijk nemen. En dan horen we de Here tot ons zeggen, "Hoe lang zal Ik jullie nog verdragen?" Hoe lang zal Ik het met jullie nog uithouden? En dan antwoord de Heilige Geest in ons. Zolang als het nodig is, Here. En inderdaad de Here zal niet rusten totdat Hij de Kerk zonder vlek of rimpel aan Zichzelf heeft voorgesteld.

9:62

62 Jezus zei tegen hem: 'Wie de hand aan de ploeg slaat en achterom blijft kijken, is niet geschikt voor het koninkrijk van God.'

*Laten we niet zijn zoals de vrouw van Lot, die terugzag op haar oude leventje. Maar laten we de Here volgen waar Hij gaat. En laten we er nooit spijt van krijgen.

10:3

3 Ga op weg, en bedenk wel: ik zend jullie als lammeren onder de wolven.

*Dit is een ernstige waarschuwing. Ergens anders staat dat Satan als een brullende leeuw rond gaat, om te kijken wie hij te pakken kan krijgen. Maar onze gewone vijanden zijn als wolven die onze ziel willen verscheuren. Maar nog gevaarlijker zijn de naamchristenen in onze kringen. Zelfs dicht om ons heen. Dus die verkleed zijn als wolven in schaapskleren. Die zijn nog veel geniepiger. Nogmaals laten we daarom gewaarschuwd zijn.

10:20-21

20 Verheug je er echter niet over dat de geesten zich aan jullie onderwerpen, maar verheug je omdat jullie naam in de hemel opgetekend is.'

21 Op dat moment begon hij vervuld van de heilige Geest te juichen en zei: 'Ik loof u, Vader, Heer van hemel en aarde, omdat u deze dingen voor wijzen en verstandigen hebt verborgen, maar ze aan eenvoudige mensen hebt onthuld. Ja, Vader, zo hebt u het gewild.

*Wanneer jij in je eigen ogen maar een simpele ziel bent, geschuwd door de maatschappij, wees dan blij, want voor jouw is het heel wat makkelijker om tot geloof te komen dan de rijken en de machtigen en de zogenaamde wijzen, de zogenaamde intelligentia..

11:9-10

9 Daarom zeg ik jullie: vraag en er zal je gegeven worden, zoek en je zult vinden, klop en er zal voor je worden opengedaan.

417

10 Want wie vraagt ontvangt, en wie zoekt vindt, en voor wie klopt zal worden opengedaan.

*Bidden tot God is in dit geval beleeft vragen. En als we dat doen op een éénvoudige manier, het van Hem verwachtende, dan zal Hij ons in liefde geven wat wij nodig hebben. Maar het kan ook gebeuren dat Hij iets beters voor ons heeft dan we vragen. We moeten daarom ook zoeken naar Zijn wil, en aandringen bij Hem net zolang tot er een deur open gaat.

11:24-26

24 Wanneer een onreine geest iemand verlaat, trekt hij door dorre oorden op zoek naar een rustplaats. Maar als hij die niet vindt, zegt hij: "Ik zal terugkeren naar mijn huis, dat ik verlaten heb."
25 En wanneer hij terugkeert, merkt hij dat het schoongemaakt is en op orde gebracht.
26 Dan gaat hij weg en haalt er zeven andere demonen bij, slechter dan hijzelf, en ze nemen daar blijvend hun intrek. En zo is de mens bij wie de demon intrekt er ten slotte veel slechter aan toe dan voorheen.'

*Dit is een verschrikkelijke waarschuwing voor ongelovigen die in eigen kracht zichzelf hebben verbeterd en kwade karaktertrekken hebben overwonnen. Maar dit niet naar de bekering door de Kracht van de Heilige Geest. Want in het einde zullen ze er erger aan toe zijn. Of omdat ze terug vallen in een groter kwaad. Of omdat ze verschrikkelijke Farizeeërs worden.

11:27-28

27 Terwijl hij dit zei, verhief een vrouw uit de menigte haar stem en riep tegen hem: 'Gelukkig de schoot die u gedragen heeft en de borsten waaraan u gedronken hebt!'

28 Maar hij zei: 'Gelukkiger zijn zij die naar het woord van God luisteren en ernaar leven.'

*Dit kan duidelijk gezien worden als een indirecte waarschuwing tegen over overdreven verering van Maria. Want de Here zegt hier duidelijk dat het doen van de wil van de Vader beter is.

11:34-36

34 Het oog is de lamp van het lichaam. Als je oog helder is, is je hele lichaam verlicht. Maar als het troebel is, verkeert je lichaam in duisternis.

35 Let dus op of het licht dat in je is, niet verduisterd is.

36 Als je hele lichaam verlicht is, zonder dat ook maar een deel in duisternis verkeert, dan is het zo licht als wanneer een lamp je met zijn stralen verlicht.'

*Soms zien we heel slechte mensen. En dan kan het zijn dat hun ogen duister lijken. Het lijkt daarom of deze woorden iets letterlijks hebben. We moeten echter voorzichtig zijn om de conclusie niet om te draaien. Toch is het zo dat wanneer we gelukkig zijn in de wil van de Here, dat onze ogen zullen stralen.

11:37-41 Algemene aantekening:

37 Toen hij uitgesproken was, nodigde een Farizeeër hem uit voor de maaltijd. Hij ging naar binnen en ging aan tafel aanliggen.
38 Toen de Farizeeër dat zag, verwonderde hij zich erover dat hij zich niet eerst gewassen had voor de maaltijd.
39 Maar de Heer zei tegen hem: 'Ach, jullie Farizeeën! De buitenkant van de beker en de schotel reinigen jullie, maar jullie eigen binnenkant is vol roofzucht en slechtheid.
40 Dwazen, heeft hij die de buitenkant gemaakt heeft niet ook de binnenkant gemaakt?
41 Geef liever de inhoud van beker en schotel als aalmoes, dan is niets meer onrein voor jullie!

*Laten religieuze mensen gewaarschuwd zijn die zich goed voordoen, maar in het donker de katjes knijpen. Lege religiositeit kan je niet van jezelf bevrijden. Alleen een persoonlijke en levende relatie met de Here kan je van zonden bevrijden.

11:42

42 Maar wee jullie Farizeeën, want jullie geven tienden van munt, wijnruit en andere kruiden, maar gaan voorbij aan de gerechtigheid en de liefde tot God; je zou het een moeten doen zonder het andere te laten.

*God is niet alleen Liefde maar ook Licht. Daarom moeten wij niet alleen de liefde nastreven. Maar ons ook onderwerpen aan het oordeel en de rechtvaardigheid van God. En die twee moeten in balans gehouden worden. Als je te lief doet dan wordt je naïef, en als je te rechtvaardig wilt zijn dan vernietig je anderen en eigenlijk ook jezelf.

12:4-5

4 Tegen jullie, mijn vrienden, zeg ik: wees niet bang voor degenen die het lichaam kunnen doden, maar niet tot iets ergers in staat zijn.

5 Ik zal jullie zeggen voor wie je bang moet zijn. Wees bang voor hem die de macht heeft om iemand niet alleen te doden maar ook in de Gehenna te werpen. Ja, ik zeg jullie, wees bang voor hem!

*Hierover hebben we al het één en ander gezegd. Zie de vergelijkbare passage in Mattheus 10. Maar wat ik hier eraan wil toevoegen is dat de Here hier ons duidelijk waarschuwt dat God een Rechter is over hemel en hel. En dat we daarom ons goed moeten beseffen dat we eens verantwoording moeten afleggen tegen over Hem. Gelukkig is hij of zij die nu al God als Rechter aanvaart wat betreft het eeuwig lot. Want als we nu voor Hem buigen, zullen we dat niet in de hel hoeven doen.

12:8-9

8 Ik zeg jullie: iedereen die mij erkent bij de mensen, zal ook door de Mensenzoon worden erkend bij de engelen van God.

9 Maar wie mij verloochent bij de mensen, zal verloochend worden bij de engelen van God.

*Dit is een ernstig woord. Toch is zelfs hier hoop voor gelovigen. Petrus verloochende de Here ook. Hoe begrijpelijk is het, wanneer we met de dood bedreigd zouden worden, dat je dan gaat liegen of op zijn minst een smoes verzint. Voor echte gelovigen is dan meestal nog herstel mogelijk. Echter wanneer je hele leven staat in het teken van de ontkenning van de Here Jezus, dan zal Hij je voor eeuwig ontkennen.

12:10

10 En iedereen die iets ten nadele van de Mensenzoon zegt, zal worden vergeven. Maar wie lastertaal spreekt tegen de heilige Geest zal niet worden vergeven.

*Er gaat bangdoenerij rond wat betreft de zonde tegen de Heilige Geest. Christenen die bang zijn dat ze die zonde begaan hebben, hebben die juist niet begaan. Bovendien is de Here Jezus nu niet op aarde. Want de Farizeeërs beschuldigden Hem ervan dat Hij door de duivel Zijn wonderwerken deed, en niet door de Heilige Geest. En zij zaten er niet mee. Ik ben ervan overtuigd dat zelfs satanisten die de Heilige Geest hebben afgezworen in een ceremonie, dat zelfs die nog gered kunnen worden en tot bekering kunnen komen.

12:15

15 Hij zei tegen hen: 'Pas op, hoed je voor iedere vorm van hebzucht, want iemands leven hangt niet af van zijn bezittingen, zelfs niet wanneer hij die in overvloed heeft.'

*Hebzucht in de Bijbel is zeker geen deugd, maar een grote ondeugd. Hebzucht wordt zelfs afgodendienst genoemd. De Here zegt hier duidelijk dat we ons geluk niet moeten af laten hangen van wat we bezitten. En Paulus zegt duidelijk dat zij die rijk willen worden in vele strikken en verzoekingen zullen vallen. Ook zegt de Here wat voordeel zou een mens hebben als hij de hele wereld windt, maar zijn ziel erbij inboet. Er wordt niet voor niets gezegd dat wanneer onze tijd gekomen is we niets mee kunnen nemen. En wanneer we dit dan zo goed weten, hoe dwaas is het dan als je een houding hebt dat je lol niet op kan.

12:22-32 Algemene aantekening:

22 Hij zei tegen zijn leerlingen: 'Om deze reden zeg ik tegen jullie: maak je geen zorgen over jezelf en over wat je zult eten, noch over je lichaam en over wat je zult aantrekken.

23 Want het leven is meer dan voedsel en het lichaam meer dan kleding.

24 Kijk naar de raven: ze zaaien niet en oogsten niet, ze hebben geen voorraadkamer en geen schuur, het is God die ze voedt. Hoeveel meer zijn jullie niet waard dan de vogels!

25 Wie van jullie kan door zich zorgen te maken één el aan zijn levensduur toevoegen?

26 Als jullie dus zelfs het geringste al niet kunnen, waarom maken jullie je dan zorgen over de rest?

27 Kijk naar de lelies, kijk hoe ze groeien. Ze werken niet en weven niet. Ik zeg jullie: zelfs Salomo ging in al zijn luister niet gekleed als een van hen.

28 Als God het groen dat vandaag nog op het veld staat en morgen in de oven gegooid wordt al met zo veel zorg kleedt, met hoeveel meer zorg zal hij jullie dan niet kleden, kleingelovigen?

29 Ook jullie moeten niet nadenken over wat je zult eten en wat je zult drinken, en jullie moeten je niet door zorgen laten kwellen.

30 De volken van deze wereld jagen die dingen na, maar jullie Vader weet dat je ze nodig hebt.

31 Zoek liever zijn koninkrijk, en die andere dingen zullen je erbij gegeven worden.

32 Vrees niet, kleine kudde, want jullie Vader heeft jullie het koninkrijk willen schenken.

*Dit is een prachtig stuk met een grote belofte. We moeten ons geen zorgen maken zegt de Here. Maar veeleer het Koninkrijk van God zoeken en Zijn, dat is Gods gerechtigheid. De Here waarschuwt ons hier ook dat we niet als de heidenen moeten zijn. Want bij hen gaat het er in de eerste plaats om wat ze zullen eten en drinken en wat voor kleding ze zullen aantrekken. En Hij wijst ons op de natuur, op vogels en mooie planten, dat God toch ook voor hen zorgt. Hoeveel te meer dan voor ons. Maar Hij bedoelt natuurlijk niet dat we dan maar onverantwoord moeten bezig zijn. We moeten immers God niet verzoeken met een dwaze levensstijl.

12:33-34

33 Verkoop je bezittingen en geef aalmoezen. Maak voor jezelf een geldbuidel die niet verslijt, een schat in de hemel die niet opraakt, waar een dief niet bij kan en die door geen mot kan worden aangevreten.

34 Waar jullie schat is, daar zal ook jullie hart zijn.

*Deze verzen sluiten aan op het vorige, namelijk dat we in de eerste plaats ons schatten in de Hemelen verzamelen, want die zijn eeuwig. En als het je om de Heer van de Hemel gaat, dan gaat het je om de Gever en niet om wat gegeven wordt. In de eerste plaats dan, is Hij je alles en zul je niet bedrogen uitkomen, net als Maria van Betanië, die aan de voeten van de Here Jezus zat. En over wie de Here zei dat zij het goede deel had uitgekozen, wat niet van haar weggenomen zou worden.

12:37

37 Gelukkig de knechten die de heer bij zijn komst wakend aantreft. Ik verzeker jullie: hij zal zijn gordel omdoen, hen aan tafel nodigen en hen bedienen.

*Dit is een gelukzalige belofte, wonderbaarlijk zelfs. Want het belooft ons dat de Here ons zal dienen. Dat doet Hij nu al in het verborgene, maar straks openlijk.

13:1-5

1 Er waren op dat moment ook enkele mensen aanwezig die hem vertelden over de Galileeërs van wie Pilatus het bloed vermengd had met hun offers.
2 Hij zei tegen hen: 'Denken jullie dat die Galileeërs grotere zondaars waren dan alle andere Galileeërs, omdat ze dat ondergaan hebben?
3 Zeker niet, zeg ik jullie, maar als jullie niet tot inkeer komen, zul je allemaal op dezelfde wijze omkomen.
4 Of die achttien die stierven doordat de Siloamtoren op hen viel—denken jullie dat zij schuldiger waren dan alle andere mensen die in Jeruzalem wonen?

5 Zeker niet, zeg ik jullie, maar als jullie niet tot inkeer komen, zul je allemaal net zo sterven als zij.'

*We kunnen hier denken aan dictators and misschien ook aan rebellen, kindsoldaten en extremisten die mensen op gruwelijke wijzen vermoorden. En we kunnen denken aan het World Trade Center. Wat het nummer 18 betreft, in het Hebreeuws vormt dat het woord Leven. Daarom zijn bussen in Israël met nummer 18 een geliefd doelwit. Laten deze verzen ons tot waarschuwing zijn.

13:6-9 Algemene aantekening:

6 Hij vertelde hun deze gelijkenis: 'Iemand had een vijgenboom in zijn wijngaard geplant en ging kijken of de boom vrucht droeg, maar hij vond geen vijgen.

7 Hij zei tegen de wijngaardenier: "Al drie jaar kom ik kijken of die vijgenboom vrucht draagt, maar tevergeefs. Hak hem maar om, want hij dient tot niets en put alleen de grond uit."

8 Maar de wijngaardenier zei: "Heer, laat hem ook dit jaar nog met rust, tot ik de grond eromheen heb omgespit en hem mest heb gegeven,

9 misschien zal hij dan het komende jaar vrucht dragen, en zo niet, dan kunt u hem alsnog omhakken."'

*In Jeremia 17 wordt de rechtvaardige met een boom vergeleken in vruchtbare grond. In dit geval slaat het op het hele systeem van het Joodse volk destijds. En Johannes de doper zei dat de bijl aan de wortel ligt. En Salomo zei: "Waar de boom valt, daar blijft hij liggen, hetzij naar het noorden, hetzij naar het zuiden," (hetzij naar de hel, hetzij naar de hemel).

13:24

24 'Doe alle moeite om door de smalle deur naar binnen te gaan, want velen, zeg ik jullie, zullen proberen naar binnen te gaan maar er niet in slagen.

*Dt vers slaat op de menselijke verantwoordelijkheid. De Here Jezus zegt elders dat Hij de discipelen had uitverkoren en niet zij Hem. Je zou kunnen zeggen dat de enge poort een deurknop heeft met een handvat aan beide kanten. De Heilige Geest zorgt ervoor dat de uitverkiezing en de menselijke verantwoordelijkheid te samengaan.

13:25-30 Algemene aantekening:

25 Als de heer des huizes eenmaal is opgestaan en de deur heeft gesloten, en jullie staan buiten op de deur te kloppen en roepen: "Heer, doe open voor ons!", dan zal hij antwoorden: "Ik ken jullie niet, waar komen jullie vandaan?"

26 Jullie zullen zeggen: "We hebben in uw bijzijn gegeten en gedronken en u hebt in onze straten onderricht gegeven."

27 Maar hij zal tegen jullie zeggen: "Ik ken jullie niet, waar komen jullie vandaan? Weg met jullie, rechtsverkrachters!"

28 Dan zullen jullie jammeren en knarsetanden wanneer je Abraham, Isaak en Jakob en al de profeten in het koninkrijk van God ziet, maar zelf buitengesloten wordt.

29 Uit het oosten en het westen en uit het noorden en het zuiden zullen ze komen, en ze zullen aan tafel genodigd worden in het koninkrijk van God.

30 En bedenk wel: er zijn laatsten die de eersten zullen zijn, en er zijn eersten die de laatsten zullen zijn.'

*Laat deze passage ons tot waarschuwing dienen. Als we niet voor de Here kiezen met ons hele hart, dan zal er een tijd komen dat we eeuwig buiten zullen staan.

14:12-14

12 Hij zei ook tegen degene die hem had uitgenodigd: 'Wanneer u een maaltijd aanbiedt of een feestmaal geeft, vraag dan niet uw vrienden, uw broers, uw verwanten of uw rijke buren, in de verwachting dat zij u op hun beurt zullen uitnodigen om iets terug te doen.

13 Wanneer u mensen ontvangt, nodig dan armen, kreupelen, verlamden en blinden uit.

14 Dan zult u gelukkig zijn, zij kunnen voor u dan wel niets terugdoen, maar u zult ervoor beloond worden bij de opstanding van de rechtvaardigen.'

*Mogen wij dit advies letterlijk in de praktijk brengen.

14:25

25 Grote mensenmenigten trokken met Jezus mee. Hij wendde zich tot hen en zei:

*Sommige bijbeluitleggers brengen het werkwoord 'haten' hier in verband met de vrouwen van Jakob.

Namelijk Rachel en Lea, waarvan gezegd werd dat Lea gehaat was en Rachel geliefd. Ik denk dat deze bijbeluitleggers het bij het rechte eind hebben. Dat er hier sprake is van jezelf op de tweede plaats zetten en je familie ook. Toch is het zo dat we de zonden in onszelf, evenals de wortel van de zonden behoren te haten.

15 Algemene aantekening:

1 Alle tollenaars en zondaars kwamen hem opzoeken om naar hem te luisteren.
2 Maar zowel de Farizeeën als de schriftgeleerden zeiden morrend tegen elkaar: 'Die man ontvangt zondaars en eet met hen.'
3 Jezus vertelde hun toen deze gelijkenis:
4 'Als iemand van u honderd schapen heeft waarvan er één verloren is geraakt, laat hij dan niet de negenennegentig andere in de woestijn achter om naar het verdwaalde dier op zoek te gaan tot hij het gevonden heeft?
5 En als hij het gevonden heeft, legt hij het vol vreugde op zijn schouders
6 en gaat hij naar huis. Daar roept hij zijn vrienden en buren bijeen en zegt tegen hen: "Deel in mijn vreugde, want ik heb het schaap gevonden dat verdwaald was."
7 Ik zeg u: zo zal er in de hemel meer vreugde zijn over één zondaar die tot inkeer komt dan over negenennegentig rechtvaardigen die geen inkeer nodig hebben.
8 En als een vrouw tien drachmen heeft en er één verliest, steekt ze toch de lamp aan, veegt het hele huis schoon en zoekt ze alles af tot ze het muntstuk gevonden heeft?

9 En als ze het gevonden heeft, roept ze haar vriendinnen en buren bijeen en zegt: "Deel in mijn vreugde, want ik heb de drachme gevonden die ik kwijt was."

10 Zo, zeg ik u, heerst er ook vreugde onder de engelen van God over één zondaar die tot inkeer komt.'

11 Vervolgens zei hij: 'Iemand had twee zonen.

12 De jongste van hen zei tegen zijn vader: "Vader, geef mij het deel van uw bezit waarop ik recht heb." De vader verdeelde zijn vermogen onder hen.

13 Na enkele dagen verzilverde de jongste zoon zijn bezit en reisde af naar een ver land, waar hij een losbandig leven leidde en zijn vermogen verkwistte.

14 Toen hij alles had uitgegeven, werd dat land getroffen door een zware hongersnood, en begon hij gebrek te lijden.

15 Hij vroeg om werk bij een van de inwoners van dat land, die hem op het veld zijn varkens liet hoeden.

16 Hij had graag zijn maag willen vullen met de peulen die de varkens te eten kregen, maar niemand gaf ze hem.

17 Toen kwam hij tot zichzelf en dacht: De dagloners van mijn vader hebben eten in overvloed, en ik kom hier om van de honger.

18 Ik zal naar mijn vader gaan en tegen hem zeggen: "Vader, ik heb gezondigd tegen de hemel en tegen u,

19 ik ben het niet meer waard uw zoon genoemd te worden; behandel mij als een van uw dagloners."

20 Hij vertrok meteen en ging op weg naar zijn vader. Zijn vader zag hem in de verte al aankomen. Hij kreeg medelijden en rende op zijn zoon af, viel hem om de hals en kuste hem.

21 "Vader, "zei zijn zoon tegen hem, "ik heb gezondigd tegen de hemel en tegen u, ik ben het niet meer waard uw zoon genoemd te worden."

22 Maar de vader zei tegen zijn knechten: "Haal vlug het mooiste gewaad en trek het hem aan, doe hem een ring aan zijn vinger en geef hem sandalen.

23 Breng het gemeste kalf en slacht het. Laten we eten en feestvieren,

24 want deze zoon van mij was dood en is weer tot leven gekomen, hij was verloren en is teruggevonden." En ze begonnen feest te vieren.

25 De oudste zoon was op het veld. Toen hij naar huis ging en al dichtbij was, hoorde hij muziek en gedans.

26 Hij riep een van de knechten bij zich en vroeg wat dat te betekenen had.

27 De knecht zei tegen hem: "Uw broer is thuisgekomen, en uw vader heeft het gemeste kalf geslacht omdat hij hem gezond en wel heeft teruggekregen."

28 Hij werd woedend en wilde niet naar binnen gaan, maar zijn vader kwam naar buiten en trachtte hem te bedaren.

29 Hij zei tegen zijn vader: "Al jarenlang werk ik voor u en nooit ben ik u ongehoorzaam geweest als u mij iets opdroeg, en u hebt mij zelfs nooit een geitenbokje gegeven om met mijn vrienden feest te vieren.

30 Maar nu die zoon van u is thuisgekomen die uw vermogen heeft verkwanseld aan de hoeren, hebt u voor hem het gemeste kalf geslacht."

31 Zijn vader zei tegen hem: "Mijn jongen, jij bent altijd bij me, en alles wat van mij is, is van jou.

32 Maar we konden toch niet anders dan feestvieren en blij zijn, want je broer was dood en is weer tot leven gekomen. Hij was verloren en is teruggevonden."'

*In dit hoofdstuk treffen we een herder aan die een verloren schaap zoekt en redt, een vrouw die een verloren munt vindt en een vader die zijn verloren zoon

terug krijgt. Ik meen dat dit respectievelijk slaat, op de Here Jezus, op de Kerk en op God de Vader. Van de Here Jezus wordt gezegd in Jesaja dat Hij het Koninkrijk op Zijn schouder draagt. Maar het schaap draagt Hij op beide schouders. Dit doet me denken aan de Bijbel tekst: "Als de rechtvaardige moeilijk gered wordt, waar zal dan de goddeloze en de zondaar zijn." Wat een munt betreft. die kan helemaal niets doen. Dat doet me denken aan Paulus woorden dat we dood zijn in zonden en misdaden. Wat me weer doet denken aan wat vele filosofen zeggen, namelijk dat de mens dood is. Het begon met Nietzsche die zei dat God dood is en dat we Hem vermoord hebben. Men mag wel zeggen dat we God in onze eigen harten vermoord hebben en hierdoor hebben we onszelf ook om zeep geholpen. Echter de Kerk wordt gezegd de steunpilaar van de waarheid te zijn. Hoezeer hebben we hierin gefaald. Laten we de verloren zondaars zoeken net als die munt. Wat me weer doet denken aan Paulus woorden "gij zijt mijn kroon en jullie zijn als het ware lijen van vlees waarop geschreven is." Wat de verloren zoon betreft, daar zien we de zondaar als een opstandig mens die God verlaat en tot bekering komt. Laten deze drie aspecten van redding ons tot troost zijn. En mogen we in deze geschiedenis een eeuwige belofte zien.

16:9

9 Ook ik zeg jullie: maak vrienden met behulp van de valse mammon, opdat jullie in de eeuwige tenten worden opgenomen wanneer de mammon er niet meer is.

*Het klinkt misschien eigenaardig. Maar het lijkt wel of de Here hier zegt dat wanneer je vrienden maakt door

432

hen te ondersteunen en dan denk ik bijvoorbeeld aan zendelingen geldelijk te ondersteunen, dat wanneer je naar de hemel gaat, want hier staat eeuwige woningen, dat ze dan ook naar jou zullen omzien. Het is niet zo dat in de hemel de engelen constant gebraden kippetjes serveren. Schijnbaar is er een correlatie tussen wat je hier op aarde gedaan hebt en je beloning in de hemel. De Here zegt ook niet voor niets dat je je schatten in de hemel moet verzamelen. Vrijgevig zijn produceert een van die schatten.

16:10-12

10 Wie betrouwbaar is in het geringste, is ook betrouwbaar als het om veel gaat, en wie oneerlijk is in het geringste is ook oneerlijk als het om veel gaat.
11 Als jullie onbetrouwbaar blijken in de omgang met de valse mammon, wie zal jullie dan werkelijk belangrijke dingen toevertrouwen?
12 En als jullie onbetrouwbaar blijken met wat een ander toebehoort, wie zal jullie dan geven wat jullie zelf toekomt?

*Laat dit een ernstige waarschuwing en oproep zijn om eerlijk met geld om te gaan. En de belofte hierin is dat de Here ons dan het uwe en het ware kan geven. En dan kan je denken aan je eeuwig deel in de Here Jezus.

16:13

13 Geen enkele knecht kan twee heren dienen: hij zal de eerste haten en de tweede liefhebben, of hij zal juist

toegewijd zijn aan de ene en de andere verachten. Jullie kunnen niet God dienen én de mammon.'

*Deze waarschuwing spreekt voor zich.

16:25

25 Maar Abraham zei: "Kind, bedenk wel dat jij je deel van het goede al tijdens je leven hebt ontvangen, terwijl Lazarus niets dan ongeluk heeft gekend; nu vindt hij hier troost, maar lijd jij pijn.

*Laten deze verzen en in het bijzonder dit kernvers. ons zeer tot waarschuwing strekken.

17:1

1 Tegen zijn leerlingen zei hij: 'Het is onvermijdelijk dat er mensen ten val worden gebracht, alleen: wee degene die daarvoor verantwoordelijk is!

*Jakobus heeft het over het wiel van het bestaan dat in gang is gezet. Dit kan je ook betrekken op de zondeval. Er is iets in werking gesteld, waardoor allerlei verschrikkelijke dingen over ons komen. En wee degene door wie iets komt, zoals pedofielen. Hierin hoeven we dus niet fatalistisch te zijn, we kunnen onszelf behoeden.

18:10-14 Algemene aantekening:

10 'Twee mensen gingen naar de tempel om te bidden, de een was een Farizeeër en de ander een tollenaar.
11 De Farizeeër stond daar rechtop en bad bij zichzelf: "God, ik dank u dat ik niet ben als de andere mensen, die roofzuchtig of onrecht-vaardig of overspelig zijn, en dat ik ook niet ben als die tollenaar.
12 Ik vast tweemaal per week en draag een tiende van al mijn inkomsten af."
13 De tollenaar echter bleef op een afstand staan en durfde niet eens zijn blik naar de hemel te richten. In plaats daarvan sloeg hij zich op de borst en zei: "God, wees mij zondaar genadig."
14 Ik zeg jullie, hij ging naar huis als iemand die rechtvaardig is in de ogen van God, maar die ander niet. Want wie zichzelf verhoogt zal vernederd worden, maar wie zichzelf vernedert zal verhoogd worden.'

*Zij die denken dat ze rechtvaardig zijn, zien altijd neer op de zogenaamde zondaren. Laat deze geschiedenis ons tot waarschuwing dienen. Want God haat hoge ogen.

18:15-17

15 De mensen probeerden ook kleine kinderen bij hem te brengen om ze door hem te laten aanraken. Toen de leerlingen dat zagen, berispten ze hen.
16 Maar Jezus riep de kinderen bij zich en zei: 'Laat ze bij me komen, houd ze niet tegen, want het koninkrijk van God behoort toe aan wie is zoals zij.

17 Ik verzeker jullie: wie niet als een kind openstaat voor het koninkrijk van God, zal er zeker niet binnengaan!'

*Dit is vooral een waarschuwing voor ouders betreffende hun kindertjes. Want dat is wat hier staat. Er staat geen kinderen maar kindertjes. Dat we die zo vroeg mogelijk bij de Here Jezus brengen. En laten wij vooral geen verhindering zijn voor ze.

19:26

26 "Ik zeg jullie: wie heeft zal nog meer krijgen; maar wie niets heeft, hem zal zelfs wat hij heeft worden ontnomen.

*Dit is zowel een waarschuwing als een belofte. God zegent ons niet door optelsommen; maar door exponenten. Hoe meer je verzamelt hebt in de hemel, hoe meer je zal krijgen.

24:25

25 Toen zei hij tegen hen: 'Hebt u dan zo weinig verstand en bent u zo traag van begrip dat u niet gelooft in alles wat de profeten gezegd hebben?

*Laat dit vers ons tot waarschuwing zijn, dat we niet in onze tradities vast roesten. Maar laten we bidden dat we een open verstand en een open hart mogen hebben om altijd bij te leren. Laten we daar ook regelmatig om bidden, dat de Heilige Geest onze lezing van de Bijbel begrijpelijk moge maken.

Johannes

1:2

12 Wie hem wel ontvingen en in zijn naam geloven, heeft hij het voorrecht gegeven om kinderen van God te worden.

*Wat een prachtige belofte is dit. In plaats van kinderen van Satan, mogen we kinderen van God zijn, overgeplaatst van uit het koninkrijk der duisternis naar Het Koninkrijk van Het Licht. Paulus zegt dat we geadopteerd zijn. En dus kunnen we zeggen dat als zonen en dochters van God we alle rechten hebben. We worden dan ook genoemd 'mede-erfgenamen' van Christus. En wat erven we, totale gelukzaligheid voor eeuwig in de nieuwe Hemel en op de nieuwe Aarde. Wij kunnen zeggen Abba Vader. Abba is Aramees voor Pappa.

1:17

17 De wet is door Mozes gegeven, maar goedheid en waarheid zijn met Jezus Christus gekomen.

*Paulus zegt dat de Wet een leermeester was tot op Christus. Ergens anders zegt hij dat een onmondige erfgenaam onder een voogd gesteld is, tot op de dag die gesteld is voor de erfenis. Genade en Waarheid is nu ons deel. Laten we daarom niet terugkeren naar de Wet van de Dood, ook niet zogenaamd uit dankbaarheid. Maar laten we ons oog op Christus Jezus richten, de Hogere Wet door de Geest van Het Leven en van de vrijheid. Om Christus te dienen en onze naaste en niet de zonden. Als je je concentreert op de Wet, wordt het een vuur dat je fascineert. Wordt het een lamp die de zonden aan het licht brengt, maar die je er niet van kan verlossen. Maar als je je ogen op Christus richt, dan richt je je op Genade en Waarheid.

1:18

18 Niemand heeft ooit God gezien, maar de enige Zoon, die zelf God is, die aan het hart van de Vader rust, heeft hem doen kennen.

*Salomo zei bij de inleiding van de tempel dat God zich in duisternis gehuld had. Maar nu hebben we vrij toegang tot de Troon van de Genade, en kunnen we God leren kennen. David zei, "één ding heb ik van de Here begeert, dat zal ik zoeken. Om in Het Huis van de Here te vertoeven alle dagen van mijn leven. Om de lieflijkheid van de Here te aanschouwen. En om dingen na te speuren in Zijn Tempel." Door de Heilige Geest, zijn wij in staat gesteld om dit nog mooier te doen dan David.

438

1:29

29 De volgende dag zag hij Jezus naar zich toe komen, en hij zei: 'Daar is het lam van God, dat de zonde van de wereld wegneemt.

*Dit is ook een fantastische belofte. 'Wereld' hier kan je vertalen door 'cosmos.' Wij zijn gevallen schepselen in een geschonden cosmos. Maar Christus is voor ons tot zonde gemaakt. En daarom worden niet alleen wij verlost, maar de hele schepping zal gered worden in het Duizendjarigrijk. En nogmaals, uiteindelijk komt er een Nieuwe Hemel en een Nieuwe Aarde.

2:3- 4,11

3 Toen de wijn bijna op was, zei de moeder van Jezus tegen hem: 'Ze hebben geen wijn meer.'
4 'Wat wilt u van me?' zei Jezus. 'Mijn tijd is nog niet gekomen.'
11 Dit heeft Jezus in Kana, in Galilea, gedaan als eerste wonderteken; hij toonde zo zijn grootheid en zijn leerlingen geloofden in hem.

*Het veranderen van water in wijn was Zijn eerste teken. De indirecte waarschuwing hier is dat men niet met overdreven verhaaltjes moet komen. De mensen hebben namelijk gefantaseerd dat de Here Jezus als kind al wonderen deed. Men kan dus de waarheid overdrijven, zelfs de waarheid van God. Het mooie is dat Maria wel begreep dat Hij wonderen kon doen, maar toch berispte de Here Jezus haar, omdat ze het Hem opdrong. En in plaats van haar moeder te noemen, gebruikte Hij de algemene term "vrouw".

3:3

3 Jezus zei: 'Waarachtig, ik verzeker u: alleen wie opnieuw wordt geboren, kan het koninkrijk van God zien.'

*Het is zowel een belofte als een waarschuwing. We worden opgeroepen om ons te bekeren, dat is de wedergeboorte. De belofte is dat we het Koninkrijk mogen ingaan, het Eeuwig Koninkrijk van God. En de waarschuwing is dat wanneer we de Here Jezus verwerpen, Hij ons ook moet verwerpen.

3:5

5 Jezus antwoordde: 'Waarachtig, ik verzeker u: niemand kan het koninkrijk van God binnengaan, tenzij hij geboren wordt uit water en geest.

*Geboren worden uit Water en Geest. Slaat op persoonlijke inspiratie door het woord van God. En op het levend makend werk van de Heilige Geest.

3:16

16 Want God had de wereld zo lief dat hij zijn enige Zoon heeft gegeven, opdat iedereen die in hem gelooft niet verloren gaat, maar eeuwig leven heeft.

*Dit vers kunnen we met de vorige aangehaalde verzen vergelijken. Namelijk dat de bekering een geloofsdaad van het hart is.

3:18-21

18 Over wie in hem gelooft wordt geen oordeel uitgesproken, maar wie niet in hem gelooft is al veroordeeld, omdat hij niet wilde geloven in de naam van Gods enige Zoon.
19 Dit is het oordeel: het licht kwam in de wereld en de mensen hielden meer van de duisternis dan van het licht, want hun daden waren slecht.
20 Wie kwaad doet, haat het licht; hij schuwt het licht omdat anders zijn daden bekend worden.
21 Maar wie oprecht handelt zoekt het licht op, zodat zichtbaar wordt dat God werkzaam is in alles wat hij doet.'

*Mogen deze verzen voor zichzelf spreken.

3:33,36

33 Wie zijn getuigenis wel aanvaardt, bevestigt daarmee dat God betrouwbaar is.
36 Wie in de Zoon gelooft heeft eeuwig leven, wie de Zoon niet wil gehoorzamen zal dat leven niet kennen; integendeel, Gods toorn blijft op hem rusten.'

*Wanneer we het getuigenis van de Here Jezus aannemen, bevestigen we dat God waarachtig is. En hebben we eeuwig Leven. Maar wie de Zoon

441

ongehoorzaam is, maakt Hem en God de Vader tot een leugenaar.

4:14

14 '...maar wie het water drinkt dat ik hem geef, zal nooit meer dorst krijgen. Het water dat ik geef, zal in hem een bron worden waaruit water opwelt dat eeuwig leven geeft.'

*Dit is een prachtige belofte. Mensenharten dorsten naar iets, en men zoekt rust voor zijn ziel. Ieder mens probeert het op zijn manier in te vullen. Voor de één is dat een spelletje, voor een ander luxe, en weer voor een ander roem. Maar zoals de kerkvaders zeiden, een hart rust pas wanneer het zijn rust in de Here Jezus vindt. En de Here Jezus voegt hier aan toe dat het een bron van water zal zijn die tot in alle eeuwigheid opwelt.

4:23,24

23 Maar er komt een tijd, en die tijd is nu gekomen, dat wie de Vader echt aanbidt, hem aanbidt in Geest en in waarheid. De Vader zoekt mensen die hem zo aanbidden,
24 want God is Geest, dus wie hem aanbidt, moet dat doen in Geest en in waarheid.'

*Dit is de enige keer in de Bijbel dat er sprake is van dat God zoekende is. En Hij zoekt aanbidders, en wel mensen die in Geest en Waarheid aanbidden. Ondanks al zijn opstandigheid, als een reactie op zijn lijden, werd Job een aanbidder toen hij zei: "Ik weet dat mijn

442

Verlosser leeft, en dat ik Hem in het lichaam van mijn opstanding zal zien," (dit is een parafrase). Als men zonden in zijn leven toelaat, dat wil zeggen bewust en niet luisterd naar anderen die je daar opmerkzaam op maken, dan kan je niet in Geest en Waarheid aanbidden, en is het van nul en gener waarde.

5:14

14 Later kwam Jezus hem tegen in de tempel en toen zei hij tegen hem: 'U bent nu gezond; zondig daarom niet meer, anders zal u iets ergers overkomen.'

*We moeten niet denken dat God met zich laat spotten. We moeten niet het evangelie goedkoop maken met een houding van God vergeeft me wel. Salomo zei dat iemand die veel gewaarschuwd is, maar die steeds zijn nek verhardt, die zal plotseling verbroken worden, zodat er geen genezing meer is. Dit geldt ook voor verslaving. Hoewel God ons voor de eeuwigheid vergeeft als we waarlijk Zijn kinderen zijn. Dat wil niet zeggen dat er geen consequenties zijn in het tijdelijke leven. Dit is een ernstige zaak.

5:23

23 Dan zal iedereen de Zoon eer betuigen zoals men de Vader eert. Wie de Zoon niet eert, eert ook de Vader niet die hem gezonden heeft.

*Als we theologisch aan de persoon van God de Zoon rommelen, dan komen we ook aan God de Vader. Let wel, Hij is God de Zoon. Dit is zo van alle eeuwigheid. Hij werd niet God de Zoon, Hij is God de Zoon. Want

443

"een Zoon is ons gegeven en een kind is ons geboren". Johannes zegt het zo: "Hij die de Zoon heeft, heeft de Vader". Laten we daarom alle eer aan de Here Jezus geven, en Hij zal ons ook eren. Laten we niet meegaan met de moderne theologie die beweert dat Hij in principe had kunnen zondigen, maar dat Hij dat niet wilde. Want "In Hem was geen zonde," "Hij deed geen zonde," en "Hij kende de zonde niet." Er staat dat Hij als ons is geworden, maar dat Hij niets met de zonden te maken heeft en dat wil niet zeggen dat Hij als Adam en Eva was in hun onschuldigheid voor de zondeval. Want waar Adam viel in de Hof van Eden, daar bleef Jezus overeind en onderkende de zonden toen Hij door de Satan in de woestijn getest werd.

5:44

44 Hoe zou u ooit tot geloof kunnen komen? Van elkaar wilt u wel eer ontvangen, maar u zoekt niet de eer die de enige God u kan geven.

*Dit is een ernstige waarschuwing. Laten we de eer van boven zoeken, want die is eeuwig. De eer van mensen is vaak niets waard, evenals hun kritiek vaak niets waard is. Bovendien, de eer van God is eeuwig en mensen vergeten je vaak weer.

6:35

35 'Ik ben het brood dat leven geeft, 'zei Jezus. 'Wie bij mij komt zal geen honger meer hebben, en wie in mij gelooft zal nooit meer dorst hebben.

444

*Wat een prachtige belofte is dit. Een mens zonder God kent geen waarachtige rust, maar hij blijft hongeren en dorsten naar meer. Maar als je de Here Jezus hebt gevonden, dan heb je het eeuwige leven gevonden.

7:6

6 Maar Jezus zei: 'Mijn tijd is nog niet gekomen, voor jullie is elke tijd goed.

*De onbekeerde mens moet het in het hier en nu voor elkaar krijgen. Zo iemand tracht zonder God in deze tijd zijn ziel te redden. Hij tracht in deze tijd zichzelf geestelijk te bevredigen, want hij weet dat wanneer hij sterft, zijn spelletje afgelopen is. Maar juist dan krijgen wij onze volle rust en beloning. Diep in zijn hart weet de mens dat God bestaat en dat God absoluut Heilig is en dat wij daarom een eeuwige afwijzing verdienen van Gods kant. Daarom zegt de atheïst ook in zijn hart dat er geen God is. En dit moet hij zijn hele leven zichzelf voorhouden.

7:15

15 De Joden waren verbaasd: 'Hoe weet hij dat allemaal, terwijl hij geen opleiding heeft gehad?'

*Dit is een bemoediging voor de eenvoudige bijbelstudent. De wereld heeft veel te veel respect voor diploma's, opleidingen en posities. Maar hij die door God onderwezen is, die is pas geleerd. Laat dit een belofte voor ons zijn, en waarschuwing, zodat we niet mensen op een voetstuk stellen. En aan de andere kant, dat we biddend onder leiding van de Heilige Geest het Woord bestuderen. Laten we daarom in de eerste plaats luisteren naar wat er gezegd wordt, en niet wie het zegt, want dat komt op de tweede plaats.

7:37-39

37 Op de laatste dag, het hoogtepunt van het feest, stond Jezus in de tempel, en hij riep: 'Laat wie dorst heeft bij mij komen en drinken!
38 "Rivieren van levend water zullen stromen uit het hart van wie in mij gelooft, "zo zegt de Schrift.'
39 Hiermee doelde hij op de Geest die zij die in hem geloofden zouden ontvangen; de Geest was er namelijk nog niet, want Jezus was nog niet tot Gods majesteit verheven.

*Tegen de vrouw bij de bron had Hij het ook over dorstig zijn. Hier heeft Hij het daar ook over en Hij houdt ons voor dat rivieren van levend water uit onze buik zullen stromen. En Hij heeft het hier over de Heilige Geest die we bij onze bekering ontvangen. Wat een prachtige belofte tot in alle eeuwigheid!

7:42

42 De Schrift zegt toch dat de messias uit het nageslacht van David komt en uit Betlehem, waar David woonde?'

*Uit dit vers blijkt dat de menigte en hun leiders zichzelf tegenspreken. De ene keer zeggen ze dat de herkomst van de Messias onbekend is. En hier zeggen ze dat Hij een nakomeling van David is uit Bethlehem. Laten we daarom niet geïnspireerd worden door de massa en zogenaamde grote mannen.

7:48,49

48 Er is toch geen enkele leider of Farizeeër tot geloof in hem gekomen?
49 Alleen de massa die de wet niet kent–vervloekt zijn ze!'

*De religieuze upper class heeft aan de ene kant verachting voor de man in de straat en voor de onwetende massa. Maar aan de andere kant vrezen ze hen, zoals uit meerdere teksten blijkt.

8:3-11

3 Toen brachten de schriftgeleerden en de Farizeeën een vrouw bij hem die op overspel betrapt was. Ze zetten haar in het midden en
4 zeiden tegen Jezus: 'Meester, deze vrouw is op heterdaad betrapt toen ze overspel pleegde.
5 Mozes draagt ons in de wet op zulke vrouwen te stenigen. Wat vindt u daarvan?'
6 Dit zeiden ze om hem op de proef te stellen, om te zien of ze hem konden aanklagen. Jezus bukte zich en schreef met zijn vinger op de grond.
7 Toen ze bleven aandringen, richtte hij zich op en zei: 'Wie van jullie zonder zonde is, laat die als eerste een steen naar haar werpen.'
8 Hij bukte zich weer en schreef op de grond.

9　Toen ze dat hoorden gingen ze weg, een voor een, de oudsten het eerst, en ze lieten hem alleen, met de vrouw die in het midden stond.

10　Jezus richtte zich op en vroeg haar: 'Waar zijn ze? Heeft niemand u veroordeeld?'

11　'Niemand, heer, 'zei ze. 'Ik veroordeel u ook niet, 'zei Jezus. 'Ga naar huis, en zondig vanaf nu niet meer.'

*Hier zien we de goddelijke wijsheid van de Here Jezus. Hij deed recht zowel aan de waarheid als aan de genade. Genade en waarheid moeten in evenwicht zijn. Laten we gewaarschuwd zijn dat als we te veel nadruk op de genade leggen, we te gemakkelijk worden en de zonden niet serieus genoeg nemen. Leggen we te veel nadruk op de waarheid dan worden we hard, onbuigzaam en Farizeeërs. God heeft geen sympathie voor onze zonden. Maar Hij heeft wel liefde voor ons. We moeten de zonden haten maar de zondaar lief hebben.

8:31-32

31　En tegen de Joden die in hem geloofden zei Jezus: 'Wanneer u bij mijn woord blijft, bent u werkelijk mijn leerlingen.

32　U zult de waarheid kennen, en de waarheid zal u bevrijden.'

*Wat een prachtige belofte dat we omringt mogen worden door zowel de goddelijke kracht als de menselijke oprechtheid van de Here Jezus. Hij is de weg, de waarheid en het leven. Hij kan ons bevrijden wat onze last ook is. En we mogen in de waarheid groeien, en hoe meer we Hem gehoorzamen des te meer zal de waarheid ons vrijmaken.

8:34

34 Jezus antwoordde: 'Waarachtig, ik verzeker u: iedereen die zondigt is een slaaf van de zonde.

*Laat dit vers een waarschuwing voor ons zijn. En laten we korte metten maken met de zonden in ons leven.

8:44

44 Uw vader is de duivel, en u doet maar al te graag wat uw vader wil. Hij is vanaf het begin een moordenaar geweest. Hij hoort niet bij de waarheid, omdat er geen waarheid in hem is. Wanneer hij liegt, spreekt hij zoals hij is: een aartsleugenaar, de vader van de leugen.

*We moeten dit vers ook op onszelf betrekken. Ieder van ons is geheel in zonden geboren en van nature zijn we haters van God. Zelfs onze beste werken hebben een nevenmotief. En in die zin is de duivel ook onze vader en de zonde onze moeder. Dit is zeer ernstig, daarom moet een mens ook geestelijk opnieuw geboren worden en een nieuwe natuur krijgen die God en de mensen liefheeft.

8:51

51 Waarachtig, ik verzeker u: als iemand mijn woord bewaart zal hij de dood nooit zien.'

449

*Als we uit God geboren zijn, dan luisteren we naar de stem van de Here Jezus en hebben we het eeuwige leven in ons. En ook al moeten we lichamelijk sterven, Hij zal ons uit de doden opwekken en een eeuwig onvergankelijk lichaam geven. Wat een vooruitzicht!!

9:13

13 Toen namen ze de man die blind geweest was mee naar de Farizeeën.

*Net als de vrienden van Job associëerden de discipelen ziekte en ellende met zonden. En hoewel het loon van de zonden de dood is, Is het niet altijd zo dat ziekte en ellende in iemands leven toe te schrijven is aan zijn eigen gedrag. Ten eerste kan iemand slachtoffer zijn van anderen, of het kan een beproeving zijn. En hier was het opdat de werken van God openbaar zouden worden.

9:33-34

33 Als die man niet van God kwam, zou hij dit toch niet hebben kunnen doen?'
34 Toen riepen ze: 'Jij, sinds je geboorte een en al zonde, wil jij ons de les lezen?' En ze joegen hem weg.

*We zien iets hier dat heel mooi is. Laten we daarom niet wanhopen wanneer religieuze autoriteiten tegen ons zijn. En wanneer we op bijbelse gronden weten dat we in de rechte weg zijn. Deze man werd steeds meer onder druk gezet, en hoe meer hij onder druk gezet werd, des te meer groeide hij geestelijk. Laat dat een belofte voor ons zijn.

9:38

38 Toen zei de man: 'Ik geloof, Heer, 'en hij boog zich voor Jezus neer.

*Dit is het mooiste deel van ons leven, dat we de Here Jezus aanbidden, en natuurlijk ook God de Vader. De blind geboren man werd uit de synagoge geworpen, werd dus gediscrimineerd. Ja hij werd geestelijk vertrapt. Maar dat bracht hem niet alleen bij de Here Jezus, maar het bracht hem tot het hoogste doe,l de aanbidding.

9:39

39 Jezus zei: 'Ik ben in de wereld gekomen om het oordeel te vellen. Dan zullen zij die niet zien, zien en zij die zien, zullen blind worden.'

*Dit vers houdt zowel een ernstige waarschuwing in als een mooie belofte. Zij die menen dat ze inzicht hebben in Gods zaken, zijn meestal blind of maar voor een gedeelte op de hoogte, net als de Farizeeërs hier. Maar zij die weten dat ze arm van geest zijn, hun wil de Here de ogen openen. Dit is ernstig voor de eersten en een belofte voor de nederigen.

10:14

14 Ik ben de goede herder. Ik ken mijn schapen en mijn schapen kennen mij,

*Wat een troost voor ons die in de Here Jezus geloven. Dat de Here Jezus ons niet alleen kent, maar dat Hij ons ook erkent en dagelijks voor ons wil zorgen; hoe moeilijk we het soms ook hebben. We kunnen er zeker van zijn dat Hij als een Goede Herder ons op de juiste tijd langs stille wateren en over grazige weiden leidt, zodat we kunnen herstellen.

12:25

25 Wie zijn leven liefheeft verliest het, maar wie in deze wereld zijn leven haat, behoudt het voor het eeuwige leven.

*In Mattheus hebben we dit stukje al behandeld, maar hier staat erbij dat we onze eigen ziel moeten haten in deze wereld. Terwijl Salomo zegt dat de wijze zijn eigen ziel lief heeft. Alle twee is waar. We moeten onze ziel liefhebben in het geval van Gods Koninkrijk en we moeten onze ziel haten wat de zonden betreft. Want in deze wereld heerst de lust van het vlees, de lust van de ogen en de hoogmoed van het leven. Die dingen moeten we haten. Verder, net als Jakob die Rachel liefhad en haar zus 'haatte', en net als de Bijbel zegt dat de Here Jakob heeft liefgehad en Ezau gehaat en in de tekst waar staat dat we onze vader en moeder moeten haten; dit is duidelijk een bijbels idioom voor 'op de tweede plaats stellen' en heeft niets met echt haten te maken, zoals we de zonde moeten haten. Ook leert de Bijbel geen uitverkiezing tot de hel. Hij haatte Ezau niet, maar stelde hem op de tweede plaats, al voordat hij geboren was. God had ook Ezau lief als misleid zondaar en als onverschillig zieltje.

12:42-43

42 Toch waren er ook veel leiders die wel in hem geloofden, maar vanwege de Farizeeën kwamen ze daar niet openlijk voor uit, omdat ze niet uit de synagoge gezet wilden worden.
43 Ze stelden meer prijs op de eer van mensen dan op de eer van God.

*Laat dit een waarschuwing voor ons zijn. Dat we de mensen niet vrezen, zoals deze mensen hier. Laten we de eer van de mensen niet zoeken, maar de eer van God.

13:12-17 Algemene aantekening:

2 Toen hij hun voeten gewassen had, deed hij zijn bovenkleed aan en ging weer naar zijn plaats. 'Begrijpen jullie wat ik gedaan heb?' vroeg hij.
13 'Jullie zeggen altijd "meester" en "Heer" tegen mij, en terecht, want dat ben ik ook.
14 Als ik, jullie Heer en jullie meester, je voeten gewassen heb, moet je ook elkaars voeten wassen.
15 Ik heb een voorbeeld gegeven; wat ik voor jullie heb gedaan, moeten jullie ook doen.
16 Waarachtig, ik verzeker jullie: een slaaf is niet meer dan zijn meester, en een afgezant niet meer dan wie hem zendt.
17 Je zult gelukkig zijn als je dit niet alleen begrijpt, maar er ook naar handelt.

*Dit is niet zomaar een belofte. Hier worden zij die dit doen zelfs gelukzalig genoemd. Dat wil zeggen dat we niet alleen moeten dienen. Maar ook dat er zijn die gewillig gediend worden. Dit geldt ook voor opbouwende kritiek, dat is ook dienen. Salomo zei dat zoals men ijzer met ijzer scherpt, zo scherpt een man een man. Maar bij ons is het meestal zo dat we gewoon niet bereidt zijn om opgebouwd te worden. We willen gewoon niet toegeven dat er iets niet aan ons klopt. Terwijl we toch drommels goed weten dat we niet volmaakt zijn. Maar wanneer iemand bij ons gebrek ziet en de vinger op de zere plek legt, dan haten wij dat. En zo kunnen we echt niet gelukkig zijn.

13:34-35

34 Ik geef jullie een nieuw gebod: heb elkaar lief. Zoals ik jullie heb liefgehad, zo moeten jullie elkaar liefhebben.
35 Aan jullie liefde voor elkaar zal iedereen zien dat jullie mijn leerlingen zijn.'

*Wat een puinhoop hebben we er toch van gemaakt. In plaats van elkaar te zoeken, hebben wij op onze eigen vermeende rechten gestaan. In plaats van in de eerste plaats de eer van de Here Jezus te zoeken, hebben we onze eigen eer gezocht. En velen van ons hebben zich zelfs in de zonden gestort.

14:1-3

1 Wees niet ongerust, maar vertrouw op God en op mij.
2 In het huis van mijn Vader zijn veel kamers; zou ik anders gezegd hebben dat ik een plaats voor jullie gereed zal maken?

454

3 Wanneer ik een plaats voor jullie gereedgemaakt heb, kom ik terug. Dan zal ik jullie met me meenemen, en dan zullen jullie zijn waar ik ben.

Moge deze troostvolle belofte onze harten versterken en onze blikken naar boven richten.

14:14-16

14 Wanneer je iets in mijn naam vraagt, zal ik het doen.
15 Als je mij liefhebt, houd je dan aan mijn geboden.
16 Dan zal ik de Vader vragen jullie een andere pleitbezorger te geven, die altijd bij je zal zijn:

*Deze verzen zijn helaas gebruikt als een soort magische toverformule. Maar we kunnen God niet gebruiken om het onszelf naar de zin te maken. We kunnen niet zomaar een gebed eindigen met de woorden 'Dit vragen wij U in Jezus naam' en dan een verhoring verwachten. We moeten op z'n minst in Zijn weg gaan. En we behoren steeds meer geheiligd te worden. Pas dan bidden we in Jezus naam.

14:21

21 Wie mijn geboden kent en zich eraan houdt, heeft mij lief. Wie mij liefheeft zal de liefde van mijn Vader en mij ontvangen, en ik zal mij aan hem bekendmaken.'

*Laten we dit vers diep tot ons doordringen. Er is hier sprake van een voorwaarde en een belofte. De Here Jezus openbaart zich pas aan ons als we doen wat Hij zegt. Dit gaat veel verder dan de bekering.

455

15:1-8 Algemene aantekening:

1 'Ik ben de ware wijnstok en mijn Vader is de wijnbouwer.
2 Iedere rank aan mij die geen vrucht draagt snijdt hij weg, en iedere rank die wel vrucht draagt snoeit hij bij, opdat hij meer vruchten draagt.
3 Jullie zijn al rein door alles wat ik tegen jullie gezegd heb.
4 Blijf in mij, dan blijf ik in jullie. Een rank die niet aan de wijnstok blijft, kan uit zichzelf geen vrucht dragen. Zo kunnen jullie geen vrucht dragen als jullie niet in mij blijven.
5 Ik ben de wijnstok en jullie zijn de ranken. Als iemand in mij blijft en ik in hem, zal hij veel vrucht dragen. Maar zonder mij kun je niets doen.
6 Wie niet in mij blijft wordt weggegooid als een wijnrank en verdort; hij wordt met andere ranken verzameld, in het vuur gegooid en verbrand.
7 Als jullie in mij blijven en mijn woorden in jullie, kun je vragen wat je wilt en het zal gebeuren.
8 De grootheid van mijn Vader zal zichtbaar worden wanneer jullie veel vrucht dragen en mijn leerlingen zijn.

*Hier zit zowel een waarschuwing als een belofte in, en het geldt voor ons zowel collectief als individueel. Want we zijn niet alleen als individu verantwoordelijk, maar ook als christelijke gemeenschappen. Het is zelfs mogelijk om veel vrucht te dragen. Maar het kan echter ook zo zijn dat de mensen gewoon niet naar ons willen luisteren en dat we alleen wijs voor onszelf kunnen zijn. Maar we moeten het ons altijd afvragen of het soms aan onszelf ligt wanneer er weinig vrucht op onze weg is. Laten we geduldig doorgaan.

16:33

33 Ik heb dit gezegd opdat jullie vrede vinden bij mij. Jullie zullen het zwaar te verduren krijgen in de wereld, maar houd moed: ik heb de wereld overwonnen.'

*Laat deze belofte voor zichzelf spreken.

17:20-21

20 Ik bid niet alleen voor hen, maar voor allen die door hun verkondiging in mij geloven.
21 Laat hen allen één zijn, Vader. Zoals u in mij bent en ik in u, laat hen zo ook in ons zijn, opdat de wereld gelooft dat u mij hebt gezonden.

*Dit slaat op allen die tot bekering zijn gekomen na de discipelen. En ook door het woord van de discipelen en apostelen, waar onder Paulus. Wij staan dus indirect in de Bijbel. Dat we één mogen zijn is het enige gebed van de Here dat nog niet verhoord is, en dat is onze schuld. Maar net als dat de Here in het duizendjarigrijk het paradijs van Adam en Eva zal herstellen, zo zal Hij uiteindelijk ook deze éénheid onder ons geven.

17:22

22 Ik heb hen laten delen in de grootheid die u mij gegeven hebt, opdat zij één zijn zoals wij:

*In het boek openbaring staat dat het Nieuw Jeruzalem bekleed is met de Heerlijkheid van God. Dit zien we hier ook Dat wil niet zeggen dat we goddelijk zullen zijn, maar als de volle maan zal zijn Heerlijkheid in ons weerschijnen. En dat tot in alle eeuwigheid.

17:24

24 Vader, u hebt hen aan mij geschonken, laat hen dan zijn waar ik ben. Dan zullen zij de grootheid zien die u mij gegeven hebt omdat u mij al liefhad voordat de wereld gegrondvest werd.

*Dit is een buitengewone grote belofte. We zullen altijd bij de Here Jezus zijn, onze Schepper, onze Redder. Die zichzelf heeft gegeven voor ons. Die voor ons tot zonden is geworden. Onze Onderhouder, onze Zegenaar, ons Alles.

17:26

26 Ik heb hun uw naam bekendgemaakt en dat zal ik blijven doen, zodat de liefde waarmee u mij liefhad in hen zal zijn en ik in hen.'

*De Here zal tot in alle eeuwigheid ons Zijn Vader bekend maken. En ons meer en meer zegenen. De hemel zal nooit saai worden, maar steeds mooier. Er zal nooit een moment komen waarop we zullen zeggen, en nu hebben we alles gezien. Want God is oneindig in oneindigheden. Daarom zullen we tot in alle eeuwigheid groeien. En Hij zal tot in alle eeuwigheid grootser en grootser aan ons verschijnen.

19:12

12 Vanaf dat moment wilde Pilatus hem vrijlaten. Maar de Joden riepen: 'Als u die man vrijlaat bent u geen vriend van de keizer, want iedereen die zichzelf tot koning uitroept pleegt verzet tegen de keizer.'

*Dit is een ernstige waarschuwing niet alleen voor hen in publieke functies. Maar voor allen die grote verantwoordelijkheid dragen, dat we oprecht moeten blijven. Want er komt een moment dat ieder getest zal worden in het leven. En wanneer we niet zuiver zijn, zoals Pilatus, dan zal dat tegen ons gebruikt worden.

20:28-29

28 Tomas antwoordde: 'Mijn Heer, mijn God!'
29 Jezus zei tegen hem: 'Omdat je me gezien hebt, geloof je. Gelukkig zijn zij die niet zien en toch geloven.'

*Wat prachtig toch dat we de Here Jezus mogen erkennen als Here en God. Ja, wij zijn gelukzalig omdat we niet zoals Thomas Hem letterlijk gezien hebben, maar wel met het oog van ons hart en Hem geloofd hebben.

21:7a

7 De leerling van wie Jezus hield zei tegen Petrus: 'Het is de Heer!'

*Hoe dichter we bij de Here Jezus zijn met ons hart en hoe meer wij hem liefhebben en Hij ons liefheeft, des te beter herkennen wij Hem in onze handel en wandel.

21:15-17

15 Toen ze gegeten hadden, sprak Jezus Simon Petrus aan: 'Simon, zoon van Johannes, heb je mij lief, meer dan de anderen hier?' Petrus antwoordde: 'Ja, Heer, u weet dat ik van u houd.' Hij zei: 'Weid mijn lammeren.'
16 Nog eens vroeg hij: 'Simon, zoon van Johannes, heb je me lief?' Hij antwoordde: 'Ja, Heer, u weet dat ik van u houd.' Jezus zei: 'Hoed mijn schapen, '
17 en voor de derde maal vroeg hij hem: 'Simon, zoon van Johannes, houd je van me?' Petrus werd verdrietig omdat hij voor de derde keer vroeg of hij van hem hield. Hij zei: 'Heer, u weet alles, u weet toch dat ik van u houd.' Jezus zei: 'Weid mijn schapen.

*Wat een troost en een belofte is het voor ons dat de Here ons wil herstellen in de gemeendschap met onze medechristenen. Zelfs wanneer we erg gefaald hebben. Het is ook de medeverantwoordelijkheid van de anderen dat wij zo iemand weer aannemen.

Handelingen

1:6-7

6 Zij die bijeengekomen waren, vroegen hem: 'Heer, gaat u dan binnen afzienbare tijd het koningschap over Israël herstellen?'
7 Hij antwoordde: 'Het is niet jullie zaak om te weten wat de Vader in zijn macht heeft vastgesteld over de tijd en het ogenblik waarop deze gebeurtenissen zullen plaatsvinden.

*In deze verzen zit een indirecte waarschuwing. Laten we onszelf niet bedriegen als zouden wij de komst van de Here kunnen voorspellen. Hier zijn al velen de fout mee ingegaan. Laten we ook niet de Bijbel naast het nieuws leggen. We moeten altijd bereid zijn als knechten die hun Heer terug verwachten.

4:17-21 Algemene aantekening:

17 Maar om te voorkomen dat het gerucht zich nog verder onder het volk verspreidt, moeten we hen waarschuwen met niemand meer over Jezus te spreken en hun verbieden zijn naam nog te gebruiken.'

461

18 Ze riepen hen terug en bevalen hun de naam van Jezus op geen enkele manier meer te gebruiken en het volk niet meer over hem te onderrichten.

19 Maar Petrus en Johannes zeiden: 'Kunnen wij het tegenover God verantwoorden om wel naar u te luisteren en niet naar hem? Oordeelt u zelf!

20 We moeten immers wel spreken over wat we gezien en gehoord hebben.'

21 Na hen nogmaals dreigend te hebben toegesproken lieten ze hen vrij, want ze wisten niet hoe ze hen konden straffen nu de mensen God loofden en eerden om wat er was gebeurd.

*Hier zit een indirecte waarschuwing in. Het kan gebeuren dat, wanneer de Heilige Geest actief is in ons, een overheid zich er mee bemoeit. En dan moeten we in alle wijsheid toezien of het soms aan ons ligt. Of dat we de Here beter gehoorzaam kunnen zijn en te blijven getuigen in Zijn naam. Misschien moeten we in zo'n geval voorzichtigheid betrachten.

5:1-6 Algemene aantekening:

1 Een zekere Ananias verkocht samen met zijn vrouw Saffira eveneens een stuk grond,

2 maar hield een deel van de opbrengst achter–ook zijn vrouw wist daarvan–en bracht de rest van het geld naar de apostelen.

3 Maar Petrus zei: 'Ananias, waarom heb je je door Satan laten misleiden en heb je de heilige Geest bedrogen door een deel van de opbrengst van het stuk grond achter te houden?

4 Je had het immers niet hoeven te verkopen, en nu je het wel verkocht hebt, had je met de opbrengst toch kunnen doen wat je wilde? Wat heeft je bezield om je zo te gedragen? Niet de mensen heb je bedrogen, maar God zelf.'

5 Bij het horen van deze woorden viel Ananias neer en stierf, en iedereen wie dit ter ore kwam schrok hevig.

6 Enkele jongemannen wikkelden hem in een lijkwade, droegen hem naar buiten en begroeven hem.

*Laten we gewaarschuwd zijn dat de Here liegen en bedriegen niet kan zegenen. Zeker niet in het huis van God.

6:1

1 Toen het aantal leerlingen toenam, ontstond er op een gegeven moment ontevredenheid bij de Griekstaligen, die de Arameessprekenden verweten dat de weduwen uit hun groep bij de dagelijkse ondersteuning werden achter-gesteld.

*Misschien hadden de Griekse gelovigen niet moeten morren, maar in alle nederigheid en liefde om aandacht moeten vragen. Toch moge het duidelijk zijn dat hier discriminatie plaatsvond. Laat dat een waarschuwing voor ons zijn.

7 Algemene aantekening:

1 De hogepriester vroeg: 'Is dat waar?'

2 Stefanus antwoordde: 'Broeders en leden van het Sanhedrin, luister naar wat ik u te zeggen heb. Toen

Abraham, de vader van ons volk, nog in Mesopotamië woonde, voordat hij zich in Charan vestigde, verscheen God in al zijn luister aan hem

3 en zei: "Trek weg uit je land, verlaat je familie, en ga naar het land dat ik je zal wijzen."

4 Toen trok Abraham weg uit het land van de Chaldeeën en vestigde zich in Charan. Na de dood van zijn vader bracht God hem naar dit land, waar u nu woont.

5 Hij gaf hem hier zelfs niet het kleinste stuk grond in eigendom, maar beloofde wel dat hij en zijn nakomelingen het eens in bezit zouden krijgen, ook al had hij toen nog geen zoon.

6 God zei tegen Abraham dat zijn nakomelingen vierhonderd jaar in een vreemd land zouden wonen, waar ze in slavernij zouden leven en slecht behandeld zouden worden.

7 "Maar," zo luidden Gods woorden, "het volk dat ze als slaaf zullen dienen, zal ik straffen, en daarna zullen ze wegtrekken en mij vereren op de heilige plaats."

8 God sloot met Abraham het verbond van de besnijdenis, en daarom besneed Abraham zijn zoon Isaak, acht dagen na diens geboorte, en Isaak deed hetzelfde met Jakob, en Jakob met de twaalf stamvaders.

9 Omdat de stamvaders jaloers waren op Jozef, verkochten ze hem als slaaf aan de Egyptenaren. Maar God beschermde hem

10 en maakte een eind aan al zijn beproevingen door hem in de gunst te laten komen bij de farao, de koning van Egypte, die hem wegens zijn wijsheid belastte met het bestuur over Egypte en hem de leiding gaf over zijn hele hofhouding.

11 Er brak echter een grote hongersnood uit in Egypte en Kanaän, die veel ellende veroorzaakte, zodat onze voorouders niets meer te eten hadden.

12 Toen Jakob hoorde dat er graan was in Egypte, stuurde hij onze voorouders daar voor de eerste keer heen.

13 Tijdens hun tweede bezoek onthulde Jozef aan zijn broers wie hij was, waarna zijn afkomst ook aan de farao bekend werd.

14 Jozef liet zijn vader Jakob overkomen met zijn hele familie van vijfenzeventig mensen.

15 Jakob vertrok naar Egypte en stierf daar, evenals onze voorouders;

16 ze werden overgebracht naar Sichem en bijgezet in het graf dat Abraham van de zonen van Chamor uit Sichem had gekocht.

17 Naarmate de tijd naderde dat Gods belofte aan Abraham in vervulling zou gaan, nam het volk in Egypte in aantal toe en werd het steeds groter,

18 tot er een andere koning in Egypte aan de macht kwam, die Jozef niet had gekend.

19 Deze koning trof een sluwe maatregel om zich van ons volk te ontdoen: hij dwong onze voorouders hun pasgeboren kinderen te vondeling te leggen, zodat die zouden sterven.

20 In die tijd werd Mozes geboren. Hij was een uitzonderlijk mooi kind. Drie maanden lang werd hij in het huis van zijn vader verzorgd,

21 maar toen hij te vondeling werd gelegd, ontfermde de dochter van de farao zich over hem en liet hem opvoeden als haar eigen zoon.

22 Mozes werd onderwezen in alle kennis van de Egyptenaren en werd een machtig man in woord en daad.

23 Toen hij veertig jaar was, besloot hij zich te bekommeren om het lot van de Israëlieten, zijn eigen volk.

24 Op een dag zag hij dat een van hen werd mishandeld door een Egyptenaar, waarop hij de man wie dit onrecht werd aangedaan te hulp schoot en wraak nam door de Egyptenaar te doden.

25 Hij meende dat zijn volksgenoten zouden begrijpen dat God hen door zijn toedoen wilde bevrijden, maar ze begrepen het niet.

26 De volgende dag kwam hij tussenbeide toen twee Israëlieten aan het vechten waren, en hij probeerde hen met elkaar te verzoenen door te zeggen: "Jullie zijn toch broeders? Waarom doen jullie elkaar dan kwaad?"

27 Maar de man die zijn volksgenoot mishandelde, duwde hem weg en zei: "Wie heeft jou als leider en rechter over ons aangesteld?

28 Of wil je mij ook doden, zoals gisteren die Egyptenaar?"

29 Toen Mozes dat hoorde, nam hij de vlucht en vestigde zich als vreemdeling in Midjan, waar hij twee zonen kreeg.

30 Nadat er veertig jaren waren verstreken, verscheen er in de woestijn bij de berg Sinai een engel aan hem in de vlammen van een brandende doornstruik.

31 Vol verwondering keek Mozes naar dit schouwspel, maar toen hij dichterbij kwam om het te onderzoeken, klonk de stem van de Heer:

32 "Ik ben de God van je voorouders, de God van Abraham, Isaak en Jakob." Bevend van schrik wendde Mozes zijn blik af.

33 Maar de Heer zei tegen hem: "Trek je sandalen uit, want de grond waarop je staat, is heilig.

34 Ik heb gezien hoe ellendig mijn volk er in Egypte aan toe is en ik heb hun jammer-klachten gehoord, zodat ik ben afgedaald om hen te bevrijden. Daarom stuur ik je nu naar Egypte."

35 Het was deze Mozes die door zijn volksgenoten werd afgewezen met de woorden: "Wie heeft jou als leider en rechter aangesteld?" Maar God zond hem als leider en bevrijder naar hen toe, door tussenkomst van de engel die in de doornstruik aan hem verschenen was.

36 Het was deze Mozes die het volk wegleidde uit Egypte onder het verrichten van tekenen en wonderen, niet alleen in Egypte, maar ook bij de Rode Zee en in de woestijn, veertig jaar lang.

37 Mozes was het die tegen de Israëlieten zei: "God zal in uw midden een profeet zoals ik laten opstaan."

38 Hij was het die, toen het volk in de woestijn bijeen was, als bemiddelaar optrad tussen onze voorouders en de engel die op de berg Sinai tegen hem sprak, hij was het die de levenbrengende woorden ontving om ze aan ons door te geven.

39 Maar onze voorouders wilden hem niet gehoorzamen: ze wezen hem af en verlangden terug naar Egypte.

40 Daarom zeiden ze tegen Aäron: "Maak goden voor ons die voor ons uit kunnen gaan, want wat er gebeurd is met die Mozes, die ons uit Egypte heeft geleid, weten we niet."

41 Toen maakten ze een beeld in de vorm van een stierkalf, brachten er offers aan en verheugden zich over hun eigen maaksel.

42 Maar God keerde zich van hen af en liet hen de sterren en hemelgoden aanbidden, zoals in het boek van de Profeten geschreven staat: "Hebben jullie mij soms dierenoffers en brandoffers gebracht toen jullie veertig jaar door de woestijn trokken, volk van Israël?

43 Nee, jullie hebben de tent van Moloch meegedragen en de ster van jullie god Refan, beelden die jullie zelf gemaakt hebben om te aanbidden. Daarom zal ik jullie wegvoeren, tot voorbij Babylon."

44 Onze voorouders hadden in de woestijn de verbondstent bij zich, gemaakt in opdracht van de engel die met Mozes sprak, naar het ontwerp dat Mozes had gezien.

45 Onze voorouders hadden deze tent bij zich toen ze onder leiding van Jozua het land veroverden van de volken die God voor hen verdreef; dit duurde tot in de tijd van David.

46 David werd door God begunstigd en vroeg om een heiligdom voor het volk van Jakob.

47 Maar het was Salomo die voor God een tempel bouwde.

48 Toch woont de Allerhoogste niet in een huis dat door mensenhanden is gemaakt, zoals de profeet zegt:

49 "De hemel is mijn troon, de aarde mijn voetenbank. Hoe zouden jullie dan een huis voor mij kunnen bouwen–zegt de Heer–,een plaats waar ik kan rusten?

50 Heb ik dit alles niet met eigen handen gemaakt?"

51 Halsstarrige ongelovigen, u wilt niet luisteren en verzet u steeds weer tegen de heilige Geest, zoals uw voorouders ook al deden.

52 Wie van de profeten hebben uw voorouders niet vervolgd? Degenen die de komst van de Rechtvaardige aankondigden hebben ze gedood, en zelf hebt u nu de Rechtvaardige verraden en vermoord,

53 u die de wet ontvangen hebt door tussenkomst van de engelen, maar er niet naar hebt geleefd.'

54 Toen ze dit hoorden, ontstaken ze in woede en begonnen te knarsetanden.

468

55 Maar vervuld van de heilige Geest sloeg Stefanus zijn blik op naar de hemel en zag de luister van God, en Jezus, die aan Gods rechterhand stond,

56 en hij zei: 'Ik zie de hemel geopend en de Mensenzoon, die aan Gods rechterhand staat.'

57 Maar ze schreeuwden en tierden, hielden hun handen voor hun oren en stormden met zijn allen op hem af.

58 Ze dreven hem de stad uit om hem te stenigen. De getuigen gaven hun mantel in bewaring bij een jongeman die Saulus heette.

59 Terwijl Stefanus gestenigd werd, riep hij uit: 'Heer Jezus, ontvang mijn geest.'

60 Hij viel op zijn knieën en riep luidkeels: 'Heer, reken hun deze zonde niet aan!' En na deze woorden stierf hij.

*Wat Stefanus hier wil zeggen door zijn lange redevoering, is dat het volk Israël steeds weer weerspannig was. Helaas is het in de christenheid niet veel beter gegaan. Steeds weer hebben wij onenigheid en bedroeven zo de Heilige Geest. En er zijn altijd mensen geweest, leraren en autoriteiten, die of het woord van God hebben aangevallen, of op zijn minst krachteloos hebben gemaakt, of verkeerd hebben uitgelegd om zo hun eigen ideeën naar voren te brengen. De christenheid, u en ik ook, hebben er een potje van gemaakt, evenals het volk Israël. Laten we ons toch bekeren.

8:18-24 Algemene aantekening:

18 Toen Simon zag dat de mensen door de handoplegging van de apostelen vervuld raakten van de Geest, bood hij Petrus en Johannes geld aan

19 en zei: 'Geef ook mij deze macht, zodat iedereen wie ik de handen opleg de heilige Geest ontvangt.'

20 Maar Petrus zei tegen hem: 'U zult in het verderf worden gestort, u met uw geld, omdat u denkt te kunnen kopen wat God geschonken heeft.

21 U kunt beslist geen deel hebben aan onze taak, want uw houding tegenover God is niet oprecht.

22 Toon berouw over uw verfoeilijke gedrag en smeek de Heer of hij u uw slechte gedachten wil vergeven,

23 want ik zie dat u vol venijn zit en verstrikt bent in het kwaad.'

24 Toen zei Simon: 'Bid voor mij tot de Heer dat het me niet zal vergaan zoals u hebt gezegd.'

*Het is een kwalijke zaak wanneer we door middel van geld menen ons christelijke zegeningen te kunnen toe eigenen. Deze tovenaar heette Simon, van waar het woord simonie komt. Wat in het algemeen betekent dat men zich een hoge christelijke positie koopt. Daarom zei Petrus ook dat Simon part nog deel had in deze zaak. En zulke mensen horen zich te bekeren. Commercie hoort ook niet in de kerk thuis. Dat zien we toen de Here Jezus de tempel reinigde.

12:5

5 Terwijl Petrus onder zware bewaking zat opgesloten, bleef de gemeente vol vuur voor hem bidden tot God.

*Paulus zegt het zo: "Het vurig gebed van een rechtvaardige is krachtig tot veel." Dat zien we ook in deze geschiedenis en dit was niet zomaar een gebed. De hele kennissenkring van Petrus deed niet zomaar

een schietgebedje, maar ze liepen aan op God. Wat een belofte.

12:22-23

22 De mensen riepen luidkeels: 'Hier spreekt een god, geen mens!'
23 Onmiddellijk werd Herodes geveld door een engel van de Heer omdat hij God niet de verschuldigde eer had bewezen, en door wormen aangevreten blies hij de laatste adem uit.

*Wat een waarschuwing, mensen die God de eer niet geven. Vooral zij die hemelhoog geprezen worden en menen dat ze het allemaal zelf voor elkaar hebben gekregen. Die zullen extra bezocht worden door God. Zo niet in dit leven, dan ieder geval in het toekomstige.

13:45-46

45 Bij het zien van de mensenmenigte werden de Joodse leiders jaloers en begonnen ze de woorden van Paulus op godslasterlijke wijze verdacht te maken.
46 Maar Paulus en Barnabas zeiden onom-wonden: 'De boodschap van God moest het eerst onder u worden bekendgemaakt, maar aangezien u die afwijst en uzelf het eeuwige leven niet waardig acht, zullen we ons tot de heidenen wenden.

*Laat dit een ontnuchterende waarschuwing zijn voor hen die Gods woord brengen, namelijk dat er tegenstand zal zijn. Maar zij die tegenstand bieden halen een grote verantwoordelijkheid op hun hals. Soms moet een werker Gods jaren op de rotsen ploegen. Maar het kan ook gebeuren dat het beter is om je tot anderen te richten.

15:20

20 ,,,maar dat we hun moeten schrijven dat ze zich dienen te onthouden van wat door de afgodendienst bezoedeld is, van ontucht, van vlees waar nog bloed in zit en van het bloed zelf.

*Dit vers houdt zowel een waarschuwing als een belofte in. Sommige uitleggers beweren dat deze vier geboden tot de Noachietische wetten behoren. Het is duidelijk uit dit hoofdstuk dat we niet moeten proberen de Wet te houden, ook niet zogenaamd uit dankbaarheid. Want dat is een juk dat we niet kunnen dragen. Maar dat wil natuurlijk niet zeggen dat we er dan maar op weg mogen leven. (Dingen als bloedworst en dieren waar uit het bloed niet is weggelopen moeten we dus mijden) hier over meer onder Galaten).

15:39

39 Een en ander leidde tot grote onenigheid, zodat ze uit elkaar gingen en Barnabas samen met Marcus naar Cyprus vertrok.

*Laat dit een ernstige waarschuwing zijn voor christelijke werkers dat ze geen onderlinge ruzie krijgen. Het is hier met een sisser afgelopen. En met Marcus kwam het zelfs helemaal goed, zo goed dat we zelfs een evangelie

472

naar zijn naam hebben. En Paulus werd ook gezegend. Maar hoe vaak is het in de christenheid niet gebeurd dat zulke geschillen ernstige gevolgen hebben. Ook voor de naam van de Here. En vele mensen kunnen er door in verwarring komen en zelfs verloren gaan.

16:19

19 Toen haar eigenaars merkten dat ze hun bron van inkomsten kwijt waren, grepen ze Paulus en Silas vast en sleurden hen naar het marktplein,

*Waar mensen tot bekering komen passen ze hun levensstijl aan, van eten tot entertainment. Dat kost veel zakenlieden geld. Laten we ons erop voorbereiden dat ze daarom tegenstand zullen bieden.

16:21-23 Algemene aantekening:

21 ....die een levenswijze verkondigen waarmee wij, als Romeinen, niet mogen instemmen en die we niet in praktijk mogen brengen.'
22 Ook de verzamelde menigte keerde zich tegen Paulus en Silas, waarna de stadsbestuurders hun de kleren van het lijf lieten scheuren en bevel gaven hen met stokslagen te straffen.
23 Nadat ze een groot aantal slagen hadden gekregen, werden ze opgesloten in de gevangenis, waar de gevangenbewaarder opdracht kreeg hen streng te bewaken.

*Op veel plekken in de wereld, waar mensen tot bekering komen, passen ze hun zeden en gewoonten aan. Van abortus via allerlei zeden tot en met religie. Dit veroorzaakt politieke weerstand. Laten we daar ook op voorbereidt zijn. En niet de fout begaan onze zaken de wereld op te dringen. We moeten rustig leven als voorbeelden. En meestal zijn we niet verantwoordelijk voor wat mensen van de wereld op zichzelf doen. Maar we moeten er niet bij betrokken raken. En dat geeft al genoeg weerstand.

16:25-30 Algemene aantekening:

25 Om middernacht waren Paulus en Silas aan het bidden en zongen ze lofliederen voor God. De andere gevangenen luisterden aandachtig naar hen.
26 Plotseling deed zich een hevige aardschok voor, zodat de gevangenis op haar grondvesten trilde; alle deuren sprongen open en bij iedereen schoten de boeien los.
27 De gevangenbewaarder schrok wakker, en toen hij zag dat de deuren van de gevangenis openstonden, trok hij zijn zwaard om zelfmoord te plegen, want hij dacht dat de gevangenen ontsnapt waren.
28 Maar Paulus riep hem luidkeels toe: 'Doe uzelf niets aan, we zijn immers nog allemaal hier!'
29 De bewaarder vroeg om een fakkel, rende naar binnen en viel bevend voor Paulus en Silas op de grond.
30 Hij bracht hen naar buiten en vroeg: 'Zegt u mij, heren, wat moet ik doen om gered te worden?'

*Wanneer de Satan ons in het nauw brengt, en we vervuld zijn van de Heilige Geest, moeten we vertrouwen dat de Here het zal doen meewerken voor ons eigen nut en voor dat van anderen. En wanneer we zeer vervuld zijn van de Heilige Geest kunnen we net als Paulus en Silas zelfs blij zijn. Dit is een prachtige belofte.

16:31

31 Ze antwoordden: 'Geloof in de Heer Jezus en u zult gered worden, u en uw huisgenoten.'

*Wat een mooie belofte is het dat, als we genoeg vertrouwen hebben, het goed zal aflopen met ons hele huis.

17:5-8

5 Maar de Joden die het geloof niet hadden aanvaard, werden vervuld van jaloezie en riepen enkele raddraaiers te hulp, die een volksoploop veroorzaakten en grote beroering in de stad teweegbrachten. Ze trokken naar het huis van Jason om Paulus en Silas aan een volksgericht te onderwerpen,

6 maar toen ze hen daar niet aantroffen, sleepten ze Jason en enkele andere leerlingen mee naar de stadsprefecten, tegen wie ze schreeuwden: 'De mensen die in het hele rijk de orde verstoren, zijn nu ook hier gekomen,

7 en Jason heeft hun onderdak verleend. Allemaal overtreden ze de verordeningen van de keizer door te beweren dat iemand anders koning is, namelijk Jezus!'

8 De te hoop gelopen menigte en de stadsprefecten raakten in verwarring bij het horen van deze woorden.

*We moeten er ook op voorbereid zijn dat religieuze leiders weerstand zullen bieden. In sommige gevallen door niet alleen te liegen, maar zelfs oproer te veroorzaken.

17:15-34 Algemene aantekening:

15 Paulus' begeleiders brachten hem naar Athene en keerden daarna weer terug, met de opdracht om tegen Silas en Timoteüs te zeggen dat ze zich zo spoedig mogelijk bij hem moesten voegen.

16 Terwijl Paulus in Athene op hen wachtte, raakte hij hevig verontwaardigd bij het zien van de vele godenbeelden in de stad.

17 In de synagoge sprak hij met de Joden en met de Grieken die God vereerden, en op het marktplein ging hij dagelijks in debat met de mensen die hij daar aantrof.

18 Onder hen waren ook enkele epicurische en stoïsche filosofen, van wie sommigen zeiden: 'Wat beweert die praatjesmaker toch?' Anderen merkten op: 'Hij schijnt een boodschapper van uitheemse goden te zijn,' omdat ze dachten dat hij predikte over Jezus en een godin die Opstanding heette.

19 Ze namen hem mee naar de Areopagus en zeiden: 'Kunt u ons uitleggen wat die nieuwe leer is die door u wordt uitgedragen?

20 Want wat u zegt, klinkt ons vreemd in de oren; we willen graag weten wat u bedoelt.'

21 Alle Atheners en de vreemdelingen die er wonen hebben immers voor haast niets anders tijd dan voor het uitwisselen van de nieuwste ideeën.

22 Paulus richtte zich tot de leden van de Areopagus en zei: 'Atheners, ik heb gezien hoe buitengewoon godsdienstig u in ieder opzicht bent.

23 Want toen ik in de stad rondliep en alles wat u vereert nauwlettend in ogenschouw nam, ontdekte ik ook een altaar met het opschrift: "Aan de onbekende god". Wat u vereert zonder het te kennen, dat kom ik u verkondigen.

24 De God die de wereld heeft gemaakt en alles wat er leeft, hij die over hemel en aarde heerst, woont niet in door mensenhanden gemaakte tempels.

25 Hij laat zich ook niet bedienen door mensenhanden alsof er nog iets is dat hij nodig heeft, hij die zelf aan iedereen leven en adem en al het andere schenkt.

26 Uit één mens heeft hij de hele mensheid gemaakt, die hij over de hele aarde heeft verspreid; voor elk volk heeft hij een tijdperk vastgesteld en hij heeft de grenzen van hun woongebied bepaald.

27 Het was Gods bedoeling dat ze hem zouden zoeken en hem al tastend zouden kunnen vinden, aangezien hij van niemand van ons ver weg is.

28 Want in hem leven wij, bewegen wij en zijn wij. Of, zoals ook enkele van uw eigen dichters hebben gezegd: "Uit hem komen ook wij voort."

29 Maar als wij dan uit God voortkomen, mogen we niet denken dat het goddelijke gelijk is aan een beeld van goud of zilver of steen, het werk van een ambachtsman, door mensen bedacht.

30 God slaat echter geen acht op de tijd waarin men hem niet kende, maar roept nu overal de mensen op om een nieuw leven te beginnen,

31 want hij heeft bepaald dat er een dag komt waarop hij een rechtvaardig oordeel over de mensheid zal laten vellen door een man die hij voor dat doel heeft

aangewezen. Het bewijs dat het om deze man gaat, heeft hij geleverd door hem uit de dood te doen opstaan.'

32 Toen ze hoorden van een opstanding van de doden dreven sommigen daar de spot mee, terwijl anderen zeiden: 'Daarover moet u ons een andere keer nog maar eens vertellen.'

33 Zo vertrok Paulus uit hun midden.

34 Toch sloten enkelen zich bij hem aan en aanvaardden het geloof, onder wie ook een Areopagiet, Dionysius, een vrouw die Damaris heette en nog een aantal anderen.

*Wanneer christenen aan het denken gaan en een apologie opstellen en filosofische en theologische conclusies trekken, gebaseerd op het geloof en in verbinding met dingen van de schepping, dan kunnen ze er zeker van zijn dat wereldse wetenschappers en denkers er de spot mee zullen drijven. Maar als we ons werk goed doen, kunnen we er zeker van zijn dat de Here door ons sommigen zal overtuigen.

18:17

17 Toen grepen de omstanders met zijn allen Sostenes vast, een leider van de synagoge, en ranselden hem voor het gerechtsgebouw af. Gallio trok zich van dit alles echter niets aan.

*We moeten er ook rekening mee houden dat de overheden ons kunnen laten vallen en ons in de steek laten uit onverschilligheid.

19:13-16

13 Ook enkele rondtrekkende Joodse geestenbe-zweerders probeerden boze geesten uit te drijven door het uitspreken van de naam van de Heer Jezus. Ze zeiden: 'Ik bezweer jullie bij Jezus, die door Paulus wordt verkondigd!'

14 Het waren de zeven zonen van Skevas, een Joodse hogepriester, die dit deden.

15 Maar de boze geest gaf hun ten antwoord: 'Jezus ken ik, en Paulus ook, maar wie zijn jullie?'

16 De man die door de boze geest bezeten was, sprong op hen af en ging hen met zo veel geweld te lijf dat ze naakt en gewond uit het huis wegvluchtten.

*Ik ben bang dat vele pinksterbroeders gevaarlijk bezig zijn. Ook leggen ze de handen op bij bezweringen, terwijl je dat juist niet moet doen. Op zo'n manier breng je en jezelf in gevaar en bezorg je het slachtoffer vaak nog een occulte belasting ook. Bovendien worden vele problemen die ziekten zijn en waarvan de Here Jezus zegt dat daar artsen voor zijn, gezien als veroorzaakt door occulte invloeden.

19:19

19 Onder hen waren ook velen die magie hadden bedreven, maar die nu hun boekrollen verzamelden en publiekelijk verbrandden. Toen de waarde ervan werd

berekend, kwam men uit op een bedrag van vijftigduizend zilverstukken.

*God laat niet met zich spotten wanneer we tot bekering komen. Vooral wanneer we met magische praktijken bezig zijn geweest. Wat veel gebeurt in Afrika en Aziatische landen. Dan moeten we zulke dingen ten zeerste veroordelen en er helemaal vrij van worden, door de toebehorende dingen te verbranden. Zoals amuletten, ringen, beelden, boeken, kunst en wat dies meer zijn die we gebruikt hebben in occulte sessies. En waarvan we meenden dat ze ons kracht en zelfs leven konden geven.

19:37- 40

37 De mannen die u hierheen hebt gebracht, zijn immers geen tempelschenners en belasteren evenmin onze godin.
38 Mochten Demetrius en zijn ambachtslieden met iemand een geschil hebben, dan bestaan daar rechtszittingen en proconsuls voor, laten ze dan maar een aanklacht indienen.
39 Als er daarbuiten nog iets anders is dat u wenst, zal dat op een officiële volksvergadering behandeld worden.
40 We lopen toch al het gevaar dat we ter verantwoording worden geroepen voor het oproer van vandaag, daar we deze onlusten op geen enkele manier kunnen goedpraten.' Na deze woorden maakte hij een einde aan de bijeenkomst.

*Laten we er rekening mee houden dat wanneer we voor de waarheid staan, de menigte in rep en roer kan raken, en razend van woede kunnen worden, zoals hier beschreven staat dat ze twee uur lang liepen te schreeuwen. In onze dagen zien we dat gebeuren bij Moslims. Maar het gebeurt ook bij Hindoes en Boeddhisten. En atheïsten kunnen ook behoorlijk fel zijn. Daarom is het belangrijk dat we net als de broeders hier mensen met andere geloven en ideeën niet beledigen. Maar dat we voorzichtig maar duidelijk de waarheid brengen. En zelfs dan zullen ze ons beschuldigen van godslastering.

20:9-10

9 Een jongeman die Eutychus heette, zat in het venster en werd door slaap overmand toen Paulus maar doorging met zijn toespraak. Diep in slaap verzonken viel hij van de derde verdieping naar beneden; toen men hem optilde bleek hij dood te zijn.
10 Paulus ging naar beneden, ging op hem liggen, sloeg zijn armen om hem heen en zei: 'Houd op met dat misbaar, want hij leeft!'

*Het is opmerkelijk dat de naam Eutychus goed geluk betekent. En dit toont goddelijke humor en voorzienigheid. En zo kunnen we er zeker van zijn dat wanneer we in Gods weg zijn, de goddelijke voorzienigheid met ons zal zijn.

20:20

20 U weet ook dat ik alles bekend heb gemaakt wat uw welzijn ten goede komt en dat ik u daarover in het openbaar en thuis heb onderricht.

*Het zou wel eens kunnen dat van alle christenen Paulus degene is geweest door wie de Here de meeste goede werken heeft verricht. Toch werd er van hem niet gezegd, zoals van de discipel Johannes, dat hij de discipel was die de Here Jezus liefhad. Natuurlijk heeft de Here ons allemaal lief. Maar Johannes was een bijzondere discipel. Net als dat Martha een dienende zuster was, maar haar zus Maria zat stilletjes aan de voeten van de Here Jezus en luisterde aandachtig naar Hem. En dat bracht haar uiteindelijk tot zo'n aanbidding dat de Here zei dat overal waar het evangelie gebracht wordt haar naam genoemd zou worden. De Here zei tot Martha "je maakt je wel druk om vele zaken, maar er is maar één ding of weinig die nodig zijn." En dat Maria van Betanië het goede deel had verkozen dat niet van haar afgenomen zou worden. Zelfs van Maria de moeder van Jezus werd dit niet gezegd!

20:29-32

29 Ik weet dat er na mijn vertrek woeste wolven bij u zullen binnendringen, die de kudde niet zullen ontzien.

30 Uit uw eigen kring zullen mensen voortkomen die de waarheid verdraaien om de leerlingen voor zich te winnen.

31 Wees daarom waakzaam en vergeet niet hoe ik ieder van u drie jaar lang dag en nacht onder tranen steeds weer raad heb gegeven.

32 Nu vertrouw ik u toe aan God en aan het evangelie van zijn genade, dat onze gemeenschap kan opbouwen en dat het beloofde erfdeel zal schenken aan allen die hem toebehoren.

*Na alle tegenstand die we in het leven kunnen ervaren als christenen, zoals we in de voorgaande hoofdstukken hebben gezien, door politici en filosofen en religieuze fanatici, worden we gewaarschuwd dat ook in onze eigen kringen er vroeg of laat mensen zullen opstaan die zich zullen gedragen als wolven. En anderen die de massa's zullen verleiden met verkeerde leringen. Laten we daarom trouw blijven en waakzaam. De psalmist zei het zo: "Duizend zullen aan uw linkerhand vallen en tienduizend aan uw rechterhand, maar tot u zal het niet genaken."

26:17-18

17 Ik zal je daarbij beschermen tegen je eigen volk en tegen de heidenen, naar wie ik je uitzend

18 om hun de ogen te openen, zodat ze zich van de duisternis naar het licht keren, en van de macht van Satan naar God. Door het geloof in mij zullen ze vergeving krijgen voor hun zonden, en samen met allen die mij toebehoren zullen ze deel krijgen aan mijn koninkrijk."

*Uit vers17 blijkt duidelijk dat Paulus een roeping had om het evangelie aan de volkeren te brengen. Zoals Petrus een bediening naar de Joden toe had. In vers 18 wordt beloofd dat hun ogen geopend mochten worden. En dit is natuurlijk geestelijk bedoeld. En dat ze zich zouden wenden van de duisternis naar het licht. En van de macht van Satan tot God. En dat ook in praktisch opzicht op het zendingsveld. Want vele mensen in deze wereld, ook vandaag aan de dag, zijn occult gebonden door het dienen van afgoden, het vereren van

voorouders en allerlei rituelen. En dit is niet alleen in landen zoals India. Maar ook in Siberië, Mongolië, Aziatische landen, Afrikaanse landen en midden en zuid-Amerikaanse landen wordt veel tovenarij gevonden. En nogmaals, één van de beloften hier, dat ze zich zouden afwenden van de macht van Satan tot God om vergeving van zonden te krijgen en een deel onder de geheiligden door het geloof in de Here Jezus.

Romeinen

1:16-17

16 Voor dit evangelie schaam ik mij niet, want het is Gods reddende kracht voor allen die geloven, voor Joden in de eerste plaats, maar ook voor andere volken.
17 In het evangelie openbaart zich dat God enkel en alleen wie gelooft als rechtvaardige aanneemt, zoals ook geschreven staat: 'De rechtvaardige zal leven door geloof.'

*Wat een belofte!!

1:18

18 En vanuit de hemel openbaart Gods toorn zich over al het kwaad en onrecht van hen die met hun onrechtvaardigheid de waarheid geweld aandoen.

*Wat een waarschuwing!!

1:28

28 Omdat ze het beneden hun waardigheid achtten God te erkennen, heeft God hen overgeleverd aan hun eigen onbetrouw-baarheid en doen ze wat verwerpelijk is.

*Waarschuwing.

2:1

1 Natuurlijk, u veroordeelt dit alles. Maar u bent evenmin te verontschuldigen. Het oordeel dat u over anderen velt, velt u over uzelf, want de dingen die u veroordeelt doet u zelf ook.

*Waarschuwing.

2:6-11

6 God beloont ieder mens naar zijn daden.
7 Aan wie het goede doet en daarin volhardt, aan wie glorie, eer en onsterfelijkheid zoekt, schenkt hij het eeuwige leven.
8 Maar wie handelt uit geldingsdrang, de waarheid niet eerbiedigt en zich laat leiden door onrecht, straft hij met zijn toorn en woede.
9 Iedereen die het slechte doet wacht leed en ellende, de Joden in de eerste plaats, maar ook de andere volken.
10 Iedereen die het goede doet wacht glorie, eer en vrede, de Joden in de eerste plaats, maar ook de andere volken.
11 God maakt geen onderscheid.

*Waarschuwing en belofte.

2:24

24 ...want er staat geschreven: 'Door uw toedoen wordt de naam van God onder de volken gelasterd.'

*De joden faalden en maakten er op een gegeven moment zelfs een potje van, zodat de heidenen Gods naam lasterden. In onze tijd falen wij als christenen en lasteren de ongelovigen Gods naam.

4:7-8

7 'Gelukkig is de mens wiens onrecht is vergeven, wiens zonden zijn bedekt;
8 gelukkig is de mens wiens zonden de Heer niet telt.'

*Wat een belofte!!

5:10-11

10 Werden we in de tijd dat we nog Gods vijanden waren al met hem verzoend door de dood van zijn Zoon, des te zekerder is het dat wij, nu we met hem zijn verzoend, worden gered door diens leven.
11 En meer nog, dat wij God prijzen danken we aan onze Heer Jezus Christus, door wie we nu al met God zijn verzoend.

*Een van de vrienden van Job zei tegen hem "word met God verzoend en je zal er baat bij hebben". En wij mogen wel toevoegen dit eeuwig duurt.

6:1-2

1 Betekent dit nu dat we moeten blijven zondigen om de genade te laten toenemen?
2 Dat in geen geval. Hoe zouden wij, die dood zijn voor de zonde, nog in zonde kunnen leven?

*Dit is ook een waarschuwing. Dat we niet de spot drijven met onze Verlosser. Er zijn zelfs sekten geweest, en die zijn er misschien nog wel, die beweren dat door hard en veel te zondigen je zelfs rein kan worden. Dit is natuurlijk helemaal tegenovergesteld aan de waarheid.

6:12

12 Laat de zonde dus niet heersen over uw sterfelijke bestaan, geef niet toe aan uw begeerten.

*Een bekende representatie is dat Christus op de troon van ons hart hoort te zitten. Maar wanneer het vlees regeert zijn we gedoemd te zondigen

7:4

4 Zo bent ook u, broeders en zusters, dood voor de wet dankzij de dood van Christus en behoort u nu een ander toe: hem die uit de dood is opgewekt. Ons leven moet vrucht dragen voor God.

*Dit is een mooie belofte. In Christus zijn wij geestelijk gestorven. Daarom laat God de wet ons niet meer veroordelen. De wet kan geen leven geven. De wet kan alleen maar de maat nemen en als een lamp de fouten

aanwijzen. Maar door de Here Jezus en door het werk van de Heilige Geest kunnen wij vrucht dragen. Maar dan moet je wel in beweging komen. Salomo zei het zo, "Doe wat je hand vindt om te doen en doe het met al je kracht."

8:1-2

1 Dus wie in Christus Jezus zijn, worden niet meer veroordeeld.
2 De wet van de Geest die in Christus Jezus leven brengt, heeft u bevrijd van de wet van de zonde en de dood.

*Wat een prachtige belofte! In de Here Jezus zijn we helemaal vrij, en blijft er geen graantje schuld over. Voor het leven zijn er wel consequenties, maar wat de eeuwigheid betreft zij we helemaal onschuldig. Let wel op. De wet hier wordt de wet van de zonde en de dood genoemd. Want de wet veroordeelt tot de dood vanwege de zonden. De wet kan ons niet redden. Maar omdat de vloek van de wet op Christus is gevallen worden wij vrij verklaard.

8:5

5 Wie zich door zijn eigen natuur laat leiden is gericht op wat hij zelf wil, maar wie zich laat leiden door de Geest is gericht op wat de Geest wil.

*Dit vers bevat een waarschuwing en een belofte. Een onbekeerde kan alleen maar naar het vlees wandelen, hoe hoogstaand zijn idealen ook zijn. Hij doet het namelijk niet voor de Here Jezus. Ook gelovigen kunnen volgens het vlees wandelen. En dan zullen ze oogsten volgens het vlees. Namelijk iets wat geen eeuwig nut heeft. Maar de belofte hier is dat wanneer we volgens de Geest leven we vervuld worden met het leven en de blijdschap van boven. En dat hebben we ook nodig, want de schepping is gebroken. En daarom kunnen de dingen van de wereld ons vroeg of laat alleen maar teleurstellen. We moeten opgetild worden in onze aandacht naar een beter leven. Namelijk het eeuwige leven.

8:11

11 Want als de Geest van hem die Jezus uit de dood heeft opgewekt in u woont, zal hij die Christus heeft opgewekt ook u die sterfelijk bent, levend maken door zijn Geest, die in u leeft.

*Opnieuw een prachtige belofte!

8:13

13 Als u dat wel doet, zult u zeker sterven. Als u echter uw zondige wil doodt door de Geest, zult u leven.

*Dit is een ernstige waarschuwing. Als we als christenen volharden in een wereldse levensstijl, dan sterven we geestelijk af. Hoewel we gered zijn voor de eeuwigheid. En alleen door een wonder van God kan zo iemand hersteld worden. Net als naamchristenen zijn zulke christenen een vloek voor de kerk.

8:18

18 Ik ben ervan overtuigd dat het lijden van deze tijd in geen verhouding staat tot de luister die ons in de toekomst zal worden geopenbaard.

*Wat een prachtige belofte!

8:26

26 De Geest helpt ons in onze zwakheid; wij weten immers niet wat we in ons gebed tegen God moeten zeggen, maar de Geest zelf pleit voor ons met woordloze zuchten.

*Opnieuw een prachtige belofte.

8:28

28 En wij weten dat voor wie God liefhebben, voor wie volgens zijn voornemen geroepen zijn, alles bijdraagt aan het goede.

*Hoezeer het ook tegen zit, we mogen op Hem blijven zien met het vaste vertrouwen dat slechte dingen niet nutteloos zijn, maar zelfs meewerken ten goede.

8:31-32

31 Wat moeten wij hier verder over zeggen? Als God voor ons is, wie kan dan tegen ons zijn?

32 Zal hij, die zijn eigen Zoon niet heeft gespaard, maar hem omwille van ons allen heeft prijsgegeven, ons met hem niet alles schenken?

*Als we dit echt ten volle zouden geloven, zouden wij een rotsvast vertrouwen hebben. Immers wanneer God, die alles bestuurt en alles weet, en alles kan, voor ons is, dan kan het alleen maar aan ons zelf liggen wanneer we vroeg of laat geen geestelijk succes hebben. Maar hoe dan ook, Hij die zijn Zoon gegeven heeft, zal tot in alle eeuwigheid ons met Hem alle dingen schenken. Hij is immers de Schepper en houdt niets achter.

8:35

35 Wat zal ons scheiden van de liefde van Christus? Tegenspoed, ellende of vervolging, honger of armoede, gevaar of het zwaard?

*Nogmaals, laten we toch op Hem zien. Zoals hier staat kan niets ons geluk bederven. Maar net als in het geval van Job worden we allemaal getest door God en gepest door de duivel. En staan we bloot aan onze eigen zondige verlangens. Daarom is het zo belangrijk dat we op Hem blijven zien. En niet op de omstandigheden wanneer God kiekeboe met ons speelt. En wanneer de boze hond tegen ons blaft, vergt het een geloofsdaad om te blijven vertrouwen dat Vader weet wat Hij doet.

9:10-21 Algemene aantekening:

10 Sterker nog, Rebekka was van onze vader Isaak zwanger van een tweeling,

11 (11–12) en al voor ze geboren waren en nog niets goeds of slechts hadden gedaan, werd haar gezegd: 'De oudste zal de jongste dienen.' Gods besluit blijft namelijk van kracht: God kiest een mens niet uit op grond van zijn daden, maar omdat hij hem roept.

12

13 Zo staat er ook geschreven: 'Jakob heb ik liefgehad, Esau heb ik gehaat.'

14 Moeten we dan zeggen dat God onrechtvaardig is? Natuurlijk niet.

15 Hij zegt immers tegen Mozes: 'Ik ben barmhartig voor wie ik barmhartig wil zijn, ik schenk genade aan wie ik genade wil schenken.'

16 Alles hangt dus af van God en zijn barmhartigheid, niet van de wil of de inspanning van de mens.

17 Zo zegt hij volgens de Schrift tegen de farao: 'Ik heb u alleen in leven gelaten om u mijn macht te tonen en om iedereen op aarde te laten weten wie ik ben.'

18 Dus God is barmhartig voor wie hij wil en maakt halsstarrig wie hij wil.

19 Maar nu zult u vragen: 'Waarom roept God ons dan nog ter verantwoording? Niemand gaat toch in tegen zijn wil?'

20 Wie bent u eigenlijk dat u, een mens, iets tegen God zou inbrengen? Vraagt het aardewerk soms aan de pottenbakker: 'Waarom hebt u me gemaakt zoals ik eruitzie?'

21 Heeft de pottenbakker niet de vrijheid om van dezelfde klomp klei zowel een kostbare vaas als een alledaagse pot te maken?

*Dit hoofdstuk wordt gebruikt door sommigen voor het idee van de dubbele predestinatie. Dit is een afschuwelijke gedachte die de mens als een robot voorstelt. En God als een boeman die met dobbelstenen gooit. We moeten naast dit hoofdstuk ook verzen als 1Timotheus 2:4 leggen, waarin staat dat God wil dat alle mensen tot kennis van behoudenis komen. Elders worden we opgeroepen om ons te bekeren. En er is ook een tekst die zegt dat we uit de doden moeten opstaan. Dit lijkt een tegenstrijdigheid, maar is een paradox die de menselijke rede te boven gaat. Laten we ook bedenken dat in het geval van farao hij eerst verschillende keren zijn eigen hart verhardde, en dat daarna pas gezegd werd dat God zijn hart verhardde. Wat Esau betreft, de uitverkiezing maakte hem wel dienaar voordat hij geboren werd. Maar pas aan het einde van het Oude Testament staat dat hij gehaat werd door God (wat, zoals eerder gezegd, gewoon betekent dat God de voorkeur aan Jakob gaf; net als dat de laatste Lea 'haatte' en Rachel liefhad; dus de voorkeur gaf). En dit kwam omdat hij het recht van eerstgeboorte verachtte. Deze dingen moeten we goed onderscheiden. En zoals altijd, moeten we niet een theorie baseren op enkele bijbelteksten. De waarschuwing hierin is dat we opgeroepen worden om vaten tot eer te zijn. Maar verharden we ons hart, dan worden we vaten tot oneer. Zelfs Satan was eens een onschuldige engel. Hoe kwalijk is het dan om te leren dat mensen in principe brandhoutjes voor de hel zijn. Als je gelooft dat je voor eeuwig verloren bent, dan ga je je daar ook naar gedragen.

9:33

33 ...waarover geschreven staat: 'In Sion leg ik een steen neer waarover men struikelt, een rotsblok waaraan

494

men zich stoot. Maar wie in hem gelooft, komt niet bedrogen uit.'

*De Here Jezus wordt ook wel vergeleken met een heldere zon die een troebel meer doet stinken, en een rein meer doet schitteren.

10:8-11

8 Maar vervolgens zegt Mozes: 'Het woord is dicht bij u, in uw mond en in uw hart' –en dat betekent: de boodschap van het geloof die wij verkondigen, is dicht bij u.

9 Als uw mond belijdt dat Jezus de Heer is en uw hart gelooft dat God hem uit de dood heeft opgewekt, zult u worden gered.

10 Als uw hart gelooft, zult u rechtvaardig worden verklaard; als uw mond belijdt, zult u worden gered.

*Deze verzen behelzen de kern van het evangelie. Wanneer je Jezus als Here God belijdt en als je in je hart gelooft dat God hem opgewekt heeft uit de doden, dan ben je op weg naar de hemel. En Paulus verduidelijkt dat met het hart wordt geloofd tot rechtvaardigheid en met de mond wordt beleden tot redding.

10:13

13 ...want er staat: 'Ieder die de naam van de Heer aanroept, zal worden gered.'

*Wat, wat een fantastische belofte! Laten we ons niet bang laten maken door mensen die tegen ons zeggen dat we met een ingebeelde hemel op weg naar de hel zijn. Maar laten we ook voorzichtig zijn dat een bekering niet zomaar bewerkstelligd kan worden door het na prevelen van het zondaarsgebed. Men moet wel degelijk Jezus als Heer beleiden. En je moet inderdaad je niet door je hart laten bedriegen.

10:14-17

14 Maar hoe kunnen ze hem aanroepen als ze niet in hem geloven? En hoe kunnen ze in hem geloven als ze niet over hem hebben gehoord? En hoe kunnen ze over hem horen als hij niet verkondigd wordt?

15 En hoe kan iemand verkondigen als hij niet is uitgezonden? Het is zoals geschreven staat: 'Welkom zijn zij die goed nieuws verkondigen.'

16 Toch hebben slechts weinigen aan het evangelie gehoor gegeven, want Jesaja vraagt: 'Heer, heeft iemand geloofd wat wij hebben gezegd?'

17 Dus door te luisteren komt men tot geloof, en wat men hoort is de verkondiging van Christus.

*Daarom worden er ook zendelingen uitgezonden, vs17 Hier staat dat het geloof uit het gehoor is. Maar dat wil niet zeggen dat als iemand doof geboren is dat die niet behouden kan worden. Ja zelfs al zou je doof, blind en stom zijn, dan kan je zoals Helen Keller een tactiele taal leren.

11:18,20,21,22

18 ...dan moet u zich niet boven de takken verheffen. Als u dat doet, moet u goed bedenken dat niet u de wortel draagt, maar de wortel u.

20 Zeker, ze zijn afgebroken vanwege hun ongeloof en u dankt uw plaats aan uw geloof. Wees daarom echter niet hoogmoedig, maar heb ontzag voor God:

21 als hij de oorspronkelijke takken al niet heeft gespaard, zou hij u dan wel sparen?

22 Houd daarom voor ogen dat God niet alleen goed is, maar ook streng. Hij is streng voor wie gevallen zijn, maar goed voor u–als u tenminste trouw blijft aan zijn goedheid, want anders wordt ook u afgekapt.

*Dit is een waarschuwing voor niet Joden. Helaas hebben christenen niet naar deze waarschuwing geluisterd. De meeste christenen menen in hun hoogmoed dat Israël voorgoed verworpen is. Ze roemen dus tegen de takken die uitgetrokken zijn. Terwijl er hier juist staat dat we geen hoge dingen moeten bedenken, maar vrezen. Want wij zullen ook niet gespaard worden, maar ook weer uitgetrokken worden. Laten we daarom nederig zijn en Gods raadgevingen en geboden behouden.

12:2a

2 U moet uzelf niet aanpassen aan deze wereld

*Dit is een duidelijke waarschuwing om niet werelds te worden. Maar dat wil niet zeggen dat we van de

497

weeromstuit wereldvreemd moeten worden. Of ons zelfs er tegen afzetten.

12:19

19 Neem geen wraak, geliefde broeders en zusters, maar laat God uw wreker zijn, want er staat geschreven dat de Heer zegt: 'Het is aan mij om wraak te nemen, ik zal vergelden.'

*Laat dit ons tot waarschuwing strekken. Om in plaats van ons te wreken, te zegenen. Maar dit wil niet zeggen dat je niet voor jezelf op mag komen. En dat je je vrouw en kinderen niet hoeft te beschermen.

13:2,4

2 Wie zich tegen dit gezag verzet, verzet zich dus tegen een instelling van God, en wie dat doet roept over zichzelf zijn veroordeling af.

4 want ze staat in dienst van God en is er voor uw welzijn. Maar wanneer u doet wat slecht is, kunt u haar beter vrezen: ze voert het zwaard niet voor niets, want ze staat in dienst van God, en door hem die het slechte doet zijn verdiende straf te geven, toont ze Gods toorn.

*Dit is een duidelijke waarschuwing.

14:1-5

1 Aanvaard mensen met een zwak geloof zonder hun overtuiging te bestrijden.
2 De een gelooft dat hij alles mag eten, maar iemand die een zwak geloof heeft eet alleen groenten.
3 Wie alles eet mag niet neerzien op iemand die dat niet doet, en wie niet alles eet mag geen oordeel vellen over iemand die dat wel doet, want God heeft hem aanvaard.
4 Wie bent u dat u een oordeel velt over de dienaar van een ander? Of hij wel of niet volhardt in het geloof gaat alleen zijn eigen meester aan–en hij zal volharden, want de Heer heeft de macht hem dat te laten doen.
5 De een beschouwt bepaalde dagen als een feestdag, voor de ander zijn alle dagen gelijk. Laat iedereen zijn eigen overtuiging volgen.
Iemand die een vrij geweten heeft moet niet degene die door de apostel Paulus zwak wordt genoemd verachten. En degene die het streng neemt er bepaalde regels op na houdt moet degene die dat niet doet niet oordelen. Dit geldt het zelfde voor het houden van dagen zoals Pasen en kerstmis.

14:10-12

10 Wie bent u dat u een oordeel velt over uw broeder of zuster? Wie bent u dat u neerziet op uw broeder of zuster? Wij zullen allen voor Gods rechterstoel komen te staan,
11 want er staat geschreven: 'Zo waar ik leef–zegt de Heer–,voor mij zal elke knie zich buigen, en elke tong zal God loven.'

12 Ieder van ons zal zich dus tegenover God moeten verantwoorden.

*Laten we hier terdege rekening mee houden.

14:13

3 Laten we elkaar daarom niet langer veroordelen, maar neem u voor, uw broeder en zuster geen aanstoot te geven en hun niet te ergeren.

*Als een broeder of zuster problemen heeft met iets zoals alcohol. Maar het kan zelfs ambitie zijn. Dan moeten we niet zoals hier staat aanstoot of ergernis geven, waardoor zo iemand ten val kan komen.

14:16-18

16 Breng het goede dat God u schenkt geen schade toe,
17 want het koninkrijk van God is geen zaak van eten en drinken, maar van gerechtigheid, vrede en vreugde door de heilige Geest.
18 Wie Christus zo dient, doet wat God wil en wordt door de mensen gerespecteerd.

*Moge deze waarschuwing voor zichzelf spreken.

15:13

13 Moge God, die ons hoop geeft, u in het geloof geheel en al vervullen met vreugde en vrede, zodat uw hoop

overvloedig zal zijn door de kracht van de heilige Geest.

*Het is de bedoeling dat we vol vreugde zijn. Maar wanneer er zonden in ons leven zijn, tast dat onze relatie met de Here aan. Ook kan het gebeuren dat God ons tuchtigt of op de proef stelt. In sommige gevallen zelfs met psychiatrische ziekten. Maar zelfs dan is de Almachtige God bij machte om te werken.

16:17-18

17 Ik spoor u aan, broeders en zusters, op te passen voor degenen die tweedracht zaaien en anderen in de weg staan, en die daarmee ingaan tegen alles wat u hebt geleerd. Ga hun uit de weg,
18 want zulke mensen dienen niet Christus, onze Heer, maar alleen hun eigen lusten, en door fraaie en welluidende woorden misleiden ze argeloze mensen.

*Het wil niet zeggen dat deze mensen uitgesloten moeten worden of geëxcommuniceerd, (Tenzij ze maar door gaan en zelfs niet naar de hele gemeente willen luisteren. Vgl. Matt.18) met andere woorden. Maar we moeten ze mijden om niet betrokken te worden bij hun dwalingen.

16:20

20 De God van de vrede zal Satan nu spoedig vertrappen en aan u onderwerpen. De genade van onze Heer Jezus zij met u.

*Eens zullen we van de Satan af zijn. Ja, zoals hier staat zal de Here hem zelfs onder onze voeten vertreden. Ik weet niet wat dat precies inhoud, maar het is een prachtige belofte.

1 Corinthe

1:18

18 De boodschap over het kruis is dwaasheid voor wie verloren gaan, maar voor ons die worden gered is het de kracht van God.

*De waarschuwing en de belofte in dit vers mogen duidelijk zijn.

1:27-29

27 Maar wat in de ogen van de wereld dwaas is, heeft God uitgekozen om de wijzen te beschamen; wat in de ogen van de wereld zwak is, heeft God uitgekozen om de sterken te beschamen;
28 wat in de ogen van de wereld onbeduidend is en wordt veracht, wat niets is, heeft God uitgekozen om wat wél iets is teniet te doen.
29 Zo kan geen mens zich tegenover God op iets beroemen.

*Hier zitten duidelijk weer een waarschuwing en beloften in. Die mogen voor zichzelf spreken.

2:9-10

9 Maar het is zoals geschreven staat: 'Wat het oog niet heeft gezien en het oor niet heeft gehoord, wat in geen mensenhart is opgekomen, dat heeft God bestemd voor wie hem liefheeft.'

10 God heeft ons dit geopenbaard door de Geest, want de Geest doorgrondt alles, ook de diepten van God.

*Dit is een fantastische belofte, waarin we mogen roemen dat de Here ons zo'n toekomst beschoren heeft. Hij zegt hier ook dat God het ons wel heeft geopenbaard. En dan denk ik aan iets wat Johannes de geliefde discipel in zijn eerste brief geschreven heeft. Namelijk dat wanneer Hij geopenbaard zal zijn aan ons, wij Hem gelijk zullen zijn. En dit slaat natuurlijk op zijn mens zijn. Als mensen dus, zullen wij even volmaakt zijn als Hij.

3:1-4

1 Maar, broeders en zusters, ik kon tot u niet spreken als tot geestelijke mensen. Ik sprak tot mensen van deze wereld, tot niet meer dan kinderen in het geloof in Christus.

2 Ik heb u melk gegeven, geen vast voedsel; daar was u niet aan toe. En ook nu nog niet,

3 want u bent nog gebonden aan de wereld. Wanneer u afgunstig en verdeeld bent, dan bent u toch gebonden aan de wereld, dan leeft u toch als ieder ander?

4 Wanneer de een zegt: 'Ik ben van Paulus, 'en een ander: 'Ik van Apollos, 'bent u dan niet als alle andere mensen?

*Hier is een indirecte waarschuwing. Vleselijke christenen maken ruzie en kunnen niet geestelijk groeien. Zulke mensen kun je alleen maar voeden met de basisprincipes. De basisprincipes zijn dat je de vrede bewaart met elkaar, en dat je die najaagt. Volgens Jakobus is dat, samen met de waarheid spreken, één van de vereisten om het leven te kunnen liefhebben.

3:12-15

12 Of er op dat fundament nu verder wordt gebouwd met goud, zilver en edelstenen of met hout, hooi en stro,
13 van ieders werk zal duidelijk worden wat het waard is. Op de dag van het oordeel zal dat blijken, want dan zal het door vuur aan het licht worden gebracht. Het vuur zal laten zien wat ieders werk waard is.
14 Wanneer iemands bouwwerk blijft staan, zal hij worden beloond.
15 Wanneer het verbrandt, zal hij daarvoor de prijs betalen; hijzelf zal echter worden gered, maar door het vuur heen.

*In dit gedeelte zitten zowel een waarschuwing als een belofte. De belofte is dat als we voor de Here Jezus leven en goede dingen op het fundament van Christus bouwen, dan zullen we loon krijgen, eeuwig loon. Maar in zoverre we hout, hooi en stoppelen daar opzetten, die zullen verbrand worden. En we zullen schade lijden. Het is zelfs mogelijk dat je werken teniet gedaan zullen worden, maar dat jezelf, zoals Paulus hier zegt, verlies zult lijden en als het ware door vuur gered zal worden.

3:18-21

18 Laat niemand zichzelf bedriegen. Wanneer iemand van u denkt dat hij in deze wereld wijs is, moet hij eerst dwaas worden; pas dan kan hij wijs worden.

19 Wat namelijk in deze wereld wijsheid is, is dwaasheid bij God, want er staat geschreven: 'Hij vangt de wijzen in hun eigen sluwheid.'

20 En er staat ook geschreven: 'De Heer kent de gedachten van de wijzen; hij weet dat ze niet meer dan lucht zijn.'

21 Niemand van u moet zich daarom laten voorstaan op een ander mens, want álles is van u;

*Als een christen denkt dat hij wijs is in deze wereld, dan bedriegt hij zichzelf. Want de wijsheid van de wereld gaat voorbij. En de Here zal de wijzen met hun eigen wapens verslaan. Dit omdat de wijzen van deze wereld onafhankelijk van God willen zijn. En daarom is hun zogenaamde wijsheid inconsequent. En is zij in strijd met de schepping en zeker met het woord van God en de Persoon van de Here Jezus, Die God geopenbaard heeft. Daarom moeten we niet in mensen roemen. Zij komen namelijk niet verder dan een gedeeltelijke toepassing van wat Paulus noemt de eerste beginselen van de wereld. Ja' zelfs de wet van Mozes noemt hij zo in één van zijn brieven.

4:5

5 Houd dus op te oordelen en wacht de tijd af dat de Heer komt, omdat hij het is die aan het licht zal brengen wat in het duister verborgen is en zal onthullen

wat de mensen heimelijk beweegt. En dan zal God het zijn die ieder de lof geeft die hem toekomt.

*Wat een mooie belofte. Dat wanneer we trouw zijn gebleven dat we geprezen zullen worden. En dat de Here tot ons zal zeggen, "ga in gij goede knecht".

4:7

7 Wie denkt u dat u bent? Bezit u ook maar iets dat u niet geschonken is? Alles is u geschonken, dus waarom schept u dan op alsof u het zelf verworven hebt?

*Wij blijken vleselijke christenen te zijn, wanneer we ons beroemen op onze eigenschappen en zogenaamd succes. Hij die roemt, roeme in de Heer. We hebben immers alles door genade ontvangen. Maar toch zegt Paulus ergens "laat me een beetje roemen". Daarom mogen we zeker jonge christenen aanmoedigen wanneer ze iets goeds gedaan hebben. Net als met de bekering hebben we ook onze eigen verantwoordelijkheid. Toch is dat ook uiteindelijk genade.

5:5

5 ...moet u die persoon aan Satan uitleveren. Dan gaat zijn huidige bestaan verloren, opdat hij zal worden gered op de dag van de Heer.

*Wij zijn geen apostel Paulus, maar we kunnen wel degelijk vragen dat iemand bezocht wordt, wanneer hij een ernstige zonde heeft begaan. Opdat zijn geest gered wordt. Zo is de Here ook een wreker als je de vrouw van een medebroeder verleid. Laten we niet lichthartig zeggen dat David ook zoiets gedaan heeft. Ja en zelfs een moord. Want Uria werd viervoudig gewroken.

5:6-7

6 U hebt geen enkele reden om zo zelfvoldaan te zijn. Weet u niet dat al een beetje desem het hele deeg zuur maakt?
7 Doe de oude desem weg en wees als nieuw deeg. U bent immers als ongedesemd brood omdat ons pesachlam, Christus, is geslacht.

*Dit is zowel een waarschuwing als een belofte. Als een geloofsgemeenschap geen tucht uitoefent, zal het kwaad voortwoekeren. Maar wordt er wel tucht uitgeoefend, dan zal dat zegen brengen.

5:11-13

11 Wat ik bedoel is dit: u mag niet omgaan met iemand die zichzelf een broeder of zuster noemt, maar in feite een ontuchtpleger is, een geldwolf, afgodendienaar, lasteraar, dronkaard of uitbuiter. Met zo iemand mag u beslist niet eten.
12 Waarom zouden we over buitenstaanders oordelen? U hoeft toch alleen te oordelen over leden van de gemeente?

13 Over de buitenstaanders zal God oordelen. Maar binnen de gemeente geldt: 'Verwijder wie kwaad doet uit uw midden.'

*Laten we voorzichtig zijn om een medebroeder die in zonde is gevallen niet te hard aan te pakken. Er staat immers, "erbarmen roemt tegen het oordeel". En "Ik wil erbarmen en geen offerande". Maar dat wil natuurlijk niet letterlijk zeggen dat we dan maar de offeranden van onze lippen, van onze handen en van onze tijd en geld dan maar moeten nalaten. En juist daarom moeten we mensen die de naam hebben christen te zijn en die voldoen aan één of meerdere van de karakter-eigenschappen die hier genoemd worden. Die moeten wij mijden en zelfs niet met ze eten. Maar dat wil niet zeggen dat ze uitgesloten moeten worden. Door ze te mijden en door ze te weren van het avondmaal worden ze genoeg getuchtigd. Echter mensen die in grove zonden vervallen, zoals de broeder hier beschreven, die het met zijn stiefmoeder deed, zo iemand moet uitgesloten worden. Tenzij hij op tijd tot inkeer komt zoals in Matteüs 18 staat beschreven. Maar nogmaals als hij naar twee of drie broeders niet wil luisteren en ook niet naar de hele geloofsgemeenschap, dan moet hij als een boze uitgesloten worden. Maar heeft zo iemand een vrouw en of kinderen dan moet men die pastorale zorg verlenen. Maar hoewel ik dit een moeilijke passage vindt, schijnt het toch zo te zijn dat we mensen met de eigenschappen in vers 11 genoemd, zeker moeten aanduiden als zondaren. Maar ik vroeg me af of in het geval van dronkenschap we zo iemand pastorale zorg moeten verlenen. En de mensen die in dit vers genoemd worden, als ze echt niet willen luisteren, moeten ze uiteindelijk uitgesloten worden. Want het is nogal wat. De rij begint met hoerenlopen en eindigt met rover. Maar

509

een roddelaar en een hebzuchtige worden in één adem met ze genoemd. Maar laten we een ernstige lering uit de lijst van vers 11 trekken. En niet zoals de Farizeeër tegenover de tollenaar hoogmoedig worden. Want alle mannen hebben de neiging om met hun ogen hoerenlopers te zijn (en vlak vrouwen op dit punt ook niet uit). En we kunnen allemaal last van hebzucht hebben. En ons huis of ons gezin verafgoden. En we hebben allemaal wel eens geroddeld, enzovoort. Maar de personen in dit vers genoemd, maken hier een gewoonte van.

6:1-8

1 Hoe durft u onderlinge rechtsgeschillen voor ongelovigen te brengen in plaats van voor de gelovigen!

2 Weet u dan niet dat Gods heiligen over de wereld zullen oordelen? En als u over de wereld zult oordelen, zou u dan niet in staat zijn om te oordelen over de meest onbeduidende rechtsgeschillen?

3 Weet u niet dat wij over engelen zullen oordelen? Dan kunnen we dat toch zeker ook over alledaagse zaken?

4 Wilt u werkelijk uw alledaagse geschillen aanhangig maken bij mensen die bij de gemeente geen aanzien genieten?

5 U moest u schamen. Is er dan niet één wijs mens onder u die tussen broeders en zusters uitspraak kan doen?

6 Is het werkelijk nodig dat de een de ander voor het gerecht sleept, en nog wel voor dat van ongelovigen?

7 Het is al treurig genoeg dat er rechtsgeschillen bij u voorkomen. Waarom lijdt u niet liever onrecht? Waarom laat u zich niet liever benadelen?

8 In plaats daarvan begaat u zelf onrecht en benadeelt u anderen, en dan nog wel broeders en zusters.

*Onder christenen kunnen ruzies zo hoog oplopen dat men naar de rechter stapt. Paulus legt hier uit dat dat niet alleen een schande is, maar hij zegt zelfs dat dit een verlies is. En hij bedoelt dat in geestelijk opzicht. En hij zegt dat het beter is om onrecht te lijden. Er zijn echter grenzen, bijvoorbeeld als het om zeer grote bedragen gaat of ernstige zaken en de tegenpartij geeft geen krimp. En hij luistert zelfs niet naar de hele gemeente. En maakt zo iemand het niet goed uit zichzelf, dan mag je heus wel naar de rechter stappen. Laten we gewaarschuwd zijn dat kleine zaken helemaal uit de hand kunnen lopen als we niet vergevingsgezind zijn.

6:9-10

9 Weet u niet dat wie onrecht doet geen deel zal hebben aan het koninkrijk van God? Vergis u niet. Ontuchtplegers noch afgodendienaars, overspeligen, schandknapen noch knapenschenders,

10 dieven noch geldwolven, dronkaards, lasteraars noch uitbuiters zullen deel hebben aan het koninkrijk van God.

*Dit is een waarschuwing die direct gericht is aan mensen van de wereld. De mensen die hier genoemd worden zullen niet gered worden. Tenzij ze zich bekeren. Ook praktiserende homo's worden genoemd. Echter in de kerk tegenwoordig krijgen zulke mensen nog een aai

over de bol ook. De wereld en de kerk. En de kerk bezoedeld door de wereld.

6:12

12 U zegt: 'Alles is mij toegestaan.' Maar niet alles is goed voor u. Zeker, alles is mij toegestaan, maar ik mag me door niets laten beheersen.

*Paulus waarschuwt ons hier dat we niet onder de macht van iets moeten komen. Wanneer hij dus zegt dat alles geoorloofd is, maar niet nuttig, dan bedoelt hij daar onschuldige dingen mee. Dingen waarvan je mag genieten. En waar je je vrouw en kinderen mee mag blij maken, zoals sieraden. Maar de waarschuwing is dat we het niet moeten overdrijven. En ik denk ook dat er omstandigheden zijn wanneer je tevreden moet zijn met een minimum.

6:15-20

15 Weet u niet dat uw lichaam een deel is van het lichaam van Christus? Zou ik dan van de delen van zijn lichaam de lichaamsdelen van een hoer maken? Dat nooit!
16 Of weet u niet dat wie zich met een hoer verenigt samen met haar één lichaam wordt? Want de Schrift zegt: 'Zij zullen één lichaam zijn.'
17 Maar wie zich met de Heer verenigt wordt met hem één geest.
18 Ga ontucht uit de weg! Geen enkele andere zonde die een mens kan begaan tast het lichaam aan, maar wie ontucht pleegt zondigt tegen het eigen lichaam.

19 Of weet u niet dat uw lichaam een tempel is van de heilige Geest, die in u woont en die u ontvangen hebt van God, en weet u niet dat u niet van uzelf bent?

20 U bent gekocht en betaald, dus bewijs God eer met uw lichaam.

*Dit is een ernstige waarschuwing. Seksuele zaken liggen gevoelig. Daarom zegt hij ook dat we weg moeten vluchten van hoererij. Dit houdt in dat je de porno niet gaat opzoeken. En dat je de duivel geen opening geeft door met verlangen naar allerlei vrouwen te kijken. En dit geldt ook voor veel vrouwen.

7:1-7

1 Dan nu de punten waarover u mij geschreven hebt.
U zegt dat het goed is dat een man geen gemeenschap met een vrouw heeft.

2 Maar om ontucht te vermijden moet iedere man zijn eigen vrouw hebben en iedere vrouw haar eigen man.

3 En een man moet zijn vrouw geven wat haar toekomt, evenals een vrouw haar man.

4 Een vrouw heeft niet zelf de zeggenschap over haar lichaam, maar haar man; en ook een man heeft niet zelf de zeggenschap over zijn lichaam, maar zijn vrouw.

5 Weiger elkaar de gemeenschap niet, of het moest zijn dat u er wederzijds mee instemt u enige tijd aan het gebed te wijden. Kom daarna echter weer samen; anders zal Satan uw gebrek aan zelfbeheersing gebruiken om u te verleiden.

6 Ik zeg u dit niet om u iets op te leggen, maar om u tegemoet te komen.

7 Ik zou liever zien dat alle mensen waren zoals ik, maar iedereen heeft van God zijn eigen gave gekregen, de een deze, de ander die.

*Paulus had de gave van onthouding. Dat wil niet zeggen dat hij impotent was. Maar dat hij zich zo beheerste dat hij zonder een vrouw kon. De Here zegt van zulke mensen dat ze zichzelf besneden hebben. Niet letterlijk natuurlijk. En je kan voor zo'n gave bidden. Maar heb je die niet, dan heb je een partner nodig en moet je elkaar bevrediging gunnen. En verderop in het huwelijk moet een vrouw niet te gauw klagen en smoesjes verzinnen. Laat staan haar man de seksuele omgang helemaal verbieden.

7:10-11

10 Degenen die getrouwd zijn geef ik, nee, niet ik–de Heer geeft hun het volgende gebod: een vrouw mag niet scheiden van haar man
11 (is ze al gescheiden, dan moet ze dat blijven of zich met haar man verzoenen), en een man mag zijn vrouw niet wegsturen.

*Er kunnen omstandigheden zijn waarin je partner zo ziek of slecht is, dat je zelfs moet vluchten. Maar een christen hoort in zo'n geval zich niet voor de rechter laten scheiden.

7:28

28 Het is weliswaar niet zo dat u door te trouwen zondigt, en ook wanneer een meisje trouwt zondigt ze niet,

maar het huwelijk wordt een zware belasting die ik u graag zou besparen.

*Paulus is hier realistisch. Zij die trouwen zullen ook moeilijke zaken ervaren. In een vorig vers heeft hij het over de tegenwoordige nood. Hij kan hier misschien aan vervolging en discriminatie denken. Echter hij zei ook dat het beter is te trouwen dan te branden van begeerte. Echter wanneer we geen medegelovigen kunnen vinden, dan moeten we niet iemand van de wereld trouwen. Want daar zullen we dubbel spijt van krijgen. En nogmaals, je kan om de gave van onthouding smeken.

7:29-30

29 Wat ik bedoel, broeders en zusters, is dat er maar weinig tijd rest. Laat daarom ieder die een vrouw heeft zo leven dat het hem niet in beslag neemt,
30 ieder die verdriet heeft zo dat hij er niet door wordt beheerst, ieder die vreugde voelt zo dat hij er niet in opgaat, ieder die bezit verwerft alsof het niet zijn eigendom is,

*Laten we deze verzen goed in ons opnemen. En laat het tot ons doordringen dat zaken relatief zijn. Je moet bijvoorbeeld van je vrouw geen afgod maken of van dingen die je koopt. En je moet zaken ook niet verwaarlozen. Je kan zelfs zeggen dat Paulus het hier ook over het milieu heeft. Hij zegt namelijk dat we dingen niet moeten misbruiken.

7:33-34

33 Een getrouwde man draagt zorg voor aardse zaken en wil zijn vrouw behagen,
34 dus zijn aandacht is verdeeld. Een ongetrouwde vrouw en een meisje dat nog niet getrouwd is, dragen zorg voor de zaak van de Heer, en wel zo dat ze God met heel hun lichaam en geest zijn toegewijd. Maar een getrouwde vrouw draagt zorg voor aardse zaken en wil haar man behagen.

*We moeten niet wereldvreemd worden. Maar ons wel degelijk met de dingen van de wereld bezig houden, om je partner te behagen. Maar natuurlijk, weer, moeten we het niet overdrijven.

7:38

38 Dus iemand die met haar trouwt handelt goed, maar iemand die niet met haar trouwt handelt beter.

*Sommigen vertalen "hij die trouwt doet goed, hij die niet trouwt, doet beter". In dit geval wordt het Griekse woord niet met dochter vertaald, maar met je eigen maagdelijkheid. Dit kan ook uit vers 37 blijken waar Paulus het duidelijk over zelfbeheersing heeft.

8:1-3

1 Dan nu over heidens offervlees. Zeker, het is waar dat wij allen kennis bezitten. Maar kennis maakt verwaand; alleen de liefde bouwt op.

2 Wanneer iemand zich inbeeldt dat hij kennis bezit, is het toch nog niet de ware kennis.

3 Maar wanneer iemand God liefheeft, is hij door God gekend.

*Je kan dit in het algemeen nemen, dat je niet teveel van jezelf moet denken. Als je je zelf wijs maakt dat je dingen doorgront, dan heb je dat nog lang niet bereikt. Maar God lief hebben boven alles, dat is de ware kennis. En dan wordt je niet alleen door Hem gekend maar ook erkend.

8:4-13 Algemene aantekening:

4 Wat nu het eten van offervlees betreft: wij weten dat er in de hele wereld niet één afgod echt bestaat en dat er maar één God is.

5 Ook al zijn er zogenaamde goden in de hemel of op aarde—en zo zijn er immers heel wat goden en heren–,

6 wij weten: er is één God, de Vader, uit wie alles is ontstaan en voor wie wij zijn bestemd, en één Heer, Jezus Christus, door wie alles bestaat en door wie wij leven.

7 Maar niet iedereen bezit deze kennis. Sommigen van u zijn zo aan hun afgod gewend dat ze het offervlees nog altijd als een offer aan die afgod zien. Hierdoor wordt hun geweten, dat zwak is, bezwaard.

8 Nu zal ons voedsel ons niet bij God brengen: eten wij niet, dan zal ons dat niet tot nadeel strekken; eten wij wel, dan zal ons dat niet tot voordeel strekken.

9 Maar let erop dat de vrijheid die u hebt geen struikelblok wordt voor de zwakken onder u.

10 Wanneer namelijk iemand met een zwak geweten ziet dat u, met uw kennis, in een afgodentempel deelneemt aan een maaltijd, wordt hij er dan niet toe verleid dat offervlees te eten?

11 Zo gaat de zwakke door uw kennis verloren, een broeder of zuster voor wie Christus gestorven is.

12 Op die manier zondigt u tegen hen, en door hun zwakke geweten te ondermijnen zondigt u tegen Christus.

13 Als ik dus door vlees te eten mijn broeder of zuster ten val breng, wil ik het nooit ofte nimmer meer eten; dan breng ik hen niet ten val.

*Wanneer je in een samenleving woont, zoals dat toen het geval was, waar zo'n beetje alles aan de afgoden is gewijd; dan moet je de zaken niet overdrijven, en als christen wereldvreemd worden. Maar je moet wel degelijk rekening houden met zwakkere broeders. Echter wanneer er een seance wordt gehouden waar occulte machten worden opgeroepen, dan moeten we zulke machten niet uitdagen en denken dat we in ons zelf sterker zijn.

10:6-13

6 Dit alles strekt ons tot voorbeeld: wij moeten niet uit zijn op het kwade, zoals zij.

7 Dien geen afgoden, zoals een deel van hen, over wie geschreven staat: 'Het volk ging zitten om te eten en te drinken en het stond op om te dansen.'

8 Laten we geen ontucht plegen, zoals een aantal van hen, want daardoor stierven er op één dag drieëntwintigduizend.

9 En laten we Christus niet tarten, zoals anderen deden, want daardoor werden ze door slangen doodgebeten.

10 En kom niet in opstand, zoals weer anderen deden, want daardoor werden ze door de doodsengel vernietigd.

11 Wat hun overkomen is, moet ons tot voorbeeld strekken; het is geschreven om ons, voor wie de tijd ten einde loopt, te waarschuwen.

12 Laat daarom iedereen die denkt dat hij stevig overeind staat oppassen dat hij niet valt.

13 U hebt geen beproevingen te doorstaan die niet voor mensen te dragen zijn. God is trouw en zal niet toestaan dat u boven uw krachten wordt beproefd: hij geeft u mét de beproeving ook de uitweg, zodat u haar kunt doorstaan.

*Laten wij ons zeer gewaarschuwd weten door deze verzen. En laat het ons ook tot een belofte zijn dat we nooit bovenmenselijk verzocht zullen worden. Want met de verzoeking zal God ons ook een mogelijkheid tot ontsnapping geven. Laten we die dan ook grijpen. En als koning David niet door allerlei rode stoplichten gaan.

10:21-22

21 U kunt niet drinken uit de beker van de Heer en ook uit die van demonen, u kunt niet deelnemen aan de maaltijd van de Heer en ook aan die van demonen.

22 Of willen we de Heer tergen? Zijn we soms sterker dan hij?

*Paulus heeft het hier over offers gewijd aan de afgoden. Elders legt hij uit dat wij kennis hebben, en dat er maar één echte God is. Maar in landen als India en Afrika worden wel degelijk offers aan demonen gebracht. In onze tijd kunnen wij dat betrekken op verkeerde omgangen en afgodisch gedrag, bijvoorbeeld wat betreft geld, sex of muziek.

10:23

23 U zegt: 'Alles is toegestaan.' Zeker, maar niet alles is goed. Alles is toegestaan, maar niet alles is opbouwend.

*Dat alles ons geoorloofd is, slaat natuurlijk niet op zondig gedrag en op verkeerde omgangen. Elders zegt Paulus dat verkeerde omgangen met mensen goede zeden bederven. Maar wij kunnen hier bijvoorbeeld ook denken aan wat Salomo zei. Doe wat uw hand vindt om te doen en doe het met alle macht.

10:27-29   Algemene aantekening:

27 Wanneer een ongelovige u uitnodigt om bij hem te komen eten en u neemt zijn uitnodiging aan, kunt u

rustig alles eten wat u aangeboden wordt. Het is niet nodig dat u omwille van uw geweten vraagt waar het vandaan komt.

28 Maar wanneer iemand u erop wijst dat u vlees van offerdieren eet, laat het dan omwille van hem staan. Houd rekening met het geweten.

29 Ik bedoel nu niet uw eigen geweten, maar dat van die ander. Mijn vrijheid wordt door zijn geweten toch niet aangetast?

*Dit is een waarschuwing in verband met afgodisch gedrag. Zowel wat letterlijke afgoden betreft als de westerse afgoden. Zoals hebzucht en geldwolverij.

11:27-32

27 Daarom maakt iemand die op onwaardige wijze van het brood eet en uit de beker van de Heer drinkt, zich schuldig tegenover het lichaam en het bloed van de Heer.

28 Laat daarom iedereen zichzelf eerst toetsen voordat hij van het brood eet en uit de beker drinkt,

29 want wie eet en drinkt maar niet beseft dat het om het lichaam van de Heer gaat, roept zijn veroordeling af over zichzelf.

30 Daarom zijn er onder u veel zwakke en zieke mensen en zijn er al velen onder u gestorven.

31 Als we onszelf zouden toetsen, zouden we niet worden veroordeeld.

32 Maar nu velt de Heer zijn oordeel over ons en wijst hij ons terecht, opdat we niet samen met de wereld zullen worden veroordeeld.

*Dit is een ernstige waarschuwing. Want wanneer we de Kerk, de Bruid van Christus, niet goed in ogenschouw nemen en in deze zaak ons onwaardig gedragen door aan de ene kant sektarisch te zijn, of aan de andere kant werelds, dan eten en drinken we ons zelf een oordeel aan de tafel van de Heer. Daarom zijn er veel zieken, zwakken en sterfgevallen. Maar zoals Paulus hier zegt, als we onszelf goed onder de loep zouden nemen en goed zouden beoordelen, dan zouden we niet geoordeeld worden. Namelijk door God en dit is geen eeuwig oordeel.

13:1-3

1   Al sprak ik de talen van alle mensen en die van de engelen–had ik de liefde niet, ik zou niet meer zijn dan een dreunende gong of een schelle cimbaal.
2   Al had ik de gave om te profeteren en doorgrondde ik alle geheimen, al bezat ik alle kennis en had ik het geloof dat bergen kan verplaatsen–had ik de liefde niet, ik zou niets zijn.
3   Al verkocht ik mijn bezittingen omdat ik voedsel aan de armen wilde geven, al gaf ik mijn lichaam prijs en kon ik daar trots op zijn–had ik de liefde niet, het zou mij niet baten.

*Dit is een ernstige waarschuwing. Maar het is eigenlijk meer een waarschuwing voor ongelovigen. Want als je niet wedergeboren bent, dan kan de liefde van God ook niet in je wonen door de Heilige Geest. God is liefde, dus ook de Heilige Geest. Een ongelovige kan alles doen wat hier staat en toch verloren gaan, omdat hij geen echte liefde voor de Here Jezus had. Want als je de Here Jezus aanneemt als Heer der heren en Koning der koningen en gelooft dat God Hem uit de doden heeft opgewekt, dan bezit je pas echte liefde. Maar toch, laten wij als christenen onszelf goed onderzoeken wat ten diepste onze motivatie is.

13:4-7

4 De liefde is geduldig en vol goedheid. De liefde kent geen afgunst, geen ijdel vertoon en geen zelfgenoegzaamheid.
5 Ze is niet grof en niet zelfzuchtig, ze laat zich niet boos maken en rekent het kwaad niet aan,
6 ze verheugt zich niet over het onrecht maar vindt vreugde in de waarheid.
7 Alles verdraagt ze, alles gelooft ze, alles hoopt ze, in alles volhardt ze.

*Het is aan te raden om deze vier verzen niet alleen uit het hoofd te leren. Maar ze zo tot je te laten doordringen dat deze eigenschappen van jezelf worden.

13:8a

8 De liefde zal nooit vergaan.

*God is liefde. Daarom houdt de liefde eeuwig stand. En tot in alle eeuwigheid zal de Heilige Geest ons doen groeien in de liefde voor de Vader en voor de Zoon en voor elkaar.

13:12

12 Nu kijken we nog in een wazige spiegel, maar straks staan we oog in oog. Nu is mijn kennen nog beperkt, maar straks zal ik volledig kennen, zoals ik zelf gekend ben.

*Deze prachtige belofte moet je in verband brengen met wat Johannes in zijn eerste brief zegt. Dat wanneer de Here geopenbaard is we Hem gelijk zullen zijn. Dat is het volmaakte wat bedoeld is in vers 10.

13:13

13 Ons resten geloof, hoop en liefde, deze drie, maar de grootste daarvan is de liefde.

*Dit betekent dat zelfs in de eeuwigheid, mijns inziens, wij tot op zekere hoogte blijven geloven en hopen. Maar natuurlijk, wanneer we de Here Jezus aanschouwd hebben, dan is ons geloof en hoop wat dat betreft vervuld. Maar er zijn andere dingen, zoals dat God in een ontoegankelijk licht woont, dat Hij oneindig in oneindigheden is, die een kwestie van geloof en hoop blijven. Ook voor de engelen. Want zelfs al heeft een engel een IQ van 400 miljoen. God is zo oneindig dat die engel ook geloof hoop en liefde nodig heeft.

14:20

20 Broeders en zusters, wees in uw denken niet als kinderen. Wees kinderen in het kwaad, maar wees in uw denken volwassen.

*Dit vers wil niet zeggen dat we naïef zouden moeten zijn. Maar het wil zeggen dat we niet wijs in het kwade moeten zijn. Zoals een groot profeet zei, want voor zulke mensen is het kwade goed en het goede kwaad.

14:24-25

24 Maar profeteert iedereen, dan zal een ongelovige buitenstaander door iedereen worden beoordeeld en terechtgewezen.
25 Alles wat hem heimelijk beweegt zal aan het licht komen en dan zal hij zich ter aarde werpen, God aanbidden en belijden: 'Werkelijk, God is in uw midden.'

*Deze verzen behelzen niet alleen een grote belofte, maar geven ons ook een grote verantwoordelijkheid. Profeteren betekent naar de gedachte van God spreken. En volgens vers 25 is dat de beste dieptepsychologie die er maar is.

14:38

38 Doet hij dat niet, dan wordt hij zelf niet erkend.

*Men kan dit vers ook als volgt vertalen. Als iemand het niet erkent, wordt hij zelf niet erkend. Laten we daarom gewaarschuwd zijn om voor deze woorden van de apostel te buigen. Maar we moeten het niet overdrijven, want vrouwen mogen ook profeteren wanneer ze een bedekking opdoen. Maar niet in de gemeentelijke samenkomsten. Maar ik zie geen bezwaar als ze onder zusters profeteert. Of namens God profeteert in het geven van lezingen. Maar tijdens de gemeentelijke samenkomsten (welke in handelingen 2 vermeld zijn), mag ze niet bazen over mannen en niet uit de Bijbel leren. Maar natuurlijk als zij een zaak heeft of manager is, mag zij wel autoriteit uitoefenen. En zo kunnen er ook koninginnen zijn.

15:1-2

1 Broeders en zusters, ik herinner u aan het evangelie dat ik u verkondigd heb, dat u ook hebt aangenomen, dat uw fundament is
2 en uw redding, als u tenminste vasthoudt aan de boodschap die ik u verkondigd heb. Anders bent u tevergeefs tot geloof gekomen.

*Het gaat hier schijnbaar niet om het eeuwig behoud maar over het uitwerken van je redding. Er zijn namelijk diverse stadia van redding. De bekering, waarin je bent gaan geloven dat God de Here Jezus heeft opgewekt en waarin je hebt beleden dat Jezus Heer is. Ten tweede, het uitwerken van je redding met vrezen en beven. Dat is het heiligingsproces. En de opstanding uit de doden. Dat zijn de hoofdstadia. En de waarschuwing hier is, dat als je wilt vermijden dat je als door vuur gered wordt en geen beloning zult ontvangen, dan moet je het evangelie vasthouden. En Paulus voegt er hieraan toe: tenzij jullie vergeefs hebben geloofd. En zo zijn er vele naamchristenen die wel geloven dat God bestaat, maar nooit echt tot bekering zijn gekomen.

15:17

17 Maar als Christus niet is opgewekt, is uw geloof nutteloos, bent u nog een gevangene van uw zonden

*Er zijn moderne theologen die een letterlijke opstanding van Christus loochenen. Zulke theologen bagatelliseren ook onze zondeschuld. Sommige van hen hebben het over, en dit is een verschrikkelijke spotternij, 'de slagersreligie' van Paulus. Deze critici hebben het oordeel van God over zich afgeroepen en zullen in de eeuwigheid een des te grotere straf ontvangen.

15:33

33 Maar vergis u niet: slecht gezelschap bederft goede zeden.

*Er wordt wel eens gezegd dat je iemand kan kennen door te kijken wat voor vrienden hij heeft. Hier worden we gewaarschuwd dat als we met verkeerde mensen omgaan dat dat ons negatief beïnvloedt. Maar we kunnen, zegt Paulus ergens anders, natuurlijk niet uit de wereld gaan.

2 Corinthe

1:4

4   ...en ons in al onze ellende moed geeft, zodat wij door de troost die wijzelf van God ontvangen, anderen in al hun ellende moed kunnen geven.

*Het is een vertroosting dat de Here ons bemoedigt en vertroost. En als de Goede Herder ons op Zijn tijd en daarom op de juiste tijd, ons leidt aan stille wateren en over groene grazige weiden, laat het een belofte zijn dat wanneer de Heer ons tuchtigt, er een tijd zal aanbreken waarin we de vruchten van vreugde zullen kunnen plukken. En Paulus zegt hier dat wanneer de Here ons vertroost heeft, zullen we ook andere kunnen vertroosten.

1:14

14   ...wat u al gedeeltelijk begrepen hebt, namelijk dat u op de dag van onze Heer Jezus trots op ons kunt zijn, zoals wij op u.

*Paulus heeft het hier over roem. Hij en z'n genoten zijn de roem van de Korinthiërs. En de Korinthiërs zijn hun roem. En de belofte hierin is dat dat vervult zal worden. En dat het beloond zal worden in de dag van de Here Jezus.

1:20-22

20 In hem worden alle beloften van God ingelost; en daarom is het ook door hem dat we amen zeggen, tot Gods eer.

21 Het is God die u en ons Christus als fundament geeft, die ons allen heeft gezalfd,

22 heeft gewaarmerkt als zijn eigendom en ons als voorschot de Geest gegeven heeft.

*Er zijn vele beloften van God. En die zullen door Hem bevestigd worden. Want Hij is het ja en amen. En dit zal niet alleen God, maar ook ons tot eer strekken. En de zekerheid daarvan is dat de Heilige Geest als onderpand in onze harten is gegeven.

4:8-10

8 We worden van alle kanten belaagd, maar raken niet in het nauw. We worden aan het twijfelen gebracht, maar raken niet vertwijfeld.

9 We worden vervolgd, maar worden niet in de steek gelaten. We worden geveld, maar gaan niet te gronde.

10 We dragen in ons bestaan altijd het sterven van Jezus met ons mee, opdat ook het leven van Jezus in ons bestaan zichtbaar wordt.

*Hoe moeilijk we het ook hebben, er wordt hier duidelijk gezegd dat we niet overbelast zullen worden. Het kan zelfs gebeuren dat we het niet meer zien zitten. Maar dat wil niet zeggen dat we moeten wanhopen. Ergens anders zegt hij dat onze hoop het anker voor onze zielen is.

4:14

14 ...en weten dat hij die de Heer Jezus heeft opgewekt ook ons, net als Jezus, zal opwekken en ons samen met u naar zich toe zal voeren.

*Deze belofte spreekt voor zich.

4:16-18

16 Daarom verzaken wij onze plicht niet. Ook al gaat ons uiterlijke bestaan verloren, ons innerlijke bestaan wordt van dag tot dag vernieuwd.

17 De geringe last die we tijdelijk te dragen hebben, brengt ons een eeuwige luister, die alles omvat en alles overtreft.

18 Wij richten ons niet op de zichtbare dingen maar op de onzichtbare, want de zichtbare dingen zijn tijdelijk, de onzichtbare eeuwig.

*Hier zijn twee beloften. De eerste is dat, hoewel ons fysieke lichaam zwakker wordt, de inwendige mens, en ik denk dat hij doelt op de geest en de ziel en het hart, dag aan dag vernieuwd wordt. Elke dag mogen we met Hem verder gaan. En hij zegt zelfs dat, vergeleken met de eeuwige heerlijkheid die bewerkt wordt, ons lijden maar licht is.

5:10

10 Want wij moeten allen voor de rechterstoel van Christus verschijnen, zodat ieder van ons krijgt wat hij verdient voor wat hij in zijn leven heeft gedaan, of het nu goed is of slecht.

*Hier is een waarschuwing en een belofte in vervat. Voor het goede zullen wij namelijk beloond worden. Maar voor het kwade dat we gedaan hebben, zullen we de gevolgen ervaren. We komen namelijk, zoals hij hier duidelijk zegt, voor de Rechterstoel van Christus te staan. En daar zal alles openbaar worden. Het is een goedkoop evangelie te denken dat alles zomaar vergeven wordt. We zijn, wanneer we in de Here Jezus geloven, wel eeuwig gered, maar we moeten niet menen dat we met onze zonden zullen kunnen wegkomen. Het moge duidelijk zijn dat na de Rechterstoel van Christus er zowel een beloning voor het goede als een vergelding voor het kwade zal volgen.

6:14-18

14 Loop niet in een en hetzelfde span met ongelovigen. Wat is de verwantschap tussen gerechtigheid en wetteloosheid? Wat heeft licht met duisternis te maken?
15 Waarin lijken Christus en Beliar op elkaar? Wat hebben een gelovige en een ongelovige gemeen?

531

16 Wat heeft de tempel van God met afgoden te maken? Wijzelf zijn de tempel van de levende God, zoals God heeft gezegd: 'Ik zal bij hen wonen en in hun midden verkeren, ik zal hun God zijn en zij mijn volk.

17 Daarom zegt de Heer: Ga weg bij de ongelovigen, zonder je van hen af en raak niets aan dat onrein is. Dan zal ik jullie aannemen

18 en jullie vader zijn, en jullie mijn zonen en dochters–zegt de almachtige Heer.'

*Elders zegt Paulus dat we niet uit de wereld kunnen gaan, maar hij waarschuwt hier duidelijk dat we geen gemeenschap kunnen hebben met ongelovigen. Dat wil zeggen geen gemeenschap in Christus. Want als de wereld kritiek heeft, kunnen wij daar best wel van leren. Ook kunnen we best wel hulp gebruiken zoals medische zorg. Maar hij waarschuwt hier dat we niet onder het zelfde juk moeten gaan. En dan denkt hij aan dingen als een huwelijk en zaken doen en tot op zekere hoogte ook aan vriendschappen. Maar laten we voorzichtig zijn niet te sektarisch te worden.

7:10

10 Verdriet dat God geeft leidt tot inkeer die men nooit berouwt en tot redding; verdriet dat de wereld geeft leidt alleen maar tot de dood.

*In dit vers zit zowel een waarschuwing als een belofte. Als we bedroefd zijn naar God toe, vanwege de zonden van onze oude natuur, dan leidt dat tot bekering. Want het is nodig dat we tot bekering komen wat de eeuwigheid betreft. Maar ook dat we ons afkeren van onze zonden. Sommige noemen dat de dagelijkse

bekering. Maar als we op een wereldse manier pijn hebben, omdat we geen zondige bevrediging krijgen, dat bewerkt doodsheid. En nogmaals, dit slaat op de tijd en niet in de eerste plaats op de eeuwigheid.

9:6-9

6 Bedenk dit: wie karig zaait, zal karig oogsten; wie overvloedig zaait, zal overvloedig oogsten.
7 Laat ieder zoveel geven als hij zelf besloten heeft, zonder tegenzin of dwang, want God heeft lief wie blijmoedig geeft.
8 God heeft de macht u te overstelpen met al zijn gaven, zodat u altijd en in alle opzichten voldoende voor uzelf hebt en ook nog ruimschoots kunt bijdragen aan allerlei goed werk.
9 Zo staat er geschreven: 'Gul deelt hij uit aan de armen, zijn rechtvaardigheid houdt stand, voor altijd.'

*In dit vers zitten een belofte en een waarschuwing. Salomo waarschuwt dat er mensen zijn die meer inhouden dan recht is en het leidt alleen maar tot gebrek. Maar God belooft milde zegen, vroeg of laat, over de blijmoedige gever. Zo zegt Salomo ook dat hij die bewatert zal zelf bewaterd worden.

10:4-6

4 De wapens waarmee wij ten strijde trekken dienen niet ons eigen belang, maar zijn er om met hun kracht bolwerken te slechten voor God. We halen spitsvondigheden neer

5 en iedere verschansing die wordt opgetrokken tegen de kennis van God, we maken iedere gedachte krijgsgevangene om haar aan Christus te onderwerpen

6 en zullen op het moment dat u hem volledig gehoorzaam bent geworden, paraat staan om anderen voor hun ongehoorzaamheid te straffen.

*Onze geestelijke wapens, namelijk dingen als gebed liefde, wijsheid en gehoorzaamheid op de basis van het woord, zijn zo machtig dat ze de beste diepte-psychologie zijn. En niet alleen dat, maar bolwerken die in onze harten verborgen zijn, kunnen ze omverwerpen onder leiding van de Heilig Geest. Daarom moeten we tot God naderen in alle afhankelijkheid en bereidwilligheid. En dan zal Hij tot ons naderen.

10:12

12 We zijn niet zo overmoedig ons te vergelijken met degenen die zichzelf zo aanprijzen, laat staan ons aan hen gelijk te stellen. Zij tonen hoe dom ze zijn door zichzelf als maatstaf en norm te nemen.

*Er zijn helaas vele christenen die een hoge dunk van zichzelf hebben. En in plaats van de Here Jezus als ideaal voorbeeld te nemen, meten ze zichzelf aan elkaar. En zo vormen ze een hoogmoedig groepje. En ze hebben niet genoeg oog voor de zegen die de Here ook aan anderen geeft. Zo vinden protestanten zich beter dan katholieken, Pinksterbroeders vinden zichzelf beter dan evangelikalen en Darbisten beschouwen zich beter dan de hele wereld. Alleen zij hebben het licht denken zij. Maar het licht dat zij eens hadden, is in een donkerte veranderd van ruzie, hoogmoed en allerlei ellende. In de Bijbel staat dat hoogmoed voor de val

534

komt. En voor de verhoging komt nederigheid. Er staat ook dat waar ruzie en onlusten zijn, daar bevinden zich allerlei soorten kwaad. Maar daar zijn ze blind voor. En de ergste vormen van kwaad woekeren in de ondergrond.

10:17-18

17 'Wil iemand zich op iets beroemen, laat hij zich op de Heer beroemen, '
18 want niet wie zichzelf aanprijst is betrouwbaar, maar wie door de Heer wordt aangeprezen.

*Het is heel erg wanneer je in snoeverij reclame maakt voor jezelf. We moeten daarom wachten tot de Here ons aanbeveelt. En mensen het inzien en bevestigen dat de Here waarlijk door ons werkt. Maar laten we uitkijken dat mensen ons niet flatteren, dat wil zeggen, vleienj.

11:3-4

3 Alleen vrees ik dat, zoals Eva door de slang op sluwe wijze bedrogen werd, uw gedachten worden weggelokt van de oprechte en zuivere toewijding aan Christus.
4 U hebt er immers geen enkel bezwaar tegen dat iemand u een andere Jezus verkondigt dan wij hebben gedaan, of dat u een andere Geest of een ander evangelie ontvangt dan u ontvangen hebt.

*Steeds weer lukt het de duivel om het evangelie te vermengen met leugen. Vooral, wat het vermengen betreft, van wet met genade en allerlei andere leugens. Paulus vergelijkt het hier met de verleiding van Eva. En het wordt dan op een gegeven moment zo erg dat men de echte waarheid niet meer verdraagt.

11:13-15

13 Schijnapostelen zijn het, die zich door oneerlijk te werk te gaan voordoen als apostelen van Christus.

14 Dat is ook geen wonder, want niemand minder dan Satan vermomt zich als een engel van het licht.

15 Het ligt dus voor de hand dat ook zijn dienaren zich voordoen als dienaren van de gerechtigheid. Maar ze zullen krijgen wat ze verdienen.

*Laten deze verzen voor zichzelf spreken. Laten we gewaarschuwd zijn. En laten we allen die het woord brengen, toetsen aan de hele schrift. Net als de Bereeërs dat bij Paulus deden. En laten we oppassen dat we niet emotioneel meegesleept worden door een paar uit hun band gerukte verzen.

12:7-9

7 ..niet op grond van de uitzonderlijke openbaringen die ik heb gekregen. Om te verhinderen dat ik mezelf zou verheffen, werd mij een doorn in het vlees gestoken: ik word gekweld door een engel van Satan.

8 Ik heb de Heer driemaal gesmeekt mij van hem te bevrijden,

9 maar hij zei: 'Je hebt niet meer dan mijn genade nodig, want kracht wordt zichtbaar in zwakheid.' Dus laat ik mij veel liever voorstaan op mijn zwakheid, zodat de kracht van Christus in mij zichtbaar wordt.

536

*Laten we goed op deze verzen letten. En laten we er rekening mee houden dat God ons lange tijd tegenslag kan geven, net als bij Job en Paulus hier. Paulus had waarschijnlijk een oogziekte. Want hij zegt ergens dat sommige van zijn volgelingen graag hun ogen aan hem hadden gegeven. En deze oogziekte had met een demon te maken die de opdracht had gekregen Paulus nederig te houden. Het is dus een leugen dat we alle ziekten weg kunnen bidden. Paulus liet ook iemand ziek te Milete achter die een trouwe discipel was. Laten we niet vallen voor de leugens van het welvaartsevangelie.

Galaten

1:6-9

6 Het verbaast me dat u zich zo snel hebt afgewend van hem die u door de genade van Christus heeft geroepen en dat u zich tot een ander evangelie hebt gekeerd.

7 Er is geen ander evangelie, er zijn alleen maar mensen die u in verwarring brengen en het evangelie van Christus willen verdraaien.

8 Wanneer iemand u iets verkondigt dat in strijd is met wat ik u verkondigd heb, al was ik het zelf of een engel uit de hemel–vervloekt is hij!

9 Ik heb het al eerder gezegd en zeg het nu opnieuw: wanneer iemand u iets verkondigt dat in strijd is met wat u hebt ontvangen–vervloekt is hij!

*Ik ben bang dat in de meeste kerken er geen juist evangelie gepredikt wordt, ook al wordt het het volle evangelie genoemd. Laat daarom ieder voor zich de Bijbel bestuderen om te kijken of wat hij of zij hoort niet een vals evangelie is gebaseerd op uit zijn verband gerukte teksten. Laten we de kern van het evangelie bezien in Romeinen 10:9. Ieder die Jezus beleid als Heer, gekomen als de God-mens en die gelooft dat de Here is opgewekt uit de doden, die zal behouden worden. Dat is het volle evangelie. Maar vele kerken gaan tornen aan de goddelijkheid van Christus, of aan zijn volmaakte menselijkheid, of aan zijn letterlijke opstanding, of geloven in een vorm van theïstische evolutie. Maar als we, hoe dan ook, van de dieren afstammen, dan is Jezus niet een volmaakt mens. En zo zijn er meer dingen die het volle evangelie aantasten dat in deze verzen van Romeinen 10 vervat is. Zoals een vermenging van het geloof met de wet. De moordenaar aan het kruis kon ook geen goede werken meer doen. Toch was hij behouden omdat hij geloofde. Al deze dingen, nogmaals, zijn vervat in het volle evangelie. Het idee dat homoseksualiteit een volwaardig menselijk iets is, is indirect een aanval op het volwaardig man zijn van de mens. Zo zijn er meer dingen die het volle evangelie kunnen aantasten.

2:4

4 Dat wilden alleen een paar schijnbroeders, die als spionnen waren binnengedrongen om erachter te komen hoe wij onze vrijheid, die we in Christus Jezus hebben, gebruikten. Ze wilden slaven van ons maken.

*Net als in die tijd zijn er in alle tijden, dus ook in onze tijd, valse broeders en zusters geweest, naam-christenen. Deze mensen zijn bijna niet te onderscheiden van echte christenen. God laat hen tot de oogst opgroeien, samen met de echte tarwe. Laten we daarom achtslaan op wat er gezegd en gedaan wordt.

3:1-3

1 Galaten, u hebt uw verstand verloren! Wie heeft u in zijn ban gekregen? Ik heb u Jezus Christus toch openlijk en duidelijk als de gekruisigde bekendgemaakt?

2 Ik wil maar één ding van u weten: hebt u de Geest ontvangen door de wet na te leven of door te luisteren en te geloven?

3 Bent u werkelijk zo dwaas weer op uw eigen kracht te vertrouwen, en niet langer op de Geest?

*Door de hele christenheid heen heeft de Satan het pure evangelie vermengd met de wet, met wetticisme. Hij zegt hiervan dat Satan ons betovert even als Eva.

3:14

14 Zo zouden door hem alle volken delen in de zegen van Abraham en zouden wij, zoals ons is beloofd, door het geloof de Geest ontvangen.

*Er staat hier niet de zegen van Mozes, door wie de wet kwam maar de zegen van Abraham de vader van het geloof. Er staat ook "de rechtvaardige zal door het geloof leven." Niet door de wet of welke vorm van wetticisme dan ook. Dit is absoluut geen vrijbrief om te zondigen. Maar juist om geheiligd te worden door de wassing van het woord in de kracht van de Heilige Geest.

3:22

22 Maar de Schrift heeft alles in de macht van de zonde gelegd, zodat de belofte kon worden gegeven op grond van geloof in Jezus Christus, aan wie op hem vertrouwen.

*Moge deze beloften tot ons doordringen, en ons rust en vrede geven.

3:26

26 ...want door het geloof en in Christus Jezus bent u allen kinderen van God.

*Dit is ook een belofte.

4:3,9

3 Op dezelfde manier waren ook wij, toen we nog onmondig waren, onderworpen aan de machten van de wereld.

9 Hoe is het dan toch mogelijk dat u die God hebt leren kennen, meer nog, door God gekend bent, u opnieuw tot die zwakke, armzalige machten wendt en u daaraan als slaven onderwerpen wilt?

*In het Grieks hier wordt een woord gebruikt dat je het beste kan vertalen als regel of principe of grondbeginsel. In andere verzen, zoals Kolossenzen 2:8, 20, wordt de wet van Mozes, en de regels van de filosofen, en de regels van afgodische systemen min of meer met elkaar vergeleken. Hier horen wij vrij van te zijn. Alle systemen falen, omdat de mens corrupt is. Het hoogste dat er was, namelijk de wet van Mozes, bracht alleen maar aan het licht dat we zondaren en zondaressen zijn van nature. Hij zegt dan ook dat de wet een tuchtmeester was tot op Christus. Elders zegt hij dat de Here Jezus nu onze Wet is.

4:17

17 Die anderen doen alles voor u, maar hun bedoelingen zijn slecht: ze drijven een wig tussen u en mij, en dan moet u alles voor hén doen.

*We moeten altijd oppassen dat er mensen zijn die je aandacht op hen willen vestigen in plaats van op de Here Jezus en Zijn vrijheid. Als je slaaf van Christus bent, dan ben je pas vrij. Dat is de paradox. En die de Zoon vrijmaakt ,is waarlijk vrij gemaakt.

5:1

1 Christus heeft ons bevrijd opdat wij in vrijheid zouden leven; houd dus stand en laat u niet opnieuw een slavenjuk opleggen.

*Hier wordt elk wettisch principe een slavenjuk genoemd. We moeten dus altijd op onze hoede zijn niet de wet met de genade te vermengen. Ook het idee dat je de wet uit dankbaarheid moet houden, is niet de koe bij de horens pakken, maar bij de benen. En die zullen je in je gezicht trappen. Je kan de oude mens alleen afleggen, je kan alleen je leden op aarde doden door de vrijheid van Christus. En de liefde die de Heilige Geest bewerkt.

5:2-6

2 Luister naar wat ik, Paulus, tegen u zeg: als u zich laat besnijden, zal Christus u niets baten.
3 Ik verzeker u dat iedereen die zich laat besnijden verplicht is om de wet volledig na te leven.
4 Als u probeert door God als een rechtvaardige te worden aangenomen door de wet na te leven, bent u van Christus losgemaakt en hebt u Gods genade verspeeld.
5 Want door de Geest hopen en verwachten wij dat we op grond van geloof als rechtvaardigen worden aangenomen.
6 In Christus Jezus is het volkomen onbelangrijk of men wel of niet besneden is. Belangrijk is dat men gelooft en de liefde kent, die het geloof zijn kracht verleent.

*Deze verzen bevatten een ernstige waarschuwing. Laten we daar acht opslaan. En om verder te groeien in Christus moeten we van de hele raad Gods leren.

5:15-17

15 Maar wanneer u elkaar aanvliegt, pas dan maar op dat u niet door elkaar wordt verslonden.
16 Ik zeg u dus: laat u leiden door de Geest, dan bent u niet gericht op uw eigen begeerten.
17 Wat wij uit onszelf najagen is in strijd met de Geest, en wat de Geest verlangt is in strijd met onszelf. Het een

543

gaat in tegen het ander, dus u kunt niet doen wat u maar wilt.

*Het gevolg van verkeerde invloeden op het evangelie is dat uiteindelijk, zoals hier staat, we elkaar bijten, opeten en vernietigen. Geestelijk en emotioneel wil de wolf ons verscheuren.

5:18

18 Maar wanneer u door de Geest geleid wordt, bent u niet onderworpen aan de wet.

*Dit is beide een waarschuwing en een belofte. Als we door de Geest geleid worden zijn we niet onder wettische principes.

5:19-21

19 Het is bekend wat onze eigen wil allemaal teweegbrengt: ontucht, zedeloosheid en losbandigheid,
20 afgoderij en toverij, vijandschap, tweespalt, jaloezie en woede, gekonkel, geruzie en rivaliteit,
21 afgunst, bras– en slemppartijen, en nog meer van dat soort dingen. Ik herhaal de waarschuwing die ik u al eerder gaf: wie zich aan deze dingen overgeven, zullen geen deel hebben aan het koninkrijk van God.

*Hier worden dingen aan het licht gesteld die uitwassen van het vlees zijn. Als je zulk soort dingen doet kan je het Koninkrijk van God niet beërven. Het lijkt wel dat hij het hier over mensen heeft die onbekeerd zijn. Maar laten we niet vergeten dat ook mensen als Simson en David in de zonde vervielen en toch hersteld werden.

5:22-25

22 Maar de vrucht van de Geest is liefde, vreugde en vrede, geduld, vriendelijkheid en goedheid, geloof,
23 zachtmoedigheid en zelfbeheersing. Er is geen wet die daar iets tegen heeft.
24 Wie Christus Jezus toebehoort, heeft zijn eigen natuur met alle hartstocht en begeerte aan het kruis geslagen.
25 Wanneer de Geest ons leven leidt, laten we dan ook de richting volgen die de Geest ons wijst.

*De belofte hier is dat als we Christus aanhangen en in zijn vrijheid leven, de vrucht van de Geest uit ons voort komt. Let wel er staat vrucht en niet vruchten. Het is dus een éénheid. Je zou kunnen zeggen een briljant met negen facetten. Als we deze vrucht voortbrengen is er geen wet die dat veroordeelt en zijn we nuttig voor elkaar en gode welgevallig. Het woord voor wandelen hier is verwant aan het woord voor principes in de verzen 3 en 9 van hoofdstuk 4. Dit wandelen door de Geest behelst de betekenis een rechte weg te gaan. David zei "Doorgrond mij en ken mijn hart. Test mij en ken mijn gedachten en gevoelens. En zie of er een afgodische weg bij mij is. En leidt mij op de eeuwige weg." Je kan namelijk van de wet ook een afgod maken en buiten Christus om bestaan alleen maar afgoden. Elders zegt hij dat Christus de vervulling van de wet is. Wat wij niet konden, heeft Hij voor ons gedaan. Hij heeft de vloek die op ons was, weggenomen.

5:26

26 Laten we elkaar niet uit eigenwaan de voet dwarszetten en elkaar geen kwaad hart toedragen.

*Dit hoofdstuk eindigt met de waarschuwing dat we geen letterlijk lege eer moeten nastreven. Want wanneer we dat doen, tergen we elkaar en worden we jaloers op elkaar. Hij die door God geëerd wordt, die is waarlijk geëerd. We moeten dus persoonsverheerlijking en verheerlijking van onszelf vermijden.

6:1

1 Broeders en zusters, wanneer u merkt dat een van u een misstap heeft begaan moet u, die door de Geest geleid wordt, hem zachtmoedig weer op het rechte pad brengen. Pas op dat u ook zelf niet tot misstappen wordt verleid.

*Hier zit een wijze waarschuwing in. Hoe vaak gebeurt het niet dat we niet alleen een oordelende houding hebben, maar zelfs een veroordelende. Is het niet zo dat onbewust wij graag met het vingertje naar een ander wijzen en hem zelfs te pakken willen nemen om onszelf te verhogen. In vele strenge kerken zou de zondaar uit 1 Korinthe 5 voorgoed verschopt zijn. Maar David beging zelfs een moord. Toch werd hij weer een man naar Gods hart. Maar als we geestelijk zijn en niet overgeestelijk, zullen we zo iemand herstellen in alle nederigheid. We moeten er namelijk degelijk van bewust zijn dat we onszelf goed in de gaten houden, zodat we zelf ook niet de fout ingaan.

6:3-4

3 Wie denkt dat hij iets is terwijl hij niets is, bedriegt zichzelf.

4 Laat iedereen zijn eigen daden toetsen, dan heeft hij misschien iets om trots op te zijn, zonder zich er bij anderen op te laten voorstaan.

*Salomo waarschuwt ertegen dat we niet wijs in onze eigen ogen moeten zijn. En elders zegt hij dat de rijke wijs is in zijn eigen ogen, maar dat een arme hem zal doorgronden. Let wel, er staat niet elke arme. Eigendunk is jezelf voor de gek houden. En de belofte is dat we wel in onszelf mogen roemen zonder dat naar buiten te brengen. Maar dat kan alleen als we werkelijk in Gods weg zijn.

6:7-8

7 Vergis u niet, God laat niet met zich spotten: wat een mens zaait, zal hij ook oogsten.

8 Wie op de akker van zijn zondige natuur zaait oogst de dood, maar wie op de akker van de Geest zaait oogst het eeuwige leven.

*Koning David oogstte duidelijk wat hij zaaide. Hij doodde Uria en verloor vier kinderen, want hij werd uit zijn eigen mond veroordeeld door God. Omdat hij tegen de profeet Nathan zei dat de man in de gelijkenis het viervoudige moest betalen. Hij deed het met Batseba in het verborgene. En zijn zoon Absalom verkrachte tien van zijn vrouwen in het openbaar. In dit verband kunnen we aan de woorden van de Here Jezus denken dat een mens gerechtvaardigd zal worden op basis van zijn eigen woorden. En dat aan de andere kant hij veroordeeld zal worden uit zijn eigen woorden. Dit slaat niet op de eeuwige redding, maar op zowel de goede en kwade consequenties van onze eigen werken. Maar ook hier moeten we zeer voorzichtig zijn. Want in het geval van Job werd beweerd dat er een verschrikkelijke zonde achter al zijn ellende stak. Laten we daarom naar de Geest zaaien, dan zullen we naar de Geest oogsten. Anders hebben onze werken geen eeuwigheidswaarde.

6:9

9 Laten we daarom het goede doen, zonder op te geven, want als we niet verzwakken zullen we oogsten wanneer de tijd daarvoor gekomen is.

*Hier zit zowel een waarschuwing als een belofte in. Als we niet moe worden om goed te doen en het nooit opgeven, zullen we te zijner tijd daar de vruchten van plukken. Dit al tijdens ons leven. Tenzij we geroepen worden martelaren te zijn.

6:12

12 Degenen die er zo op aandringen dat u zich laat besnijden, willen alleen een goede indruk maken en voorkomen dat ze worden vervolgd omwille van het kruis van Christus.

*Net als er judaïserende christenen waren (die er trouwens nog steeds zijn in diverse opzichten), zo zijn er ook andere heersers die door hun prediking je dingen willen opleggen. Bijvoorbeeld dat je nooit een druppel wijn mag drinken. Of ze leggen je min of meer dwingend op dat je de tienden moet afdragen, soms zelfs met de waarschuwing dat als je dat niet doet, God je zal straffen. Maar Paulus zegt duidelijk dat we niet onder dwang moeten geven, noch met droefheid in ons hart. Want God heeft de blijmoedige gever lief. Toch wil ik dit zeggen dat ik zelf eens een blijmoedige gever was, maar dat door verbittering tegen medegelovigen en zelfs tegen God, ik die blijmoedigheid verloor en bijna alleen aan mezelf dacht. Toen moest ik met alle moeite het weer leren om een blijmoedige gever te zijn. Ik dwong mezelf om te geven, hoewel niet helemaal van harte. Ik redeneerde zo dat net als je de bloedstroom kan bevorderen door een ledemaat te masseren, ik zo weer liefde zou kunnen ervaren in het geven op een gegeven moment. En zo kan er allerlei dwang zijn. Vooral in sektes. In de meeste gevallen moet je daar gewoon weggaan, want de massa is toch gehersenspoeld.

Efeziërs

1 Van Paulus, door Gods wil apostel van Christus Jezus. Aan de heiligen in Efeze, aan de gelovigen die één zijn in Christus Jezus.
2 Genade zij u en vrede van God, onze Vader, en van Jezus Christus, de Heer.
3 Gezegend zij de God en Vader van onze Heer Jezus Christus, die ons in de hemelsferen, in Christus, met talrijke geestelijke zegeningen heeft gezegend.

*In dit vers is zowel een belofte als een waarschuwing vervat. Deze zegeningen waarmee we gezegend zijn, moeten we namelijk waarmaken. Net als het volk Israël die het land moest veroveren op de vijand, moeten ook wij strijden om onze zegeningen uit te breiden. Elders zegt Paulus dat we met vrezen en beven onze redding moeten uitwerken. Want God is degene die zowel het willen als het werken bewerkt. Dit is een paradox. En net als het volk Israël op een gegeven moment niet meer verder streed, zo overkomt het ook de christenheid dat ze niet verder groeien. En stilstaan is het begin van de achteruitgang, want de vijand zit niet stil. Die zal op allerlei manieren ons te pakken willen nemen. Satan gaat rond als een briesende leeuw om te zien wie hij kan verslinden. Ook wedergeboren christenen. En dat wil niet zeggen dat we verloren gaan, maar wel dat we voor het koninkrijk van God uitgeschakeld worden. De Here Jezus zegt "waak en bid opdat ge niet in verzoeking komt. Want de geest is wel gewillig, maar het vlees is zwak."

1:4-5

4 In Christus immers heeft God, voordat de wereld gegrondvest werd, ons vol liefde uitgekozen om voor hem heilig en zuiver te zijn,

5 en hij heeft ons naar zijn wil en verlangen voorbestemd om in Jezus Christus zijn kinderen te worden,

*Hier zit ook een paradox in. De Here Jezus heeft ons wel uitverkoren voor de grondlegging van het universum opdat we heilig en onberispelijk zijn. Maar dat wil niet zeggen dat we geen verantwoordelijkheid hierin hebben. Hij heeft ons zonen gemaakt en dochters. Laten we daarom waardig wandelen.

2:8-10

8 Door zijn genade bent u nu immers gered, dankzij uw geloof. Maar dat dankt u niet aan uzelf; het is een geschenk van God

9 en geen gevolg van uw daden, dus niemand kan zich erop laten voorstaan.

10 Want hij heeft ons gemaakt tot wat wij nu zijn: in Christus Jezus geschapen om de weg te gaan van de goede daden die God mogelijk heeft gemaakt.

*Het geloof is een gave Gods, maar ook onze werken die de vrucht zijn van dat geloof. Maar net als wij de verantwoordelijkheid hebben om ons te bekeren en niet een passieve houding moeten aannemen van 'moge het nog eens komen te staan te gebeuren'. Zo hebben we ook de verantwoordelijkheid om in die goede werken te stappen, die God voorbestemd heeft voor ons. De poort des levens heeft twee knoppen; aan de buiten en aan de binnenkant. Ergens anders zegt Paulus dat we onze slappe knieën en ellebogen moeten strekken, opdat ook niet het overige ontwricht en daar bedoelt hij mee dat we zelfs Geestelijk verlamd kunnen raken.

3:16-19

16 Moge hij vanuit zijn rijke luister uw innerlijke wezen kracht en sterkte schenken door zijn Geest,
17 zodat door uw geloof Christus kan gaan wonen in uw hart, en u geworteld en gegrondvest blijft in de liefde.
18 Dan zult u met alle heiligen de lengte en de breedte, de hoogte en de diepte kunnen begrijpen,
19 ja de liefde van Christus kennen die alle kennis te boven gaat, opdat u zult volstromen met Gods volkomenheid.

*Wat een belofte! Laten we deze verzen als troost tot ons door laten dringen. Opdat we, zoals hier staat, gesterkt mogen worden door Zijn Geest, wat betreft de innerlijke mens.

552

3:20

20 Aan hem die door de kracht die in ons werkt bij machte is oneindig veel meer te doen dan wij vragen of denken,

*Dit is een fantastische belofte, laten we die vasthouden. Vaak als we jong zijn hebben we idealen en kritiek op andere mensen, op oudere en op het zogenaamde establishment. En menen wij dat we in onze eigen kracht ons een pad kunnen banen. Meestal zet God daar een streep door. Omdat Hij iets beters voor ons heeft, iets veel beters en dat Hij wil waarmaken nog tijdens ons leven.

4:1-6

1 Ik, die gevangen zit omwille van de Heer, vraag u dan ook dringend de weg te gaan die past bij de roeping die u hebt ontvangen:
2 wees steeds bescheiden, zachtmoedig en geduldig, en verdraag elkaar uit liefde.
3 Span u in om door de samenbindende kracht van de vrede de eenheid te bewaren die de Geest u geeft:
4 één lichaam en één geest, zoals u één hoop hebt op grond van uw roeping,
5 één Heer, één geloof, één doop,
6 één God en Vader van allen, die boven allen, door allen en in allen is.

Hierin is de opdracht van de kerk. Dit hadden we moeten waarmaken; één Heer, één geloof, één doop, één God en Vader van allen die boven allen is. En door allen en

553

in allen werkzaam is. De Here Jezus zei het zo; "Wees één opdat de wereld mag zien dat ik u heb liefgehad." Maar wij allen hebben er een puinhoop van gemaakt en de wereld kan ons ook niet meer echt serieus nemen. Ja ze lachen om ons en in veel gevallen moeten ze de wereld zelfs beschermen tegen ons. De socialisten en de communisten worden wel de rekening van de kerk genoemd, die in alle gezapigheid de armen niet alleen verwaarloosde, maar zelfs uitbuitte. Het geloof wordt op allerlei manieren uitgelegd. Verschillende vormen van doop, van theologie en filosofie. Eens werd de filosofie de dienstknecht van de theologie genoemd, maar nu is het de hoer van de kerk. Toch is het zo dat van Gods kant het waar is wat hier staat. De bruid van Christus, Zijn lichaam, is onzichtbaar aanwezig. Overal waar de Bijbel opengaat en men oprecht de Here Jezus aanroept, dat wil zeggen: De Here Jezus als Heer der Heren, en zo letterlijk opgestaan uit de doden. (Wat betreft filosofie, bedoel ik natuurlijk niet de zogenaamde wijsheid van de wereld, waar Thomas van Aquino mee wegliep. Aristoteles was zijn leermeester. Ik bedoel de liefde voor wijsheid, zoals Salomo de wijsheid liefhad. "De vreze voor de Here, is het begin van de wijsheid." Paulus roept ons op, als we getrouwd zijn, om ons met de dingen van de wereld bezig te houden, om onze partner te behagen. En dit vergt wijsheid omtrent de dingen van de schepping. Wat de dingen van de wereld betreft, zou je eventueel het woord filosofie kunnen begrijpen als liefde voor een methodische werkwijze of voor het opbouwen van ervaring. Zo moet een landarbeider methoden hanteren en ervaring opbouwen. En verder geldt dit eigenlijk voor alle beroepen. Het woord wijsheid in het Oude Testament kan zowel indirecte en abstracte liefde voor God betekenen, als een directe en praktische handvaardigheid die ook voor

God gedaan wordt. Het is voor sommige mensen misschien te ver gezocht om hier het woord filosofie te gebruiken. Maar toch is de letterlijke betekenis van het woord filosofie gewoon; liefde voor de wijsheid. En in die zin hoeven we niet bang te zijn van het woord filosofie. Oprechte en serieuze christenen zijn terecht bezorgd wanneer men het woord filosofie gebruikt. Want ze associëren dit met menselijke denksystemen a la filosofen die God tekort doen of zelfs wegredeneren.)

4:11-16

11 En hij is het die apostelen heeft aangesteld, en profeten, evangelieverkondigers, herders en leraren,

12 om de heiligen toe te rusten voor het werk in zijn dienst. Zo wordt het lichaam van Christus opgebouwd,

13 totdat wij allen samen door ons geloof en door onze kennis van de Zoon van God een eenheid vormen, de eenheid van de volmaakte mens, van de tot volle wasdom gekomen volheid van Christus.

14 Dan zijn we geen onmondige kinderen meer die stuurloos ronddobberen en met elke wind meewaaien, met wat er maar verkondigd wordt door mensen die tot alles in staat zijn wanneer ze anderen listig en doortrapt op een dwaalspoor willen brengen.

15 Dan zullen we, door ons aan de waarheid te houden en elkaar lief te hebben, samen volledig toe groeien naar hem die het hoofd is: Christus.

16 Vanuit dat hoofd krijgt het lichaam samenhang, en wordt het ondersteund en bijeengehouden door alle gewrichtsbanden. Ieder deel draagt naar vermogen bij tot de groei van het lichaam, dat zo zichzelf opbouwt door de liefde.

*De belofte hier is dat op allerlei manieren, zowel collectief als individueel, de Bruid volmaakt wordt toebereid om voor Christus te staan. En de waarschuwing is dat wanneer we niet meewerken en moe worden om goed te doen, we heen en weer geslingerd zullen worden met allerlei leringen door het bedrog van mensen die misleid zijn door Satan.

4:17-19

17 Op gezag van de Heer zeg ik u dus met klem: ga niet langer de weg van de heidenen met hun loze denkbeelden.
18 In hun geest heerst duisternis en ze zijn vervreemd van het leven met God, omdat ze hem niet kennen en hun hart voor hem gesloten hebben.
19 Afgestompt als ze zijn, geven ze zich over aan losbandigheid en storten ze zich in allerlei zedeloze praktijken.

*Het is dus mogelijk voor een gelovige, hoewel je opnieuw geboren bent en de Heilige Geest in je hebt, om een onwaardig leven te leiden, verduisterd in je verstand.

4:20-25 Algemene aantekening:

20 Maar zo hebt u Christus niet leren kennen!
21 U hebt toch over hem gehoord, u hebt toch onderricht over hem gekregen? Door Jezus wordt duidelijk

22 dat u uw vroegere levenswandel moet opgeven en de oude mens, die te gronde gaat aan bedrieglijke begeerten, moet afleggen,

23 dat uw geest en uw denken voortdurend vernieuwd moeten worden

24 en dat u de nieuwe mens moet aantrekken, die naar Gods wil geschapen is in waarachtige rechtvaardigheid en heiligheid.

25 Leg daarom de leugen af en spreek de waarheid tegen elkaar, want wij zijn elkaars ledematen.

*Leg de oude mens af en doe de nieuwe mens aan door de vernieuwing van de 'geest' van je verstand (ik denk dat daar de 'aard' van je verstand mee wordt bedoeld).

4:26-27

26 Als u boos wordt, zondig dan niet: laat de zon niet ondergaan over uw boosheid,

27 geef de duivel geen kans.

*De Here Jezus waarschuwt ons hier door de wijze woorden van Paulus om niet in boosheid te blijven steken. Wanneer je boos bent op iemand, wees dan op je hoede en maak er geen zonde van. Ja, hij zegt dat je de zon niet onder moet laten gaan voordat je van je woede af bent. Want dan geef je de duivel een kans om macht over je uit te oefenen.

4:28-32

28 Laat wie steelt niet meer stelen, maar eerlijk de kost verdienen door zelf hard te werken om iets weg te kunnen geven aan wie het nodig heeft.

29 Laat geen vuile taal over uw lippen komen, maar alleen goede en waar nodig opbouwende woorden, die goed doen aan wie ze hoort.

30 Maak Gods heilige Geest niet bedroefd, want hij is het stempel waarmee u gemerkt bent voor de dag van de verlossing.

31 Laat alle wrok en drift en boosheid varen, alle geschreeuw en gevloek, en alle kwaadaardig-heid.

32 Wees goed voor elkaar en vol medeleven; vergeef elkaar zoals God u in Christus vergeven heeft.

*We moeten ons nooit laten verleiden om op een makkelijke manier aan geld te komen; dit is een vorm van stelen. We moeten niet vergeten om geld te geven aan hen die het nodig hebben. We moeten een wacht voor onze lippen stellen dat we geen vuile woorden spreken, maar juist goede woorden tot opbouwing van de toehoorders. Want door dergelijke dingen bedroeven we de Heilige Geest. En als we niet uitkijken wanneer we de Heilige Geest teveel bedroeven, zullen we de activiteit van de Heilige Geest uitdoven.

5:3-4

3 Laat er bij u geen sprake zijn van ontucht of zedeloosheid, of van hebzucht—deze dingen horen niet bij heiligen.

4   Ook dubbelzinnige, oppervlakkige en platvloerse taal is ongepast–spreek liever woorden van dank.

*We moeten tevreden zijn met wat we hebben. En niet zoals de wereld zeggen 'ach won ik maar een paar miljoen in de loterij'. En vieze moppen moeten we ook niet zeggen. Maar we moeten juist dankbaar zijn.

5:6-8 Algemene aantekening:

6   Laat u door niemand met loze woorden misleiden, want wie God ongehoorzaam is, wordt getroffen door zijn toorn.
7   Gedraag u dus niet zoals zij,
8   want eens was u duisternis maar nu bent u licht, door uw bestaan in de Heer. Ga de weg van de kinderen van het licht.

*We moeten niet met de wereld meedoen, want wat sommige mensen in het donker doen, is zelfs een schande om te zeggen.

5:15-20 Algemene aantekening:

15 Let dus goed op welke weg u bewandelt, gedraag u niet als dwazen maar als verstandige mensen.
16 Gebruik uw dagen goed, want we leven in een slechte tijd.
17 Wees niet onverstandig, maar probeer te begrijpen wat de Heer wil.
18 Bedrink u niet, want dat leidt tot uitspattingen, maar laat de Geest u vervullen

19 en zing met elkaar psalmen, hymnen en liederen die de Geest u ingeeft. Zing en jubel met heel uw hart voor de Heer

20 en dank God, die uw Vader is, altijd voor alles in de naam van onze Heer Jezus Christus.

*We moeten ons zelf altijd goed in de gaten blijven houden en de tijd nuttig gebruiken. We moeten ons afvragen wat de aangename wil van God is. Wanneer we alcohol drinken, moeten we niet dronken worden, maar we moeten vervuld zijn met de Heilige Geest. Ja het zou goed zijn als we met heilige liederen letterlijk elkaar toezongen.

5:21-24

21 Aanvaard elkaars gezag uit eerbied voor Christus.

22 Vrouwen, erken het gezag van uw man als dat van de Heer,

23 want een man is het hoofd van zijn vrouw, zoals Christus het hoofd is van de kerk, het lichaam dat hij gered heeft.

24 En zoals de kerk het gezag van Christus erkent, zo moeten vrouwen in ieder opzicht het gezag van hun man erkennen.

*Als christenen moeten we niet alleen naar elkaar luisteren, maar elkaar gehoorzamen in de vreze van Christus; wanneer iemand echt iets te zeggen heeft. Als de mannen hun vrouwen echt zouden liefhebben, dan zouden de meesten vrouwen er ook geen moeite mee hebben om hun mannen een beetje onderlegen te zijn.

Want zoals Christus het hoofd is van de Kerk is de man het hoofd van de vrouw.

5:25-33

25 Mannen, heb uw vrouw lief, zoals Christus de kerk heeft liefgehad en zich voor haar heeft prijsgegeven

26 om haar te heiligen, haar te reinigen met water en woorden

27 en om haar in al haar luister bij zich te nemen, zodat ze zonder vlek of rimpel of iets dergelijks zal zijn, heilig en zuiver.

28 Zo moeten mannen hun vrouw liefhebben, als hun eigen lichaam. Wie zijn vrouw liefheeft, heeft zichzelf lief.

29 Niemand haat ooit zijn eigen lichaam, integendeel: men voedt en verzorgt het, zoals Christus de kerk,

30 want dat is zijn lichaam en wij zijn de ledematen.

31 ' Daarom zal een man zijn vader en moeder verlaten en zich hechten aan zijn vrouw, en die twee zullen één lichaam zijn.'

32 Dit mysterie is groot—en ik betrek het op Christus en de kerk.

33 Maar ook voor elk van u geldt dat ieder zijn vrouw moet liefhebben als zichzelf, en dat een vrouw ontzag moet hebben voor haar man.

*Deze hele perikoop gaat over de liefde van de mannen tot de vrouwen. Net als het christendom gefaald heeft in zijn verantwoordelijkheid naar Christus en de wereld toe, zo hebben de mannen gefaald om hun vrouwen en kinderen lief te hebben. En het feminisme is daar het gevolg van. Wij mannen moeten daarom dubbel ons

best doen om onze vrouwen liefde te geven, emotionele warmte en aandacht en eer en zo mogelijk luxe. En dit is allemaal zoals Paulus hier uitlegt een beeld van Christus die de Kerk liefheeft.

6:1-4

1 Kinderen, wees gehoorzaam aan je ouders uit ontzag voor de Heer, want zo hoort het.
2 'Toon eerbied voor uw vader en moeder, 'dat is het eerste gebod waaraan een belofte verbonden is:
3 'Dan zal het u goed gaan en zult u lang leven op aarde.'
4 Vaders, maak uw kinderen niet verbitterd, maar vorm en vermaan hen bij het opvoeden zoals de Heer dat wil.

*Dit zijn prachtige waarschuwingen en beloften. We moeten niet verbaasd staan dat bepaalde zaken, zoals wettige en onwettige huwelijken, niet alleen in de tijd van Mozes golden, maar ook nu. En hier is een prachtige belofte voor kinderen, namelijk dat wanneer ze hun ouders eren, niet alleen door gehoorzaam te zijn, maar ze ook te helpen wanneer ze je hulp nodig hebben, dan zal de Here dat zegenen. De meeste handschriften hebben in vers1 de clausule "in de Heer';' met andere woorden, wanneer je ouders iets eisen wat tegen de wil van de Here in gaat, dan moet je ze zelfs ongehoorzaam zijn. En de ouders worden gewaarschuwd, met name de vaders, om hun kinderen niet te grieven en boos te maken. Maar hen op te voeden met christelijke tucht en vermaning.

6:5-9 Algemene aantekening:

5 Slaven, gehoorzaam uw aardse meester zoals u Christus gehoorzaamt, met ontzag, respect en oprechtheid;

6 niet met uiterlijk vertoon om bij de mensen in de gunst te komen, maar als slaven van Christus die van harte alles doen wat God wil.

7 Doe uw werk met plezier, alsof het voor de Heer is en niet voor de mensen,

8 want u weet dat allen door de Heer beloond worden voor het goede dat ze doen, zowel slaven als vrije mensen.

9 Meesters, behandel uw slaven op dezelfde manier. Laat dreigementen achterwege, want u weet dat zij en u dezelfde Heer in de hemel hebben, en dat hij geen onderscheid maakt.

*We kunnen deze passage toepassen op de relatie tussen werkgevers en werknemers. Wat opmerkelijk is hier, is dat net als in het gebod om je redding met vreze en beven uit te werken; zo ook hier staat dat je de, zeg maar werkgever, moet gehoorzamen met vreze en beven. Men zou kunnen concluderen dat, wat de Here betreft, alles in het teken van vreze en beven behoort te staan, als middel. Terwijl er hier op z'n minst volledig respect wordt bedoeld, zonder dat je bijbedoelingen hebt en zeker niet achter de baas zijn rug slap handelt. Want dat zou niet de wil van God zijn. In de eerste plaats doe je het voor de Here Jezus en in de tweede plaats voor de baas. De belofte is dat de Heer je zal belonen. En wat de werkgevers betreft, moeten ze niet dreigen, omdat God ook hun Heer is. Want bij God is geen aanneming van de persoon. Met andere woorden we zijn

allemaal gelijk voor God. Maar het moet wel van m'n hart dat in deze zogenaamde moderne tijd het wederzijdse respect tussen werkgever en werknemer vaak ver te zoeken is.

6:10-12 Algemene aantekening:

10 Ten slotte, zoek uw kracht in de Heer, in de kracht van zijn macht.
11 Trek de wapenrusting van God aan om stand te kunnen houden tegen de listen van de duivel.
12 Onze strijd is niet gericht tegen mensen maar tegen hemelse vorsten, de heersers en de machthebbers van de duisternis, tegen de kwade geesten in de hemelsferen.

*God heeft een geestelijke wapenrusting voor ons om het bedrog van de duivel te wederstaan. De Here Jezus wederstond de duivel ook, veertig dagen lang. En Hij gebruikte in de eerste plaats het Woord van God om de duivel af te kappen. In de tijden van het volk Israël was God politiek bezig, om Zijn vijanden letterlijk te vernietigen, die niet alleen een slechte moraal hadden, maar ook hun kinderen aan de moloch offerden. God had zich geopenbaard in het oordeel over Egypte. Maar in onze tijd is onze strijd niet tegen vlees en bloed, maar tegen de duivelse machten die zich zelfs in de hemelse gewesten bevinden, zoals hier duidelijk staat.

6:13-20 Algemene aantekening:

13 Neem daarom de wapens van God op om weerstand te kunnen bieden op de dag van het kwaad, om goed voorbereid stand te kunnen houden.

14 Houd stand, met de waarheid als gordel om uw heupen, de gerechtigheid als harnas om uw borst,

15 de inzet voor het evangelie van de vrede als sandalen aan uw voeten,

16 en draag bovenal het geloof als schild waarmee u alle brandende pijlen van hem die het kwaad zelf is kunt doven.

17 Draag als helm de verlossing en als zwaard de Geest, dat wil zeggen Gods woorden.

18 Laat u bij het bidden leiden door de Geest, iedere keer dat u bidt; blijf waakzaam en bid voortdurend voor alle heiligen.

19 Bid ook voor mij, dat mij de juiste woorden gegeven worden wanneer ik verkondig, zodat ik met vrijmoedigheid het mysterie mag openbaren van het evangelie

20 waarvan ik gezant ben, ook in de gevangenis. Bid dat ik daarbij zo vrijmoedig spreek als nodig is.

*De wapenrusting die ons gegeven is, bestaat uit zeven geestelijke dingen en die hebben we nodig wanneer de duivel op ons aankomt als een briesende leeuw. Salomo zei "In de kwade dag, zie toe", en hier staat "opdat we in staat mogen zijn te wederstaan, *in de kwade dag* en opdat we overeind mogen blijven staan, nadat we alles volbracht hebben". De zeven wapens zijn de gordel van de waarheid, het borstharnas van de rechtvaardigheid, het schoeisel van het evangelie, het schild van het geloof, de helm van de redding, het zwaard van de

Geest (dat zijn de uitspraken van God) en zoveel mogelijk gebed, bestaande uit wensgebeden en gebeden voor noden. En die moeten we te allen tijde doen in de Geest in alle volharding voor alle gelovigen. Vooral voor hen die het Woord brengen en het evangelie. Hier valt veel over te zeggen, maar dat valt buiten het bestek van dit boek. Ik wil alleen deze aantekening maken dat alle wapens verdedigings- wapens zijn. Behalve het zwaard van de Geest die niet alleen een verdedigingswapen is, maar ook een aanvallend wapen. En dit moet in het verband gebracht worden met het prediken van het evangelie en het uitleggen van leerstellige principes. Het betekent beslist niet dat we de duivel moeten uitdagen op zijn eigen terrein.

Filippenzen

1:9-11 Algemene aantekening:

9 En ik bid dat uw liefde blijft groeien door inzicht en fijnzinnigheid,
10 zodat u kunt onderscheiden waar het op aankomt. Dan zult u op de dag van Christus zuiver en onberispelijk zijn,
11 vol van de vruchten van de gerechtigheid, die u dankt aan Jezus Christus, tot lof en eer van God.

*Paulus bidt hier dat onze liefde meer en meer overvloedig wordt in kennis en alle waarneming. Opdat we de betere dingen kunnen begrijpen en opdat we puur en onberispelijk zijn tot eer van God. Deze belofte moeten we nastreven.

1:14-18 Algemene aantekening:

14 Bovendien durven de meeste broeders en zusters, omdat ze door mijn gevangenschap vertrouwen in de Heer hebben gekregen, de boodschap nu nog onbevreesder te verkondigen.
15 Sommigen doen het weliswaar uit afgunst en rivaliteit, maar anderen verkondigen Christus met goede bedoelingen.

16 Zij doen het uit liefde, in het besef dat ik de taak heb het evangelie te verdedigen.

17 Maar de eersten verkondigen Christus uit geldingsdrang, met onzuivere bedoelingen, om mijn gevangenschap te verzwaren.

18 Maar wat doet het er eigenlijk toe! Wat telt is dat Christus verkondigd wordt. Of het nu uit valse of oprechte motieven gebeurt–dát het gebeurt verheugt me. En mijn vreugde is blijvend,

*Laten we hieruit leren dat we ons niet ergeren aan dubieuze mensen die zich met het evangelie bezig houden en christelijke leerstukken. Laten we veeleer bidden dat wonder boven wonder God deze mensen nog mag gebruiken en dat de Here hun de ogen nog mag openen.

1:27-30 Algemene aantekening:

27 Leef in overeenstemming met het evangelie van Christus, zodat ik kan horen, of straks zelf kan zien, dat u één van geest bent en samen voor het geloof in het evangelie strijdt.

28 Laat u op geen enkele manier door uw tegenstanders angst aanjagen, want dat is een teken van God: voor hen dat ze ten onder gaan, voor u dat u wordt gered.

29 Aan u is de genade geschonken niet alleen in Christus te geloven, maar ook omwille van hem te lijden.

30 U voert dezelfde strijd die u mij vroeger hebt zien voeren en die ik, zoals u hoort, nog steeds voer.

*Paulus zegt hier eigenlijk dat we ons moeten gedragen als burgers het evangelie van Christus waardig. En hij

bedoelt hier natuurlijk als hemelburgers en niet als kiezers op één of andere wereldlijke partij en opdat we één van Geest zijn en als het ware met één ziel samen strijden. En dat we niet bang zijn voor onze vijanden en dat dat indruk op hen zal maken.

2:1-4   Algemene aantekening:

1   Nu u door Christus zozeer bemoedigd wordt en liefdevol getroost, nu er onder u zo'n grote verbondenheid met de Geest is, zo veel ontferming en medelijden,
2   maak mij dan volmaakt gelukkig door eensgezind te zijn, één in liefde, één in streven, één van geest.
3   Handel niet uit geldingsdrang of eigenwaan, maar acht in alle bescheidenheid de ander belangrijker dan uzelf.
4   Heb niet alleen uw eigen belangen voor ogen, maar ook die van de ander.

*Als we één van zin zijn (dat wil niet zeggen dat we allemaal precies hetzelfde denken), dat wil zeggen de zin van Christus hebben en elkaar hoger achten dan onszelf; dan zal ons dat troost geven. Dat is een mooie belofte. Maar wanneer we niet eensgezind zijn, zal de duivel een wig tussen ons slaan en ons verdelen in rechtse en linkse groepen, net alsof we wereldse en politieke belangen hebben. Maar de Here Jezus wilde juist een dienstknecht zijn en Hij hield ons voor dat als iemand de eerste wil zijn onder ons, dan moet hij zich dienstknecht van allen maken en de nederigste plek innemen.

2:12c-13

Blijf u inspannen voor uw redding, en doe dat in diep ontzag voor God,

13 want het is God die zowel het willen als het handelen bij u teweegbrengt, omdat het hem behaagt.

*Dit heeft niets met ons eeuwig behoud te maken, maar met het uitwerken van onze bekering om zo dicht mogelijk bij de Here Jezus te komen. Dit is een paradox, net als bij de uitverkiezing. Aan de ene kant moeten we goede werken doen, nogmaals niet voor onze eeuwige redding, en aan de andere kant zijn wij volledig afhankelijk van de Here Jezus hierin. Net als er in Efeze staat dat onze goede werken vantevoren zijn bepaald. Het is dus net als met de uitverkiezing; beide kanten zijn waar. Aan de ene kant heb je Gods verkiezende genade en aan de andere kant heb je je eigen verant-woordelijkheid. Dit gaat ons menselijk verstand te boven. Dit moeten we daarom niet aan een menselijke theologie onderwerpen,h maar we moeten ons openstellen voor de werking van de Heilige Geest.

3:2-3

2 Pas op voor die honden met hun kwalijke praktijken, pas op voor die versnijdenis van ze!

3 Wij zijn het die besneden zijn, wij verrichten onze dienst door de Geest van God en laten ons voorstaan op Christus Jezus, niet op onszelf,

*Evenals de vroege christenen op hun hoede moesten zijn voor judaïcerende invloeden, moeten wij uitkijken en voorzichtig zijn om niet onder de invloed te komen van

570

een te grote nadruk op tot bekering brengende werken. De duivel wil vaak via een achterdeurtje ons toch weer in verwarring brengen door bijvoorbeeld ons te laten denken dat wanneer iemand niet genoeg goede werken toont of niet genoeg tegenslag in het leven krijgt ,hij of zij dan ook waarschijnlijk niet tot bekering is gekomen. Het tegenovergestelde wordt ook wel beweerd.

3:18-20

18 Ik heb u al vaak gezegd, en zeg nu zelfs met tranen in mijn ogen: velen leven als vijand van het kruis van Christus

19 en gaan hun ondergang tegemoet. Hun god is hun buik, hun eer is schaamteloosheid en hun aandacht is alleen gericht op aardse zaken.

20 Maar wij hebben ons burgerrecht in de hemel, en van daar verwachten wij onze redder, de Heer Jezus Christus.

*Dit is een grote waarschuwing dat we ons niet laten beïnvloeden door wereldse christenen die in werkelijkheid niet wedergeboren zijn, maar alleen maar de pretentie hebben. Daarom zegt Paulus dit huilend, want ze houden niet alleen ons, maar vooral zichzelf voor de gek. Want in werkelijkheid is hun buik hun god en hun eer is in hun schande. En ze bedenken voortdurend aardse dingen, zelfs in hun gebeden, die daarom een gruwel zijn in Gods ogen.

4:4-9   Algemene aantekening:

4   Laat de Heer uw vreugde blijven; ik zeg u nogmaals: wees altijd verheugd.
5   Laat iedereen u kennen als vriendelijke mensen. De Heer is nabij.
6   Wees over niets bezorgd, maar vraag God wat u nodig hebt en dank hem in al uw gebeden.
7   Dan zal de vrede van God, die alle verstand te boven gaat, uw hart en gedachten in Christus Jezus bewaren.
8   Ten slotte, broeders en zusters, schenk aandacht aan alles wat waar is, alles wat edel is, alles wat rechtvaardig is, alles wat zuiver is, alles wat lieflijk is, alles wat eervol is, kortom, aan alles wat deugdzaam is en lof verdient.
9   Doe alles wat ik u heb geleerd en overgedragen, wat ik u heb verteld en laten zien. Doe het, en de God van de vrede zal met u zijn.

Als we deze geestelijke raadgeving waarmaken in ons leven, hebben we niet alleen de belofte dat de vrede van God die boven alle rationaliteit gaat en ik mag wel toevoegen ook boven de menselijke emoties, dat die vrede onze harten zal bewaken en onze gedachten in Christus Jezus zal behouden. En dan zullen we kunnen waarmaken wat Salomo zei: "Behoedt uw hart meer dan wat ook te bewaren is. Want daaruit zijn de bronnen van het Leven". En niet alleen de vrede van God zal met ons zijn, maar de God van de vrede zelf. En als God voor ons is, wie kan tegen ons zijn.

Kolossenzen

1:22

22 ...maar nu heeft hij u door de dood van zijn aardse lichaam met zich verzoend om u heilig, zuiver en onberispelijk bij zich te brengen.

*Wat een prachtige belofte dat we eens heilig en zonder enig mankement voor Hem zullen staan. Niemand zal ons dan nog kunnen aanklagen, want we zullen volmaakt zijn zoals Hij.

2:3

3 ...in wie alle schatten van wijsheid en kennis verborgen liggen.

*Wat hier staat heeft een reikwijdte tot in alle eeuwigheid. Er zal nooit een moment komen waarin we zullen concluderen 'nu hebben we het allemaal gezien, nu heeft Christus ons niets meer te bieden'. Hij is de oneindige God en er zal geen einde komen aan Zijn schatten van wijsheid en kennis.

2:4

4 Dit alles schrijf ik opdat niemand u met fraaie redeneringen op een dwaalspoor brengt.

*Het is belangrijk dat we goed gegrondvest zijn in de liefde en de kennis van de waarheid, zodat niemand ons bedriegt met zijn of haar slimme woorden.

2:8

8 Wees op uw hoede en laat u niet meeslepen door holle en misleidende theorieën die op menselijke tradities zijn gebaseerd en zich richten op de machten van de wereld en niet op Christus.

*We worden hier gewaarschuwd dat Satan ons als buit kan afvoeren door filosofie, dat hier leeg bedrog wordt genoemd; volgens de overlevering van mensen en volgens de principes van de wereld. Elders past hij het woord principes, of te wel grondbeginselen, toe op de wet van Mozes. Echter, de wet van Mozes is vervangen door de Wet van Christus en je maakt van de wet van Mozes leeg bedrog als je beweert dat je op één of andere manier via Mozes tot Christus moet komen; zogenaamd door een doodsdal tot verlossende genade en dan nota bene daarna weer terug naar Mozes zogenaamd uit dankbaarheid. In de tijd van Paulus had je de denkschema's van de grote filosofen van Socrates tot Epicurius. Je had de geloofssystemen van de gnostici, je had de joodse overleveringen en zo ook vandaag aan de dag waaien er allerlei winden van leer die Satan gebruikt om mensen van Christus weg te houden. En zij die waarlijk wedergeboren zijn te verwarren met zgn. positief denken, bijvoorbeeld, tot en met het wegredeneren van het gedachtegoed dat de Here ons geeft bij monde van de apostel Paulus.

2:18

18 Laat u niet veroordelen door mensen die opgaan in zelfvernedering en engelenverering, zich verdiepen in visioenen of zich laten voorstaan op eigen bedenksels.

*We hebben net de waarschuwing gehad op het intellectuele gebied en nu hebben we de waarschuwing op het emotionele en geestelijke vlak. Het is namelijk heel gevaarlijk als je in nieuwsgierigheid meer wilt weten dan de Bijbel zegt en als je conclusies gaat trekken over engelen en andere verborgen dingen. Sommige gaan zelfs zover dat ze min of meer engelen vereren. Dit geldt ook voor het vereren van zogenaamde heiligen en Maria. Op die manier zullen we van onze prijs beroofd worden en zullen we onze kroon verliezen en worden we onmachtig om blijvende werken te verrichten en zullen we als door het vuur gered worden.

2:20-23 Algemene aantekening:

20 Als u met Christus dood bent voor de machten van de wereld, waarom laat u zich dan geboden opleggen alsof u nog in de wereld leeft?
21 Raak dit niet aan, proef dat niet, blijf daarvan af' –
22 het zijn menselijke voorschriften en principes over zaken die door het gebruik vergaan.
23 Dat moet allemaal voor wijsheid doorgaan, maar het is zelfbedachte godsdienst, zelfvernedering en verachting

575

van het lichaam; het heeft geen enkele waarde en dient alleen maar tot eigen bevrediging.

*Na de intellectuele en geestelijke waarschuwing volgt hier de waarschuwing tegen ascese. Het ware geloof is niet een religie van gebod en verbod maar van een levende en persoonlijke relatie met de Here Jezus.

3:24

24 ...want u weet dat u van de Heer een erfenis als beloning zult ontvangen–uw meester is Christus!

*Dit is overduidelijk een belofte

3:25

25 Maar iedereen die onrecht doet zal daarvoor boeten, en daarbij wordt geen onderscheid gemaakt.

*Dit is overduidelijk een waarschuwing die ook voor gelovige christenen geldt.

1 Thessalonicenzen

4:3-8

3 Het is de wil van God dat u een heilig leven leidt: dat u zich onthoudt van ontucht,

4 dat ieder van u zijn lichaam heiligt en in eerbaarheid weet te beheersen

5 en dat u niet zoals de ongelovigen, die God niet kennen, toegeeft aan uw hartstocht en begeerte.

6 Schaad of bedrieg uw broeder of zuster in dit opzicht niet, want de Heer vergeldt dit alles, zoals wij u vroeger al nadrukkelijk hebben voorgehouden.

7 God heeft ons niet geroepen tot zedeloosheid, maar tot een heilig leven.

8 Dus wie deze voorschriften verwerpt, verwerpt niet een mens, maar God, die u zijn heilige Geest geeft.

*Hier zijn ernstige waarschuwingen in geschreven. We moeten niet alleen onze seksuele driften beheersen, maar we moeten ook onze vrouwen op een eervolle manier seksueel behandelen. Ik benoem hier geen specifieke zaken. We moeten groeien in heiligheid, maar ook niet overdreven worden en wanneer een vrouw van een broeder een zwak moment heeft, moeten we daar geen misbruik van maken. Want God is een wreker van zulke dingen. En ik denk dat dat ook slaat op

het bekijken van porno en schuine moppen. Allemaal onreine dingen. En we bedroeven daar de Heilige Geest mee. En wanneer we doorgaan met de Heilige Geest te bedroeven, zullen we Zijn werking in onze levens zelfs uitdoven en dat is verschrikkelijk.

4:13-18

13 Broeders en zusters, wij willen u niet in het ongewisse laten over de doden, zodat u niet hoeft te treuren, zoals zij die geen hoop hebben.

14 Want als wij geloven dat Jezus is gestorven en is opgestaan, moeten wij ook geloven dat God door Jezus de doden naar zich toe zal leiden, samen met Jezus zelf.

15 Wij zeggen u met een woord van de Heer: wij, die in leven blijven tot de komst van de Heer, zullen de doden in geen geval voorgaan.

16 Wanneer het signaal gegeven wordt, de aartsengel zijn stem verheft en de bazuin van God weerklinkt, zal de Heer zelf uit de hemel neerdalen. Dan zullen eerst de doden die Christus toebehoren opstaan,

17 en daarna zullen wij, die nog in leven zijn, samen met hen worden weggevoerd op de wolken en gaan we de Heer in de lucht tegemoet. Dan zullen we altijd bij hem zijn.

18 Troost elkaar met deze woorden.

*Wat een prachtige belofte dat de ontslapen christenen zullen opstaan en dat wij die nog leven, veranderd zullen worden. En we zullen veranderd worden naar het evenbeeld van de Here Jezus, onsterfelijk en volmaakt. En met deze woorden mogen wij elkaar vertroosten.

5:2

2   ...want u weet zelf maar al te goed dat de dag van de Heer komt als een dief in de nacht.

Voor de wereld zal de Here komen als een dief in de nacht. Laten we daarom waakzaam zijn en bidden dat we niet in zonden leven, zodat we niet beschaamd hoeven te zijn, wanneer we plotseling gehaald worden. De wereld zal denken dat ze veilig zijn, maar dat is niet zo.

2 Thessalonicenzen

1:6,8-10

6 God is inderdaad rechtvaardig: hij zal uw onderdrukkers straffen met onderdrukking

7 (7–8) en u, die nu onderdrukt wordt, samen met ons van alle last bevrijden wanneer Jezus, de Heer, vanuit de hemel verschijnt. Dan komt hij in een vlammend vuur en omringd door engelen, door wie hij zijn macht manifesteert; dan straft hij hen die God niet erkennen en het evangelie van onze Heer Jezus niet gehoorzamen.

8

9 Ze zullen voor eeuwig worden verstoten, ver van de Heer en van zijn kracht en majesteit.

10 Op die dag komt hij om te worden geprezen door al de zijnen, om te worden geëerd door allen die tot geloof gekomen zijn–ook door u, want u hebt ons getuigenis aangenomen.

*De hel bestaat. Dit is niet zomaar een verzinsel of bang makerij van de apostel Paulus. De Here Jezus zelf waarschuwt ons voor het onuitblusbare vuur. God is liefde, Ja! Maar Hij is ook Licht en de Zon der Gerechtigheid die niet alleen Satan en zijn engelen zal

straffen, maar ook alle mensen die Hem niet gehoorzamen.

1:7

7 (7–8) en u, die nu onderdrukt wordt, samen met ons van alle last bevrijden wanneer Jezus, de Heer, vanuit de hemel verschijnt. Dan komt hij in een vlammend vuur en omringd door engelen, door wie hij zijn macht manifesteert; dan straft hij hen die God niet erkennen en het evangelie van onze Heer Jezus niet gehoorzamen.

*Maa vergeving, rust, eeuwige blijdschap en al het goede voor hen die Hem gehoorzamen.

1:11-12

11 Daarom bidden wij altijd dat onze God u deze roeping in ere doet houden, dat hij u door zijn kracht de vaste wil geeft het goede te doen en u door uw geloof al het mogelijke tot stand laat brengen.
12 Dan zal door de genade van onze God en van de Heer Jezus Christus de naam van onze Heer Jezus door u geprezen worden, en u door hem.

*Wat een belofte! Dat in ons, die van nature vijanden zijn en naar het vlees nog steeds zijn, de naam van de Here verheerlijkt zal worden.

3:1-2

1 Voor het overige, broeders en zusters, bid voor ons. Bid dat het woord van de Heer zich elders even snel verspreidt en evenzeer geprezen wordt als bij u.
2 Bid ook dat wij worden behoed voor slechte en kwaadaardige mensen, want niet iedereen is betrouwbaar.

*We moeten trouw blijven bidden dat het woord van de Heer blijft doorgaan en verheerlijkt wordt onder ons en dat we dus niet stil blijven staan in het geloof. We moeten blijven groeien, geestelijk en dan zullen we ook bewaard blijven uit de klauwen van boze mensen die vaak met enorme wijsheid hun slechtheid opdringen.

3:3-4

3 Maar de Heer is trouw, hij zal u kracht geven en u tegen het kwaad beschermen.
4 De Heer geeft ons de overtuiging dat u doet wat wij u opdragen en dat zult blijven doen.

*Dit is een prachtige belofte.

3:11-12

11 We horen dat sommigen van u hun werk verwaarlozen, dat ze zich niet nuttig maken maar zich slechts onledig houden met nutteloze bezigheden.

12 In naam van de Heer Jezus Christus dragen wij dergelijke mensen nadrukkelijk op rustig hun werk te doen en hun eigen brood te verdienen.

*Luther zei terecht dat "als ik wist dat de Here Jezus morgen terug zou komen, dan zou ik vandaag nog een boompje planten." Laten we daarom gewaarschuwd zijn niet overdreven geestelijk te worden en ons met vage dingen bezig te houden.

1 Timoteüs

1:3b-4

Je moet voorkomen dat bepaalde mensen daar een afwijkende leer onderwijzen

4 en zich verdiepen in verzinsels en eindeloze geslachtsregisters. Die leiden meer tot speculaties dan tot de vervulling van de taak die God met het geloof gegeven heeft.

Dit is een waarschuwing die ook voor ons geldt. Wat betreft de verzinsels, denk ik aan de evolutie theorie. Ergens anders zegt de apostel Paulus dat we moeten uitkijken wat betreft joodse fabeltjes. En zo zijn er ook allerlei verhaaltjes op christelijk gebied die in de loop van de eeuwen verzonnen zijn. Hier hebben we niets aan.

1:6-7

6 Sommigen hebben zich daarvan afgewend en zijn vervallen tot zinloos gepraat.

7 Zij willen de wet van God onderwijzen, maar weten niet wat ze zeggen en begrijpen niets van wat ze zo stellig beweren.

*Als je afwijkt van de ware liefde, dat uit een rein hart komt, een goed geweten en een ongeveinsd geloof; dan raak je het spoor bijster. Daarom zegt David ook "Doorgrond mij en ken mijn hart, test mij en ken mijn gedachten en emoties en zie of er een afgodische weg in mij is en leidt mij op de eeuwige weg". Er zijn ook verduisterde christenen, vooral naamchristenen, die niet begrijpen wat ze zeggen noch wat ze bevestigen.

1:8-11   Algemene aantekening:

8   Wij daarentegen weten dat de wet goed is als hij op de juiste wijze gebruikt wordt.
9   We weten ook dat de wet er niet is voor de rechtvaardige, maar voor wie zich aan wet of gezag niet stoort, voor goddelozen en zondaars, die alles wat heilig is verachten en ontwijden, die hun eigen vader of moeder doden, voor moordenaars,
10   ontuchtplegers, knapenschenders, slaven-handelaars, leugenaars en plegers van meineed. De wet is er voor alles wat indruist tegen de heilzame leer,
11   die in overeenstemming is met het evangelie dat mij is toevertrouwd, het evangelie over de majesteit van de gelukzalige God.

De wet moet wettig toegepast worden. Als je rechtvaardig in Christus bent, dan heeft Hij de wet vervuld voor jou en dan geldt de wet niet meer voor jou en dan ga je op in Christus, die de hoogste Wet is. Maar als je een zondaar bent zoals moordenaars, ontuchtigen, praktiserende homoseksuelen, kidnappers, slavenhandelaren, leugenaars en meinedigen en wat dan ook ongezond is. Hen veroordeelt de wet.

1:15

15 Deze boodschap is betrouwbaar en verdient onze volledige instemming: Christus Jezus is in de wereld gekomen om zondaars te redden. Ik was de eerste,

*Paulus was de voornaamste zondaar en Adam de eerste. Hier in het Grieks staat wel 'eerste' letterlijk vertaald, maar het moge duidelijk zijn dat het op rangorde slaat en niet op chronologie. Omdat Paulus gered kon worden, kan iedereen gered worden. Paulus was niet alleen een moordenaar; hij vervolgde eigenlijk de Here Jezus Zelf, omdat hij de gelovigen vervolgde.

1:19

19 toegerust met geloof en een zuiver geweten, moet voeren. Doordat sommigen hun geweten hebben verloochend, heeft hun geloof schipbreuk geleden.

Als waarlijk wedergeboren christen is het wel degelijk mogelijk om het geloof en een goed geweten van je af te stoten en dan lijdt je schipbreuk wat het geloof betreft; hoewel je wel voor de eeuwigheid gered bent.

2:1-4

1 Allereerst vraag ik dat er voor alle mensen gebeden
wordt, dat er smeekbeden, voorbeden en dankgebeden
voor hen worden uitgesproken.
2 Bid voor alle koningen en gezagsdragers, opdat we
rustig en ongestoord kunnen leven, in alle vroomheid
en waardigheid.
3 Dat is goed en welgevallig in de ogen van God, onze
redder,
4 die wil dat alle mensen worden gered en de waarheid
leren kennen.

*Dit is een ondergesneeuwde belofte en het vereiste is
bijna onbekend in de christenheid. Er worden hier vier
soorten gebeden genoemd die we naar God moeten
opzenden voor alle mensen. Voor onze buren, voor onze
vrienden, voor ons gezin, voor onze familieleden, voor
onze collega's, voor onze leerlingen, voor onze
patiënten, voor onze presidenten en voor allen die in
hoge plaatsen een functie hebben (de Paus dus ook en
ook dictators). Laten we ze bij name noemen. Alleen
God kent alle mensen natuurlijk. Maar Hij bepaalt ons
altijd wel bij sommigen. Laten we onze naasten
liefhebben. De vier gebeden die vermeld zijn, zijn
gebeden voor behoeften, wensgebeden, gebeden om
tussenbeide te komen, dat wil zeggen je neemt het op
voor iemand en brengt hem zo bij God, en
dankgebeden. Nogmaals voor alle mensen. En de
belofte is dat we een rustig en kalm leven mogen leiden
in alle Godsvrucht en waardigheid. Als kanttekening
plaats ik dat hier duidelijk staat dat God wil dat alle
mensen gered worden. Er is dus niet zoiets als
verkiezing voor de hel, maar het is ook niet zo dat dit
een uitverkiezende wil van God is. Want hoewel volgens

vers 6 Christus zich als losprijs voor allen heeft gegeven, heb je wel zelf de verantwoordelijkheid om je te bekeren. Christus' offer is voor iedereen. Iedereen is dus gekocht, maar niet iedereen is vrijgekocht. Het werk van Christus is al genoegzaam, maar niet alverzoenend.

2:8-15 Algemene aantekening:

8 Ik wil dat bij iedere samenkomst de mannen met geheven handen bidden, vol toewijding, zonder wrok of onenigheid.

9 Ook wil ik dat de vrouwen zich waardig, sober en ingetogen kleden. Ze moeten niet opvallen door een opzichtige haardracht, dure kleding, goud of parels,

10 maar door goede daden, zoals gepast is voor vrouwen die zeggen dat ze God vereren.

11 Een vrouw dient zich gehoorzaam en bescheiden te laten onderwijzen;

12 ik sta haar dus niet toe dat ze zelf onderwijst of gezag over mannen heeft; ze moet bescheiden zijn.

13 Want Adam werd als eerste geschapen, pas daarna Eva.

14 En niet Adam werd misleid, maar de vrouw; zij overtrad Gods gebod.

15 Ze zal worden gered doordat ze kinderen baart, als ze tenminste volhardt in het geloof, de liefde en een heilige, ingetogen levenswijze.

*Hoe belangrijk is het wanneer wij bidden dat we niet boos op iemand zijn en er allerlei redenering in ons hart hebben. De vrouwen behoren zich zedig te kleden en zich te versieren met goede werken. Sommige menen te moeten concluderen dat een vrouw zich helemaal niet

uiterlijk mag versieren. En zij denken dat dat zelfs voor een bruiloft geldt. Echter een vrouw mag zich heus wel voor een man tooien. In deze tijd van uniseks bestaat er een verwarring vooral wat vrouwelijke kleding betreft. Laten we daarvoor uitkijken maar het niet overdrijven. En wanneer Paulus zegt dat een vrouw niet mag onderwijzen noch autoriteit mag uitoefen over een man, bedoelt hij in de eerste plaats in de gemeente. Hij bedoelt echt niet dat vrouwen geen eigen bedrijf mogen hebben of geen manager mogen zijn of geen arts of professor. Een vrouw mag ook wel koningin zijn maar niet in de gemeente. En de waarschuwing die Paulus noemt is dat Eva verleid werd. En het is inderdaad zo dat in vele sekten er vrouwen zijn geweest die met dwaalideeën kwamen. Wat betreft het verbod op onderwijs door vrouwen in de geloofsgemeente, moeten we ook verwijzen naar Aquila en Priscilla die Apollos onderwezen. Dan had je nog de vier dochters van Philippus die profeteerden. Profeteren is namens God spreken en onderwijs is bijbeluitleg. Er is dus onderscheid tussen onderwijs en profetie. Maar de apostel Paulus stond niet toe, zeker niet in de bijeenkomsten, dat vrouwen voorgingen. Dit gold zelfs voor het gebed.

3:6-7

6   Hij mag ook niet iemand zijn die net bekeerd is; anders raakt hij verblind en valt hij ten prooi aan de duivel.
7   Verder moet hij buiten de gemeente een goede reputatie hebben, zodat hij niet in opspraak komt en door de duivel wordt gestrikt.

*Hier ligt een waarschuwing in, namelijk wanneer een pas bekeerde een belangrijke functie in de gemeente krijgt, dan zal hij verblind raken, geestelijk, en net zo hoogmoedig worden als de duivel. Zo moeten we ook voorzichtig zijn om jonge christenen, al zijn ze al tien jaar bekeerd een belangrijke functie te geven. Ook moet een opzichter een goede reputatie hebben buiten de geloofsgemeenten, omdat hij anders de weg zou kwijt raken.

3:13

13 Degenen die hun dienst goed verrichten, verwerven aanzien en kunnen door hun geloof in Christus Jezus vrijuit spreken.

*De belofte hier is dat trouwe diakenen, vanwege hun reine geweten, vrijmoedigheid zullen hebben wat het geloof in Christus Jezus betreft.

4:1-5

1 Maar de Geest zegt nadrukkelijk dat in de eindtijd sommigen het geloof zullen verlaten, doordat ze luisteren naar dwaalgeesten en naar wat demonen hun leren.

2 Ze worden hiertoe aangezet door huichelachtige leugenaars, die hun eigen geweten hebben dichtgeschroeid,

3 die het huwelijk verbieden en hen dwingen tot onthouding van voedsel dat God geschapen heeft om

door de gelovigen, die de waarheid kennen, onder dankzegging te worden gegeten.

4 Alles wat God geschapen heeft is goed. Niets hoeft te worden verworpen als het onder dank wordt aangenomen,

5 want het is geheiligd door het woord van God en door het gebed.

*We mogen met dankzegging alles eten, ook vlees. Elders zegt Paulus dat de zwakke groenten eet en dat zij die vlees eten zo iemand niet moeten verachten. Het eten wordt geheiligd door het woord van God en door zijn tussenbeide komen. Er staat hier duidelijk dat alles wat God geschapen heeft goed is om met dankzegging genomen te worden. Het is daarom een kwade zaak wanneer vlees verboden wordt. En het is nog erger als men verboden wordt te huwen. Dit wordt zelfs een lering van demonen genoemd en de gevolgen zijn niet te overzien.

4:8

8 Oefening van het lichaam heeft wel enig nut, maar het nut van een vroom leven is grenzeloos, omdat het een belofte inhoudt voor dit leven en het leven dat komen zal.

*We moeten lichamelijke oefening niet overdrijven, maar we moeten juist de godvruchtigheid najagen. Want die is voor alle dingen nuttig. En die heeft een belofte niet alleen voor het tijdelijke leven maar ook voor het toekomende.

4:15-16

15 Richt je hierop, maak het je eigen, zodat voor iedereen duidelijk wordt dat je vorderingen maakt.
16 Neem je in acht, houd je aan de leer en blijf dat doen; dan red je zowel jezelf als hen die naar je luisteren.

*Paulus spoort Timoteüs hier aan om te blijven groeien en bij de goede leer te blijven. Als hij dat zou doen, zou hij niet alleen zichzelf maar ook zijn volgelingen redden. Dit slaat natuurlijk niet op de eeuwige behoudenis, maar op het uitwerken van je geloof, zodat je niet de weg kwijt raakt.

5:9-16   Algemene aantekening:

9 Als weduwe mogen alleen vrouwen worden ingeschreven van boven de zestig jaar die maar één man hebben gehad
10 en bekendstaan om hun goede daden, kinderen hebben opgevoed, gastvrij zijn geweest, gelovigen de voeten hebben gewassen en zich hebben ingezet voor verdrukten, die, kortom, allerlei goede daden hebben verricht.
11 Wijs jongere weduwen af. Wanneer hun hartstocht hen van Christus vervreemdt, zullen ze weer willen trouwen,
12 en dan wordt het hun aangerekend dat ze hun belofte aan hem breken.
13 Bovendien zullen ze er een gewoonte van maken hun tijd te verdoen door overal op bezoek te gaan; en dat niet alleen, in hun bemoeizucht praten ze ook over dingen die geen pas geven.

14 Daarom wil ik dat jonge weduwen hertrouwen, kinderen krijgen, het huishouden regelen en onze tegenstanders geen aanleiding geven om kwaad van ons te spreken.

15 Sommigen van hen zijn immers al van het rechte pad afgeweken, Satan achterna.

16 Als een gelovige vrouw weduwen in haar familie heeft, moet zij die zelf ondersteunen en niet de gemeente met de zorg belasten. Dan kan de gemeente voor weduwen zorgen die alleen staan.

*Voor jonge weduwen geeft Paulus de aandringende raad om te hertrouwen en kinderen te krijgen. Maar ook hier zijn natuurlijk uitzonderingen, zoals de profetes Anna, die na zeven jaar huwelijk alleen bleef. Maar dat geldt alleen voor hele wijze vrouwen. De meeste jonge weduwen hebben de neiging om seksueel te gaan verlangen. Dat had Anna niet, daarom is het beter dat ze trouwen, maar natuurlijk wel met gelovigen.

5:23

23 Drink niet alleen maar water, doe er vanwege je zwakke maag en je andere kwalen wat wijn bij.

*Timoteüs hier krijgt de raad om een beetje wijn te drinken voor zijn gezondheid. Er zijn ook vele artsen die daar ook heil in zien in het algemeen. Laten we dat daarom niet verbieden.

6:1-2

1 Wie het slavenjuk draagt, moet zijn meester hoogachten, zodat Gods naam en de leer niet worden bespot.
2 Een slaaf die een gelovige meester heeft, mag zijn meester niet zijn respect onthouden omdat ze broeders zijn. Integendeel, hij moet hem met nog meer inzet dienen, juist omdat hij met degene die van zijn diensten gebruik maakt, in geloof en liefde verbonden is.
Onderwijs dit alles en spoor ertoe aan.

*Deze verzen moeten we toepassen op de relatie tussen werknemers en werkgevers. Een christelijke werknemer moet extra zijn best doen en geen ogendienaar zijn, opdat de naam van God niet gelasterd wordt.

6:5

...menende dat de goddienstigheid financiëel gewin geeft (eigen vertaling).

*Dit is in Gods ogen een gruwel. "De lust voor geld is een wortel van alle kwaad". Laten wij niet overwonnen worden door hang naar luxe en eigendom. "Zij die rijk willen worden, vallen in een strik en allerlei verzoekingen." Het welvaartsevangelie is zo'n leugen. Onmiddellijke bevrediging, gezondheid en voorspoed. Hoewel Paulus zegt dat hij die met zegeningen zaait ook met zegeningen zal oogsten, bedoelt hij niet wat de instant health and wealth predikers ons voorhouden. Zij beweren zelfs dat de Here Jezus vermogend was en in het maken van kapitaal geloofde. Zij negeren het feit dat Paulus geslagen werd door een engel van Satan en dat hij drie keer daar tegen bad. Nu, als er een kon bidden, dan moet Paulus dat wel geweest zijn. Toch zei de Here hem: "Mijn genade is goed genoeg voor jou."

6:6-8

6 Maar voor wie tevreden is met wat hij heeft, is het geloof grote winst.
7 Wij hebben niets in deze wereld meegebracht en kunnen er ook niets uit meenemen.
8 Wij hebben voedsel en kleren, laten we daar tevreden mee zijn.

*Dit is een mooie belofte en ook een vermaning tot tevredenheid.

6:9-10

9 Wie rijk wil worden, staat bloot aan verleiding, raakt in een valstrik en valt ten prooi aan dwaze en schadelijke begeerten die een mens in het verderf storten en ten onder doen gaan.
10 Want de wortel van alle kwaad is geldzucht. Door zich daaraan over te geven, zijn sommigen van het geloof afgedwaald en hebben ze zichzelf veel leed berokkend.

*Maar als we niet tevreden zijn en rijk willen worden, zullen we in een verzoeking vallen. En als we in die weg doorgaan, zullen we er de wrange vruchten van plukken.

17 Draag de rijken van deze wereld op niet hoogmoedig te zijn en hun hoop niet in zoiets onzekers te stellen als rijkdom, maar op God, die ons rijkelijk van alles voorziet om ervan te genieten.

18 En draag hun op om goed te doen, rijk te zijn aan goede daden, vrijgevig, en bereid om te delen.

19 Zo leggen ze een stevig fundament voor de toekomst, en winnen ze het ware leven.

*Dit zijn waarschuwingen voor welgestelden en rijken. Ze moeten niet vertrouwen op de rijkdom die door tegenslag kan verdwijnen. Maar ze moeten op God vertrouwen, die alle dingen rijkelijk geeft om te gebruiken. Let wel niet misbruiken. Hun wordt streng aangeraden om rijk te zijn in goede werken en van hun rijkdom uit te strooien. En dan zullen ze zich een schat verzamelen voor de toekomst. En zo zullen ze leren om het waarachtige leven aan te grijpen.

2 Timoteüs

1:7

7 God heeft ons niet een geest van lafhartigheid gegeven, maar een geest van kracht, liefde en bezonnenheid.

*We hoeven niet te vrezen. En het is zelfs mogelijk dat we krachtig zijn en vol liefde en bezonnenheid en dit zal zijn vrucht afwerpen.

1:12

12 ....daarom moet ik dit alles ondergaan. Maar ik schaam mij niet, want ik weet in wie ik mijn vertrouwen heb gesteld en ben ervan overtuigd dat hij bij machte is om wat mij is toevertrouwd te bewaren, tot de grote dag aanbreekt.

*De belofte hier is dat, wanneer we echt tot bekering zijn gekomen, Hij het pand van de Heilige Geest dat Hij ons toevertrouwd heeft, zal bewaren tot Zijn dag. En wanneer Hij verschijnt, zullen wij met Hem verschijnen. Maria van Bethanië kreeg de belofte dat haar deel niet afgenomen zou worden.

2:1-6   Algemene aantekening:

1 Mijn kind, wees sterk door de genade van Christus Jezus.
2 Geef wat je in aanwezigheid van velen van mij hebt gehoord, door aan betrouwbare mensen die geschikt zijn om anderen te onderwijzen.
3 Deel in het lijden als een goed soldaat van Christus Jezus.
4 Iemand die in krijgsdienst is, laat zich niet afleiden door het leven daarbuiten, want zijn bevelhebber moet tevreden over hem zijn.
5 Een atleet wordt niet gelauwerd als hij zich niet aan de regels houdt.
6 De boer die het zware werk doet, heeft als eerste recht op de oogst.

*De gelovige wordt hier vergeleken met een soldaat en een kampvechter en met een boer. De belofte is dat wanneer wij deze rollen trouw vervullen, we ook dienovereenkomstig een beloning zullen krijgen, een prijs zullen winnen en de vruchten zullen plukken.

2:11-13

11 Deze boodschap is betrouwbaar:
Als wij met hem gestorven zijn,
zullen we ook met hem leven;

12 als wij volharden,
zullen we ook met hem heersen;
als wij hem verloochenen,
zal hij ons ook verloochenen;

13 als wij hem ontrouw zijn,
blijft hij ons trouw,
want zichzelf verloochenen kan hij niet.

*Hier zijn duidelijk beloften en waarschuwingen te vinden. Die spreken voor zich.

2:20-21

20 In een groot huis zijn er niet alleen voorwerpen van goud en zilver, maar ook van hout en aardewerk. De eerste zijn voor bijzondere gelegenheden, de laatste voor dagelijks gebruik.
21 Als iemand zich van alle kwaad gereinigd heeft, wordt hij een bijzonder en geheiligd voorwerp, dat zijn eigenaar vele diensten kan bewijzen en geschikt is voor elk goed doel.

*In de christenheid zijn er wel overal gelovigen, maar vele hebben een slechte leer en zelfs een slechte wandel. Of ze hebben dubieuze vriendschappen en slechte wettelijke verplichtingen. We moeten ons van hen afzonderen. En dan zullen wij vaten tot eer zijn, geheiligd, nuttig voor de Meester en bereid tot ieder goed werk.

2:22

22 Mijd de begeerten van de jeugd, streef naar rechtvaardigheid, geloof, liefde en vrede met hen die de Heer met een zuiver hart aanroepen.

*Timoteüs was waarschijnlijk al ongeveer een jaar of veertig en hij wordt opgeroepen de begeerlijkheden van de jeugd te ontvlieden. En dan denk ik vooral aan het masturberen. Laten we realistisch zijn. De meeste jonge mensen, vooral in de puberteit, kunnen zich wat dat betreft niet onthouden. Het veroorzaakt dan ook alleen maar problemen om tegen masturberen te prediken. Maar aan de andere kant moeten we het niet aanmoedigen. Er staat nergens in de Bijbel 'gij zult niet masturberen'. Als dat er had gestaan zouden een hoop serieuze gelovigen gek van wanhoop zijn geworden. Maar er staat ook niet 'gij zult masturberen'.

2:23

23 Verwerp dwaze en onzinnige speculaties; je weet dat ze tot ruzie leiden.

*In dit geval denk ik aan twistvragen als wanneer Christus nou precies gekruisigd is. Zulke onderwerpen moeten we mijden, want ze veroorzaken nutteloze woordenstrijden.

3:1-9

1 Weet dat de laatste dagen zwaar zullen zijn.
2 De mensen zullen egoïstisch zijn, geldzuchtig, zelfingenomen en arrogant. Ze zullen God lasteren, geen ontzag tonen voor hun ouders, ondankbaar zijn en niets heilig achten.
3 Ze zullen harteloos zijn, onverzoenlijk, lasterziek, onbeheerst en wreed. Ze zullen het goede haten

4 en onbetrouwbaar, roekeloos en verblind zijn. Het genot zullen ze meer liefhebben dan God,

5 ze zullen de schijn van vroomheid ophouden, maar de kracht ervan miskennen. Keer je af van zulke mensen.

6 Sommigen van hen dringen zich op aan hele families en krijgen dan vrouwen in hun macht die met zonde beladen zijn en door allerlei begeerten worden gedreven,

7 die almaar willen leren maar nooit in staat zullen zijn de waarheid te kennen.

8 Zoals Jannes en Jambres zich tegen Mozes hebben verzet, zo verzetten deze dwaalleraren zich tegen de waarheid. Het zijn mensen met een zieke geest en een onbetrouwbaar geloof.

9 Maar ze zullen niet veel bereiken, want iedereen zal hun dwaasheid snel doorzien, zoals ook met Jannes en Jambres gebeurde.

*We worden hier gewaarschuwd dat in de laatste dagen mensen corrupt zullen zijn en onder hen zelfs gelovigen die zelfs een vorm van godsvrucht pretenderen. Maar eigenlijk de kracht ervan ontkennen. Een hele lijst van ondeugden wordt opgesomd. We worden opgeroepen om ons van zulke naamchristenen af te keren. Doen we dat niet, dan komen we teveel onder hun invloed. Onder hen zijn vooral verachtelijke vrouwen die altijd aan het onderwijzen zijn, maar die nooit tot de kennis van de waarheid komen; maar die juist wederstaan. En dan denk ik aan de waarheid van de hel, aan de historiciteit van Genesis 1 tot en met 11. Aan de zondigheid van de homoseksuele daad en zelfs de letterlijke opstanding van de Here Jezus. Ware heiliging streven zij niet na. Maar in tegendeel, ze zijn beladen met allerlei zonden.

3:12-13

12 Allen die vroom en in eenheid met Christus Jezus willen leven, zullen worden vervolgd.
13 Slechte mensen en oplichters zullen van kwaad tot erger vervallen; het zijn bedriegers die zelf bedrogen worden.

*Waarschuwing en belofte.

4:3-4

3 Want er komt een tijd dat de mensen de heilzame leer niet meer verdragen, maar leraren om zich heen verzamelen die aan hun verlangens tegemoetkomen en hen naar de mond praten.
4 Ze zullen niet meer naar de waarheid luisteren, maar naar verzinsels.

*Er komt een tijd en die is er nu, dat mensen de gezonden leer verwerpen. En ze verzamelen zich onderwijzers en ook dominees die hen naar hun oren zullen preken. En wanneer je met de waarheid komt, worden ze geïrriteerd. Maar leugens geloven ze graag, vooral verhaaltjes zoals de zogenaamde theïstische evolutie. En dat je alles met de mantel der liefde moet bedekken. En dat de kerk geen tucht hoeft uit te oefenen.

4:6-8   Algemene aantekening:

6   Mijn bloed wordt al als een offer uitgegoten, het moment waarop ik heenga nadert.
7   Maar ik heb de goede strijd gestreden, de wedloop volbracht, het geloof behouden.
8   Nu wacht mij de krans van de gerechtigheid die de Heer, de rechtvaardige rechter, aan mij zal geven op de grote dag; en niet alleen aan mij, maar aan allen die naar zijn komst hebben uitgezien.

*Als we trouw blijven tot het einde, wacht ons een kroon die de Here ons te zijner tijd zal geven. Laten we daarom uiterst waakzaam zijn dat we onze kroon niet verliezen. Maar laten wij Zijn verschijning liefhebben.

Titus

1:10-11

10 Want er zijn veel ongehoorzame mensen, praatjesmakers en bedriegers, vooral onder Joodse gelovigen.

11 Hun moet de mond worden gesnoerd; ze richten hele families te gronde door uit schandelijk winstbejag de verkeerde dingen te onderwijzen.

*De eerste geloofsgemeenten waren joods en die konden zich maar met grote moeite aanpassen aan de weg van de Heilige Geest. En nu in onze tijd zijn er veel christenen die ook aan het judaiceren zijn onder het mom dat we terug moeten naar onze joodse wortels. En zij voeren niet alleen allerlei joodse gebruiken in, maar sommigen ook de Sabbat en een te letterlijke toepassing van de Tora. In sommige gevallen komt zelfs het evangelie in gevaar.

2:1-10 Algemene aantekening:

1 Maar jij moet verkondigen wat overeenkomt met de heilzame leer.

2 Oudere mannen moeten sober, waardig en bezonnen zijn, en gezond in het geloof, de liefde en de volharding.

3 Ook oudere vrouwen moeten zich ingetogen gedragen, ze mogen niet kwaadspreken of verslaafd zijn aan wijn. Ze moeten goede raad weten te geven,

4 en de jonge vrouwen voorhouden dat ze hun man en kinderen moeten liefhebben,

5 dat ze ingetogen, kuis, zorgzaam in het huishouden en vriendelijk moeten zijn, en dat ze het gezag van hun man moeten erkennen. Dan wordt het woord van God in ere gehouden.

6 Roep ook jonge mannen op in alles ingetogen te zijn.

7 Geef zelf met goede daden het voorbeeld, laat je leer zuiver en waardig zijn,

8 en verkondig de heilzame, onbetwistbare boodschap, zodat onze tegenstanders beschaamd staan en niets kwaads over ons kunnen zeggen.

9 Slaven moeten in alles het gezag van hun meester erkennen en het hem naar de zin maken. Ze mogen hem niet tegenspreken

10 of van hem stelen, maar moeten laten zien dat ze volkomen betrouwbaar zijn. Dan verhogen ze in alles wat ze doen het aanzien van de leer van God, onze redder.

*Er zijn hier een paar waarschuwingen. Namelijk dat wanneer oudere broeders en zusters afwijken van deze eigenschappen, het woord van God gelasterd zal worden. En ook de jongeren worden opgeroepen nuchter te zijn aangaande alle dingen, opdat de vijanden beschaamd mogen worden, omdat ze niets kwaads over ons te zeggen hebben. En zo is er ook een waarschuwing voor de werknemers.

3:9

9 Maar houd je verre van dwaze speculaties en geslachtsregisters en dat geruzie en geredetwist over de wet, want dat is allemaal nutteloos en dwaas.

*We worden opgeroepen om dwaze twistpunten te vermijden. En ook woordenstrijden wat betreft de wet. Bijvoorbeeld kan er ruzie ontstaan omtrent de dag van de kruisiging of zelfs omtrent dingen die slechts indirect met de Bijbel te maken hebben. Zulke onenigheden zijn onnuttig en waardeloos.

3:10

10 Wie na twee keer te zijn terechtgewezen nog steeds verdeeldheid zaait, moet je uit de gemeente verwijderen;

*Iemand die een scheuring wil veroorzaken moet je na één of twee terechtwijzingen verwerpen, zo iemand is de weg bijster. Echter, elders zegt Paulus dat er ook scheuringen onder ons moeten zijn, opdat de beproefden naar voren komen.

Filemon

Algemene aantekening:

1 Van Paulus, gevangene omwille van Christus Jezus, en van onze broeder Timoteüs. Aan onze geliefde medewerker Filemon,

2 aan onze zuster Apfia en onze medestrijder Archippus, en aan de gemeente die bij u thuis samenkomt.

3 Genade zij u en vrede van God, onze Vader, en van de Heer Jezus Christus.

4 Ik dank mijn God altijd wanneer ik u in mijn gebeden noem,

5 want ik hoor vaak over de liefde en de trouw die u de Heer Jezus en alle heiligen toedraagt.

6 Ik bid dat het geloof dat u met ons deelt u een dieper inzicht geeft in al het goede dat ons nader tot Christus brengt.

7 Uw liefde heeft mij veel vreugde en troost gegeven, broeder, want u hebt de heiligen gesterkt.

8 In mijn verbondenheid met Christus heb ik het volste recht u te zeggen wat u moet doen,

9 maar vanwege uw liefde doe ik u liever een verzoek–ik, Paulus, een man van respectabele leeftijd, die gevangen zit omwille van Christus Jezus.

10 Ik zou u om een gunst willen vragen voor Onesimus, die tijdens mijn gevangenschap mijn kind is geworden.

11 Hij was u destijds niet van nut; nu kan hij echter niet alleen mij, maar ook u goede diensten bewijzen.

12 Ik stuur hem naar u terug, hoewel hij me na aan het hart ligt

13 en ik hem graag bij me gehouden had. Dan had hij namens u voor mij kunnen zorgen nu ik omwille van het evangelie gevangen zit.

14 Maar ik heb zonder uw medeweten niets willen ondernemen, want u moet mij niet een gunst verlenen omdat ik u onder druk zet, maar omdat u het zelf wilt.

15 Misschien hebt u hem korte tijd moeten missen om hem voor altijd terug te krijgen,

16 niet meer als een slaaf, maar als veel meer dan dat, als een geliefde broeder. Voor mij is hij dat al, hoeveel te meer moet hij het dus voor u zijn, zowel in het dagelijks leven als in het geloof in de Heer.

17 Dus, als u met mij verbonden bent, ontvang hem dan zoals u mij zou ontvangen.

18 En mocht hij u hebben benadeeld of u iets schuldig zijn, breng het mij dan in rekening.

19 Ik, Paulus, schrijf hier eigenhandig neer dat ik u zal betalen. Ik ga er dan maar aan voorbij dat u mij uw eigen leven schuldig bent.

20 Kom, broeder, bewijs mij deze dienst omwille van de Heer, stel mij omwille van Christus gerust.

21 Ik heb u geschreven in het volste vertrouwen dat u mijn verzoek zult inwilligen, ik weet dat u zelfs meer zult doen dan dat.

22 Ten slotte: maak voor mij een kamer in orde, want ik heb goede hoop dat ik dankzij de gebeden van u allen aan u teruggegeven word.

23 Epafras, die samen met mij omwille van Christus Jezus gevangen zit, laat u groeten,
24 evenals mijn medewerkers Marcus, Aristarchus, Demas en Lucas.
25 De genade van de Heer Jezus Christus zij met u.

*Hoewel er geen directe waarschuwing of belofte vervat is in deze brief, wil ik toch gezegd hebben wat een prachtig getuigenis er hier van Paulus uitgaat. Een onbekeerde slaaf had schijnbaar zoveel over Paulus gehoord dat hij weg liep en Paulus helemaal in Rome opzocht. Een indirecte belofte moge hierin gezien worden dat de Here alles doet medewerken ten goede. En soms kunnen we het in ons eigen leven zien hoe diverse puzzelstukjes samenvallen. De naam Onesimus is verwant aan het werkwoord in vers 20 dat vertaald kan worden met "laat mij dit voordeel hebben" En zo werd de slaaf Onesimus een eeuwige broeder van zijn baas.

Hebreeën

2:17-18

17 Daarom moest hij in alles gelijk worden aan zijn broeders en zusters; alleen dan zou hij in aangelegenheden tussen God en zijn volk een barmhartige en betrouwbare hogepriester zijn, die verzoening bewerkt voor hun zonden.

18 Juist omdat hij zelf op de proef werd gesteld en het lijden volbracht heeft, kan hij ieder die beproefd wordt bijstaan.

*De Here Jezus is verzocht op de zelfde manier als wij. Daarom begrijpt Hij ons en kan en wil Hij ons helpen.

3:12-19 Algemene aantekening:

12 Zie er dus op toe, broeders en zusters, dat niemand van u door een kwaadwillig, ongelovig hart afvallig wordt van de levende God,

13 maar wijs elkaar terecht, elke dag dat dit 'vandaag' nog geldt, opdat niemand van u halsstarrig wordt omdat hij door zonde verleid werd.

14 Want alleen als we tot het einde toe resoluut vasthouden aan ons aanvankelijk vertrouwen, blijven we deelgenoten van Christus.

15 Wanneer er gezegd wordt 'Horen jullie vandaag zijn stem, wees dan niet koppig, als tijdens de opstand' –

16 wie waren het dan die zijn stem hoorden en toch opstandig werden? Waren dat niet degenen die onder Mozes' leiding uit Egypte waren weggetrokken?

17 Wie werden veertig jaar lang door zijn woede getroffen? Waren dat niet degenen die gezondigd hadden en van wie de lijken neervielen in de woestijn?

18 En aan wie zwoer hij dat ze niet zouden binnengaan in zijn rust–toch zeker aan hen die ongehoorzaam waren?

19 Zo zien we dat zij er niet konden binnengaan vanwege hun ongeloof.

*Hier is een ernstige waarschuwing. Zijn wij beter dan de Israëlieten die veertig jaar murmureerden en God wederstonden en nota bene een afgod dienden nadat Hij hen zo wonderlijk bevrijd had. Nee, wij zijn niet beter en we zullen rekenschap van onszelf moeten afleggen wanneer we voor Zijn rechterstoel zullen staan.

5:11-14 Algemene aantekening:

11 Hierover valt nog veel te zeggen, maar het is moeilijk aan u uit te leggen, omdat u traag van begrip bent geworden.

12 Werkelijk, u had toch inmiddels allemaal leraar moeten zijn! In plaats daarvan hebt u er zelf een nodig om u opnieuw de grondslagen van het woord van God bij te brengen; het is met u zo ver gekomen dat u weer

aangewezen bent op melk in plaats van op vast voedsel.

13 Wie melk drinkt is nog een klein kind en heeft geen weet van de draagwijdte van de verkondigde gerechtigheid.

14 Vast voedsel is voor volwassenen; hun zintuigen zijn door ervaring geoefend en zij zijn in staat onderscheid te maken tussen goed en kwaad.

*Wat is het toch jammer dat de meeste christenen niet aan het vaste voedsel toekomen. Ze blijven hangen bij de verlossing en vele komen zelfs daar niet aan toe.

6:4-8 Algemene aantekening:

4 Want wie ooit door het licht beschenen is, geproefd heeft van de hemelse gave en deel gekregen heeft aan de heilige Geest,

5 wie het weldadig woord van God en de kracht van de komende wereld ervaren heeft

6 en vervolgens afvallig is geworden, kan onmogelijk een tweede maal worden bekeerd, omdat zo iemand voor zichzelf de Zoon van God opnieuw kruisigt en aan bespotting blootstelt.

7 Land dat de overvloedige regen opneemt, en nuttige gewassen oplevert aan wie het bewerken, ontvangt Gods zegen,

8 maar land dat dorens en distels voortbrengt, is waardeloos en rijp voor vervloeking; het zal uiteindelijk in vlammen opgaan.

*Een afvallige christenheid kan niet meer hersteld worden. Zij kruisigen Christus opnieuw en zijn de

612

vervloeking nabij. Maar dat wil niet zeggen (zie de brief aan Laodicea) dat God hier en daar geen mensen redt. Laten we God om genade smeken dat Hij nog een opwekking geeft.

10:19-25   Algemene aantekening:

19 Broeders en zusters, dankzij het bloed van Jezus kunnen we zonder schroom binnengaan in het heiligdom,
20 omdat hij voor ons met zijn lichaam een weg naar een nieuw leven gebaand heeft, door het voorhangsel heen.
21 We hebben nu een hogepriester die dienst doet in het huis van God;
22 laten we God dan naderen met een oprecht hart en een vast geloof, nu ons hart gereinigd is, wij van een slecht geweten bevrijd zijn en ons lichaam met zuiver water is gewassen.
23 Laten we zonder te wankelen datgene blijven belijden waarop we hopen, want hij die de belofte heeft gedaan is trouw.
24 Laten we opmerkzaam blijven en elkaar ertoe aansporen lief te hebben en goed te doen,
25 en in plaats van weg te blijven van onze samenkomsten, zoals sommigen doen, elkaar juist bemoedigen, en dat des te meer naarmate u de dag van zijn komst ziet naderen.

*Door het bloed van de Here Jezus kunnen we vrijmoedigheid hebben om tot God te naderen in het Heilige der Heilige zelfs. Want de voorhang is gescheurd. Laten we dit dan ook doen met een oprecht hart in volle zekerheid van het geloof, omdat onze harten gewassen zijn van een slecht geweten. Laten we standvastig zijn en op elkaar acht geven, want Christus is getrouw en die het ook beloofd heeft. Laten we elkaar aansporen, staat hier, tot liefde en goede werken. En laten we de onderlinge bijeenkomsten niet verzuimen.

10:26-31 Algemene aantekening:

26 Wanneer we willens en wetens blijven zondigen nadat we de waarheid hebben leren kennen, is er geen enkel offer voor de zonden meer mogelijk,

27 en kunnen we niet anders dan huiverend wachten op het oordeel en op het vuur dat de tegenstanders gretig zal verslinden.

28 Voor wie de wet van Mozes naast zich neerlegt is er geen pardon; wanneer er ten minste twee getuigen een verklaring tegen hem afleggen, moet hij sterven.

29 Hoeveel zwaarder zal dan de straf niet zijn, denkt u, voor wie de Zoon van God vertrapt, het bloed van het verbond ontheiligt–terwijl hij erdoor geheiligd is–en de Geest van de genade veracht?

30 We kennen immers degene die gezegd heeft: 'Het is aan mij om te wreken, ik zal vergelden, 'en ook: 'De Heer zal oordelen over zijn volk.'

31 Huiveringwekkend is het te vallen in de handen van de levende God!

*Dit gedeelte geldt voor een afvallig christendom. Zij die de waarheid van Christus verwerpen en Zijn offer verachten, kruisigen Hem eigenlijk opnieuw. Voor deze mensen is geen genade. En Laodicea, die van hen spreekt, zal uitgebraakt worden bij de wederkomst van Christus.

10:35-39

35 Leg die onbeschroomdheid dus niet af, u zult er ruim voor worden beloond.
36 Blijf juist volharden, want als u de wil van God doet, zult u ontvangen wat u beloofd is.
37 Immers: 'Nog een heel korte tijd, dan komt hij die komen zal, hij blijft niet lang meer weg,
38 en dan zullen mijn rechtvaardigen leven door hun geloof, 'maar ook: 'Wie terugdeinst ben ik niet langer welgezind.'
39 Wij echter behoren niet tot degenen die terugdeinzen en ten onder gaan, maar tot hen die door hun geloof behouden blijven.

*Laten we onze vrijmoedigheid niet afwerpen en trouw blijven aan het geloof. Ja, laten we voor het geloof strijden dat eens overgeleverd is aan de Heiligen. En onze beloning zal groot zijn.

11:6

6 Zonder geloof is het onmogelijk God vreugde te geven; wie hem wil naderen moet immers geloven dat hij bestaat, en wie hem zoekt zal door hem worden beloond.

*De belofte hier is dat God je beloont als je Hem blijft zoeken. En de waarschuwing is dat zonder geloof het onmogelijk is om God te behagen.

12:4-11 Algemene aantekening:

4 U hebt in uw strijd tegen de zonde uw leven nog niet op het spel gezet.

5 Kennelijk bent u de bemoediging vergeten die tot u als tot kinderen wordt gericht: 'Mijn zoon, je mag een vermaning van de Heer nooit terzijde schuiven en nooit opgeven als je door hem terechtgewezen wordt,

6 want de Heer berispt wie hij liefheeft, straft elke zoon van wie hij houdt.'

7 Houd vol, het betreft hier immers een leerschool, God behandelt u als zijn kinderen. Welk kind wordt niet door zijn vader berispt?

8 Maar als u die leerschool niet doorloopt zoals alle anderen vóór u, dan bent u geen kinderen, maar bastaards.

9 Daar komt nog bij dat wij voor onze aardse vaders, door wie we werden opgevoed, respect hadden; hoeveel te meer zullen we ons dan niet onderwerpen aan het gezag van de Vader van alle geesten, en dan leven?

10 Onze aardse vaders berispten ons maar voor korte tijd en naar eigen goeddunken, maar hij berispt ons voor onze eigen bestwil, om ons te laten delen in zijn heiligheid.

11 Een vermaning lijkt op het moment zelf geen vreugde te brengen, slechts verdriet, maar op den duur plukt wie erdoor gevormd is er de vruchten van: een leven in vrede en gerechtigheid.

*Paulus zegt ergens dat we door vele verdrukkingen het Koninkrijk moeten ingaan. En dat is de tucht van de Heer. Hij wil ons diepe lessen leren en Hij wil ons sterk maken. Maar wat tucht betreft zijn er drie reacties

mogelijk. Of we worden zielig net als een kip in de regen. Of we worden onverschillig net als een eend in de regen. Maar een zwaluw houdt zich schuil. En als de regen ophoudt zingt hij zijn hoogste lied.

12:12,13

12 Hef daarom uw slappe handen op, strek uw knikkende knieën,
13 en kies rechte paden, zodat een voet die gekneusd is niet verder ontwricht raakt, maar juist geneest.

*Laten we daarom weer moed krijgen en ons sterken in de Heer, opdat we niet nog zwakker worden en zelfs ontwricht raken.

12:15

15 Zorg ervoor dat niemand zich de genade van God laat ontgaan, dat er geen giftige kiem opschiet die onrust veroorzaakt en met zijn bitterheid velen besmet,

*Paulus zegt het niet voor niets dat je de zon niet over je woede moet laten ondergaan. Want als je lang genoeg boos bent, ontwikkel je een wortel van bitterheid die negatief effect kan hebben op vele mensen.

12:25

25 Let op dat u hem die spreekt niet afwijst. Want als zij al niet ontkomen zijn toen ze degene afwezen die hen op aarde onderrichtte, dan kunnen wij, wanneer we ons

afkeren van degene die dat vanuit de hemel doet, helemaal niet ontkomen.

*Dit is een algemene waarschuwing voor de christenheid. Als Israël met hun ongehoorzaamheid niet wegkwam, maar het oordeel trof hen; zo zal een zogenaamd christendom een ergere straf treffen, omdat wij grotere openbaringen hebben gekregen. En grotere genade en waarheid. Laten we daarom ons terdege bewust zijn van onze verantwoordelijkheid.

13:5,6

5 Laat uw leven niet beheersen door geldzucht, neem genoegen met wat u hebt. Hij heeft immers zelf gezegd: 'Nooit zal ik u afvallen, nooit zal ik u verlaten, '
6 zodat we vol vertrouwen kunnen zeggen: 'De Heer is mijn helper, ik heb niets te vrezen. Wat zouden mensen mij kunnen doen?'

*We moeten niet geldgierig zijn, maar tevreden met wat we hebben, want Hij zal voor ons zorgen. De Heer is onze Helper, wat kunnen de mensen ons aandoen. Ergens anders staat "als God voor ons is wie kan tegen ons zijn".

13:17

17 Gehoorzaam uw leiders en schik u naar hen, want zij waken over uw leven en zullen daarvan ook rekenschap moeten afleggen. Zorg ervoor dat zij hun taak met vreugde kunnen vervullen, zodat ze geen

reden tot klagen hebben: dat zou u zeker niet ten goede komen.

*Wat betreft oprechte leiders, die moeten we gehoorzaam zijn, want ze waken over onze zielen. Laten we ze het daarom niet te moeilijk maken. Maar helaas zijn er onder leiders ook vele wolven in schaapsklederen.

Jakobus

1:5-8 Algemene aantekening:

5 Komt een van u wijsheid tekort? Vraag God erom en hij, die aan iedereen geeft, zonder voorbehoud en zonder verwijt, zal u wijsheid geven.

6 Vraag vol vertrouwen, zonder enige twijfel. Wie twijfelt is als een golf in zee, die door de wind heen en weer wordt bewogen.

7 (7–8) Wie zo aarzelend en onberekenbaar is bij alles wat hij doet, moet niet denken dat hij iets van de Heer zal krijgen.

8

*De belofte hier is dat wanneer je de Here om wijsheid vraagt Hij het je beslist zal geven. Maar je moet wel in geloof bidden en niet twijfelen. Als je twijfelt zul je niets van de Here ontvangen, maar blijf je overgeleverd aan allerlei machten en krachten en invloeden. Iemand die twijfelt, is naar God toe een dubbelhartig mens en is onstabiel in al zijn wegen. Als u zich erg zwak voelt begin er dan mee te bidden of de Here u wil helpen te groeien in geloof. Dan vraagt u ook al naar wijsheid.

620

1;12-15   Algemene aantekening:

12

Gelukkig is de mens die in de beproeving staande blijft. Want wie de proef doorstaat, ontvangt als lauwerkrans het leven, zoals God heeft beloofd aan iedereen die hem liefheeft.

13 Wie in verleiding komt, moet niet beweren: 'Die verleiding komt van God.' Want God stelt niemand aan verleiding bloot, zoals hij zelf ook niet door iets slechts in verleiding kan worden gebracht.

14 Iedereen komt in verleiding door zijn eigen begeerte, die hem lokt en meesleept.

15 Is de begeerte bevrucht, dan baart ze zonde; en is de zonde volgroeid, dan brengt ze de dood voort.

*Als we staan blijven tijdens de verzoeking en op een gegeven moment beproefd worden, dan draagt dat de zegen van de Here weg. Maar als we gaan klagen en zelfs God gaan beschuldigen dat de verzoeking bij Hem vandaan komt, dan beledigen we de Here Jezus. God is degene die test, de duivel die pest. Maar worden wij verzocht door onze eigen begeerten en als we daaraan toegeven, zaait dat dood en verderf

1:20

20 Want de woede van een mens brengt niets voort dat in Gods ogen rechtvaardig is.

*Dit is een duidelijke waarschuwing. Laten we daarom zeer voorzichtig zijn met het idee van een zogenaamde heilige toorn. Salomo waarschuwt ons dat ergernis in de

boezem van dwazen rust en dat is bijna ook altijd zo met zogenaamde heilige toorn.

1:22-25 Algemene aantekening:

22 Vergis u niet: alleen horen is niet genoeg, u moet wat u gehoord hebt ook doen.
23 Want wie de boodschap hoort maar er niets mee doet, is net als iemand die het gezicht waarmee hij is geboren in de spiegel bekijkt:
24 hij ziet zichzelf, maar zodra hij wegloopt is hij vergeten hoe hij eruitzag.
25 Wie zich daarentegen spiegelt in de volmaakte wet die vrijheid brengt, en dat blijft doen, niet als iemand die hoort en vergeet, maar als iemand die ernaar handelt–hem valt geluk ten deel, juist om wat hij doet.

*Het woord hier voor daders van het 'Woord' is het zelfde als in Johannes 1 vers 1. Als we consequente volgelingen van Jezus zijn, zullen we vol zijn van Zijn Persoon en als we een mooie balans nastreven van theorie en praktijk, dan zullen we gelukzalig zijn in ons doen.

1:26-27

26 Wie meent dat hij God dient, terwijl hij zijn tong niet kan beteugelen, zit op een dwaalspoor, en heel zijn godsdienst is vergeefse moeite.
27 Voor God, de Vader, is alleen dit reine, zuivere godsdienst: weduwen en wezen bijstaan in hun nood,

en je in acht nemen voor de wereld en onberispelijk blijven.

*Als iemand meent dat hij godsdienstig is, maar hij kan niet eens zijn tong bedwingen en dat betekent niet alleen dat hij zijn hart op zijn tong heeft, maar ook dat hij nijgt tot roddel, schuine moppen en allerlei dwaasheid. Zo iemand bedriegt zichzelf en zijn godsdienst is waardeloos. Reine en onbezoedelde godsdienst is bij God onze Vader als we wezen en weduwen helpen in hun verdrukking. En onszelf onbevlekt houden van de wereld. En als je een hart voor God hebt, dan zul je die weduwe en wezen vinden. En als je ze echt niet zo gauw kan vinden, kan je altijd nog aan christelijke instanties geven die ze wel helpen. En je rein houden van deze wereld betekent dat je niet meedoet met de lust van het vlees, de lust van de ogen en de hoogmoed van het leven.

2:1-8   Algemene aantekening:

1   Broeders en zusters, het geloof in Jezus Christus, onze glorierijke Heer, staat niet toe dat u mensen op hun uiterlijk beoordeelt.
2   Stel dat uw samenkomst wordt bezocht door iemand die prachtige kleren en gouden ringen draagt, en tegelijkertijd door een arme in vodden.
3   Als u dan de eerste met alle zorg omringt en tegen hem zegt: 'Neemt u plaats, hier zit u goed, 'terwijl u tegen de tweede zegt: 'Ga daar maar staan, of ga maar bij mijn voetenbank op de grond zitten, '
4   maakt u dan geen ongeoorloofd onderscheid en wordt uw oordeel niet door verkeerde overwegingen bepaald?

5 Luister, geliefde broeders en zusters: heeft God niet juist hen die naar wereldse maatstaven arm zijn, uitgekozen om rijk te zijn door het geloof en deel te krijgen aan het koninkrijk dat hij heeft beloofd aan wie hem liefhebben?

6 Maar u behandelt arme mensen met minachting. Zijn het dan niet de rijken die u onderdrukken en u voor de rechter slepen?

7 Zijn zij het niet die de voortreffelijke naam die over u is uitgesproken, door het slijk halen?

8 Wanneer u echter het koninklijke gebod volbrengt dat de Schrift geeft: 'Heb uw naaste lief als uzelf, 'dan handelt u juist.

*Bijna de hele christenheid is er schuldig aan dat ze voorrang geven aan rijke en welgestelde christenen en dat de arme een tweederangspositie krijgt, terwijl God juist de armen heeft uitverkoren, omdat ze rijk in geloof zijn. Laten we daarom een einde eraan maken om rijke en welgestelde christenen een ereplaats in de Kerk te geven. Laten zij zich eerst maar bewijzen, niet alleen met wijze giften en mededeelzaamheid, maar ook met een goede handel en wandel.

2:12-13

12 Zorg ervoor dat uw spreken en uw handelen de toets kunnen doorstaan van de wet die vrijheid brengt.

13 Onbarmhartig zal het oordeel zijn over wie geen barmhartigheid heeft bewezen; maar de barmhartigheid overwint het oordeel.

*We moeten wel bedenken dat zelfs voor echte christenen geldt dat als we geen erbarmen tonen, het ons op z'n minst niet makkelijk zal vergaan. Erbarmen roemt tegen het oordeel. Laat dit een waarschuwing zijn voor Farizeeërs. Maar dat wil natuurlijk niet zeggen dat alles dan maar goed gevonden moet worden. Want dan wordt het een puinhoop aan de tafel van de Heer.

2:14-26   Algemene aantekening:

14 Broeders en zusters, wat heeft het voor zin als iemand zegt te geloven, maar hij handelt er niet naar? Zou dat geloof hem soms kunnen redden?

15 Als een broeder of zuster nauwelijks kleren heeft en elke dag eten tekortkomt,

16 en een van u zegt dan: 'Het ga je goed! Kleed je warm en eet smakelijk!' zonder de ander te voorzien van de eerste levensbehoeften–wat heeft dat voor zin?

17 Zo is het ook met geloof: als het zich niet daadwerkelijk bewijst, is het dood.

18 Maar dan zegt iemand: 'De een gelooft, de ander doet.' Laat mij maar eens zien dat je kunt geloven zonder daden; ik zal u door mijn daden tonen dat ik geloof.

19 U gelooft dat God de enige is? Daar doet u goed aan. Maar de demonen geloven dat ook, en ze sidderen.

20 Dwaas, wilt u het bewijs dat geloof zonder daden nutteloos is?

21 Werd het onze voorvader Abraham niet als een rechtvaardige daad toegerekend dat hij zijn zoon Isaak op het altaar wilde offeren?

22 U ziet hoe geloof en handelen daar hand in hand gaan, en hoe het geloof vervolmaakt wordt door daden.

23 Zo ging in vervulling wat de Schrift zegt: 'Abraham vertrouwde op God, en dat werd hem toegerekend als een rechtvaardige daad.' Hij wordt zelfs Gods vriend genoemd.

24 U ziet dus dat iemand rechtvaardig wordt verklaard om wat hij doet, en niet alleen om zijn geloof.

25 Werd niet ook Rachab, de hoer, rechtvaardig verklaard om wat ze deed, toen ze de verkenners ontving en langs een andere weg liet vertrekken?

26 Zoals het lichaam dood is zonder de ziel, zo is ook geloof zonder daden dood.

*Bij de katholieken valt de nadruk op goede werken en bij de protestanten op het zaligmakend geloof. De schrift combineert de twee. Als je echt gelooft, is dat in de werken te zien. Abraham wordt hier als voorbeeld gegeven dat zijn werken uit zijn geloof voortkwamen. Hij geloofde namelijk dat God zijn zoon uit de doden zou opwekken. En zijn werken waren dat hij hem echt op het altaar bond. En die combinatie van geloof en werk werd hem tot rechtvaardigheid gerekend. Ook de moordenaar aan het kruis had een goed werk. Hij wees namelijk de andere gekruisigde terecht en gaf blijk van zijn geloof in de Here Jezus. Dit was duidelijk een wedergeboorte.

3:8-10

8 ...maar er is geen mens die de tong kan temmen, dat onberekenbare kwaad, vol dodelijk venijn.

9 Met onze tong zegenen we onze Heer en Vader, en we vervloeken er mensen mee die God heeft geschapen als zijn evenbeeld.

10 Uit dezelfde mond klinkt zegen en vervloeking. Dat kan toch niet goed zijn, broeders en zusters?

*Wat een afschuwelijke realiteit; 'we zegenen en vervloeken' en we weten het niet eens. Salomo zegt "uw hart weet zeer goed dat u er velen vervloekt hebt". We moeten niet zomaar de schuld aan de oude natuur geven. Een christen heeft dan wel twee naturen, maar hij heeft één persoonlijkheid. We moeten de uitgangen van ons hart bewaren en elke gedachte gevangen nemen in de gehoorzaamheid aan Christus.

3:13-18 Algemene aantekening:

13 Wie van u kan wijs en verstandig genoemd worden? Laat hij het daadwerkelijk bewijzen door een onberispelijk leven en door wijze zachtmoedigheid.
14 Maar als u zich laat beheersen door bittere jaloezie of egoïsme, kunt u beter niet zo hoog van de toren blazen; u zou de waarheid geweld aandoen.
15 Dat soort wijsheid komt niet van boven; ze is aards, ongeestelijk, demonisch.
16 Waar jaloezie en egoïsme heersen, vieren wanorde en allerlei kwaad hoogtij.
17 De wijsheid van boven daarentegen is vóór alles zuiver, en verder vredelievend, mild en meegaand; ze is rijk aan ontferming en brengt niets dan goede vruchten voort, ze is onpartijdig en oprecht.
18 Waar in vrede wordt gezaaid, brengt gerechtigheid haar vruchten voort voor hen die vrede stichten.

*Als we wijs zijn en kennis van heilige zaken hebben, dan hebben we een goede wandel met de bijbehorende vruchten van boven. Maar zitten we vol nijd en bitterheid, dan liegen we tegen de waarheid. Het is zelfs een geestelijke wetmatigheid dat als onder christenen ergens er jaloersheid en strijd is, dan is er niet alleen wanorde onder hen, maar elke mogelijke slechte zaak. De wijsheid van boven echter, die is in de eerste plaats rein, vervolgens vreedzaam, mild, gezeggelijk, d.w.z men kan naar kritiek luisterenen en er wat praktisch meedoen. Verder is de wijsheid van boven vol erbarmen en goede werken, onpartijdig, men gaat dus geen groepjes vormen en niet hypocriet.

4:3

3 En als u bidt ontvangt u niets, omdat u verkeerd bidt: u wilt alleen uw eigen hartstochten bevredigen.

*Het is wel de bedoeling dat we leren bidden in overeenkomst met de wijsheid van boven, anders bidden we meestal voor niets.

4:4-6 Algemene aantekening:

4 Trouwelozen! Beseft u dan niet dat vriendschap met de wereld vijandschap jegens God betekent? Wie bevriend wil zijn met de wereld, maakt zich tot vijand van God.
5 Denk toch niet dat dit loze woorden zijn in de Schrift: 'Hij die ons het leven gaf, maakt er vurig aanspraak op;
6 maar de genade die hij schenkt is nog groter.' Daarom staat er: 'God keert zich tegen hoogmoedigen, maar aan nederigen schenkt hij zijn genade.'

628

*Vaak hebben we het niet eens in de gaten wanneer we een vriend van de wereld zijn; maar dat maakt je wel een vijand van God. Het is dus mogelijk dat je als wedergeboren christen een vijand van God wordt. En dat je vol wordt van hoogmoed en allerlei begeerten en dan geldt er voor ons dat God "wederstaat de hoogmoedigen, maar de nederigen geeft Hij genade".

4:7-8

7 Onderwerp u dus aan God, en verzet u tegen de duivel, dan zal die van u wegvluchten.
8 Nader tot God, dan zal hij tot u naderen. Reinig uw handen, zondaars; zuiver uw hart, weifelaars.

*We kunnen de duivel pas wederstaan als we ons eerst aan God onderwerpen. Eerder zal hij niet van ons vluchten. En we worden opgeroepen om actief tot God te naderen. En de belofte is dat Hij dan tot ons zal naderen. En hoe naderen we tot God, door liefde voor Hem en onze naaste. Hij die God liefheeft, die wordt door God erkend.

4:11-12   Algemene aantekening:

11 Spreek geen kwaad van elkaar, broeders en zusters. Wie kwaadspreekt van een ander of een ander veroordeelt, spreekt kwaad van de wet en veroordeelt de wet. En als u de wet veroordeelt, handelt u niet naar de wet, maar treedt u op als rechter.
12 Er is maar één wetgever en rechter: hij die bij machte is te redden of in het verderf te storten. Maar wie bent u, om uw naaste te veroordelen?

*De Here Jezus zegt "oordeelt niet en gij zult niet geoordeeld worden". Laat staan dat we mensen mogen veroordelen en verwensen. Maar een Kerk moet wel kunnen beoordelen en tuchtigen. Maar als éénling mag ik mijn broeder of zuster niet oordelen of kwaad spreken van hem of haar, of roddelen. Roddelen is ook de waarheid spreken van iemand en van iemands fouten en beledigingen naar jou adres, zonder daarbij genade en waarheid in het oog te houden en erbarmen toe te passen en vergevingsgezind te zijn. Laten we zoveel mogelijk dingen met de mantel van de liefde bedekken.

4:13-17 Algemene aantekening:

13 Dan iets voor u die zegt: 'Vandaag of morgen gaan wij naar die en die stad. Daar blijven we een jaar, we zullen er handeldrijven en geld verdienen.'
14 U weet niet eens hoe uw leven er morgen uitziet. U bent immers maar damp, die heel even verschijnt en dan al verdwijnt.
15 U zou moeten zeggen: 'Als de Heer het wil, zijn we dan in leven en zullen we dit of dat doen.'
16 Maar u slaat een hoge toon aan en bent daar nog trots op ook. Dat soort trots is volkomen ongepast.
17 Als iemand weet hoe het hoort maar er niet naar handelt, dan zondigt hij.

*David zegt ergens in een psalm dat in onze dwaze harten we een houding hebben alsof er geen eind aan ons leven komt. Verstandelijk weten we het wel, maar we halen als het ware onze schouders erbij op. En vele christenen denken vol trots dat ze het éne plan na het andere kunnen maken. En als ze dat nog lukt ook, dan is dat vaak een vervloeking van de duivel in plaats van een zegen van boven. Waarlijk succes komt in samenwerking met de Here Jezus en niet in trotse onafhankelijkheid.

5:1-6   Algemene aantekening:

1   En nu iets voor u, rijken! Weeklaag en jammer om de rampspoed die over u komt.
2   Uw rijkdom is verrot en uw kleding is door de mot aangevreten.
3   Uw goud en zilver is verroest, en die roest zal tegen u getuigen en als een vuur uw lichaam verteren. U hebt uw schatkamers gevuld, hoewel de tijd ten einde loopt.
4   Hoor de klacht van het loon dat u de arbeiders die uw velden maaiden hebt onthouden. Het geroep van de maaiers is tot de Heer van de hemelse machten doorgedrongen.
5   U hebt op aarde in weelde gebaad en losbandig geleefd, u hebt uzelf vetgemest voor de slachttijd.
6   U hebt de rechtvaardige veroordeeld en vermoord, en hij heeft zich niet tegen u verzet.

*Dit is een ernstige waarschuwing tegen genadeloze rijken die op een gewetenlozen manier misbruik maken van hen die voor hen werken. Want de Here geeft ook om de werker. Ja, er staat ergens dat Hij de armen heeft uitverkoren rijk zijnde in geloof. Hij heeft het 'niet' uitgekozen om het 'iet' te niet te doen.

5:7

7 Heb geduld, broeders en zusters, tot de Heer komt. Denk eens aan de boer, die geduldig blijft wachten op de kostbare opbrengst van zijn land, tot de regens van najaar en voorjaar zijn gevallen.

*Dit is een belofte voor christelijke arbeiders die hun werk als voor de Here doen, dat ze eens beloond zullen worden.

5:9

9 Klaag niet over elkaar, broeders en zusters, want daarmee roept u het oordeel over u af. Bedenk dat de rechter voor de deur staat.

*Als we heel dicht bij de Here Jezus zijn, dan zuchten we zelfs niet tegen de broeders. Laat staan dat we roddelen of kwaad spreken. Salomo zei "het verstand van een man zorgt er voor dat hij niet gauw kwaad wordt. En het is zijn heerlijkheid om stilletjes aan een belediging voorbij te gaan alsof er niets gebeurd was". Klagen we echter wel in ons hart, laten we dan voorzichtig zijn dat de Here als rechter voor de deur staat.

5:11

11 Degenen die standhielden prijzen we gelukkig! U hebt gehoord hoe standvastig Job was, en u weet welke uitkomst de Heer gaf; de Heer is immers liefdevol en barmhartig.

*Als we tenminste volharden, dan zal de belofte komen. Waarschijnlijk zelfs tijdens ons leven. Toch zijn er ook gevallen dat de Here je weg kan nemen.

5:16b

Want het gebed van een rechtvaardige is krachtig en mist zijn uitwerking niet.

*De belofte hier is dat wanneer we echt intens bidden, God ons zal horen en het goede zal doen. God zegt ook weleens nee en dat is dan voor ons eigen bestwil. Laten we echter volharden in het bidden en laten we onze hele geest en ziel en hart erin leggen, God laat geen bidder staan.

5:19-20

19 Broeders en zusters, als een van u afdwaalt van de waarheid en een ander laat hem daarheen terugkeren,
20 dan mag hij weten: wie een zondaar van het dwaalspoor terugbrengt, redt hem van de dood en wist tal van zonden uit.

*Als je een medebroeder of zuster de fout in ziet gaan, bid de Here dan om wijsheid om die persoon weer op het rechte pad te brengen en je zult hem of haar van de geestelijke dood redden en bewaren voor een grote hoeveelheid aan zonden.

1 Petrus

1:4

4 (4–5) Er wacht u, die door Gods kracht wordt beschermd omdat u gelooft, in de hemel een onvergankelijke, ongerepte erfenis die nooit verwelkt. U ziet de redding tegemoet, die aan het einde van de tijd zeker geopenbaard zal worden.

*De belofte hier wordt beschreven als onverwelkelijk, onbezoedeld en onvergankelijk. Iedereen zijn eigen pijn is zijn ergste pijn. Maar laten we het relativeren, want het is maar tijdelijk en de heerlijkheid is eeuwig. Toch is het de bedoeling dat we ons hier al verlustigen in de Here.

2:1-3

1 Ontdoe u dus van alles wat slecht is, van alle bedrog en huichelarij, alle afgunst en kwaadsprekerij,
2 en verlang als pasgeboren zuigelingen naar de zuivere melk van het woord, opdat u daardoor groeit en uw redding bereikt.
3 U hebt toch ondervonden hoe goed de Heer is?

*Om te kunnen groeien in wijsheid en liefde, moet je eerst dingen als bedrog en hypocrisie weg doen uit je leven. Het Woord van God hier wordt vergeleken met onvervalste melk, die niet onredelijk is. God vraagt niet zomaar van ons dat we van een toren afspringen om te pletter te vallen. En zo vraagt Hij ook niet om te geloven dat Jona de vis had kunnen opslokken, als God dat gewild had. Maar wel dat een grote vis Jona opslokte en dat hij door de lucht, die in de buik van de vis was, in leven werd gehouden. Ergens anders heeft Paulus het over onze redelijke godsdienst. Het is dus niet zo dat we ons verstand helemaal moeten wegcijferen; zo ook niet onze emoties of lichamelijke behoeftes.

2:11

11 Geliefde broeders en zusters, u bent als vreemdelingen die ver van huis zijn; ik vraag u dringend niet toe te geven aan zelfzuchtige verlangens, die uw ziel in gevaar brengen.

*De gnostici vroeger verheerlijkten de geest en verachtten het lichaam en zo op één of andere verdoolde manier gave ze toe aan zondige begeerten. Zulke sektes bestaan er nog steeds. Toch is het wel zaak dat we ons lichaam in bedwang houden. Want wanneer we aan allerlei begeerten toegeven, zal dat onze ziel schaden. Salomo zei "iemand die zijn geest beheerst, is sterker dan hij die een stad inneemt". Als we dus naar echte geestelijke macht verlangen, laten we dan eerst leren onszelf te besturen.

2:20

20 Immers, is er enige reden om trots te zijn wanneer u de slagen verdraagt die u als straf voor uw wangedrag krijgt? Het is echter een blijk van Gods genade wanneer u verdraagt wat u moet lijden voor uw goede daden.

*Wie kan zo iets nog horen. Zijn we niet allemaal zwakke christenen geworden, om niet te zeggen kwaadwillend, achterbaks, laf en zelfs haatdragend.

3:1-6 Algemene aantekening:

1 Voor u, vrouwen, geldt hetzelfde: erken het gezag van uw man. Dan zullen mannen die weigeren Gods boodschap te aanvaarden daarvoor gewonnen worden door het gedrag van hun vrouw, zonder dat zij iets hoeft te zeggen,
2 omdat ze zien hoe zuiver u leeft uit ontzag voor God.
3 Uw schoonheid moet niet gelegen zijn in uiterlijkheden, zoals kunstig gevlochten haar, gouden sieraden of elegante kleding,
4 maar in wat verborgen ligt in uw hart, in een zacht en stil gemoed. Dat is een onvergankelijk sieraad dat God kostbaar acht.
5 Daarmee tooiden zich vroeger ook de heilige vrouwen die hun hoop op God vestigden en het gezag van hun man erkenden,
6 zoals Sara; zij gehoorzaamde Abraham en noemde hem 'heer'. U bent haar dochters wanneer u het goede doet en u zich geen angst laat aanjagen.

*Dit klinkt niet bepaald als muziek in de oren van feministen. En ik ben bang dat ze voor een groot gedeelte gelijk hebben en de meeste mannen in het algemeen gefaald hebben en misbruik hebben gemaakt van hun positie. Toch moeten we nastreven, als mannen en vrouwen, wat er in dit hoofdstuk staat. Veel vrouwen zijn onzeker, omdat ze denken dat ze niet mooi genoeg zijn; terwijl het het innerlijk is waar het omgaat. Er staat ergens "de mens ziet aan wat aan de buitenkant is, maar God ziet het hart aan". Vers 3 betekent niet dat men dit letterlijk niet mag doen. Zeker op een bruiloft is het van toepassing dat een bruid zich mooi maakt. Maar de nadruk ligt op vers 4. Christenvrouwen behoren naar hun mannen toe wel onderdanig te zijn, maar dat wil natuurlijk niet zeggen dat je steeds over jezelf heen laat lopen. En als een vrouw onderdanig is, zal ze niet alleen de liefde van haar man winnen, maar hem ook voor God kunnen winnen. Dit slaat in de eerste plaats op paren die als niet-christenen het huwelijk in zijn gegaan.

3:7

7 U, mannen, moet verstandig omgaan met uw vrouw, die brozer is dan u. Behandel haar met respect, want zij deelt samen met u in de genade van het nieuwe leven. Dan staat niets uw gebeden in de weg.

*Mannen moeten er rekening mee houden dat vrouwen het zwakkere vat zijn. In de sport wordt daar ook rekening mee gehouden. Mannen moeten hun vrouwen eer geven, omdat ze mede-erfgenamen zijn van het eeuwige leven. Doen wij als mannen dat niet, dan zal God onze gebeden verhinderen.

3:8-12 Algemene aantekening:

8 Tot slot vraag ik u: Wees allen eensgezind, leef met elkaar mee, heb elkaar lief als broeders en zusters, wees barmhartig en bereid de minste te zijn.

9 Vergeld geen kwaad met kwaad, en als u wordt uitgescholden, scheld dan niet terug; zegen juist, opdat u ook zelf zegen ontvangt, want daartoe bent u geroepen.

10 Immers: 'Wie het leven liefheeft en gelukkig wil zijn, moet geen laster of leugens over zijn lippen laten komen,

11 hij moet het kwaad uit de weg gaan en het goede doen, en voortdurend vrede nastreven.

12 Want de Heer verliest de rechtvaardigen niet uit het oog en luistert naar hun gebeden, maar hij keert zich tegen wie kwaad doen.'

*We moeten niet kwaad met kwaad vergelden of scheldpartij met scheldpartij. Maar veeleer moeten we zegenen, opdat we ook zelf zegeningen mogen beërven. We mogen het tijdelijke leven liefhebben, we mogen hopen op goede dagen en dat kunnen we zelfs bereiken, in veel gevallen, door eerlijk te zijn, geen kwaad te doen, maar juist het goede en door vrede na te jagen. Deze teksten slaan niet in de eerste plaats op de eeuwigheid, maar op het leven van dag tot dag.

4:3-5 Algemene aantekening:

3 U hebt al genoeg tijd verspild aan allerlei zaken waarin de ongelovigen plezier hebben: losbandigheid, wellust,

dronkenschap, bras– en slemppartijen en verwerpelijke afgodendienst.

4 Zij vinden het vreemd dat u niet langer meedoet aan hun liederlijke uitspattingen en ze spreken daarom kwaad over u.

5 Maar ze zullen zich daarvoor moeten verantwoorden tegenover hem die zich gereedhoudt om recht te spreken over levenden en doden.

*Dit is een waarschuwing voor ongelovigen. Christenen zijn vreemde mensen voor ze, omdat wij niet mee willen doen. Maar het is een vreselijk ding om in de Handen van de Levende God te vallen en iedereen zal rekenschap moeten afleggen aan Hem die levenden en doden zal oordelen.

4:8

8 Heb elkaar vóór alles innig lief, want liefde bedekt tal van zonden.

*We zijn allemaal zeer onvolmaakt en meestal weten we niet eens van onszelf waar we verkeerd in zijn. En daarom is het zo belangrijk dat we elkaar liefde geven, elkaar verdragen en zo elkaars zonden bedekken.

4:12-13

12 Geliefde broeders en zusters, wees niet verbaasd over de vuurproef die u ondergaat; er overkomt u niets uitzonderlijks.

13 Hoe meer u deel hebt aan Christus' lijden, des te meer moet u zich verheugen, en des te uitbundiger zal uw vreugde zijn wanneer zijn luister geopenbaard wordt.

*We moeten niet verbaasd zijn wanneer er pijn, moeite en verdriet op onze weg komt. Want wanneer we deel hebben gehad aan het lijden van Christus, zullen we ons eens verblijden wanneer Zijn Heerlijkheid geopenbaard wordt. Want wij zullen deelgenoten daarvan zijn.

5:4

4 Dan zult u wanneer de hoogste herder verschijnt de krans van de luister ontvangen, die nooit verwelkt.

*Herders wordt hier beloofd dat, als ze trouw zijn geweest, ze de onverwelkende kroon van Heerlijkheid zullen ontvangen.

5:5

5 En u, jongeren, moet van uw kant het gezag van de oudsten erkennen. Overigens, in de omgang met elkaar moet ieder van u altijd de minste willen zijn, want God keert zich tegen hoogmoedigen, maar aan nederigen schenkt hij zijn genade.

*Dit is een waarschuwing en een belofte te gelijker tijd. Salomo zei het zo "hoogmoed komt voor de val en eer wordt vooraf gegaan door nederigheid".

5:6

6 Onderwerp u dus nederig aan Gods hoge gezag, dan zal hij u op de bestemde tijd een eervolle plaats geven.

"Het is goed om jezelf te vernederen tegenover de Here, die zelf zei dat hij die zichzelf vernedert verhoogd zal worden.

5:7

7 U mag uw zorgen op hem afwentelen, want u ligt hem na aan het hart.

*De belofte hier is dat de Here Jezus om ons geeft.

5:8

8 Wees waakzaam, wees op uw hoede, want uw vijand, de duivel, zwerft rond als een brullende leeuw, op zoek naar een prooi.

*Wat een waarschuwing om nuchter te zijn en realistisch en op je hoede; want de duivel wil je echt te pakken nemen.

2 Petrus

1:3-11

3 Zijn goddelijke macht heeft ons alles geschonken wat nodig is voor een vroom leven, door de kennis van hem die ons geroepen heeft door zijn majesteit en wonderbaarlijke kracht.

4 Hiermee zijn ons kostbare, rijke beloften gedaan, opdat u zou ontkomen aan het verderf dat de wereld beheerst als gevolg van de begeerte, en opdat u deel zou krijgen aan de goddelijke natuur.

5 Span daarom al uw krachten in om uw geloof te verrijken met deugdzaamheid, uw deugd-zaamheid met kennis,

6 uw kennis met zelfbeheersing, uw zelfbeheersing met volharding, uw volharding met vroomheid,

7 uw vroomheid met liefde voor uw broeders en zusters, en uw liefde voor uw broeders en zusters met liefde voor allen.

8 Als u deze eigenschappen in overvloed bezit, is uw kennis van onze Heer Jezus Christus niet nutteloos maar vruchtbaar.

9 Wie ze niet bezit is kortzichtig, ja blind, en vergeet dat hij van zijn vroegere zonden gereinigd is.

10 Span u daarom des te meer in om uw roeping en uitverkiezing waar te maken, broeders en zusters. Als u dit alles doet, komt u nooit ten val

11 en zal u onbelemmerd toegang worden verleend tot het eeuwige koninkrijk van onze Heer en redder Jezus Christus.

*De belofte in vers 8 is een hele mooie, want wanneer we deze deugden hebben en wanneer ze ruimschoots aanwezig zijn bij ons, zullen we ook vrucht dragen wat de kennis van onze Here betreft. De waarschuwing in vers 9 is dat, wanneer we deze deugden niet hebben, we dan geestelijk blind zijn en dat het misschien in theorie nog wel belangrijk is, maar voor onze harten is er geen aandacht meer voor de reiniging van onze zonden. En de belofte in vers 11 spreekt voor zichzelf.

2:1-3

1 Toch zijn er destijds onder het volk ook valse profeten opgetreden, en zo zullen er ook onder u dwaalleraren verschijnen. Ze zullen met verderfelijke ketterijen komen en zelfs de meester die hen heeft vrijgekocht verloochenen. Daarmee bewerken ze spoedig hun eigen ondergang.
2 Velen zullen hun losbandig gedrag overnemen en zo de weg van de waarheid in opspraak brengen.
3 Gedreven door hebzucht zullen ze u bedriegen met misleidende verhalen, maar hun vonnis is allang geveld, hun ondergang laat niet op zich wachten.

*Wat hier staat is ook echt gebeurd. De zogenaamde hogere kritiek heeft zo'n beetje de hele Bijbel omvergeworpen en onder hen zijn inderdaad valse leraren die de Here Jezus ontkennen en bijvoorbeeld zeggen dat de religie van Paulus een slachthuisreligie is.

Om over andere dingen maar te zwijgen. En de waarschuwing hier is dat zulke mensen het oordeel niet zullen kunnen ontvluchten.

2:9

9 De Heer blijkt dus vromen uit de beproeving te kunnen redden en onrechtvaardigen gevangen te kunnen houden tot de dag van het oordeel, om hen dan te straffen.

*De belofte en de waarschuwing die in dit vers vervat zijn, mogen voor zichzelf spreken.

2:10-11

10 Hij straft vooral diegenen die zich, door onreine verlangens gedreven, overgeven aan schaamteloze losbandigheid en het gezag van de Heer verachten. Overmoedig en arrogant als ze zijn, schrikken ze er niet voor terug hemelse machten te lasteren,
11 terwijl zelfs engelen, in kracht en macht toch hun meerderen, het niet aandurven om die machten namens de Heer te beschuldigen en te veroordelen.

*Hier gaat het over mensen die met alles spotten. In dit geval met hogere machten, dus niet alleen met de Here Jezus, maar ook met de duivel. Terwijl de Heilige engelen hen niet aanklagen bij de Heer, maar het oordeel aan Hem overlaten. En als dat iemand niets zegt, dan is hij echt als een redeloos dier zoals beschreven in vers 12.

12 Maar deze mensen, die net redeloze dieren zijn, van nature bestemd om gevangen en gedood te worden, lasteren wat ze niet eens kennen. Ze zullen aan hun eigen verderfelijke gedrag ten onder gaan

13 en onrecht lijden als loon voor hun eigen onrecht. Ze genieten ervan om zich op klaarlichte dag volledig te laten gaan. En wanneer ze samen met u aan een feestmaal deelnemen, zijn ze een schandvlek voor uw gezelschap, omdat ze zwelgen in hun bedrieglijk genot.

14 Hun ogen zijn voortdurend op zoek naar overspel en ze zondigen onophoudelijk, ze verleiden onstandvastige zielen en zijn een en al hebzucht. Vervloekt zijn ze!

15 Ze zijn afgedwaald, ze hebben de rechte weg verlaten en treden in de voetsporen van Bileam, de zoon van Bosor, die zich maar al te graag liet betalen voor onrecht.

16 Maar hij werd voor zijn vergrijp terechtgewezen: een stom lastdier, dat met de stem van een mens sprak, maakte een eind aan de waanzin van die profeet.

17 Droogstaande bronnen zijn het, mistflarden die door een wervelwind voortgejaagd worden. De diepste duisternis wacht hun,

18 want met loos gebral en schaamteloze uitspattingen verleiden ze hen die zich nog maar net hebben losgemaakt van degenen die dwalen.

19 Ze beloven vrijheid, maar zijn zelf slaven van het verderf, want waar men door beheerst wordt, daarvan is men slaaf.

20 En als zij die zich door hun kennis van onze Heer en redder Jezus Christus hebben losgemaakt van het vuil van de wereld, daar weer in verstrikt raken en er

opnieuw door worden beheerst, zijn ze er erger aan toe dan voorheen.

21 Het was beter voor hen geweest de weg van de rechtvaardigheid nooit gekend te hebben dan die weg wel te kennen, en zich vervolgens af te wenden van het heilige gebod dat hun is overgeleverd.

22 Op hen is het spreekwoord 'Een hond keert terug naar zijn eigen braaksel' volledig van toepassing, of 'Een gewassen zeug rolt al snel weer door de modder'.

*Laten we deze verzen goed tot ons door laten dringen. Het frappante is dat de goddeloze mensen hier genoemd, de diepste duisternis zullen ervaren in de eeuwigheid en dat wordt niet van moordenaars gezegd. Ze zijn de weg van Bileam gegaan; dat wil zeggen ze verleiden de mensen met hun ogen vol overspel.

3:16

16 Hij schrijft dit overigens in alle brieven waarin hij dit onderwerp ter sprake brengt. Daarin staat een en ander dat moeilijk te begrijpen is en dat door onwetende en onstandvastige mensen, tot hun eigen ondergang, wordt verdraaid; dat doen ze trouwens ook met de overige geschriften.

*Laat het ons tot een waarschuwing strekken dat, wanneer we moeilijke dingen tegenkomen in de Bijbel, we geen haastige conclusies moeten trekken. En laten we er terdege rekening mee houden dat er zwakke en onkundige broeders en zusters zijn die de zaken verkeerd voorstellen, om maar te zwijgen over dwaalleraars.

3:17

17 Geliefde broeders en zusters, u weet van tevoren wat er gaat komen. Wees daarom op uw hoede en laat u niet meeslepen op de dwaalwegen van wettelozen. Laat uw standvastigheid niet varen,

*We kunnen dus van tevoren weten dat er onder ons broeders en zusters zijn die er verkeerde opvattingen op nahouden. En dat er ook zijn die in het geniep gewoon wetteloze levens leiden. We worden hier gewaarschuwd om op onze hoede te zijn.

1 Johannes

1:4

4 We schrijven u deze brief om onze vreugde volkomen te maken.

*Volgens deze belofte is het de bedoeling dat onze vreugde volmaakt wordt, alsof onze zielen volle glazen zijn. De praktijk leert echter dat of deze vreugde ver te zoeken is of het is een valse vreugde van hoogmoed en zonden. Laten we ons dit ten zeerste aantrekken.

2:1-2

1 Kinderen, ik schrijf u dit opdat u niet zondigt. Mocht een van u echter toch zondigen, dan hebben wij een pleitbezorger bij de Vader: Jezus Christus, de rechtvaardige.
2 Hij is het die verzoening brengt voor onze zonden, en niet alleen voor die van ons, maar voor de zonden van de hele wereld.

*Deze verzen behelzen een grote troost en belofte. Een serieuze christen is niet lichtzinnig en daarom wanneer hij bewust wordt van zonden in zijn leven, dan mag hij een beroep doen op de Here Jezus als zijn Advocaat.

2:9-11

9 Wie zegt in het licht te zijn maar zijn broeder of zuster haat, bevindt zich nog altijd in de duisternis.

10 Wie de ander liefheeft, blijft in het licht en komt niet ten val,

11 maar wie de ander haat, bevindt zich in de duisternis. Hij gaat zijn weg in het duister, zonder te weten waarheen die weg voert, want de duisternis heeft hem blind gemaakt.

*Deze ernstige waarschuwing moeten we ten zeerste tot ons door laten dringen. Want het gebeurt heel vaak, wanneer mensen ons steeds maar weer pijn doen, dat we bitter worden en zelfs een broeder kunnen gaan haten en dan hebben we God echt niet lief. Maar als je je broeder van harte vergeeft en hem verdraagt en liefhebt dan heb je ook God lief. En hij die God liefheeft wordt door God erkend.

2:15-17

15 Heb de wereld en wat in de wereld is niet lief. Als iemand de wereld liefheeft, is de liefde van de Vader niet in hem,

16 want alles wat in de wereld is–zelfzuchtige begeerte, afgunstige inhaligheid, pronk-zucht–,dat alles komt niet uit de Vader voort maar uit de wereld.

17 De wereld met haar begeerte gaat voorbij, maar wie Gods wil doet blijft tot in eeuwigheid.

*Iemand die de wereld liefheeft, maakt zich een vijand van God. De twee lusten die hier genoemd worden, namelijk die van het vlees en de ogen en de hoogmoed van het leven liggen er dik bovenop in films als die van James Bond. Maar ook in tegenovergestelde films, waarin mensen lijden en beledigd worden, is het mogelijk dat je op een indirecte wijze toch met deze drie hoofdzonden van de wereld te maken hebt. Dat wil niet zeggen dat we een stoïcijnse onverschilligheid moeten aannemen. Maar in Hebreeën staat ergens dat zij die vast voedsel tot zich nemen, zich hebben geoefend in het onderscheiden van goed en kwaad.

2:18-21

18 Kinderen, het laatste uur is aangebroken. U hebt gehoord dat de antichrist zal komen. Nu al treden er veel antichristen op, en daardoor weten we dat dit het laatste uur is.
19 Ze zijn uit ons midden voortgekomen maar ze hoorden niet bij ons, want als ze werkelijk bij ons hadden gehoord, zouden ze bij ons gebleven zijn. Maar het moest aan het licht komen dat niemand van hen bij ons hoorde.
20 U echter bent gezalfd door de Heilige, u allen weet dat.
21 Ik schrijf u niet omdat u de waarheid niet zou kennen, maar juist omdat u die kent en omdat uit de waarheid nooit een leugen voortkomt.

*Laten we ten zeerste gewaarschuwd zijn dat we niet alleen met valse leraren te doen hebben, maar ook met broeders en zusters die in het geheim wetteloos zijn. En dat er ook mensen zijn die geïnspireerd worden door de geest van de antichrist. Allemaal wolven in schaapsklederen. En dat doet me denken aan wat de Here zei, "zie ik zendt u uit als schapen temidden van de wolven".

2:22-25

22 Bestaat er een grotere leugenaar dan iemand die ontkent dat Jezus de Christus is? De antichrist is ieder die de Vader en de Zoon niet erkent.

23 Ieder die de Zoon niet erkent, heeft ook de Vader niet. Wie de Zoon erkent, heeft ook de Vader.

24 Wat uzelf betreft: wat u vanaf het begin hebt gehoord, laat dat in u blijven. Als in u blijft wat u vanaf het begin hebt gehoord, zult u in de Zoon en in de Vader blijven.

25 En dit is wat hij ons heeft beloofd: het eeuwige leven.

*Dit is een waarschuwing en een belofte tegelijkertijd. Als je Jezus niet erkent als Messias, dan heb je de Vader ook niet. Maar hij die de Zoon belijdt, heeft ook de Vader. Laten we teruggaan naar het prille begin van de christenheid, dat we hebben verlaten. En laten we in de Zoon en de Vader blijven naar woord en daad.

2:28-29

28 Blijf dus in hem, kinderen. Dan kunnen we vol vertrouwen zijn wanneer hij verschijnt en hoeven we ons niet te schamen bij zijn komst.

29 U weet dat hij rechtvaardig is, en u moet daarom wel inzien dat ieder die rechtvaardig leeft uit God geboren is.

*Laten we gewaarschuwd zijn dat het zeer wel mogelijk is dat wij bij zijn komst beschaamd zullen zijn. Maar daaraan tegen, wanneer we trouw zijn zullen we vrijmoedigheid hebben.

3:1-3

1 Bedenk toch hoe groot de liefde is die de Vader ons heeft geschonken! Wij worden kinderen van God genoemd, en dat zijn we ook. Dat de wereld ons niet kent, komt doordat de wereld hem niet kent.

2 Geliefde broeders en zusters, wij zijn nu al kinderen van God. Wat we zullen zijn is nog niet geopenbaard, maar we weten dat we aan hem gelijk zullen zijn wanneer hij zal verschijnen, want dan zien we hem zoals hij is.

3 Ieder die dit vol vertrouwen van hem verwacht maakt zich rein, zoals ook Jezus rein is.

*Dit is zo mogelijk onze grootste belofte. Paulus die zegt dat wat geen oog heeft gezien en wat geen oor heeft gehoord en wat in geen mensenhart is opgekomen, dat heeft God bereid voor hen die Hem liefhebben. En dan zegt hij erbij "maar ons heeft Hij het geopenbaard". En vooral in dit vers van Johannes, waar staat dat we Hem gelijk zullen zijn. En dat zal gebeuren wanneer Hij aan ons geopenbaard wordt. Dat is anders dan Zijn wederkomst in de wolken. Persoonlijk denk ik dat het bij de Bruiloft van het Lam zal gebeuren.

3:14-18

14 Wij weten dat we van de dood zijn overgegaan naar het leven omdat we elkaar liefhebben. Wie niet liefheeft blijft in de dood.

15 Iedereen die zijn broeder of zuster haat, is een moordenaar, en u weet dat een moordenaar het eeuwige leven niet blijvend in zich heeft.

16 Wat liefde is, hebben we geleerd van hem die zijn leven voor ons gegeven heeft. Daarom horen ook wij ons leven te geven voor onze broeders en zusters.

17 Hoe kan Gods liefde in iemand blijven die meer dan genoeg heeft om van te bestaan, maar zijn hart sluit voor een broeder of zuster die hij gebrek ziet lijden?

18 Kinderen, we moeten niet liefhebben met de mond, met woorden, maar waarachtig, met daden.

*Dit is een zeer ernstige waarschuwing, maar ook een troostende belofte. Als we de broeders liefhebben is dat een teken dat we echte christenen zijn, wedergeboren door de Heilige Geest. En liefhebben hier slaat op een blijvende toestand en niet op een paar opwellingen of wanneer er geen tegenslagen zijn. De waarschuwing hier is dat wanneer we geen liefde hebben voor broeders, we eigenlijk wolven in schaapsklederen zijn.

3:19-20

19 Dan weten we dat we voortkomen uit de waarheid en kunnen we met een gerust hart voor God staan.

20 En zelfs als ons hart ons aanklaagt: God is groter dan ons hart, hij weet alles.

*De belofte hier is, en vooral de troost, dat we kunnen weten dat we uit de Waarheid zijn en dus op weg naar Hem en op weg naar het Eeuwige Jeruzalem en het Vaderhuis. En wanneer we dat weten, kunnen we ons eigen hart overtuigen. In verband met deze verzen moeten we ook aan de volgende verzen denken, namelijk Romeinen 10 vers 8 tot 10. Laten we aan de ene kant niet te bang zijn dat we alleen maar een verstandsgeloof hebben en niet in ons hart bekeerd zijn. En laten we aan de andere kant niet op een lichtzinnige manier beweren dat men met een simpel zondaarsgebedje je kan claimen gered te zijn. Je kan jezelf bedriegen door alleen maar met je verstand te belijden en te bang te zijn of te lichtvaardig, maar de andere kant is, dat zekerheid mogelijk is en dat blijkt uit deze verzen en wanneer ons hart ons veroordeelt weten we dat God groter is dan ons hart.

3:21-22

21 Geliefde broeders en zusters, als ons hart ons niet aanklaagt, kunnen we ons vol vertrouwen tot God wenden
22 en ontvangen we van hem wat we maar vragen, omdat we ons aan zijn geboden houden en doen wat hij wil.

*En wanneer ons hart ons niet veroordeelt, is dat een teken dat we dicht bij Hem zijn. En in zo'n geval weten we ook wat we moeten bidden en wanneer we echt zijn gebeden bidden, worden we ook verhoord. Een profeet zei dat wanneer we niet meer met het vingertje wijzen om anderen aan te klagen en wanneer we niet op een onterechte manier onze rechten laten gelden, dan zal Hij ons verhoren wanneer we Hem er om vragen.

3:23-24

23 Dit is zijn gebod: dat we geloven in de naam van zijn Zoon Jezus Christus en elkaar liefhebben, zoals hij ons heeft opgedragen.

24 Wie zich aan zijn geboden houdt blijft in God, en God blijft in hem. Dat hij in ons blijft, weten we door de Geest die hij ons heeft gegeven.

*Hier is weer een teken dat we eeuwige zekerheid kunnen bezitten, wanner we Zijn geboden bewaren. Namelijk dat we elkaar liefhebben zoals Hij ons geboden heeft. In deze twee verzen heeft hij het aan de ene kant over één gebod en aan de andere kant over meerdere. Dit zijn niet in de eerste plaats de tien geboden. Wanneer je de Here oprecht liefhebt, ga je niet iemand vermoorden en ga je niet stelen, enzovoort. Dit hoofdstuk eindigt met die zekerheid op de Hemel.

4:1-3

1 Geliefde broeders en zusters, vertrouw niet elke geest. Onderzoek altijd of een geest van God komt, want er zijn veel valse profeten in de wereld verschenen.

2 De Geest van God herkent u hieraan: iedere geest die belijdt dat Jezus Christus als mens gekomen is, komt van God.

3 Iedere geest die dit niet belijdt, komt niet van God; dat is de geest van de antichrist, waarvan u hebt gehoord dat hij zal komen–nu al is hij in de wereld.

*Dit is een waarschuwing voor de omgang met medegelovigen en mensen in het algemeen. Als iemand beleidt dat Jezus de Messias is en dat Hij ook totaal mens is en totaal God, dan heeft zo iemand een goede geest. En iemand die deze dingen ontkent, heeft de geest van de antichrist. Let goed op dat er niet staat dat de antichrist al in de wereld is, maar de geest van de antichrist.

4:18-19

18 De liefde laat geen ruimte voor angst; volmaakte liefde sluit angst uit, want angst veronderstelt straf. In iemand die angst kent, is de liefde geen werkelijkheid geworden.
19 Wij hebben lief omdat God ons het eerst heeft liefgehad.

Wat een belofte maar ook wat een verantwoordelijkheid.

5:10-12

10 Wie in de Zoon van God gelooft, draagt het getuigenis in zich. Wie God niet gelooft, maakt hem tot leugenaar, omdat hij geen geloof hecht aan het getuigenis dat God over zijn Zoon gegeven heeft.
11 Dit getuigenis luidt: God heeft ons eeuwig leven geschonken en dat leven is in zijn Zoon.

12 Wie de Zoon heeft, heeft het leven. Wie de Zoon van God niet heeft, heeft het leven niet.

*Dit, kan je wel zeggen, zijn de grootste waarschuwingen en de grootste beloften van het christelijke leven. Als je het getuigenis van God niet aanneemt, maak je God een leugenaar. En in het Nieuwe Testament getuigt God duidelijk dat Zijn Zoon Jezus de Messias is. En Hij liet het zelfs van Zich horen door een stem uit de hemel. En in de vier evangelieën zit voldoende bewijs van Zijn opstanding. Geloven we wel in de Here Jezus als Messias en God de Zoon vanaf alle eeuwigheid totaal gelijk aan de Vader, dan hebben we het Eeuwige Leven.

5:14-15

14 Wij kunnen ons vol vertrouwen tot God wenden, in de zekerheid dat hij naar ons luistert als we hem iets vragen dat in overeenstemming is met zijn wil.
15 En omdat we weten dat hij naar ons luistert, wat we hem ook vragen, weten we ook dat we alles al hebben gekregen wat we hem gevraagd hebben.

*Wanneer je dicht bij de Here Jezus bent, dan ben je dichtbij de Vader en dan weet je wat God wilt. En dan kan je ook de goede gebeden bidden. Vers 15 spreekt voor zichzelf. Laten we daarom ons best doen om tot God te naderen en dan zal Hij tot ons naderen.

5:20

20 We weten ook dat de Zoon van God gekomen is en ons inzicht heeft gegeven om de Waarachtige te

657

kennen. En wij zijn in de Waarachtige, omdat we in zijn Zoon Jezus Christus zijn. Hij is de ware God, hij is het eeuwige leven.

*Wat een belofte en ook wat een troost.

5:21

21 Kinderen, wees op uw hoede voor de afgoden.

*Dit is een waarschuwing voor jonge christenen en pas bekeerden, die nog veel moeten leren. Het kan letterlijk genomen worden. En dan denk ik aan christenen in landen als India die moeten uitkijken voor de afgoden. Maar het kan ook figuurlijk genomen worden en ik denk aan het verafgoden van je auto, van muziek, van seks, van eten en drinken en van sterren, muziekster of filmster of wie of wat dan ook.

2 Johannes

vs 3

3 Genade, barmhartigheid en vrede zullen bij ons zijn, van God, de Vader, en van Jezus Christus, de Zoon van de Vader, in waarheid en liefde.

*Deze zegenwens kan je als een belofte opvatten. En als apostel mocht Johannes de zegen uitspreken. Verder heeft niemand het recht om de zegen over medechristenen uit te spreken. Niet van de paus tot een plaatselijke voorganger. Dat is namelijk oud-testamentisch. Als wedergeboren broeders en zusters zijn we allemaal geestelijke priesters en priesteressen en mag niemand zich een positie aanmatigen alsof hij of zij zich tussen God en ons bevindt. We mogen natuurlijk wel voor elkaar bidden.

Vs 7-11

7 Er zijn veel dwaalleraren in de wereld verschenen die de komst van Jezus Christus als mens niet belijden. Dat nu is de verleider, de antichrist!
8 Wees op uw hoede en verspeel niet wat we bereikt hebben, maar zorg dat u het volle loon ontvangt.

9 Wie niet bij de leer van Christus blijft maar verder wil gaan, heeft God niet. Wie bij die leer blijft, heeft zowel de Vader als de Zoon.

10 Als er iemand bij u komt die deze leer niet uitdraagt, ontvang hem dan niet in uw huis en groet hem niet,

11 want wie zo iemand groet, is medeplichtig aan zijn kwalijke praktijken.

*Dit slaat bijvoorbeeld op mormonen of Jehova's getuigen, die je niet in je huis moet ontvangen om zogenaamd met ze te praten. Mocht je een collega hebben uit zo'n sekte, dan mag je hem natuurlijk wel thuis ontvangen. Maar alleen als collega en medemens. Dit geldt natuurlijk ook wanneer je in een dienstverlenende sector actief bent. Maar komen ze in naam van hun religie dan moet je ze zelfs niet groeten, geen knikje zelfs.

3 Johannes

vs 9-10

9 Ik heb hierover al aan de gemeente geschreven, maar Diotrefes, die daar de dienst wil uitmaken, trekt zich niets van ons aan.
10 Als ik kom, zal ik zijn gedrag ter sprake brengen. Die man verspreidt laster over ons, en daar laat hij het niet bij: hij weigert de broeders te ontvangen, en houdt degenen tegen die dat wel willen en verjaagt hen uit de gemeente.

*De indirecte waarschuwing hier is dat een gemeente het niet moet toestaan dat iemand zich als een Diotrefes gedraagt. Vaak zijn het rijke mensen die in een geloofsgemeente te veel gezag opeisen. Maar er zijn ook quasipriesters en quasileraren die zich te veel autoriteit veroorloven.

Vs 11

11 Geliefde broeder, volg niet het kwade na maar het goede. Wie goed doet komt uit God voort; wie kwaad doet heeft God niet gezien.

*Moge dit voor zich spreken. Maar als het niet duidelijk is, moge ik dan wijzen op de woorden van de Here Jezus, die leert dat een goede boom goede vruchten voortbrengt en een kwade boom kwade vruchten. Echter dat is niet altijd te zien. Daarom heeft de Here het ook over wolven in schaapsklederen. En Paulus heeft het over mensen die gevolgd worden door hun zonden. Die worden dan dus pas later openbaar.

Judas

11 Wee hun! Ze gaan de weg van Kaïn, net als Bileam geven ze zich voor geld over aan bedrog, en net als Korach gaan ze aan hun opstandigheid ten onder.

*De mensen waar het hier over gaat, zijn niet zomaar onbekeerde zielen. Ze moeten wel de ergste wolven in schaapsklederen zijn. Het moet ons niet verwonderen dat zulke mensen in het geheim overspel plegen of incest of pedofilie of triootjes of biseksuele praktijken of wat dan ook. Kaïn had zijn eigen religie, Bileam nam geld aan om de gelovigen te verleiden. En Korach vond dat hij dezelfde rechten had als Mozes. Geestelijk slaat dat op mensen die in de praktijk te veel macht naar zichzelf willen trekken. Echter het hoeft niet per se op mensen met seksuele zonden te slaan. Het kunnen ook zogenaamde nette mensen zijn die een verkeerde leer brengen, die echter in de ogen van de Here een gruwel is.

Vs 17-19

17 Maar, geliefde broeders en zusters, denk aan wat de apostelen van onze Heer Jezus Christus al hebben gezegd:
18 'Aan het einde van de tijd zullen er spotters komen, die zich laten leiden door hun goddeloze begeerten.'
19 Het zijn mensen die verdeeldheid zaaien en alleen op het aardse gericht zijn; ze hebben de Geest niet.

*Dit is een waarschuwing tegen spotters die scheuringen veroorzaken. Het zijn mensen die niet wedergeboren zijn uit de Heilige Geest en weglopen met hun natuurlijke behoeften.

Openbaring

1:3

3 Gelukkig is wie dit voorleest, en gelukkig zijn zij die deze profetie horen en zich houden aan wat hier gezegd wordt. Want de tijd is nabij.

*Deze belofte spreekt voor zichzelf. Laten we er goed naar luisteren. Salomo zegt ergens dat we niet moeten vergeten. Daarom is het zo belangrijk wat voor informatie we tot ons nemen en wat we kiezen steeds te herhalen.

2:4-5

4 Maar dit heb ik tegen u: u hebt de liefde van weleer opgegeven.
5 Bedenk van welke hoogte u gevallen bent. Breek met het leven dat u nu leidt en doe weer als vroeger. Anders kom ik naar u toe en neem ik, als u geen berouw toont, uw lampenstandaard van zijn plaats.

*Is dat niet iets algemeens dat wanneer iemand tot bekering komt, vroeg of laat de relatie bekoelt met je Heer en God. Laten we daarom gewaarschuwd zijn en ons van onze lauwheid bekeren. Want stilstand is het begin van achteruitgang.

2:7

7 Wie oren heeft, moet horen wat de Geest tegen de gemeenten zegt. Wie overwint zal ik laten eten van de levensboom die in Gods paradijs staat."

*De Here Jezus is de Echte Boom des Levens, mogen we van Zijn Vruchten Leven om zelf ook veel vrucht te dragen.

2:10

10 Wees niet bang voor wat u nog te wachten staat. Sommigen van u zullen door de duivel in de gevangenis worden gegooid, en zo op de proef worden gesteld; tien dagen lang zult u het zwaar te verduren hebben. Wees trouw tot in de dood, dan zal ik u als lauwerkrans het leven geven.

*Dit vers is voor die christenen die met de dood bedreigd worden. Moge de Here hun kracht geven tot in de dood en mogen ze de Here niet verraden en dan zullen ze de Kroon van het Leven krijgen.

2:11

11 Wie oren heeft, moet horen wat de Geest tegen de gemeenten zegt. Wie overwint zal van de tweede dood geen schade ondervinden."

*We moeten altijd bereid zijn om goed te luisteren naar wat de Heilige Geest ons te zeggen heeft. En wanneer we dat toepassen en overwinnen dan zullen we de tweede dood niet ervaren. En de tweede dood is het eeuwige bestaan in de eeuwige hel.

2:15-16

15 Zo is het ook bij u: sommigen houden op dezelfde manier vast aan de leer van de Nikolaïeten.
16 Breek toch met het leven dat u nu leidt, anders kom ik binnenkort naar u toe en zal ik hen met het zwaard uit mijn mond bestrijden.

*Ik ben bang dat met de Nikolaïeten het klerikale systeem bedoeld wordt. Terwijl de Bijbel zegt "gij zijt allen broeders". Van zulke systemen moeten wij ons bekeren.

2:17

17 Wie oren heeft, moet horen wat de Geest tegen de gemeenten zegt. Wie overwint zal ik van het verborgen manna geven, en ook een wit steentje waarop een nieuwe naam staat die niemand kent, behalve degene die het ontvangt."

*Met het verborgen manna moet bedoeld zijn verborgen waarheden uit het Leven van de Here Jezus. Waarheden die tussen de regels van de Bijbel ontdekt moeten worden. De Here Jezus is Het Ware Leven gevende Manna dat van de Vader afkomstig is.

2:20

20 Maar dit heb ik tegen u: u laat die Izebel, die zichzelf profetes noemt, haar gang gaan terwijl ze mijn dienaren met haar uitspraken tot ontucht en het eten van heidens offervlees verleidt.

*Dit even terzijde. Door trouwe bijbeluitleggers worden in de zeven geloofsgemeenten van deze twee hoofdstukken zeven stadia van de Christenheid gezien, van het begin tot het einde. Met Tyatira en Sardes worden dan de katholieken en protestanten bedoeld. Er wordt hier gewaarschuwd tegen het bijgeloof in Maria onder de naam Izebel. Er wordt gewaarschuwd tegen de mis als afgodenoffer. Er wordt gewaarschuwd tegen occulte toestanden, die de diepten van Satan genoemd worden.

2:26

26 Wie overwint en mij navolgt tot het einde, zal ik macht geven over alle volken.

*Hij die overwint zal in het duizendjarigrijk samen met de Here Jezus regeren.

3:3

3 Herinner u dat u de boodschap hebt ontvangen en begrepen. Houd eraan vast en breek met het leven dat u nu leidt. Maar als u niet wakker wordt, kom ik onverwacht als een dief, op een tijdstip dat u niet kent.

*Ik ben bang dat de meeste protestanten alleen maar in naam christelijk zijn en dat ze niet echt wedergeboren zijn. De waarschuwing hier is als zij niet geestelijk opleven, zal er een maatregel van boven plaats vinden.

3:5

5 Wie overwint zal zich ook in het wit kleden. Ik zal zijn naam niet uit het boek van het leven schrappen, maar juist voor hem getuigen ten overstaan van mijn Vader en zijn engelen.

*Protestanten echter die overwinnen zullen hun beloning krijgen. Namelijk dat hun eeuwige naam niet uit het boek van het Leven geschrapt zal worden, en de Here zal ze erkennen voor het aangezicht van God de Vader en zijn heilige engelen.

3:11

11 Ik kom spoedig. Houd vast aan wat u hebt, dan zal niemand u de lauwerkrans kunnen afnemen.

*Trouwe christenen worden gewaarschuwd vast te houden wat ze hebben. Dat wil zeggen, hun deel in God. Doen we dat namelijk niet dan kunnen we onze krans verliezen en dan zullen wij geen eer hebben maar beschaamd zijn bij de wederkomst van de Here.

3:12

12 Wie overwint maak ik tot een zuil in de tempel van mijn God. Daar zal hij voor altijd blijven staan. Ik zal op hem de naam schrijven van mijn God en van de stad van mijn God, het nieuwe Jeruzalem dat bij mijn God vandaan uit de hemel zal neerdalen, en ook mijn eigen nieuwe naam.

*Of het nu een zichtbare of onzichtbare tatoeage is, trouwe christenen die overwinnen, zullen geassocieerd worden met de tempel van God. Geestelijk bedoeld met de naam van God, de naam van de stad van God en de nieuwe naam van de Here Jezus. En dat laatste doet mij denken aan Zijn Naam die op zijn dij staat, die niemand kan lezen.

3:18

18 Daarom raad ik u aan: koop van mij goud dat in het vuur gelouterd is, en u zult rijk zijn; witte kleren om u te kleden en uw naaktheid te bedekken, zodat u zich niet meer hoeft te schamen; zalf voor uw ogen, zodat u weer kunt zien.

*Met de Laodiceërs worden de halfhartige christenen bedoeld die denken dat ze heel christelijk bezig zijn, maar het is maar een lauwe bedoening. Zo zal de meerderheid van de christenheid eindigen Dat is de waarschuwing. En daarom wordt hun aangeraden wat er in dit vers staat.

3:21

21 Wie overwint zal samen met mij op mijn troon zitten, net zoals ik zelf overwonnen heb en samen met mijn Vader op zijn troon zit.

*Voor de eindtijdchristen die overwint, geldt de belofte dat hij met de Here Jezus op zijn troon mag zitten, dat wil zeggen aan de Rechterhand van de Vader.

7:17

17 Want het lam midden voor de troon zal hen hoeden, hen naar de waterbronnen van het leven brengen. En God zal alle tranen uit hun ogen wissen.'

*Wat een mooie belofte voor hen die gedood worden in de grote verdrukking. Deze belofte geldt voor al Gods kinderen. David zei in zijn psalm dat de sterke zeventig jaar wordt en de zeer sterke tachtig jaar, maar dat het uitnemendste van dat alles moeite en verdriet is. En het leven is inderdaad vol zorg. Maar toch is het de bedoeling dat we ons verheugen in Hem die ons gemaakt heeft en voor ons gestorven is en die ons ook dag aan dag onderhoudt.

19:6-8

6 Toen hoorde ik iets als een stem van een grote menigte, van geweldige watermassa's en van krachtige donderslagen zeggen: 'Halleluja! De Heer, onze God, de Almachtige, heeft het koningschap op zich genomen.

7 Laten we blij zijn en jubelen, laten we hem de eer geven! Want de bruiloft van het lam is gekomen en zijn bruid staat klaar.

8 Zij mag zich kleden in zuiver, stralend linnen.' Want dit linnen staat voor al het goede dat gedaan is door de heiligen.

*De vrouw van het Lam is de kerk en wordt gevormd vanaf pinksterren tot de wederkomst van de Here Jezus in de wolken. Dit kan men opmaken uit teksten als dat we als een reine maagd aan Christus verloofd zijn. De Here Jezus heeft het ook over de genodigden bij die bruiloft en daarmee moet Hij gelovigen bedoeld hebben zoals Abraham en David maar ook mensen als Job. Dan heeft Paulus het ook over de berg Sinaï en de berg Sion. Dit zijn niet alleen twee verschillende testamenten, namelijk de wet van Mozes en de Wet van Christus, maar het zijn ook twee verschillende vrouwen, geestelijk gesproken, namelijk het aardse Jeruzalem, dat eens gered zal worden en het hemelse Jeruzalem. Dat de Kerk niet vanaf Adam is, moge ook hieruit blijken dat God eens met Israël verdergaat. Er zijn dus verschillende groepen gelovigen in de Bijbel en in de geschiedenis.

20:6

6 Gelukkig en heilig zijn zij die deelhebben aan de eerste opstanding. De tweede dood heeft geen macht over hen. Zij zullen priester van God en van de messias zijn en duizend jaar lang samen met hem heersen.

*Volgens dit vers zijn er dus meerdere opstandingen, niet alleen van individuen zoals Lazarus en Jezus zelf, maar ook van groepen gelovigen. Volgens het laatste hoofdstuk van het boek Daniël is er een opstanding van geredde zielen en één voor veroordeelden. En zo is er ook bijvoorbeeld een opstanding van de gelovigen die gedood zijn in de grote verdrukking. De gelovigen zullen priesters zijn van God en van Christus en zullen zoals hier staat duizend jaar regeren over de mensen die dan zullen leven. En elders staat dat ze zullen regeren tot in alle eeuwigheid. En omdat het niet nodig is over geredde mensen te regeren, die immers volmaakt zullen zijn zoals Christus, meen ik het haast wel zeker te weten dat de gelovigen op z'n minst over de veroordeelden zullen regeren die immers nog behept zijn met de oude natuur.

20:12,15

12 Ik zag de doden, jong en oud, voor de troon staan. Er werden boeken geopend. Toen werd er nog een geopend: het boek van het leven. De doden werden op grond van wat in de boeken stond geoordeeld naar hun daden.
15 Wie niet in het boek van het leven bleek te staan werd in de vuurpoel gegooid.

*De waarschuwing hier is dat iedereen eens verantwoording zal moeten afleggen van zijn of haar daden. Iedereen zal geoordeeld worden naar zijn of haar werken. De Here Jezus zei het zo "een mens zal gerechtvaardigd worden vanwege wat hij gezegd heeft en hij zal veroordeeld worden ook vanwege wat hij gezegd heeft". Dit omdat iedereen een geweten heeft dichtgeschroeid of niet. En volgens ieders geweten handelt hij of zij. De Bijbel houdt dus wel degelijk rekening met hoe je tegen de wereld aankijkt en hoe je er dan naar leeft. En dan zal blijken dat we allemaal

673

hypocrieten zijn die zichzelf meermaals veroordeeld hebben.

21:5-7

5 Hij die op de troon zat zei: 'Alles maak ik nieuw!' –Ik hoorde zeggen: 'Schrijf het op, want wat hier wordt gezegd is betrouwbaar en waar.' –

6 Toen zei hij tegen mij: 'Het is voltrokken! Ik ben de alfa en de omega, het begin en het einde. Wie dorst heeft geef ik vrij te drinken uit de bron met water dat leven geeft.

7 Wie overwint komen al deze dingen toe. Ik zal zijn God zijn en hij zal mijn kind zijn.

*Laten deze beloften voor zichzelf spreken.

21:8

8 Maar voor hen die laf en trouweloos zijn geweest, die zich hebben ingelaten met gruwelijke dingen, met moord, ontucht, toverij of afgodendienst, voor allen die de leugen hebben gediend: hun deel is de vuurpoel met brandende zwavel, dat is de tweede dood.'

*Moge deze waarschuwing voor zichzelf spreken, met deze opmerking dat er ook bange mensen genoemd worden. Want als je God vreest, hoef je niet echt bang te zijn. Ik ben bang dat vele zware broeders, zoals mensen van de zogenaamde gereformeerde gemeente tot de vreesachtige behoren. Zij worden door hun leiders buiten gehouden, die net als de Farizeeërs wel de sleutels van het koninkrijk hebben, maar zelf niet ingaan en zij die wel in willen gaan, verhinderen met donderpreken en hen tot in het diepst van hun hart bang maken dat wanneer je je in de Here Jezus zou verheugen je met een ingebeelde hemel de hel ingaat. Er zijn vele dingen die ze met een uitgesponnen geestelijke psychologie en theologie zichzelf voorhouden. zoals, 'ik geloof **aan** god maar niet **in** God'. Die hen daadwerkelijk verhinderen om zich te bekeren. Dit is allemaal hersenspoeling van de duivel. Het heeft wel een grond van waarheid wat de oude Adam betreft, maar het is juist die oude Adam die met deze leer de bekering in de weg staat en dat is dubbel triest. "Kom tot mij allen die vermoeid en belast zijn". Maar zij hebben er praktisch van gemaakt, 'ik ben vermoeid en belast met de zonde en ik wil gewoon niet tot de Heer komen'. En zo wordt Zijn oproep in de wind geslagen. Zo zeggen zij ook 'al ga ik naar de hel, als God maar aan Zijn eer komt'. Dit klinkt supervroom, maar is eigenlijk godslasterlijk; want dan komt God juist niet aan Zijn eer. Hij heeft immers geen welbehagen aan de dood van de goddeloze. Ik kan verder alleen maar bidden dat ze zich niet ergeren aan wat ik hier schrijf, maar dat ze mogen luisteren naar de oproep van de Heilige Geest.

22:7

7 'Ik kom spoedig!' Gelukkig is wie zich houdt aan de profetie van dit boek.

*Wat een belofte dat de Here spoedig komt en in het algemeen geldt het inderdaad dat we acht moeten geven op de profetieën.

22:9

9 Maar hij zei: 'Doe dat niet! Ik ben een dienaar zoals jij en je medeprofeten, en zoals degenen die zich houden aan wat er in dit boek staat. Je moet God aanbidden.'

*De waarschuwing hier is dat we alleen God moeten aanbidden. Katholieken zeggen wel dat ze Maria niet aanbidden, maar vereren. Ik ben echter bang dat de meesten in hun hart over de schreef gaan. Maar het moge duidelijk zijn dat Maria een vereerde vrouw is.

22:12

12 'Ik kom spoedig, en heb het loon bij me om iedereen te belonen naar zijn daden.

*Moge dit voor zichzelf spreken.

22:14-15

14 Gelukkig zijn zij die hun kleren wassen: zij kunnen over de levensboom beschikken en zullen de stad door de poorten binnengaan.
15 Buiten is de plaats voor de honden die zich bezighouden met toverij en ontucht, met moord en afgodendienst, voor iedereen die de leugen koestert en ernaar handelt.

*De lezer moet hier maar eens over nadenken.

22:17

17 De Geest en de bruid zeggen: 'Kom!' Laat wie luistert zeggen: 'Kom!' Laat wie dorst heeft komen; laat wie dat wil vrij drinken van het water dat leven geeft.

*God biedt ons het ware gratis aan. Het eeuwige leven wordt ons vrijelijk aangeboden; we hoeven geen boete te doen ervoor, we hoeven geen lange weg van zelfonderzoek te doen, we hoeven niet eerst te proberen de wet te houden. We mogen zomaar tot de Here Jezus gaan.

22:18-19

18 Ik verklaar tegenover eenieder die de profetie van dit boek hoort: als iemand er iets aan toevoegt, zal God hem de plagen toevoegen die in dit boek beschreven zijn;

19 en als iemand iets afneemt van wat in het boek van deze profetie staat, zal God hem zijn deel afnemen van de levensboom en van de heilige stad, zoals die in dit boek beschreven zijn.

*Je kan deze verzen overdrijven, maar je kan ze ook verdraaien. De gnostici verdraaiden de zaak en lieten zelfs hele brieven en boeken weg. En de Farizeeërs voegden teveel wetten toe.

20 Hij die van deze dingen getuigt, zegt: 'Ja, ik kom spoedig!'
Amen. Kom, Heer Jezus!

*Wat een prachtige belofte.

Eindopmerking.

*Ik hoop en bid dat u wat aan deze studie gehad hebt, niet alleen voor uw ziel, maar ook voor praktische zaken. Maar bovenal hoop en bid ik dat u meer van de Heer Jezus bent gaan houden, en via Hem meer van u medemens.

Lightning Source UK Ltd.
Milton Keynes UK
UKHW041940180219
337526UK00001B/152/P